Knaus

K

YIGAEL YADIN

DIE TEMPELROLLE

DIE VERBORGENE THORA VOM TOTEN MEER

Aus dem Englischen übertragen

von Eva Eggebrecht

ALBRECHT KNAUS

Titel der Originalausgabe: Yigael Yadin, «The Temple Scroll.
The Hidden Law of the Dead Sea Sect»
Erschienen bei George Weidenfeld & Nicolson Ltd.,
91, Clapham High Street, London, 1985
Editor: Moshe Pearlman

Abbildungen, soweit nicht anders angegeben, aus der
Sammlung des Autors.
Rekonstruktionszeichnungen von © Leen Ritmeyer,
Archäologie-Architekt, Jerusalem, handkoloriert
von Sally Slight, London.

Gesetzt aus Korpus Sabon
Einband und Schutzumschlag: Klaus Detjen unter Verwendung
einer Abbildung von inneren Textkolumnen der Tempelrolle
und einer Rekonstruktionszeichnung der Tempelanlage
Satz: Filmsatz Schröter GmbH, München
Druck und Bindung: Mohndruck Graphische
Betriebe GmbH, Gütersloh
ISBN 3-8135-0600-2
Printed in Germany

INHALT

V. Von der Reinheit

VI. Die Statuten des Königtums

VII. Datierung und Stellenwert der Schriftrolle

VORWORT

Das Manuskript dieses Buches war im März 1984 abgeschlossen, und drei Monate später lagen die Fahnen vor. Professor Yadin und ich wollten gemeinsam Korrektur lesen, als er am 28. Juni 1984 im Alter von siebenundsechzig Jahren plötzlich einen schweren Herzanfall erlitt und innerhalb weniger Minuten starb.

Yadin war ein bemerkenswerter Mensch und ein bemerkenswerter Gelehrter. Als Sohn eines Archäologen in Jerusalem geboren, wurde in ihm schon früh ein tiefes Verständnis für die Geschichte geweckt. Ein ausgeprägter Sinn für die historischen Zusammenhänge leitete ihn auch später während seiner Laufbahn im Generalstab der Armee und befähigte ihn, auf eine ganz besondere Weise zur Erhellung der Geschichte seines Volkes beizutragen.

Während der Tätigkeit als Operationschef im Unabhängigkeitskrieg Israels 1948–49 und später, als er mit zweiunddreißig Jahren zum Chef des Generalstabs ernannt wurde, griff er bei seiner Verteidigungstaktik häufig auf Erkenntnisse aus seinen Studienjahren zurück. Einem Truppenbefehlshaber des Jahres 1948, als Israel an allen Seiten von Invasoren bedrängt war, stellte sich die Lage des Landes nicht wesentlich anders dar als in weit zurückliegenden biblischen Zeiten: Die Entscheidungskämpfe haben sich stets auf dem gleichen Hochland, den gleichen Gebirgspässen und an den gleichen strategischen Verbindungswegen abgespielt.

Ich diente damals im Stabe unter Yadin, und wenn wir zur Front fuhren, dann zeigte er oft auf Hügel in der Landschaft und erklärte mir, welche Städte und Dörfer, die in der Bibel Erwähnung finden, sich darunter verbargen. Voller Begeisterung äußerte er dann die Hoffnung, diese Stätten eines Tages ausgraben zu können.

Nachdem er die Armee verlassen und sein Archäologiestudium wieder aufgenommen hatte, ließ der wissenschaftliche Ruhm nicht lange auf sich warten. Auf den Gebieten der biblischen Archäologie und der Schriftrollenforschung genoß er bald weltweit den Ruf eines ausgezeichneten Fachgelehrten. Seine zahlreichen Arbeiten im Bereich dieser beiden Forschungsgebiete entsprangen profunder Kenntnis, einem erstaunlichen Gedächtnis und einem stets fragenden, analytischen Verstand. Zusätzlich aber verfügte er wie kaum ein anderer über die Gabe detektivischen Kombinierens. Aus versteckten Anspielungen in einem alten Dokument oder Erkenntnissen aus früheren Arbeiten ergaben sich durch phantasiereiches Zusammenfügen häufig Lösungen für Probleme, mit denen er sich gerade auseinandersetzte.

Besonders deutlich wird diese Fähigkeit durch eine Entdeckung veranschaulicht, die Yadin aus der biblischen Erwähnung von Salomos Streitwagengarnisonen regelrecht ableitete. Dem Bericht in der Bibel ist zu entnehmen, daß König Salomo drei solcher spezieller Militärstandorte in «Hazor, Megiddo und Gezer» anlegte. An seinem ersten Grabungsplatz in Hazor stieß Yadin auf ein Torhaus aus der Zeit Salomos mit der für diese Bauwerke typischen Anlage von jeweils drei Räumen zu beiden Seiten des Tordurchgangs. Ein ähnliches Torgebäude war zuvor schon in Megiddo zutage gekommen. Bei Grabungen achtzig Jahre zuvor in Gezer dagegen hatte der britische Archäologe R. A. S. Macalister nichts von einer solchen Konstruktion bemerkt. Yadin nahm aber an, daß sich die Ingenieure Salomos an einen Standardentwurf gehalten hatten, und folgerte daraus, daß in Gezer ein gleiches Tor wie an den beiden anderen Orten zu finden sein müsse.

Zunächst nahm sich Yadin erneut den Grabungsbericht Macalisters vor. Bald entdeckte er in den Plänen ein Bauwerk, das damals irrtümlich dem zweiten Jahrhundert v. Chr. zugeschrieben und als «makkabäische Festung» bezeichnet worden war. Dieser Irrtum in der Datierung war verständlich. Damals steckte die Archäologie noch in den Kinderschuhen. Yadin fand in dem alten Grundriß die drei Räume auf der Westseite des salomonischen Tores, die so charakteristisch für die Architektur des 10. Jahrhunderts v. Chr. sind. Als zehn Jahre später ein anderes Archäologenteam erneut in Gezer Grabungen veranstaltete, fand man auch die Räume auf der anderen Torseite, so daß Yadins Theorie glänzend bestätigt wurde.

Yadins besondere intuitive Begabung wird sehr gut illustriert durch die Lösung eines Rätsels im biblischen Bericht von der Einnahme Jerusalems durch König David. Laut Bibel hatten die jebusitischen Verteidiger Jerusalems ihre Schutzwehr mit «Blinden und Lahmen» besetzt. Josephus, der Historiker aus dem ersten nachchristlichen Jahrhundert, bemerkt dazu, daß sich darin Verhöhnung und Verachtung ausgedrückt hätten. Die moderne Wissenschaft hielt diese Erklärung für wenig plausibel. Immerhin, so argumentierte man, hätten David und seine Truppen zu diesem Zeitpunkt bereits beträchtliches militärisches Ansehen genossen, so daß die Jebusiter dieser Streitmacht eher mit größter Sorge hätten entgegensehen müssen.

Yadin fand dann die Erklärung in einem hethitischen Text aus dem zweiten vorchristlichen Jahrtausend, in dem von der Zeremonie der Truppenvereidigung berichtet wird. Dort heißt es, daß man den Soldaten «einen tauben Mann und eine blinde Frau vorgeführt habe», und ein Priester habe den Soldaten angedroht, daß ihnen dieses Schicksal zuteil werden würde, falls sie im Kampf die Seite wechselten oder davonliefen. Yadin vertrat nun die Ansicht, daß die furchtsamen Jebusiter durch denselben symbolischen Akt die Hebräer abschrecken wollten, indem sie ihnen die übernatürliche Angst einzujagen versuchten, sie würden das Schicksal von Lahmen und Blinden erleiden, wenn sie die Krüppel angriffen.

Yadins heute allgemein anerkannte Theorie wird durch den Fortgang der biblischen Erzählung gestützt. Als seine Streitkräfte zurückzuweichen schienen, versprach David eine ungewöhnliche Belohnung dem, der «die Jebusiter schlägt und erlanget die Dachrinnen, die Lahmen und die Blinden ...», dieser Mann «wird Oberhaupt und Anführer» werden. Es war Davids harter, tapferer Neffe Joab, der sich über den Fluch hinwegsetzte.

Diese Einfühlsamkeit und Phantasie gaben der wissenschaftlichen Kompetenz Yadins eine zusätzliche Qualität, die auch in seiner Analyse der Tempelrolle hervortritt. Namentlich aber besaß der charmante, wortgewandte Gelehrte die Gabe, die kompliziertesten wissenschaftlichen Sachverhalte auf leicht faßliche Art darzustellen, so daß der Laie ihn verstand.

Yadin ruhte sich keineswegs auf seinen Lorbeeren aus. Nach einem Abstecher in die Politik als Stellvertretender Premierminister kehrte er auf seinen Lehrstuhl an der Universität zurück und plante weitere archäologische Ausgrabungen in dem Lande, das er liebte, dem Land der Bibel. Ich glaube, daß es ihm tiefe Befriedigung verschaffte, seine Forschungsarbeiten über die Schriftrollen vom Toten Meer ausgerechnet mit dieser Arbeit über die «Tempelrolle», die er als das bedeutendste dieser so einzigartigen Dokumente ansah, gekrönt zu sehen.

Moshe Pearlman,
Jerusalem, November 1984

I. TEIL

DIE ERWERBUNG

1. Das Millionengeschäft

Ein Brief mit unbekanntem Absender aus heiterem Himmel, verschwiegene Zusammenkünfte in Genf, Beirut und Amman, die Forderung von einer Million Dollar, Hinweise auf heimliche Verbindungen zum Königshof der Haschemiten in Jordanien, verstohlene Transaktionen zwischen Beduinen und einem Antiquitätenhändler, schließlich eine aufregende Nachricht mitten in einer Krisensitzung des Verteidigungsausschusses des israelischen Kabinetts im Sechs-Tage-Krieg – das waren die Versatzstücke in einem Drama, das mit dem Erwerb eines Schatzes aus dem Altertum endete. Der Schatz hat sich nach nunmehr neunjährigem Studium als das herausgestellt, was ich die «Tempelrolle» nenne, eine im 2. Jh. v. Chr. verfaßte Handschrift, die zweihundert Jahre nach ihrer Entstehung in einer Höhle am Toten Meer versteckt wurde, um sie vor den römischen Eroberern zu retten. Nach wiederum neunzehn Jahrhunderten war das Manuskript in guterhaltenem Zustand entdeckt worden, und nun bot es ein Geistlicher aus Virginia zum Kauf an. Letztlich aber vollzog sich der Erwerb auf ganz andere Weise.

Wahrscheinlich handelt es sich um die bedeutendste der Schriftrollen vom Toten Meer, die bisher zutage gekommen ist. Die Entdeckung dieser sensationellen Dokumente hatte seinerzeit die Welt der Bibelgelehrten und Geschichtsforscher wie ein Schock getroffen. Allgemein anerkannte und liebgewordene Ansichten über die Entstehung des Christentums mußten revidiert werden, und das Wissen über die Geschichte des Alten Testaments, des Talmud und des traditionellen Judentums wurde wesentlich erweitert. Als ob ein wunderbares Fernglas die Entfernung zweier Jahrtausende überbrückt habe, bot sich die Szenerie des Heiligen Landes während der letzten Jahrhunderte der jüdischen Unabhängigkeit und der Geburtsstunde des Christentums in dramatischer Vergrößerung dar.

Besagte Schriften stammten aus der Bibliothek der Essener, einer frommen jüdischen Sekte, die mit dem religiösen Establishment in Jerusalem wegen seiner zu lockeren Handhabung der Vorschriften und Gebote der Thora, d. h. des Mosaischen Gesetzes, so wie es von den Essenern interpretiert wurde, im Streit lag. Um ihre strengen Glaubensregeln befolgen zu können, waren die Essener als Gemeinde an einen Ort am Nordwestufer des Toten Meeres, am Rande der Judäischen Wüste, gezogen – heute Qumran genannt – und warteten auf die Rückkehr nach Jerusalem «am Ende der Tage».

Bei einigen der Schriftrollen und Fragmente, die in den Höhlen von Qumran entdeckt wurden, handelt es sich um hebräische Bücher der Bibel wie Genesis, Exodus, Deuteronomium, die Propheten Jesaja, Jeremiah und Hesekiel sowie Psalter und Sprüche. Sie sind mindestens eintausend Jahre früher entstanden als die frühesten bis dahin bekannten hebräischen Bibeltexte. Zum Teil sind es auch Manuskripte mit Bibelkommentaren. Bei den biblischen Büchern zeigt sich, daß der heute gebräuchliche Standard-Text bekannt war und bereits vor zweitausend Jahren verwendet wurde; zugleich aber kursierten damals Versionen, die im Detail etwas abwichen und eher der Septuaginta ähneln, d. h. der aus dem 3./2. Jahrhundert v. Chr. stammenden griechischen Bibel-Übersetzung aus dem Hebräischen. Solche Texte erscheinen auf anderen in Qumran gefundenen Rollen und Fragmenten. Daraus folgt, daß zu der Zeit, da die Qumran-Rollen entstanden, der Kanon der hebräischen Bibel noch nicht endgültig festgelegt war. Die Schriftrollen vom Toten Meer sind vor allem unter historischen Gesichtspunkten von höchstem Interesse; denn bis zu ihrer Auffindung in jüngster Zeit waren die Kenntnisse über die Essener-Sekte ausgesprochen vage. Die Handschriften – einschließlich der Tempelrolle – bezeugen nun, daß viele Sitten, Gebräuche und Glaubensvorstellungen, die man bisher für ausgesprochen christlich oder für griechisches Gedankengut im Christentum gehalten hatte, in Wahrheit bereits im 2. und 1. Jahrhundert v. Chr. in diesem Teil der jüdischen Gemeinschaft ausgeprägt waren, der die «Reinheit» des Judentums durch strikte Befolgung des mosaischen Gesetzes zu bewahren suchte. Was die Tempelrolle anbelangt, so deutet alles darauf hin, daß der Anführer der Sekte selbst diesen Text abgefaßt hat, ohne Zweifel ein Mann von höchster Bildung und Gelehrsamkeit, wie ich aus meinen Forschungen folgere. Einige Vorstellungen seiner Gemeinde wurden von anderen jüdischen Sektierern übernommen, die ihrerseits dem Christentum zur Geburt verhalfen.

Der Text der Tempelrolle ist von eminenter Bedeutung – und nicht weniger beachtenswert die Art und Weise, wie sie in meine Hände gelangte: Obwohl ich am 1. August 1960 durch einen Brief über die Existenz von «Schriftrollen» informiert wurde, wußte ich im Grunde sieben Jahre lang nichts von diesem ganz speziellen Manuskript, und erst während der folgenden neun

Jahre, die ich mit der wissenschaftlichen Auswertung des Werkes verbrachte, habe ich seinen unschätzbaren Wert erkannt.

Der erwähnte Brief stammte von einem mir nicht bekannten Geistlichen aus Virginia, den ich hinfort Mr. Z nennen will, weil er unbedingt anonym bleiben wollte. Er schrieb u. a.: «Seit einiger Zeit stehe ich mit Ihrem Freund, Dr. William F. Albright von der John Hopkins University, in Verbindung. Er schlug mir vor, mich in dieser Angelegenheit an Sie zu wenden. Dieser Brief ist äußerst wichtig und muß streng vertraulich behandelt werden.»

Und weiter: «Nach mehrmonatigen Bemühungen sehe ich mich in der Lage, über den Verkauf echter Schriftrollen vom Toten Meer zu verhandeln. Sie wurden zum gleichen Zeitpunkt und an der gleichen Stelle entdeckt wie diejenigen, die Sie von Erzbischof Samuel erhalten haben.«

Der Absender bezog sich damit auf vier Schriftrollen vom Toten Meer, die sich im Besitz von Mar Athanasius Samuel, dem Oberhaupt der Syrisch-Orthodoxen Christlichen Kirche von St. Markus in der Altstadt von Jerusalem befunden hatten. Anfang 1949 hatte er Jerusalem verlassen und war in die USA gegangen. Dort wollte er die Schriftrollen für einige Millionen Dollar verkaufen. Trotz fünfjähriger Bemühungen fand sich jedoch zu diesem Preis kein Käufer, bis ich 1954 im Auftrage des Staates Israel die Objekte erwarb, für nur eine Viertelmillion Dollar, und unter merkwürdigen Umständen. Diese vier Schriftrollen wurden den drei Rollen hinzugefügt, die mein Vater 1947 unter wesentlich abenteuerlicheren Umständen erworben hatte, so daß Israel nun im Besitz aller sieben vollständigen oder im wesentlichen vollständigen Schriftrollen aus einer der Höhlen am Toten Meer war. Dieser Sachverhalt war allgemein bekannt, so daß es nur zu verständlich erschien, wenn sich weitere Schriftrollenverkäufer an mich wandten.

Weiter führte Mr. Z in seinem Brief aus, daß die

> Schriftrollen von Ihnen begutachtet werden können. Von Dr. Albright weiß ich, daß Sie über zahlreiche finanzielle Kontakte hier in den Vereinigten Staaten verfügen. Als Geistlicher bin ich der Meinung, daß die Schriftrollen nach Israel gehören. In meinem Besitz befinden sich die am besten erhaltenen Exemplare, die je zutage gekommen sind. Ich habe eine direkte vertrauenswürdige Verbindung nach Jordanien. Wir können allerdings nur unter *einer* Bedingung ins Geschäft kommen: das Ganze muß unter Ausschluß der Öffentlichkeit vor sich gehen, denn sonst sind Menschenleben in Gefahr ... Dr. Albright, Sie und ich sind die einzigen Personen, die von diesem Brief wissen. Auf Ihre Nachricht hin wäre ich in der Lage, mit Ihnen zu verhandeln ... als Verhandlungsort wäre mir Genf recht.

Den ganzen Monat August über hatte dieser Brief ungelesen auf meinem Schreibtisch in Jerusalem gelegen; denn ich nahm an einem Kongreß der Internationalen Orientgesellschaft in Moskau teil und hielt dort ein Referat, merkwürdigerweise zum Thema antiker Schriftdokumente, die ich bei den von mir geleiteten Ausgrabungen nur ein paar Kilometer südlich der bewußten Höhle, in der die Tempelrolle ursprünglich versteckt war, entdeckt hatte. Meine Manuskripte datierten allerdings aus einer etwa 250 Jahre jüngeren Epoche und waren von einem Juden geschrieben worden, der vollkommen andere Ansichten vertrat als die Sekte vom Toten Meer. Es handelte sich bei den von mir gemachten Funden um Depeschen von Bar Kochba, dem Anführer jüdischer Aufständischer gegen die römische Herrschaft im Jahre 132 n. Chr.

Erst nach meiner Rückkehr aus Moskau also las ich den Brief des Mr. Z und telegraphierte ihm umgehend, daß ich um weitere Informationen bäte. Ich fragte an, ob «die Dinge, die den Gegenstand Ihres Briefes bilden», bereits in seinem Besitz seien, wieviele es seien, wo ich sie mir anschauen könne und welchen Preis er verlange.

Zwei Wochen danach antwortete er in einem Telegramm, daß er soeben aus dem Nahen Osten zurückgekehrt sei und mich bald detailliert unterrichten werde. Und tatsächlich traf wenige Tage später ein langer Brief ein, datiert vom 16. September 1960, in dem es hieß, daß «ich Ihr Telegramm vor zwei Wochen erhielt, als ich nach Nahost abreiste». Nun, nach seiner Rückkehr nach Virginia, ließ mich Mr. Z folgendes wissen:

> Ich verhandle schon länger wegen der Schriftrollen in Jordanien. Bitte nehmen Sie zur Kenntnis, daß ausschließlich ich allein Kontakt zu Mr. X [hier nannte er den Namen eines Antiquitätenhändlers in Jordanien] habe. Wenn wir auf der Basis der Geheimhaltung weiterarbeiten, garantiere ich dafür, daß sich alle Schriftrollen binnen weniger Monate in den Händen Israels befinden werden.

Hier sei daran erinnert, daß damals die West Bank und Ostjerusalem einschließlich der Altstadt unter jordanischer Oberhoheit standen. Die Grenze zwischen Jordanien und Israel verlief am Nordwestufer des Toten Meeres unmittelbar südlich der Höhlen, in denen die wichtigsten Schriftrollen gefunden worden waren (einschließlich der sieben Handschriften, die mein Vater und ich erworben hatten) und nördlich des Gebiets, in dem ich und andere israelische Archäologen Ausgrabungen durchgeführt hatten. Obwohl Israel und Jordanien 1949 ein Waffenstillstandsabkommen unterzeichnet hatten – ich gehörte zu den Unterzeichnern des ersten Entwurfs, der mit König Abdullah in seinem Winterpalast in Schuneh vereinbart worden war –, war Jordanien nicht in Friedensverhandlungen eingetreten. So mußte Mr. Z also sehr vorsichtig zu Werke gehen, wenn er ein Geschäft zwischen mir und einem Antiquitätenhändler, der in einem Gebiet unter jordanischer Kontrolle wohnte, zustande bringen wollte. Mr. Z fuhr fort:

> John Allegro [britischer Schriftrollenforscher] hat vor wenigen Wochen gegenüber United Press erwähnt, daß sich fünf Schriftrollen im Besitz von Beduinen befinden ...

Ich aber kann Ihnen versichern – nur darf dies auf keinen Fall an die Öffentlichkeit dringen –, daß es sich um zehn Rollen handelt, eine aus Bronze, mehrere aus Gazellen- und Ziegenleder und eine sogar aus purem Gold.

Eigentlich wußte ich nicht, was ich von alledem halten sollte: Die Sache schien zu ungewöhnlich, um wahr zu sein, und wenn tatsächlich eine solche Fülle von Schriftrollen aufgetaucht wäre, dann hätte ich bestimmt auf dem Wege des üblichen Wissenschaftler-Klatsches davon gehört, denn natürlich bestanden über neutrale Länder Kontakte zu den Fachleuten, die in Jordanien arbeiteten (sämtlich Ausländer). Im übrigen erregte der Hinweis auf die Schriftrolle «aus purem Gold» meinen Verdacht. Doch der nächste Absatz im Brief ließ mich aufmerken:

Ich lege Ihnen das Photo eines Fragmentes in der Größe von 12,70 cm × 38,10 cm bei, das sich in meinem Besitz befindet und das ich mit in die Staaten nehmen konnte. Es entspricht in der Größe einigen Stücken, wie sie im Rockefeller Museum [das Museum liegt in Ostjerusalem, und die jordanische Altertümerverwaltung hatte dort ein paar Fragmente von Schriftrollen vom Toten Meer ausgestellt] zu sehen sind. Wir mußten für dieses Stück eine Menge Geld bezahlen, viel mehr, als bei den Verhandlungen angesetzt war, da Händler X sehr wohl um den wahren Wert weiß. Für 20000 Dollar kann ich Ihnen dieses Fragment überlassen. Von den übrigen Schriftrollen, die ich beschaffen kann, mißt eine 25,40 cm × 425 cm und besteht aus Gazellenleder, sie stammt aus Höhle I und wurde vor zwölf Jahren zum gleichen Zeitpunkt entdeckt wie diejenigen Rollen, die Sie von Erzbischof Samuel haben. Ungefähr vier weitere könnte ich bis zum 15. November beschaffen. Ihr Preis liegt bei etwa einer Million Dollar pro Stück. Er [Händler X] ist ein hartnäckiger Verhandlungspartner, aber immerhin haben wir das Exklusivrecht auf Monate hinaus. Es ist im übrigen der einzige Weg, auf dem Israel an die Schriftrollen herankommen kann. Wenn Sie in dieser Sache mit mir zusammenarbeiten, werde ich ohne jedes Aufsehen weitermachen ... Die politische Lage in Jordanien ist zur Zeit nicht stabil, so daß wir uns jeden Schritt genau überlegen. Bitte lassen Sie umgehend von sich hören, damit wir mit aller gebotenen Vorsicht weitermachen können.

Diesem Brief lag, wie gesagt, eine Photographie bei.

Eine Million Dollar für eine Schriftrolle! Dieser Preis kam mir astronomisch hoch vor. Aber welchen Preis hat ein Gegenstand, der unbezahlbar ist? Und unbezahlbar für wen? Im Jargon des Marktes konnte man vom Prinzip des «was immer der Handel hergibt!» ausgehen. Was besagte das im Falle der Schriftrollen vom Toten Meer? Als unverzichtbar und «ohne Preis» wurden sie von mittellosen Wissenschaftlern erachtet, die meist bei ihren Regierungen, Universitätsstiftungen oder vermögenden Gönnern nicht die finanziellen Mittel locker machen konnten. Erzbischof Samuel hatte selbst mit den Stiftungen in den USA diese Erfahrungen machen müssen und mir schließlich die Handschriften für einen Bruchteil der Summe verkauft, die er ursprünglich gefordert hatte. Zugegeben, selbst diese Summe war beträchtlich, und ich war nur in der Lage gewesen, die Schriftrollen zu erwerben, weil die israelische Regierung die Bürgschaft für die Bezahlung übernommen hatte, wobei der Preis später von einem Stifter fast gänzlich aufgebracht wurde. Diese glückliche Wendung konnte die Regierung allerdings nicht voraussehen. Sie hatte das ganze Risiko auf sich genommen, weil diese alten hebräischen Dokumente mit ihrem Aussagewert für die frühe Geschichte Israels das ureigenste Interesse dieses Landes berührten.

Dieser Sachverhalt war Mr. Z und Händler X sicher bekannt, und sie konnten auf das Engagement des Staates Israel rechnen, aber selbst für den Staat wäre es nicht leicht gewesen, die geforderten Summen aufzubringen. So teilte ich am 27. September 1960 Mr. Z mit, daß mir die geforderten Preise «märchenhaft hoch» vorkämen im Vergleich zu dem, was ich in der Vergangenheit für ähnliche Stücke bezahlt hätte und was mir erst kürzlich angeboten worden sei. Ich sähe, daß die genannten Preise die des Händlers X seien, da ich aber mit dem Geschäftsgebaren im Orient vertraut sei, dürfte ich wohl von der Annahme ausgehen, daß sich «realistischere Vorstellungen würden verwirklichen lassen».

Was das auf der Photographie abgebildete Fragment angehe, sei ich bereit, «dieses Stück zu kaufen, aber auf keinen Fall für den angegebenen Preis ... denn es ist in verhältnismäßig schlechtem Erhaltungszustand. Mir scheint ein Preis von 6–7000 Dollar angemessen.»

Obwohl man niemals nur aufgrund einer Photographie eine größere Summe für eine komplette Schriftrolle auf den Tisch legen würde, schien es mir doch ratsam, einen bescheidenen Betrag für dieses Fragment zu riskieren. Wenn sich das Fragment als echt erwies – und was die Aufnahme anging, sprach nichts dagegen –, bedeutete der Kauf keinen Verlust. Außerdem konnten auf diese Weise die Behauptungen des Mr. Z über die restlichen Schriftrollen nachgeprüft werden, obwohl ich mir natürlich darüber im klaren war, daß das Stück, auch wenn es echt war, dennoch als Köder in einem Millionen-Dollar-Betrug verwendet werden konnte.

Mit gleicher Post schrieb ich an meinen geschätzten Freund, Professor Albright. Dieser hervorragende amerikanische Wissenschaftler, vielleicht *der* bedeutendste Bibel-Archäologe unseres Jahrhunderts, war indirekt auch schon beim Erwerb der vier Schriftrollen von Erzbischof Samuel behilflich gewesen. Mr. Z hatte ja in seinem ersten Brief darauf verwiesen, daß er auf den Rat des Professors hin an mich schrieb. Ich legte Albright den Fall dar, schrieb von Z's Angebot, fragte, ob er den Mann für zuverlässig halte und ob dessen Offerte wohl ernst zu nehmen sei.

Albright antwortete umgehend. Er kannte Z zwar nicht persönlich, hatte aber mit ihm telefoniert, der Mann schien ihm «die Angelegenheit sehr zielsicher voranzutreiben. Auf meinen Vorschlag hin hat er an Sie geschrie-

Fragment der Psalmen-Schriftrolle, das Mr. Z mit der Post geschickt hatte.

ben, denn in diesen Fällen führt das Unwahrscheinliche manchmal zum lohnenden Ziel.» Albright hatte über einen anderen «Agenten» von ihm gehört, der «im übrigen auch, wie Mr. Z, mit äußerster Vorsicht zu behandeln» sei. Dennoch, fügte Albright hinzu,

kann kein Zweifel darüber bestehen, daß die Beduinen eine Menge Material haben ... auch anderswo ist solches vorhanden, aber die geforderten Preise sind sicher zu hoch. Da Sie ... viel bessere Möglichkeit haben, sich Beirut und Jordanien indirekt zu nähern, als irgendjemand hier, frage ich mich, ob Z sich für Sie lohnt, aber man weiß natürlich nie.

Albrights Brief folgte wenig später ein dickes Packpapier-Kuvert von Mr. Z. Es enthielt einen Brief vom 3. Oktober und – zu meiner Überraschung – das Fragment einer beschrifteten Lederrolle, das Original des Photos. Ich war erstaunt, daß diese Sendung der Post anvertraut worden war.

Überraschungen enthielt auch der Brief. Nach der Mitteilung, daß «das Schriftrollenstück beiliegt, da Sie mir in Ihrem letzten Schreiben die Zahlung von 7000 Dollar zusicherten und in Anerkenntnis der Tatsache, daß der Erhaltungszustand nicht der beste ist», ließ sich Mr. Z über meine Einwände gegen den zu hohen Preis für die vollständige Rolle aus. Ich müsse doch bedenken, daß diese Schriftrollen

viele Leute interessieren werden, wenn bestimmte Barrieren fallen. Premierminister Majali [von Jordanien], der vor wenigen Tagen ermordet wurde, hatte zugestimmt, derartige Schriftrollen gegen Bezahlung von 30000 Dollar ausführen zu lassen. Leider kam er um, bevor er die Angelegenheit perfekt machen konnte. Gegenwärtig laufen Verhandlungen mit XXX [hier stand der Name eines hohen Würdenträgers von Jordanien, der vermutlich noch am Leben ist und den ich daher nicht nennen möchte] ... Wenn die notwendigen Details ausgearbeitet sind, werden die Leute in der ganzen Welt Schlange stehen, um in den Besitz solcher Schriftrollen zu gelangen ...

Mr. Z spielte damit darauf an, daß nach dem weitverbreiteten Interesse an den Schriftrollen vom Toten Meer nach der ersten Entdeckung von 1947 und den hohen Preisen, die sie erzielten, gewisse hohe Beamte der jordanischen Regierung Genehmigungen für den Verkauf und die Ausfuhr der Schriftrollen erteilten.

Eine Bemerkung in meinem ersten Brief aufgreifend schrieb Z: «Ich weiß natürlich nicht, welche Offerten Sie in letzter Zeit erhalten haben, aber sicher handelt es sich nicht um ein Angebot von zehn Rollen der Art, wie sie mir vollständig zur Verfügung stehen.» Dann erwähnte er eine bestimmte Schriftrolle, die, wie er schrieb (irrtümlich, wie sich dann herausstellte) in der gleichen Höhle gefunden worden sei wie diejenigen, die ich von Erzbischof Samuel erworben hatte. Wenn »wir hinsichtlich dieses Exemplars handelseinig werden könnten, wäre ich sicher, daß wir auch die Einzelheiten zu den neun restlichen aushandeln könnten. Dieses spezielle Objekt, das ich Ihnen binnen dreißig Tagen liefern kann, ist im Vergleich zu allen bisher bekannten Stücken in bestem Zustand. Die Maße betragen 25,40 cm × 425 cm (diese Angabe erwies sich ebenfalls als ungenau). Über den Preis können wir verhandeln, aber meiner Meinung nach dürfte er nicht unter ½ Million Dollar liegen. Die Schriftrolle besteht aus Gazellenleder und ist bestens erhalten.» (Später stellte sich heraus, daß der alleinige Gegenstand unseres Briefwechsels diese *eine* Schriftrolle gewesen war, andere hatte es niemals gegeben.)

Dann folgten Details, wie der Handel zum glücklichen Ende zu bringen sei:

> Ich werde Sie telegraphisch benachrichtigen, damit wir uns am 31. Oktober in Genf im Hotel Richmond treffen können. Dort können Sie die Schriftrolle prüfen, und wir haben Gelegenheit, über die Finanzen zu sprechen. Wenn wir in dieser Sache handelseinig werden, bringe ich innerhalb von dreißig Tagen mehr. Ich erkenne jetzt, daß Sie mit der Materie wirklich vertraut sind. Sie werden aber sicher auch einsehen, daß die Kosten inzwischen nicht unerheblich angestiegen sind. Bitte teilen Sie mir Ihre Meinung hinsichtlich der ersten Rolle sofort mit, da ich Ende des Monats in Genf sein werde.

Der Brief schloß mit der Bitte, für das Pergament-Stück einen Scheck in Höhe von 7000 Dollar auf seinen Namen auszustellen. Im übrigen wurde mir der Mund wäßrig gemacht mit dem Hinweis «auf die Möglichkeit, daß es sich insgesamt um 15 Schriftrollen» handeln könnte. Z versicherte, daß er die «Situation völlig unter Kontrolle» habe und daß er «sein Bestes tun werde», um «in Übereinstimmung mit Ihnen angesichts des enormen Werts einen realistischen Preis zu erzielen».

Als ich das Schriftrollen-Fragment ausgewickelt hatte und mich über die Schriftzüge beugte, gingen meine Gedanken zu einem Abend in Jerusalem Ende November 1947 zurück, als mein Vater zum ersten Mal über ein ähnliches Stück einer hebräischen Handschrift vom Toten Meer sprach,

Links: *Professor Sukenik beim Studium der Texte aus dem Altertum. Er war der erste Gelehrte, der das Alter und die Bedeutung der Handschriften vom Toten Meer erkannte* (© Fred Csasznik).
Rechts: *Das erste Fragment einer Schriftrolle vom Toten Meer, das ein Wissenschaftler zu Gesicht bekam. Es wurde dem verstorbenen Professor E. L. Sukenik über einen Stacheldrahtzaun hinweg gezeigt und erwies sich als Teil der Danksagungsrolle.*

deren Geheimnisse er zu ergründen suchte. Mein Vater war Elazar Sukenik, Professor für Archäologie an der Hebräischen Universität von Jerusalem (Jahre später wurde ich sein Nachfolger auf dem Lehrstuhl). Damals war ich Operationschef der Haganah, der jüdischen Untergrund-Verteidigungsorganisation während der britischen Mandatszeit in Palästina. (Mein hebräischer Deckname in der Untergrundbewegung war Yadin, und dieses Pseudonym behielt ich nach der Gründung des Staates Israel im Mai 1948 bei.)

Mein Vater hatte als erster die Echtheit und das wahre Alter der Schriftrollen vom Toten Meer erkannt und auch als erster auf die mögliche Identität der Qumransekte mit den Essenern hingewiesen. Er war überhaupt der erste Wissenschaftler, der sich mit den Schriftrollen befaßte.

Das Fragment, von dem er mir an jenem denkwürdigen Novemberabend erzählte, hatte er unter Bedingungen kennengelernt, die weitaus abenteuerlicher und gefährlicher waren als die Begleitumstände meiner Erwerbung. Als er in der letzten Novemberwoche 1947 zur Vorlesung erschien, fand er eine Nachricht vor, daß er dringend einen armenischen Freund anrufen solle. In Palästina herrschten damals unsichere Zeiten. Die Abstimmung in den Vereinten Nationen, wonach mit Ablauf der britischen Mandatszeit der Staat in einen jüdischen und einen arabischen Teil zerfallen sollte, war jeden Tag zu erwarten. Die Araber wandten sich gegen diese Resolution, und so war mit dem Ausbruch von Unruhen zu rechnen. Namentlich in Jerusalem mit seiner gemischten Bevölkerung bestanden erhebliche Spannungen, und die britischen Behörden hatten Sicherheitssperren errichtet, um die beiden Bevölkerungsteile auseinanderzuhalten. Nur mit einem von den Militärbehörden ausgestellten Passierschein durfte man von einem in das andere Gebiet überwechseln. Mein Vater wohnte im jüdischen Sektor, sein armenischer Freund im arabischen.

Der Armenier war Antiquitätenhändler. Als mein Vater ihn anrief, sagte er ihm, daß er etwas äußerst Wichtiges mit ihm zu besprechen habe, eine Angelegenheit, die sich telephonisch nicht erledigen ließe. Sie müßten sich schnellstens treffen, Zeit für die Beantragung eines Passierscheines bestünde nicht. Darauf schlug mein Vater vor, daß sie sich ja an der Sektorengrenze über den Stacheldraht hinweg unterhalten könnten.

So kam also folgende merkwürdige Szene zustande, daß meinem Vater auf der einen Seite des Zaunes von dem Armenier auf der anderen Seite nach kurzer Begrüßung ein Stückchen Pergament entgegengehalten wurde. Durch die Stacheldrahtrollen hindurch erkannte mein Vater althebräische Schriftzeichen, wie man sie ähnlich auf steinernen Beinhäusern bei Ausgrabungen im Bereich von Jerusalem gefunden hatte. Auf Leder war ihm diese Schrift allerdings noch nie begegnet. Mit unverhohlener Aufregung und voller Neugier schaute er seinen Freund an, und der Armenier, dem die Reaktion meines Vaters außerordentlich zu gefallen schien, erzählte ihm nun, wie er zu diesem Stückchen Pergament gekommen sei.

Das Fragment war ihm am Tage zuvor von einem alten arabischen Kunsthändler aus Bethlehem gebracht worden, der erklärte, daß Beduinen mit mehreren Pergamentrollen bei ihm aufgetaucht seien, die sie hätten verkaufen wollen. Die Rollen stammten angeblich aus einer Höhle am Ufer des Toten Meeres, nicht weit von Jericho entfernt. Der arabische Händler wollte von seinem armenischen Kollegen wissen, ob die Rollen echt seien, und letzterer wandte sich nun an meinen Vater. Ob mein Vater denn die Schriftrollen für das Museum Jüdischer Altertümer der Hebräischen Universität kaufen wolle, falls sie sich als echt herausstellen sollten, fragte der Armenier.

Mein Vater erzählte mir später, daß ihm für einen Augenblick der Gedanke durch den Kopf gegangen sei, ob es sich nicht tatsächlich um Fälschungen handele. Aber je länger er das Fragment betrachtet habe, desto mehr habe sich seine Überzeugung gefestigt, daß er es mit einem Antikenfund zu tun habe, und so nahm er das Risiko auf sich, die Schriftrollen für die Universität anzukaufen. Er bat seinen armenischen Freund, umgehend weitere Beispiele der Pergamentrollen aus Bethlehem zu beschaffen und ihn nach seiner Rückkehr von dort anzurufen. Mein Vater werde inzwischen einen Passierschein beantragen, so daß er den Armenier dann in seinem Laden aufsuchen könne, um die Stücke eingehender zu untersuchen.

Am 27. November erfolgte der Anruf des Armeniers, und mein Vater eilte mit seinem Passierschein auf die andere Seite. So saß er schließlich im Laden des Händlers und versuchte, den Text zu entziffern. Er fand ihn völlig in Ordnung, und die Schriftzeichen schienen den Buchstaben auf den Stein-Ossuarien noch ähnlicher als bei erster flüchtiger Betrachtung. Er war überzeugter denn je, daß es sich um antike Schriftrollen handelte. Am nächsten Tag wollte er mit dem Armenier nach Bethlehem fahren, um mit dem arabischen Händler über den Erwerb zu verhandeln.

Es war der Abend des 28. November, an dem ich meinen Vater besuchte und er mir von den Schriftrollen erzählte. Als höherer Offizier der Haganah war ich nach Jerusalem gekommen – das Haganah-Hauptquartier befand sich in Tel Aviv –, um zu überprüfen, ob die jüdische Bevölkerung auf mögliche Übergriffe der Araber vorbereitet sei. Nachdem ich einige Stunden lang mit einem dort stationierten Haganah-Kommandeur die Stadt inspiziert hatte, stattete ich, bevor ich nach Tel Aviv zurück mußte, meinen Eltern einen Besuch ab. Ich traf meinen Vater in seinem Arbeitszimmer an, und als er von dem Pergament aufblickte, funkelten seine Augen vor Aufregung. Ohne Überleitung schoß er seine Fragen auf mich ab: «Was meinst du, soll ich nach Bethlehem fahren? Ich werde es auf jeden Fall tun. Gleich morgen früh! Was sagst du dazu?»

Ich konnte mir denken, daß er eine wichtige archäologische Entdeckung gemacht hatte, denn er war dann immer sehr aufgeregt, aber ich hatte keine Vorstellung, was es diesmal sein könnte. Nur kurz zuvor war er von einer Vortragsreise aus den USA zurückgekehrt und hatte seine Ausgrabungen noch nicht wieder aufgenommen. Was also konnte er entdeckt haben? Da ich im Hauptquartier zurückerwartet wurde und keine Zeit hatte, selbst das Rätsel zu lösen, bat ich meinen Vater, mir doch alles ganz von vorn zu erzählen.

Hastig und ein bißchen wirr berichtete er dann von dem Armenier, dem Araber in Bethlehem, den Beduinen, den Fragmenten und vor allem von den Schriftrollen, von denen die Fragmente stammten und die er bereits in Reichweite sah. Er war der festen Überzeugung, daß er sie als ewiges jüdisches Erbe sichern könne, wobei der historische Zeitpunkt eine besondere Rolle spielte: Falls durch die UNO-Resolution die Souveränität der Juden über Palästina nach fast zweitausend Jahren wiederhergestellt werden sollte, so entsprach dieser Zeitraum genau dem Alter der Schriftrollen.

Als ich meinem Vater zuhörte, vergaß ich, wie ich zugebe, die Verteidigungsprobleme und fühlte mich aus dem Jerusalem von 1947 in das Qumran der fernen Vergangenheit zurückversetzt. Mit seiner Frage aber «Soll ich nach Bethlehem fahren?» brachte mich mein Vater abrupt in die Wirklichkeit zurück, denn unsere Unterhaltung fand genau an dem Tag statt, an dem er mit dem Armenier hatte reisen wollen, um die Kaufverhandlungen einzuleiten. Warum hatte er seinen Plan nicht ausgeführt? Er erklärte:

Ich glaube, ich war recht dumm. Ich war gestern so aufgeregt, als ich nach Hause kam, daß ich deiner Mutter alles berichtet und ihr auch erzählt habe, daß ich nach Bethlehem wollte... Da hättest du sie aber hören sollen! Ob ich denn verrückt sei, in dieser unruhigen Zeit eine so gefährliche Reise durch arabisches Gebiet zu machen. Und so sagte ich dem Armenier ab. Ich kann aber nicht herumsitzen und nichts unternehmen, also was soll ich tun? Soll ich fahren?

Was sollte ich darauf antworten? Als Archäologe fühlte ich, daß man die Gelegenheit zum Erwerb dieser außergewöhnlichen Dokumente nicht versäumen durfte. Als Soldat wußte ich aber sehr wohl um die Gefahren einer Reise ins arabische Bethlehem. Als Sohn war ich hin- und hergerissen.

Links: *Die Schriftrolle über den Krieg der «Söhne des Lichts wider die Söhne der Finsternis», eine militärische Anleitung für den Krieg «am Ende der Tage», eine der drei Schriftrollen, die von Professor Sukenik erworben wurde.*
Rechts: *Die Danksagungsrolle vor ihrer Entrollung. Eine weitere der drei Rollen, die von Professor Sukenik erworben wurden. Der in der Ich-Form abgefaßte Text erinnert an die Psalmendichtung und könnte vom Gründer der Qumran-Sekte, dem «Lehrer der Gerechtigkeit», stammen.*

Schließlich riet ich ihm, nicht zu fahren. Die UNO-Resolution sollte in der kommenden Nacht zur Abstimmung kommen, und die Angriffe der Araber konnten sofort einsetzen, falls sie wie oben angegeben ausfallen würde. Mit diesen Einwänden verließ ich meinen Vater und kehrte ins Hauptquartier zurück.

Mehr als einen Monat später kam ich erneut durch Jerusalem – eine Gruppe von Kibbuzim in der Umgebung war schweren Angriffen der Arabischen Legion ausgesetzt – und sah meinen Vater wieder. Da erfuhr ich, daß er sich seinerzeit tatsächlich morgens aus dem Haus gestohlen hatte, ohne meine Mutter zu informieren, sich mit dem Armenier getroffen hatte, mit ihm bei dem arabischen Händler in Bethlehem gewesen und auch schon über die drei Schriftrollen, die man ihm angeboten hatte, handelseinig geworden war. Es kam heraus, daß er spät nachts am 28. November Nachrichten gehört und auf diese Weise erfahren hatte, daß die Entscheidung über die UNO-Resolution auf die folgende Nacht verschoben worden war. Da er fest überzeugt war, daß es zu Tätlichkeiten erst nach der Abstimmung kommen werde, beschloß er, die Chance zu nutzen und sich am nächsten Tag aufzumachen. Die Reise in einem arabischen Bus hätte gefährlich werden können. (Der Armenier gestand meinem Vater später, daß er vor Angst gezittert habe, weil er seinen jüdischen Freund auf diese gefährliche Tour mitgenommen hatte.) Alles verlief jedoch glatt. Mein Vater war gerade noch rechtzeitig gekommen, denn ein paar Stunden nach seiner Rückkehr nach Jerusalem, am Abend des 29. November, wurde die UNO-Resolution angenommen, und in den Straßen Jerusalems brachen Jubel und Tanz aus, obwohl man wußte, daß der darauffolgende Tag Kämpfe bescheren konnte. So geschah es auch. Die Kontakte zwischen dem jüdischen und dem arabischen Sektor wurden fast gänzlich unterbrochen.

Dennoch trat zwei Monate später ein Bekannter aus dem arabischen Sektor mit meinem Vater in Verbindung und bat um ein baldiges Zusammentreffen. Da das Wort «Schriftrollen» fiel, war mein Vater bereit, das Risiko einzugehen. Bei dem Treffen zog der Mann vier Schriftrollen hervor und fragte meinen Vater, ob er sie kaufen wolle. Es handelte sich um einen christlichen Araber, Mitglied der syrisch-orthodoxen Gemeinde. Seinem Kirchenoberhaupt, Erzbischof Athanasius Samuel, gehörten die Schriftrollen. Er habe sie von einem Beduinen aus dem Stamme der Taamira gekauft. (Leute von diesem Stamm hatten auch die drei Schriftrollen an den Händler in Bethlehem verkauft, von dem hinwiederum mein Vater sie erworben hatte.) Nach kurzer Prüfung befand mein Vater die vier Schriftrollen für echt. Sie hatten offenbar die gleiche Herkunft wie diejenigen, die er schon besaß. Bei einer der Rollen handelte es sich um eine Jesaja-Handschrift, die in besserem Zustand war als diejenige aus dem zuerst erworbenen Konvolut. Er sagte dem Abgesandten des Erzbischofs den Erwerb für die Hebräische Universität zu, doch müsse er die Pergamentrollen zu genauerer Untersuchung mit nach Hause nehmen. Der Emissär stimmte zu, und sie verabredeten sich auf ein paar Tage später, um den Kauf perfekt zu machen.

Bei dieser Zusammenkunft tat sich jedoch nichts Entscheidendes, der Abgesandte des Erzbischofs zeigte sich unentschlossen. Schließlich schlug er vor, sich eine Woche darauf gemeinsam mit dem Erzbischof im Jugoslawischen Konsulat zu treffen. Zeit und Ort sollten aber noch endgültig festgelegt werden. Mit tiefem Bedauern gab mein Vater die Schriftrollen zurück, und man trennte sich.

Es sollte das letzte Mal gewesen sein, daß mein Vater die Schriftrollen und den Boten sah. Das nächste Treffen wurde nie verabredet. Nach Monaten erfuhr mein Vater, daß der Erzbischof zum Verkauf der Schriftrollen nicht bereit sei. Später sickerte durch, daß der Erzbischof durch den Kontakt zu meinem Vater nur hatte feststellen wollen, ob die Stücke wirklich echt seien. Mit seinem Kaufangebot hatte mein Vater die beste Bestätigung geliefert. Darauf rieten amerikanische Wissenschaftler dem Kirchenmann, daß er in den USA einen viel höheren Preis erzielen könne, und dorthin nahm er die Schriftrollen auch mit.

Zu Beginn des Jahres 1953 starb mein Vater. Bei Durchsicht seiner Papiere fand ich, nachdem die vier Schriftrollen außer Reichweite gelangt waren, folgende Niederschrift in seinem Tagebuch: «Dem jüdischen Volk ist damit ein wertvolles Erbe entgangen.» Doch nicht auf immer; denn die Dokumente gelangten durch Zufall doch noch nach Jerusalem, gemeinsam mit den drei Handschriften, die er bereits gekauft hatte.

Im darauffolgenden Jahr, es war Ende Mai 1954, wurde ich von Professor Albright zu einem Vortrag an der John-Hopkins-Universität in Baltimore eingeladen. Bei den ersten drei Schriftrollen handelte es sich um ein Jesaja-Manuskript und zwei nichtbiblische Schriften der Essener, den «Krieg der Söhne des Lichts wider die Söhne der Finsternis» und die «Danksagung». Bis zu seinem Tode hatte mein Vater an den Schriften gearbeitet, und ich selbst hatte auf Bitten der Hebräischen Universität die Entzifferung und Untersuchung des «Kriegs»-Manuskriptes übernommen, nachdem ich meinen Posten als Generalstabschef der Israelischen Armee aufgegeben und meine archäologische Laufbahn wieder aufgenommen hatte. Gegenstand meines Vortrages in den USA waren also unsere gemeinsamen Studien.

Als ich im Anschluß an meinen Vortrag mit Professor Albright sprach, erfuhr ich, daß Erzbischof Samuel mit dem Preis für seine Schriftrollen erheblich heruntergegangen war: Aus «einigen Millionen» war «etwa eine halbe Million Dollar» geworden, und selbst für diesen Preis habe er noch keinen amerikanischen Käufer gefunden. Die Frage, ob ich wohl eine Chance hätte, die Schriftrollen für Israel zu erwerben, bejahte der Professor: Er werde sich um die Adresse des Erzbischofs kümmern. Darauf gab ich ihm zu bedenken, daß es Schwierigkeiten geben könne, wenn ich mich direkt an den Erzbischof wandte. Agenten aus einem der arabischen Staaten würden ihn vielleicht daran hindern, die Schriftrollen an Israel zu verkaufen. Jordanien hatte ihn bereits als Schmuggler und Verräter beschimpft, und er würde weitere Schwierigkeiten vermeiden wollen.

Ich verabschiedete mich von Albright und dachte auf dem Rückflug nach New York über die «Möglichkeit» nach, von der er gesprochen hatte: nämlich die Schriftrollen für Israel zu erwerben.

Ein paar Tage später machte mich ein befreundeter Journalist, Monty Jacobs, auf eine winzige Annonce im Wall Street Journal aufmerksam. Unter der Überschrift «Vier Schriftrollen vom Toten Meer» las ich: «Bibel-Manuskripte aus der Zeit um 200 v. Chr. zu verkaufen ... geeignet als Stiftung einer Person oder einer Gruppe für eine religiöse oder wissenschaftliche Institution.» Darauf folgte eine Chiffre.

So unmittelbar nach meinem Gespräch mit Albright konnte ich kaum glauben, was ich da las. Seine Ansicht, daß der Erzbischof mit dem Verkauf der Manuskripte Schwierigkeiten hatte, schien sich zu bestätigen, denn sonst wäre dieser kaum auf eine Zeitungsannonce verfallen. Ich zweifelte nicht daran, daß es sich um die vier Pergamentrollen handelte, die der Abgesandte des Erzbischofs im Februar 1948, mehr als sechs Jahre zuvor, meinem Vater in Jerusalem gezeigt hatte. Nachdem mein Vater die Stücke seinerzeit nicht bekommen konnte, wandten sich der Erzbischof und sein Bote an die American School of Oriental Research in Jerusalem unter Leitung von Professor Millar Burrows von der Yale University. Als der Erzbischof im Januar 1949 in New York eintraf, überzeugten ihn die Wissenschaftler der American School von der Notwendigkeit einer Faksimile-Ausgabe. Professor Burrows und seine Kollegen brachten drei der Manuskripte heraus. (Obwohl die Yale Divinity School, die den Kauf der Schriftrollen in Betracht gezogen hatte, sich letztlich doch nicht dazu entschloß.)

Ich antwortete sofort auf die Anzeige im Wall Street Journal, obwohl ich wenig Hoffnung hatte, daß der Metropolit antworten würde, wenn er meinen Namen sah. Darum hatte ich mich auch mit einem verwandten New Yorker Geschäftsmann beraten, auf welche Weise ein weiterer Kontakt zu knüpfen wäre, der keine Beziehungen zu Israel erkennen lasse. Er arrangierte die Sache so, daß seine Bank «im Auftrag eines unserer Kunden» um weitere Details über die Schriftrollen ersuchte und um Nachricht bat, wie die Echtheitsprüfung erfolgen solle. Der Brief mit meinem Absender wurde niemals bestätigt, die Bank aber erhielt schon nach wenigen Tagen ein Schreiben von «Charles

Manoog, Treuhänder für vier Schriftrollen vom Toten Meer». Am 11. Juni, nach intensiven Verhandlungen zwischen meinem Mittelsmann und Mr. Manoog, der im Auftrag des «Metropoliten Athanasius Samuel vom Kloster Sankt Markus, des Oberhauptes der Syrisch-Orthodoxen Kirche in Jerusalem» zu sprechen behauptete, kam man überein, daß die Schriftrollen eine Viertelmillion Dollar kosten sollten. Die Rechtsanwälte beider Seiten sollten einen Kaufvertrag aufsetzen, der Metropolit werde persönlich zur Unterschriftenzeremonie erscheinen.

Da erst wurde mir klar, daß ich ja das Geld gar nicht hatte. Allerdings hoffte ich zuversichtlich, unter den jüdischen Freunden in New York einen großherzigen Spender zu finden. Aber das konnte Zeit kosten, und damit wäre die Gefahr gewachsen, daß man unsere wahre Identität herausbekam und einer der arabischen Staaten einschritt. Jüdische Freunde waren zu einer Anleihe bereit, falls die Regierung von Israel dafür bürgte. Auf mein Kabel an das Büro des Premierministers erhielt ich binnen 48 Stunden die Antwort: «Premier- und Finanzminister erfreut über fabelhafte Gelegenheit. Bürgschaftszusicherung unterwegs. Massel Tow.»

Am 1. Juli, einen Monat nach dem Erscheinen der Zeitungsannonce, trafen sich der Metropolit und Mr. Manoog mit meinem Mittelsmann im New Yorker Waldorf-Astoria Hotel. Die Anwälte beider Parteien waren ebenfalls anwesend. Die Schriftrollen lagen im Hotel-Tresor. Auf meine Bitte hin hatte mein Freund, der Schriftrollen-Experte Professor Harry Orlinski, die Rolle des Gutachters übernommen. (Es war verabredet, daß er sich als Mr. Green vorstellen sollte.) Ich erwartete sein Urteil in meinem Zimmer. Schließlich kam sein Anruf: Alles in Ordnung!

Die «Gemeinderegel», eine der wichtigsten Sekten-Handschriften. Der Text enthält die Regeln, nach denen die Sekte vom Toten Meer bei Qumran, die früheste bekannte Klostergemeinde, leben mußte.

In seinem Gutachten hieß es:

Heute nachmittag habe ich vier Schriftrollen vom Toten Meer geprüft, welche Gegenstand von Verhandlungen ... mit dem Vertreter des Metropoliten der Syrischen Kirche von Jerusalem, Samuel, waren. Ich habe die Schriftrollen begutachtet und soweit möglich mit den Abbildungen in der Veröffentlichung der American School of Oriental Research ... herausgegeben von Professor Millar Burrows, verglichen. Mit Genugtuung nehme ich zur Kenntnis, daß die vorliegenden Schriftrollen dieselben Stücke sind wie die in dem Werk von Professor Burrows abgebildeten.

Einschränkend fügte er hinzu, daß das «rechte Fragment der ersten Seite einer der Schriftrollen» fehle. Ich wies meinen Mittelsmann an, die Angelegenheit deswegen nicht zu verzögern, falls der Metropolit zustimmte, das fehlende Stück zu schicken. Dies sicherte er verbindlich zu.

Kurz danach wurde ich mit Samuel Gottesman, einem New Yorker Industriellen und großzügigen Mäzen, bekannt. Er übernahm den Haupt-

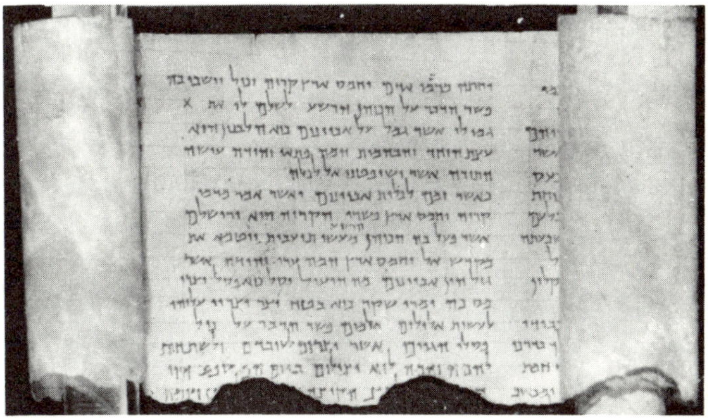

Oben: *Der Habakuk-Kommentar, die ungewöhnliche Deutung eines biblischen Buches. Darin wird der «verruchte Priester» verdammt, weil er den «Lehrer der Gerechtigkeit» verfolgt.*
Links und unten: *Das aramäisch geschriebene «Genesis Apokryph» ergänzt den frühen Bericht der biblischen Schöpfungsgeschichte um ausschmückende Erzählungen und Einzelheiten.*

anteil für den Preis der Schriften, weil er die Dokumente für außerordentlich bedeutsam hielt und größtes Interesse an der israelischen und jüdischen Geschichte und Kultur hatte. Außerdem beeindruckte ihn der Inhalt eines Briefes von Albright, dem ich den Kauf telephonisch mitgeteilt hatte. Albright schrieb: «Meiner Meinung nach haben Sie ein vorteilhaftes Geschäft gemacht... Abgesehen einmal vom Wert der drei Schriftrollen (die Albright ja von der Faksimile-Ausgabe her kannte), ist vor allem die Einzigartigkeit der vierten hervorzuheben.» Das war diejenige, die der Metropolit nicht zur Publikation freigegeben hatte. Ein Fragment aber war abgetrennt worden, und daher wußte man, daß sie in aramäischer Sprache geschrieben war. «Die Bedeutung», so fuhr Albright in seinem Brief fort, «dieser Rolle, die noch nicht entrollt worden ist, liegt in der Tatsache, daß sie einen langen Text in jüdischem Aramäisch aus den letzten beiden Jahrhunderten der Periode des Zweiten Tempels (Ende des 2. Jh. v. Chr. – zweite Hälfte des 1. Jh. n. Chr.) zugänglich machen wird. Sie wird überdies für die Geschichte der biblischen jüdischen religiösen Literatur von größter Bedeutung sein.»

Speziell für die Schriftrollen richtete die israelische Regierung den «Schrein der Schrift» ein, um darin neben diesen andere antike Schriften unterzubringen und gleichzeitig ein Zentrum für die Erforschung biblischer Schriften und Schriftrollen für Forscher aus aller Welt zur Verfügung zu stellen. Nach dem Tode von Samuel Gottesman übernahmen seine Kinder die Verpflichtung, das Zentrum zur Erinnerung an ihre Eltern zu errichten. Der «Schrein der Schrift» stellt heute einen der eindrucksvollsten Pavillons im Gebäudekomplex des Israel Museums dar. Seine wertvollsten Exponate sind die ersten sieben Schriftrollen vom Toten Meer sowie jene, von der dieses Buch handeln wird.

2. Aussichtslos

Nie hatte mich die Hoffnung verlassen, daß diese sieben Schriftrollen um weitere würden vermehrt werden können, und meine Hoffnung erhielt neue Nahrung, als der Brief von besagtem Mr. Z aus Virginia eintraf. Im Jahre 1960 schienen die Chancen sogar größer denn je. Der Fund der sieben Handschriften in der Höhle in Qumran, 1947, führte zu einer fieberhaften Suche nach weiteren Schriftrollen in anderen Höhlen des Gebietes. Sowohl die Beduinen, die die ersten Schriften durch Zufall gefunden hatten, als auch Wissenschaftler, die systematische Ausgrabungen durchführten, waren am Werk.

Die Beduinen verkauften gewöhnlich ihre Qumran-Funde «unter der

Hand» an Händler; denn Privatbesitz von Altertümern aus dem Lande ohne behördliche Erlaubnis war verboten. Auch die Funde der Wissenschaftler wären in das Eigentum der jordanischen Altertümerverwaltung übergegangen. Nach den Bestimmungen Jordaniens konnten in keinem der beiden Fälle Schriftrollen außer Landes gelangen, es sei denn, man umging diese Bestimmungen – worauf Mr. Z's Brief anspielte. (Ähnliche Bestimmungen gibt es im übrigen in fast allen Ländern, in denen Altertümer gefunden werden.) Die Händler, die von Beduinen beliefert wurden, verkauften heimlich weiter; die Käufer waren Nicht-Jordanier. Es konnten Jahre vergehen, bevor sich für einen Händler eine günstige Gelegenheit ergab, einen hohen Profit zu erzielen, aber das Warten lohnte sich. (Diese Taktik wirkte sich allerdings häufig schädlich für die Objekte aus, denn sie wurden falsch aufbewahrt und nicht ausreichend vor Feuchtigkeit und Insekten geschützt.)

Was die Wissenschaftler anbelangt, so waren bisher alle Schriftrollenexperten Ausländer – jordanische Archäologen von einigem Ansehen gibt es bis heute nicht. Sie erhielten gewöhnlich die Erlaubnis, ihre Forschungsergebnisse zu publizieren, aber die Schriftrollen durften nicht aus Jordanien ausgeführt werden. Ihre Forschungsarbeit hatten sie an dem Ort zu leisten, wo die Schriftrollen aufbewahrt wurden, und das war das Rockefeller Museum in Ost-Jerusalem, damals, wie Qumran auch, auf jordanisch besetztem Territorium gelegen.

Zu dem Zeitpunkt, als mir Mr. Z schrieb, waren zwei weitere bedeutende Funde im Gebiet von Qumran gemacht worden. Die Funde von 1947, bestehend aus den sieben Rollen, stammten aus der Qumran-Höhle Nr. 1, wie man sie später nannte. 1954 entdeckten Wissenschaftler dann eine größere Anzahl von Schriftrollen-Fragmenten und auch größere Teile von Schriftrollen in Höhle 4. Und 1956 stießen Beduinen in Höhle 11 auf einen ansehnlichen Fund. Es hieß, daß die Pergamentrollen praktisch vollständig erhalten seien. Nicht bekannt war dagegen, ob sie alle bei der Altertümerverwaltung abgeliefert worden waren oder ob einige nicht vielmehr ihren Weg zu einem privaten Kunsthändler gefunden hatten. Der Fachwelt zugänglich blieb lediglich das von Wissenschaftlern in Jordanien veröffentlichte Material, und das war bis zum Jahre 1960 wenig genug.

Die Schriftrollen, von denen Mr. Z in seinen Briefen sprach, schienen mir zu den Funden aus den Höhlen 4 und 11 zu gehören. Ich konnte mir allerdings nicht vorstellen, daß sie zum Verkauf standen, denn an einigen von ihnen arbeiteten die Fachgelehrten noch. In seinem Brief vom 3. Oktober 1960 aber hatte Mr. Z vor allem auf eine Rolle hingewiesen, die ich angeblich «innerhalb von dreißig Tagen» haben könne, und zwar zu einem Preis von einer halben Million Dollar. Der Erwerb einer einzigen Rolle schien mir durchaus im Bereich des Möglichen zu liegen.

Ich entschloß mich daher zu einer sofortigen Antwort auf seinen Brief, um weiterhin mein Interesse zu bekunden, noch bevor ich das Fragment, das mir zeigen sollte, ob er wirklich Schriftrollen vom Toten Meer besorgen konnte, gründlich untersucht hatte.

Am 9. Oktober teilte ich ihm mit, ich werde ihm einen Scheck über 7000 Dollar für das Fragment zukommen lassen, ich rechne jedoch kaum damit, für die über 4 m lange Rolle 500000 Dollar aufbringen zu können. Natürlich glaubte ich fest daran, daß ich einen großzügigen Spender finden würde, aber als Verhandlungsbasis müsse die Summe dienen, die ich dem Metropoliten für seine vier Rollen bezahlt habe. Ich erinnerte Mr. Z daran, daß diese Manuskripte von eminenter Bedeutung seien, eine davon immerhin 2,50 m lang und ungewöhnlich gut erhalten. Es habe daher keinen Sinn, ein Treffen zu vereinbaren, bevor er mir nicht zusichern könne, daß der Besitzer diese Verhandlungsbasis akzeptiere.

Mr. Z reagierte sehr schnell. Schon am 29. Oktober schrieb er aus New York, daß er auf dem Wege nach Übersee sei und fragte an, ob wir uns in Neapel treffen könnten, seiner ersten Anlaufstelle in Europa. Er werde von Neapel nach Beirut fliegen, darauf in den jordanischen Teil Jerusalems reisen und schließlich nach Genf. Zu meiner Anfrage hinsichtlich der Verhandlungsgrundlage für den Preis äußerte er sich nicht. Er nahm nur insofern darauf Bezug, als er andeutete, daß ich die vier Schriftrollen zu einem Spottpreis erworben hätte: «Der Metropolit Samuel hat mir später erzählt, daß Mr. Gottesman [der Spender, der den Löwenanteil der 250000 Dollar bestritten hatte] auch 2 Millionen Dollar bezahlt hätte.» Darüber hinaus erfuhr ich, daß er noch weitere Rollen anzubieten habe und daß es im übrigen «weitere Interessenten» gebe, u. a. ein «Museum in der Schweiz, das über das Geld verfügt».

Nach dieser enttäuschenden Antwort ließ ich die Angelegenheit eine Weile ruhen, ohne daß sie mir aus dem Sinn kam, denn fast einen ganzen Monat lang beschäftigte ich mich mit dem Fragment, das ich für den «Schrein der Schrift» erworben hatte. Ich ließ das schmutzverkrustete Pergamentstück mit einer Infrarot-Kamera photographieren. Nach dieser Vorlage konnte ich die Entzifferung bis Ende November abschließen. Dann brachte ich das Fragment zu James Bieberkraut, dem Restaurator, der schon für meinen Vater gearbeitet hatte. Nach der Reinigung und erneuten Infrarot-Aufnahmen konnte ich die Entzifferung verbessern und inhaltlich zu einem klareren Verständnis kommen. Es handelte sich zweifelsfrei um das Fragment einer Qumran-Rolle, und dies bestärkte mich in der Überzeugung, daß Händler X, mit dem Mr. Z angeblich in Verbindung stand, in der Tat alte Dokumente besitzen könne. Da das Fragment von Interesse für die Schriftrollen-Forschung war, erwog ich die Veröffentlichung meiner Untersuchungsergebnisse in einer Fachzeitschrift. Als ich aber mit Mr. Z zusammentraf, bat er mich, dies um einige Jahre zu verschieben. Ich stimmte zu. Niemals hätte ich mir vorstellen können, unter welch sensationellen Begleitumständen es eines Tages zu einer Veröffentlichung kommen sollte.

Inzwischen ging die Korrespondenz zwischen Mr. Z und mir weiter. Da er sich öfter in arabischen Ländern des Vorderen Orients aufhielt, die jeden Kontakt mit Israel verboten, vereinbarten wir, daß er über einen Freund in London mit mir in Verbindung bleiben konnte.

Aus seinen Briefen versuchte ich zu rekonstruieren, was sich tatsächlich zwischen ihm und seinen Kontaktpersonen in Jordanien abspielte. Er schien mir recht leichtgläubig zu sein und die Geschichten der Händler und Regierungsbeamten für bare Münze zu nehmen. Allerdings war offensichtlich – und bei einem Treffen mit Mr. Z erhielt ich die Bestätigung –, daß er tatsächlich mit Regierungsbeamten in Verbindung stand, darunter Persönlichkeiten am Königshof, die ihm zu verstehen gegeben hatten, daß sogar Schriftrollen aus dem Antikenmuseum zum Kauf angeboten würden. Das erklärte, warum sich die Zahl der angebotenen Rollen von Brief zu Brief änderte. Einen absoluten Höchststand erreichte sie in einem Brief vom 11. Februar 1961 aus dem Hotel Excelsior in Beirut. Darin standen mehr als zwanzig Rollen zur Auswahl. Der Brief begann mit der Ankündigung «guter Nachrichten». Gleichzeitig aber sei die früher genannte einzelne Schriftrolle laut Händler X nicht «vor Ostern oder dem 1. April» erhältlich. Die «guten Nachrichten» lauteten folgendermaßen:

> Ich bin mit Spitzenleuten der jordanischen Regierung zusammengetroffen. Wir sind in der Lage, zwischen 20 und 25 [Schriftrollen] zu liefern, den gesamten Komplex, und zwar binnen drei Wochen, selbst diejenigen aus dem Museum. Der Preis beträgt allerdings 15 Millionen Dollar... Manche sind noch in den Krügen, in denen sie gefunden wurden. Halte Sie über die Entwicklung auf dem laufenden... Eine dreijährige absolute Geheimhaltung ist allerdings im Interesse aller Beteiligten unumgänglich.

Was sollte ich davon halten? Ich zweifelte nicht daran, daß er guten Glaubens schrieb und wirklich davon gehört hatte, daß dieses umfangreiche Konvolut von Schriftrollen zum Verkauf stand. Vielleicht hatte ihm ein korrupter Beamter das Angebot unterbreitet, oder er hatte die Nachricht aus zweiter oder dritter Hand vom Kunsthändler X, und wer immer ihm diese phantastische Mitteilung gemacht haben mochte, konnte den Vorgang durchaus für möglich gehalten haben.

Mir blieb damals wenig Zeit, um über eine Antwort auf diesen Brief nachzudenken, denn ich bereitete gerade eine zweite Erkundung der Höhlen in der Judäischen Wüste südlich von Qumran vor. Wieder war die Expedition erfolgreich, und ich fand bedeutsames Material, darunter auch Schriften aus dem 2. nachchristlichen Jahrhundert, aus der Zeit des Bar Kochba. Ein gut erhaltenes Bündel Dokumente enthielt das persönliche Archiv einer Frau namens Babata aus der Umgebung des Bar Kochba. Ich schrieb Mr. Z über diese Funde und ließ ihn zugleich wissen, daß ich gerüchteweise gehört hätte, er versuche andere Partner für den Kauf der Schriftrollen zu finden.

Als ich von meiner archäologischen Expedition aus der Judäischen Wüste zurückkehrte, fand ich seine Antwort vor. Mit Datum vom 29. Mai 1961 teilte er mir mit, daß derartige Gerüchte nicht stimmten und er nur mit mir allein in Kontakt stehe, und dann gestand er, daß er wiederholt von mehreren Schriftrollen geschrieben habe, daß aber in Wahrheit nur eine einzige zur Verfügung stehe:

> Vierzehn Monate habe ich mich mit dieser Angelegenheit herumgeschlagen [schrieb er]. Ihre Offenheit hat mir gefallen, und ich hatte das Gefühl, daß wir uns verstehen. Ich bin nun allen Berichten über angebliche Funde nachgegangen: es existiert nur eine Schriftrolle. Das allerdings kann ich beschwören. Es handelt sich um ein Exemplar, das ich in Händen hatte, und von niemandem außer mir können Sie es bekommen. Wie Sie sich erinnern werden, war ursprünglich von acht Exemplaren die Rede. Dieses eine wurde zurückbehalten. Welche Gerüchte auch kursieren mögen, das sind die Fakten.

Er mochte diese Fakten glauben, ich hielt sie nur für eine Geschichte, die der Händler ihm aufgetischt hatte, um ihn hinsichtlich der Herkunft der Schriftrolle in die Irre zu führen. Immerhin war ich nun sicher, daß die eine Rolle existierte, ferner, daß sie sich im Besitz des Kunsthändlers X befand und daß dieser Z gesagt hatte, er solle nunmehr sein Glück versuchen und einen Käufer finden.

Gegenstand der nächsten Passage seines Briefes war der Preis: «Ich wünsche nichts sehnlicher, als daß diese Schriftrolle nach Israel gelangt, wohin sie gehört. [Händler] X hält sie für 100 000 Dollar in bar bereit. Schlimmstenfalls könnte Händler X im letzten Moment einen Rückzieher machen; in diesem Falle würde der Geldgeber die 100 000 Dollar zurückbekommen, und ich müßte ihm 6 Prozent Zinsen zahlen.» Dann folgten Sicherheiten hinsichtlich der Garantie der Rückzahlung.

Meine Hoffnung stieg. Ich war jetzt überzeugt, daß die Schriftrolle erhältlich und der Preis von 100 000 Dollar angemessen sei. Am 10. Juni schrieb ich ihm, daß ich die Angelegenheit mit Freunden besprechen wolle und daß wir unter den genannten Bedingungen sicher eine gemeinsame Sprache finden würden. Wenige Tage danach reiste ich nach London, um dort mein Freisemester zu verbringen. Die Kommunikation mit Z wurde dadurch leichter. Der erste Brief, den ich dort erhielt, war äußerst ermutigend, denn er enthielt wiederum ein Stück beschrifteten Pergaments. Zur Verstärkung war es auf

Eingang zur Höhle 1 von Qumran, in der die ersten sieben Schriftrollen vom Toten Meer entdeckt wurden (© David Harris).

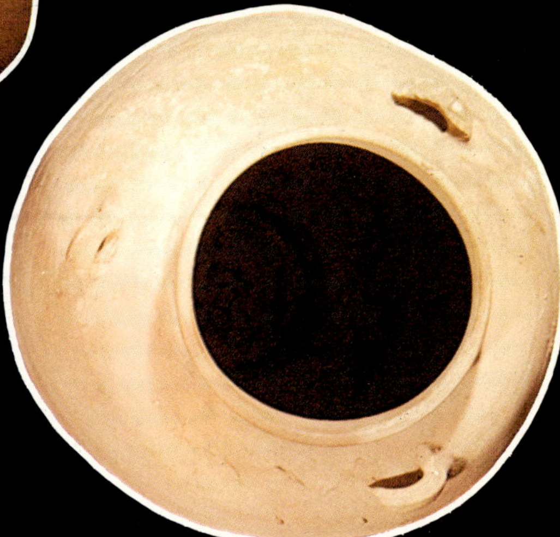

Diese beiden Krüge enthielten die Schriftrollen, die Prof. Sukenik bei dem Antiquitätenhändler aus Bethlehem kaufte. Solche für Qumran typischen Krüge könnten extra zur Aufbewahrung von Rollen hergestellt worden sein. Die Deckel dienten als Vorbild für die Kuppel des «Schreins der Schrift».

Die komplette Jesaja-Rolle, eines von vier Manuskripten, die der Autor von Erzbischof Athanasius Samuel kaufte. Der Text enthält einige Varianten des «traditionellen» Bibeltextes.

Die Schrift auf dem Fragment von der Danksagungs-Rolle erinnerte Prof. Sukenik an Inschriften auf Stein-Ossuarien aus dem 1. Jh. v. Chr., die er in der Gegend um Jerusalem ausgegraben hatte. Als Beispiel sei hier der Grabstein vom Zweitbegräbnis des Königs Usiah aus der Zeit des Herodes abgebildet. Die Inschrift besagt: «Hierher wurden die Gebeine von Usiah, König von Juda, überführt. Möge niemand dies öffnen.»
(© Israel-Museum, Jerusalem)

Im «Schrein der Schrift» im Israel-Museum in Jerusalem sind sämtliche Schriftrollen vom Toten Meer aufbewahrt, einschließlich der Tempelrolle. Auffällige architektonische Kennzeichen des Bauwerks sind die den Verschlüssen der Qumran-Krüge nachempfundene Kuppel und die Mauer aus dunklem Basalt, die jeweils die Söhne des Lichts und die Söhne der Finsternis symbolisieren (© Israel-Museum, Jerusalem).

der Rückseite mit Resten englischer Briefmarken beklebt und in Silberpapier und Pappe eingewickelt. Mr. Z schrieb, daß er in Bethlehem gewesen sei und

> dort habe ich die Sache mit Händler X abgeschlossen. Die Frage lautete doch bisher: Ist die Schriftrolle echt? Nach neunstündiger Untersuchung hat sich X bereit gefunden, mir ein Stück der besagten Rolle zu überlassen... Sie bitte ich nun um zweierlei: um eine Inhaltsangabe des Textes auf dem Fragment und die Angabe, wozu der Text gehört und wie er zu datieren ist. Die Rolle ist etwa 23 cm breit und 4,50 bis 5,40 m lang. Zweitens möchte ich Sie bitten, mit Ihrem Antwortschreiben das Stück Pergament zu retournieren. Ich möchte die Angelegenheit sofort zum Abschluß bringen, sie hat sich schließlich anderthalb Jahre hingezogen.

Ich bestätigte telegraphisch den Erhalt des Briefes und nahm das Lederfragment mit größerer Aufregung zur Hand als das erste, denn es gehörte ja zu der Schriftrolle, die ich zu erwerben gedachte. Es war gar nicht verschmutzt und die Schrift ließ sich ohne Infrarot-Photographie gut lesen. Das Hebräisch war in einer sehr schönen Handschrift geschrieben, die mir irgendwie bekannt vorkam. Mit allergrößter Wahrscheinlichkeit hatte der Schreiber der gleichen Schule angehört, in der einige der mir schon vertrauten sieben Schriftrollen verfaßt worden waren. Was den Inhalt anbelangte, so konnte ich zwar Sätze mit biblischem Vokabular wie «Hoherpriester» oder «Priesteropfer» ausmachen, aber es war zugleich deutlich, daß es sich nicht um einen bekannten Bibeltext handelte.

Nach kurzer Prüfung und photographischer Aufnahme sandte ich das Fragment am 21. August an Z zurück und beantwortete seine Fragen. Das Fragment, so führte ich aus, scheine mir Teil einer echten Schriftrolle vom Toten Meer zu sein, das Hebräisch offenbar von einem guten Schreiber verfaßt. Allerdings erlaube das kleine Pergamentstück keine Entscheidung darüber, ob ein bekannter apokrypher Text vorliege oder ein Manuskript der Sekte vom Toten Meer. In dieser Frage müsse ich mein endgültiges Urteil zurückstellen. In so kurzer Zeit hätte ich die einschlägigen Quellen nicht sorgfältig nachprüfen können.

Darauf nannte ich die Adresse des befreundeten Anwalts Barney Barnett in den USA, den ich mit der Verhandlungsführung zu beauftragen gedachte. Ich teilte Mr. Z allerdings auch mit, daß die Schriftrolle meiner Ansicht nach nicht vollständig sei, daß vielmehr der untere Teil fehle und ich mir daher Sorgen um den Erhaltungszustand des Ganzen machte. «Aber ich stimme darin überein, daß die Angelegenheit nunmehr endlich zum Abschluß kommen muß.» Im übrigen würde ich mich im Oktober und November desselben Jahres zu Vorträgen in den USA aufhalten, so daß wir in Kontakt treten könnten.

Aus verständlichen Gründen war dieser Brief in vorsichtigem Ton gehalten. Barnett gegenüber brauchte ich jedoch meine Begeisterung nicht zu unterdrücken. Ich schickte ihm eine Kopie des Briefes an Z und schrieb ihm: «Mein Schreiben an Z läßt nicht durchblicken, was ich dem Fragment entnommen habe... Die Schrift gehört zum Besten, was in dieser Beziehung vorliegt, und über die Echtheit kann gar kein Zweifel bestehen... Mit Sicherheit liegt kein biblischer Text vor, und daher könnte die Schriftrolle von höchster Bedeutung für das Studium der Sekte vom Toten Meer sein.»

Ich ließ Barnett auch wissen, daß trotz der Beschädigung im unteren Teil der Rolle das Gesamtmanuskript in gutem Zustand sein könne. Wenn dem so wäre und wenn außerdem die Maße zuträfen, könne «es sich um eine der besten Schriftrollen handeln, die bisher gefunden worden sind. Vor der Weltöffentlichkeit besteht die Verpflichtung, sie aus dem Besitz des Händlers zu retten, und es ist unsere Aufgabe gegenüber dem jüdischen Volk, sie ihrer historischen Heimat Israel wieder zuzuführen.»

Ich schloß mit der flehentlichen Bitte an Barnett, alles nur Erdenkliche für den Erwerb der Schriftrolle zu unternehmen. Den Preis von 100 000 Dollar möge er als Maximum betrachten. Zugleich sollten Vorkehrungen getroffen werden für die Wiederbeschaffung der Geldsumme, falls «die Ware» nicht den Erwartungen entspräche.

Doch nur acht Tage später, am 29. August 1961, brachen meine Hoffnungen zusammen; denn ermutigt von meinem Gutachten, daß das Fragment von einer echten Schriftrolle stamme, informierte mich Mr. Z, daß angesichts seiner Spesen ebenso wie durch neue Angebote der Preis nunmehr bei 750 000 Dollar liege; eine Anzahlung über 150 000 Dollar sei sofort fällig. Wütend telegraphierte ich: «Wenn dem so ist, dann streichen Sie mich als Käufer aus dem Kreis der Interessenten.»

Bei meiner Ankunft in New York fand ich einen Brief von Mr. Z vom 10. Oktober vor. Er bat mich höflich, mein endgültiges Preisangebot zu nennen und schob alle Verantwortung für die überhöhte Forderung auf Händler X, der «sich unmöglich benommen» habe... «Ich bedaure, daß ich mich auf diese Sache eingelassen habe... Wenn ich mit Ihnen nicht ins Geschäft komme, gehe ich zu König Hussein und stelle diesen Menschen bloß. Ich habe verloren und sollte am besten einen Schlußstrich ziehen. Wie sieht Ihr äußerstes Dollarangebot aus? Bitte um sofortige Nachricht.»

Da hatte ich den Eindruck, daß wir der Summe von 100 000 Dollar wieder näherkommen könnten. Es folgten Wochen zähen Verhandelns über Anwälte und quälendes Feilschen um den Preis. Außerdem mußte die Prozedur der Übergabe genau festgelegt werden, die Prüfung der Echtheit und die Übergabe des Geldes. Die Gesamtsumme belief sich nunmehr auf 130 000 Dollar, als Kredit von der Regierung von Israel und vom Jerusalemer «Schrein der Schrift» in der Hoffnung aufgebracht, daß ein großzügiger Stifter die Summe ablösen werde. 10 000 Dollar mußten im voraus entrichtet werden.

Die Verhandlungen endeten mit einem sechsseitigen Vertrag, der u. a. einen Brief des Mr. Z an meinen Anwalt Barnett enthielt, in dem es hieß: «Sie haben Sorge getragen, daß bei der Chase Manhattan Bank 120 000 Dollar hinterlegt werden. Mir wurden 10 000 Dollar in bar ausgehändigt, wobei die Gesamtsumme von 130 000 Dollar den vollen Preis für die Schriftrolle ausmacht, wenn der Kauf getätigt wird.» Die Chase Manhattan Bank sollte die Restsumme unter folgenden Bedingungen an Mr. Z ausbezahlen:

1. Ich, Mr. Z, liefere eine Schriftrolle von fast 30 cm Breite und 4,50 m Länge, passend zu dem Fragment, das Ihrem Experten [folgte mein Name] vorgelegen hat.

2. Das Fragment ist von mir von der nämlichen Schriftrolle abgetrennt worden und bildete einen integralen Bestandteil derselben... Die Handschrift gehört zu denjenigen Schriftrollen, die unter der Bezeichnung «Qumran-Rollen» bekannt geworden sind, und ist in vertretbarem Erhaltungszustand. Alle diese Ausführungen sind zur vollständigen Zufriedenstellung Ihres Experten bestimmt.

Der vollständige Vertrag, ebenfalls an Mr. Barnett adressiert, wurde am 17. November 1961 von Mr. Z in seinem eigenen Namen und für Mr. X, den Kunsthändler, unterzeichnet. Darin hieß es:

Ich habe bisher Professor Yigael Yadin ein Fragment übergeben, das zu einer Schriftrolle vom Typ der «Qumran-Rollen» gehört, vormals in der Umgebung des Toten Meeres gefunden... Die Schriftrolle befindet sich gegenwärtig im Besitz von X [dem jordanischen Händler]. Sie haben dem Wunsch Ausdruck verliehen, besagte Rolle unter der Voraussetzung zu kaufen, daß ihre Echtheit [wie nachfolgt definiert] festgestellt wird und sie sich in angemessenem Erhaltungszustand befindet.

Darauf folgten die Verfahrensweisen zur Feststellung der Echtheit und des Erhaltungszustandes. Z verpflichtete sich im folgenden, «Professor Yigael Yadin die Rolle innerhalb von zehn Tagen vom heutigen Tage an» zu übergeben. In gegenseitigem Einvernehmen hatte ich nunmehr die 10 000 Dollar auszuhändigen, und es hieß weiter: «Falls die Rolle in der angegebenen Zeit nicht geliefert oder nicht gekauft wird, werde ich umgehend gegen Rückgabe des Fragments die Summe von 10 000 Dollar zurückerstatten... Professor Yadin kann sämtliche Untersuchungen an der Schriftrolle nach seinem alleinigen Gutdünken vornehmen.»

Im weiteren hieß es in dem Abkommen, daß Professor Albright ein Gutachten über die Echtheit der Schriftrolle zu erstellen habe und bei Unterzeichnung dieses Abkommens das Fragment übergeben werden sollte. Ich sollte es der Rolle anpassen, wenn sie in meinen Besitz überging, was u. a. als Echtheitsnachweis zu gelten hatte. Nun wollte sich Mr. Z nach Jordanien aufmachen, um den Handel perfekt zu machen.

Nach seiner Rückkehr eine Woche später hatte er zu meinem Ärger die Schriftrolle nicht bei sich, sondern tischte mir vielmehr eine Geschichte über den Kunsthändler auf: «X fordert jetzt mehr, und außerdem braucht er das Objekt, damit er den Beduinen zeigen kann, wonach sie suchen müssen... Natürlich muß auch er heutzutage mehr bezahlen.» Z schwor jedoch, daß sich die Rolle noch im Besitz von X befinde: «Er hat sie keinem anderen verkauft, aber er traut unserer Abmachung mit der Bank nicht. Unser Abkommen paßt ihm auch nicht.» Nach Z war man so verblieben, daß einer von X's Söhnen innerhalb von ungefähr drei Wochen nach Beirut reisen und die Schriftrolle dorthin mitnehmen werde. Ein anderer Sohn solle sie in Genf gegen das Geld austauschen.

Mr. Z tat mir leid. Ich glaubte, daß er trotz seiner Verkaufstricks doch in gutem Glauben gehandelt hatte und von dem schlauen Händler hereingelegt worden war. Was mich selbst anging, so sah ich leider die Schriftrolle aus meiner Reichweite verschwinden – ein Manuskript, das existierte und ohne jeden Zweifel echt war.

Ein Brief von Mr. Z vom 1. Dezember war ganz und gar nicht geeignet, mich wieder aufzurichten, denn er enthielt die Nachricht, daß Händler X nunmehr 200000 Dollar verlangte. Bei einer Zusammenkunft in Genf werde die Schriftrolle «gegen die genannte Summe in Ihren Besitz» gelangen. Z ermahnte mich noch, das Fragment, das bei Unterzeichnung des Abkommens gegen 10000 Dollar in meine Hände gelangt war, gut aufzubewahren: «Das Stück in ihrem Besitz ist der Schlüssel, verlieren Sie es auf keinen Fall... Um unsere Vertrauensbasis aufrechtzuerhalten, haben Sie das Fragment und ich die 10000 Dollar.»

Im Januar und Februar 1962 trafen weitere Briefe von Mr. Z ein, im Ton zwischen Hoffnung und Verzweiflung hin und her pendelnd. In einem der entmutigenden Briefe hieß es, daß er den Tag verfluche, an dem er Händler X getroffen habe: «Es ist eine Tragödie. X ist nicht bereit, die Angelegenheit abzuwickeln. Er glaubt, daß er eine halbe Million herausholen kann. Jetzt besteht er sogar auf dem Fragment. Dennoch ersuche ich Sie um Ihr Vertrauen. Und behalten Sie unbedingt das Fragment.»

In einem Brief an Rechtsanwalt Barnett vom 12. Mai 1962 bedauerte Z, daß er die Schriftrolle nicht liefern könne, daß dies aber «eines Tages» sicher möglich sein werde. Eine Woche später schrieb er wieder an Barnett und teilte mit, er sei sicher, daß er die Rolle bekommen werde. Er wies auf «Schwierigkeiten zwischen dem Libanon und Jordanien» hin, die den Grenzübertritt betrafen. Nichtsdestoweniger werde er erneute Anstrengungen unternehmen. Zugleich bat er um mehr Geld: «Yadin soll das Fragment unbedingt behalten. Ich lasse X jetzt wissen, daß ich zum König gehe, wenn er die Sache nicht endlich regelt.»

So lautet die letzte Mitteilung von Mr. Z, die ich in meinen Unterlagen finde. Alle Spuren Z's und der 10000 Dollar waren wie ausgelöscht. Die einzigen Erinnerungsstücke an den ominösen Geistlichen aus Virginia waren zwei Schriftrollenfragmente: einmal das Stück, das er mir nach Jerusalem geschickt und für das ich 7000 Dollar bezahlt hatte und dann das Fragment, das ich später in London erhalten hatte. Dieses zweite Stück sollte fünf Jahre später beim erfolgreichen Aufspüren der wertvollen Handschrift eine wichtige Rolle spielen.

Aber auch das erstgenannte Fragment sollte in einer überraschenden Entwicklung für die Schriftrollenforschung von Bedeutung sein. Ich war zunächst mit anderen wissenschaftlichen Unternehmungen beschäftigt und benötigte meine Zeit fast gänzlich für die Entzifferung, das Studium und die teilweise Veröffentlichung der Dokumente, die ich in den Höhlen des Bar Kochba gefunden hatte. Zwischen Ende 1963 und Frühjahr 1965 leitete ich die umfangreichen archäologischen Ausgrabungen auf dem Felsen von Masada am Toten Meer. Dabei fanden wir die Überreste – auch Schriftrollenfragmente – dieser historischen Stätte und die Zeugnisse ihrer dramatischen Zerstörung. Auch hier war langwierige und konzentrierte Forschungs- und Entzifferungsarbeit nötig, die wenig Raum für anderes ließ.

Bei aller intensiven Beschäftigung mit diesen Projekten ging mir allerdings die «verschwundene Schriftrolle» nicht aus dem Sinn, und ich verfolgte die Schriftrollen-Forschung in den wissenschaftlichen Zeitschriften voller Eifer. Das spezielle Manuskript wurde jedoch von den Wissenschaftlern, die Jordanien zum Zwecke von Studien über die Dokumente vom Toten Meer besucht hatten, nie erwähnt. Offenbar war die Existenz der Rolle (abgesehen von den Rechtsanwälten) nur Mr. Z, dem Händler X und mir bekannt.

Von Zeit zu Zeit, zur Entspannung von meiner eigentlichen Arbeit, nahm ich das erste Fragment von Z wieder einmal zur Hand, um zu überprüfen, ob ich in der Auswertung etwas übersehen hatte. Ich hatte den kurzen Text untersucht und entziffert, die Ergebnisse aber noch nicht publiziert, da Z mich ja gebeten hatte, dies zu unterlassen. Eines schönen Tages im Jahre 1963 stieß ich in einer deutschen archäologischen Fachzeitschrift auf einen Aufsatz des bekannten amerikanischen Schriftrollen-Forschers Professor J. A. Sanders, der sich als Vorab-Publikation aus einer Schriftrolle vom Toten Meer herausstellte. Sanders war seit 1961 im Rockefeller Archäologischen Museum mit dem Entrollen und der Herausgabe dieses Textes befaßt. Es handelte sich um einen Psalter mit 38 biblischen Psalmen, durchsetzt von einer Reihe apokrypher Psalmen, die aus dem kanonischen Buch der Psalmen ausgeschieden worden waren. Der Psalter gehört zu einer Reihe von Schriftrollen, die 1956 in der Höhle 11 in Qumran entdeckt worden waren. Den Artikel illustrierten Abbildungen von Teilen dieser Schriftrolle, die zum ersten Mal publiziert wurden. Bei genauerer Prüfung überraschte mich die

Ähnlichkeit der Schrift mit der meines Fragments, ja sie war ihr nicht nur ähnlich, sondern mit ihr identisch. Das legte die Vermutung nahe, daß das Fragment vom gleichen Manuskript stammte. Doch ich wollte die Veröffentlichung der gesamten Rolle abwarten, bevor ich mir ein endgültiges Urteil bildete.

Dieser Zeitpunkt war 1965 gekommen, als der großartige Band von Sanders «The Psalms Scroll of Qumran Cave 11» bei Clarendon Press in Oxford erschien. Nun konnte kein Zweifel mehr daran bestehen, daß mein Fragment zu Sanders Schriftrolle gehörte, ich fand sogar eine Lücke, die ich mit meinem Fragment ausfüllen konnte. Es war ein Rätsel, wie es in den Besitz des Händlers X und dann an Mr. Z gekommen war. Aber ich konnte erraten, wie das Stück abgetrennt worden war. Sanders führte aus – und belegte dies mit Photos –, daß sich von Anfang an vier Fragmente lose bei der Rolle befunden hatten. Bei meinem Fragment handelte es sich offenbar um ein fünftes. In seinem Inhalt schloß es an die vier Fragmente an und gehörte unmittelbar vor den Beginn der eigentlichen Rolle. Die letzten Verse auf meinem Pergament stellten die Anfangszeilen – bis zu Vers 12 – des Textes dar, der als 105. Psalm in unserer Bibel gezählt wird. Diese und weitere elf Verse fehlten im 105. Psalm in Sanders Rolle, deren Text mit Vers 24 von Psalm 105 begann! Die fehlenden elf, d. h. Vers 13–23, hatten sich zweifellos auf dem verlorenen Endstück meines Fragments und dem ebenfalls verlorenen Anfang von Sanders Manuskript befunden.

Der damalige Präsident von Israel, Zalman Shazar, war selbst Bibelgelehrter und Hebräischforscher, der regelmäßig Zusammenkünfte des Jerusalemer Bibelstudien-Kreises in seiner Residenz veranstaltete. Ende Dezember 1965 lud er mich ein, vor diesem Forum über das bewußte Fragment zu referieren und seine Existenz öffentlich bekanntzugeben. Wir vereinbarten den 1. Januar 1966 als Termin. Nun vertrat ich die Ansicht, daß Sanders als erster davon erfahren sollte, und zwar durch mich. So telegraphierte ich ihm am 31. Dezember, daß sich in meinem Besitz ein Fragment «seiner» Schriftrolle befinde, und ich teilte ihm auch mit, an welche Stelle es gehörte.

Darauf bereitete ich meine Forschungsergebnisse für die Publikation in der Fachzeitschrift *Textus*, dem Fachorgan des Bibel-Projektes der Hebräischen Universität, vor. Der Aufsatz erschien 1966. Gleichzeitig bot ich Sanders Photos und alle notwendigen Daten für eine Zweitauflage seiner Publikation, die er für den Druck vorbereitete, an. In einen Nachtrag seines Bandes «The Dead Sea Psalms Scroll», erschienen 1967 bei der Cornell University Press, konnte er das Fragment und eines der Photos aufnehmen. Außerdem erwähnte er mit freundlichen Worten mein Telegramm und die folgende Notiz, die am 2. Januar 1967 in der *New York Times* erschienen war:

> Israels führender Archäologe, Professor Yigael Yadin, gab heute abend die Erwerbung eines Schriftrollen-Fragments vom Toten Meer bekannt. Der Text enthält Teile von Psalmen. Das in Israel befindliche Fragment passe zwischen mehrere Fragmente und einen Teil einer größeren Schriftrolle, die sich im Besitz von Jordanien befinde, erklärte Professor Yadin. Das jordanische Manuskript enthält 38 Psalmen der Bibel, während das israelische Fragment Teile von drei weiteren Psalmen enthält, von denen einige die in einem Psalm der größeren Rolle fehlenden Verse darstellen... Das Fragment wurde 1960 von einem Amerikaner erworben, der anonym zu bleiben wünschte und gefordert hatte, daß die Veröffentlichung einige Jahre lang unterbleiben solle.

Dem hatte Professor Sanders hinzugefügt:

> Der Schock, den diese Nachricht auslöste, ist kaum vorstellbar. Diese Entwicklung traf mich völlig unvorbereitet, da ich selbst alles Material sorgfältig gesichtet hatte, das aus Höhle 11 in Qumran ins Palästinensische Archäologische Museum nach Jerusalem, Jordanien, gelangt war. Meines Wissens gehörten nur vier lose Fragmente zu dieser bewußten Rolle, und außerdem war der gesamte Inhalt der Höhle 11 aufgrund einer Anweisung der Verwaltung des Museums von 1956, als die Höhle entdeckt wurde, bis zum Herbst 1961, als ich mich an die Arbeit der Aufrollung machte, hinter Schloß und Riegel.
>
> Angesichts der neuesten Erkenntnisse bleiben eine Reihe von Fragen unbeantwortet, unter ihnen die wichtigste: Wie konnte ein Fragment aus dem Museum – oder der Höhle – in die Hände des namentlich nicht genannten Amerikaners gelangen? Professor Yadin, nicht nur als einer der führenden Gelehrten der Welt, sondern auch als besonnener und großzügiger Gentleman bekannt, hat mir in der nachfolgenden Korrespondenz alles Notwendige mitgeteilt, mit Ausnahme des Namens [von Z], da er hier durch ein Versprechen gebunden ist.

Infrarot-Aufnahme des Psalmenrollen-Fragments vor der Restaurierung (s. Abb. S. 17. In den Zeilen 1, 2 und 3 der rechten Kolumne sowie Zeile 9 der mittleren Kolumne und den Zeilen 4 und 7 der linken Kolumne hebt sich das Tetragramm in paläo-hebräischer Schrift deutlich ab.

Wie ich schon früher angedeutet habe, wußte ich damals nicht und weiß bis heute nicht, noch glaube ich, daß es der «anonyme Amerikaner» Mr. Z wußte, wie das Fragment zu Kunsthändler X gekommen war. Die Vermutung liegt jedoch nahe, daß der Händler, der die Rolle von einem Beduinen erworben und sie an das Palästinensische Archäologische Museum verkauft hatte (dem dieser Erwerb durch eine Spende von Elizabeth H. Bechtel aus San Francisco ermöglicht wurde), ein Fragment zurückbehalten hatte. Daß er dieses Verfahren öfter anwandte, werden wir noch sehen.

Auf diese Weise war also das Problem des ersten Schriftrollenfragments, das ich von Mr. Z gekauft hatte, nach fünf Jahren befriedigend gelöst worden. Mit dem zweiten Fragment bahnte sich zunächst keine so glückliche Lösung an. Ich konnte die althebräische Schrift lesen, und die Bedeutung der Worte war klar, aber dennoch ließ sich der Inhalt, ohne den Zusammenhang zu kennen, nicht erschließen. Den Zusammenhang bot zweifellos die Rolle, zu der dieses Fragment, wie mir Mr. Z versichert hatte, gehörte. Die Aussicht jedoch, jemals an dieses Manuskript zu gelangen, schien mit jedem Mal, da ich mir das Fragment vornahm, düsterer. Wie spottete doch jemand später: Ein Krieg war nötig, um an die zugehörige Schriftrolle zu kommen.

3. Der Schatz

Es war der Sechstagekrieg vom Juni 1967.

Damals nahm ich die Funktion des Koordinators zwischen dem Premierminister, dem Verteidigungsminister und dem Generalstab wahr, und die militärischen Ereignisse verdrängten alle Gedanken an die Schriftrolle.

Premierminister Levi Eshkol hatte mich gebeten, diesen Posten zu übernehmen, da es am Vorabend des Krieges zu Umbesetzungen in Schlüsselpositionen der Regierung gekommen war. Präsident Nasser von Ägypten hatte als schwerwiegendste einer Reihe feindseliger Maßnahmen gegen Israel eine Blockade des Golfs von Eilat (Akaba) angeordnet. Hätte Israel nachgegeben, wäre Eilat, der südliche Hafen Israels und sein Zugang zum Roten Meer, dem Untergang geweiht und überdies die Entwicklung des Negev erheblich erschwert worden. Die Seeverbindungen Israels nach Ostafrika und dem Fernen Osten wären nachhaltig betroffen gewesen. Elf Jahre zuvor schon hatte Israel die Sinai-Kampagne einzig zu dem Zweck gestartet, die Blockade zu brechen. Israel hatte sich dann unter der Bedingung vom Sinai zurückgezogen, daß die Erneuerung der ägyptischen Blockade als Kriegserklärung aufgefaßt werde und eine israelische Gegenaktion rechtfertige. Eine schriftliche Erklärung der USA bekräftigte dies. Bei Eintritt der neuerlichen Blockade im Mai 1967 war die israelische Regierung zunächst diplomatisch aktiv geworden, unternahm aber noch keine militärischen Aktionen außer der Mobilisierung der Reservisten. Als in den folgenden Wochen weitere Provokationen Ägyptens folgten und außerdem Ägypten, Syrien und Jordanien einen Militärpakt unterzeichneten, wuchsen in der israelischen Öffentlichkeit zugleich Besorgnis und Unmut über die schwankende Haltung der Regierung. Viele Leute forderten den Rücktritt von Premier Eshkol vom Amt des Verteidigungsministers, dessen Portefeuille Moshe Dayan übernehmen sollte. Ich gehörte zu denjenigen, die dem Premierminister diesen Kurs nahegelegt hatten. Nachdem er zugestimmt hatte, bat er mich als den früheren Stabschef, sein militärischer Berater zu werden. Meine Aufgabe sollte in der Aufrechterhaltung engster Verbindungen zwischen Verteidigungsminister Dayan, dem Stabschef und dem Amt des Premierministers bestehen, damit Eshkol über die Operationspläne und die generelle Entwicklung unterrichtet und beraten sei. Premierminister Eshkol bereitete, so sagte er mir, Dayans «Hang zu unüblichem Vorgehen» große Sorge.

Fünf Tage später, am Montag, dem 5. Juni, brach der Krieg aus. Kurz vorher hatte Israel über diplomatische Kanäle mittels unbeteiligter Dritter König Hussein eine Botschaft mit der Aufforderung geschickt, sich aus dem Krieg herauszuhalten. Seine Antwort bestand im Kanonendonner seiner Artillerie, die auf den jüdischen Sektor Jerusalems gerichtet war. (Eine Granate verfehlte um ein Haar den «Schrein der Schrift»). Nach zweitägigen schweren Auseinandersetzungen schlug die israelische Armee die Arabische Liga Jordaniens zurück und nahm den von Jordanien besetzten Sektor Jerusalems mit der Altstadt und dem Rockefeller-Antikenmuseum ein. Auch Bethlehem fiel, und die israelischen Streitkräfte trieben die jordanische Armee über die West Bank auf die Ostseite des Jordan-Flusses hinüber.

Am Mittwoch, dem 7. Juni, mitten in der Nacht, als ich mich gerade zu einem kurzen Nickerchen ausgestreckt hatte, fiel mir plötzlich ein, daß Kunsthändler X, mit dem Mr. Z sieben Jahre zuvor zu tun gehabt hatte, ja nun unter israelischer Rechtsprechung stand. Nach einer kurzen Unterredung mit dem Premierminister, dem Verteidigungsminister und dem Stabschef stellte man mir einen Oberstleutnant vom Sicherheitsdienst namens Goren zur Verfügung, der den Händler ausfindig machen und, falls möglich, die Schriftrolle sicherstellen sollte. Ich klärte ihn über den Händler und seinen vermutlichen Aufenthalt auf, informierte ihn kurz über die Schriftrollen vom Toten Meer im allgemeinen sowie die *eine* Schriftrolle im besonderen und schilderte ihm das in meinem Besitz befindliche Lederfragment eingehend.

Am Nachmittag des folgenden Tages, des 8. Juni, war der Händler ausfin-

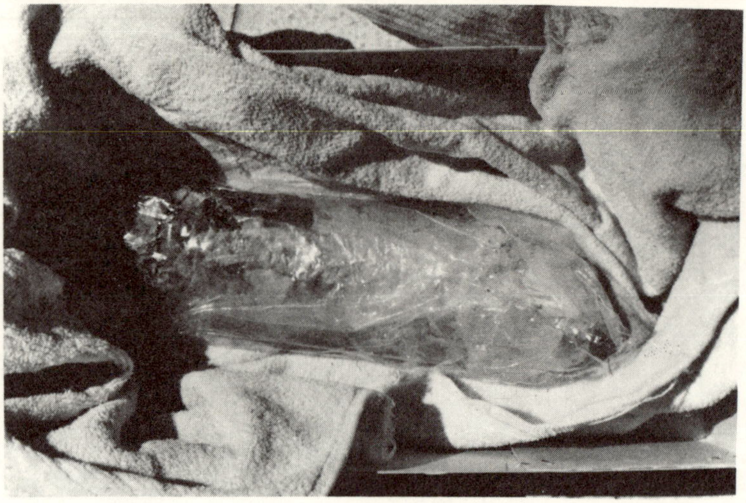

Links: *Der «Bata»-Schuhkarton, in dem der frühere Flickschuster und nachmalige Antiquitätenhändler X die Tempelrolle aufbewahrt hatte.*
Rechts: *Im Karton fand sich die Tempelrolle zunächst in ein Handtuch eingewickelt und zusätzlich durch eine Zellophantüte geschützt.*

dig gemacht. Als Oberstleutnant Goren ihm erzählte, daß er an einer Schriftrolle interessiert sei, von der ich ein Fragment besäße, nahm ihn der Kunsthändler mit nach Hause und zog dort aus einem primitiven Versteck im Fußboden einen in Packpapier eingewickelten Schuhkarton und übergab diesen Karton dem Offizier. Außerdem überreichte er ihm eine Zigarrenkiste mit dem Hinweis, daß sie mehrere zur Rolle gehörige Fragmente enthalte.

Bei seiner Rückkehr ins Hauptquartier erfuhr Goren, daß ich an einer dringenden Sitzung des Verteidigungsausschusses teilnahm. Die abendliche Zusammenkunft fand zu einem kritischen Zeitpunkt statt. Wir hatten soeben das von Jordanien besetzte Territorium westlich des Jordan von Jenin im Norden bis nach Hebron und darüber hinaus im Süden erobert. Da erhob sich die Frage, was mit Syrien zu geschehen habe. Während wir massiv gegen Ägypten und Jordanien vorgegangen waren, führten wir trotz pausenloser syrischer Angriffe an der Nordfront nur Verteidigungsaktionen durch. Nachdem Ägypten und Jordanien in nur vier Tagen in die Schranken gewiesen waren, erwartete der Verteidigungsausschuß, daß dem Kommando Nord der Befehl erteilt werde, nun die Syrer von den Golan-Höhen zu vertreiben. Diese Aktion würde die Kibbuzim in Ostgaliläa und andere Bauerndörfer aus dem Schußbereich der syrischen Artillerie nehmen, unter der sie lange gelitten hatten. Zur Überraschung seiner Kollegen wandte sich Dayan entschieden gegen ein solches Vorgehen. Die Diskussion nahm sehr heftige Formen an.

(Noch in derselben Nacht änderte er dann seine Meinung, und am frühen Morgen begann der Angriff.) Mitten in der erregten Diskussion reichte mir ein Bote einen Zettel mit der Nachricht herein, daß Oberstleutnant Goren mich erwarte.

Da ich an dem Treffen als Berater des Premierministers ohne Stimmrecht teilgenommen hatte, wartete ich die wesentlichen Argumente ab, tat meine Meinung kund und verließ die Sitzung, um mir Gorens Unternehmen berichten zu lassen. Zu meiner größten Überraschung überreichte er mir den Schuhkarton mit der lakonischen Bemerkung: «Hoffentlich ist das die Schriftrolle, die Sie wollten.»

Vorsichtig löste ich das Einwickelpapier und hielt einen Schuhkarton mit der Aufschrift «Bata» in der Hand. Darin befand sich ein in ein Handtuch eingeschlagener Gegenstand und darunter noch eine Zellophanhülle und darin eine Schriftrolle, am oberen Teil beschädigt. In dem Zellophanpapier befand sich noch ein Klumpen aus dünnen Lederteilchen. (Als ich später mit der Bearbeitung der Rolle anfing, nannte ich diesen Klumpen «Y». Er sollte sich als enorm bedeutsam erweisen.)

Die Zigarrenkiste mit der Aufschrift «Karel I Elegant» enthielt ebenfalls Fragmente, die sich von der Rolle gelöst hatten, viele in entsetzlich schlechtem Zustand, völlig zerknittert und brüchig. Wiederum klebten mehrere Stücke zusammen, die die Bezeichnung «X» erhielten und von ebenso entscheidender Bedeutung waren wie «Y», weil sich aus ihnen die Zahl und Abfolge der Schriftkolumnen am Anfang der Rolle ergab.

(Bei weiteren Nachforschungen gab der Händler später die Existenz weiterer Fragmente zu und lieferte sie auch. Er hatte sie hinter Familienbildern

Die Zigarrenschachtel, die die beschädigten Fragmentklumpen enthielt. Sie wurden nach und nach gelöst, ihre Schrift wiederhergestellt und entziffert, und jedes Fragment wurde an seine richtige Stelle in der Schriftrolle eingesetzt.

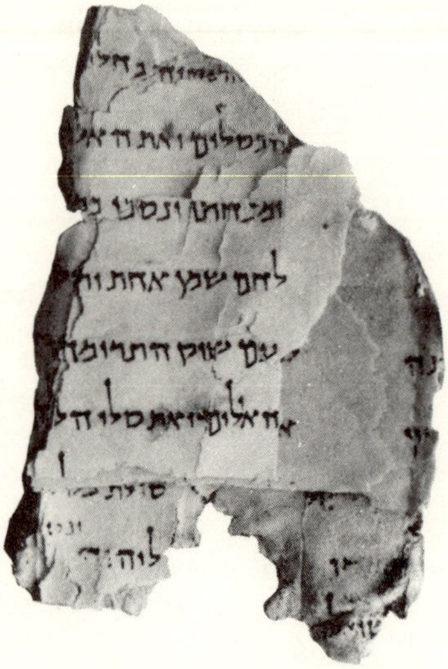
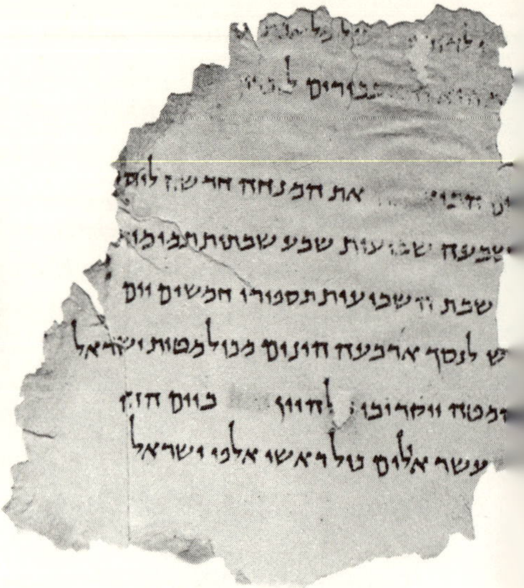

Links: *Zu «Klumpen Y» verklebte Fragmente; am oberen Teil die Reste von Kolumne 5.*
Mitte: *«Klumpen X» mit Teilen der höchst bedeutsamen Anweisungen für die «Tage der Priesterweihe». Zeile 6 enthält die Worte «Körbe mit Brot», die im Mittelpunkt der Sektenfeier gestanden haben könnten (vgl. S. 89).*
Rechts: *Eines der Fragmente, die Händler X hinter Familienphotos versteckt hatte. Der Text gehört zum Abschnitt über die Erstlings-Feste. Auch dieses Fragment konnte schließlich an der richtigen Stelle in der Schriftrolle eingefügt werden.*

in seinem und seines Bruders Haus versteckt. Auch sie erwiesen sich als außerordentlich bedeutsam, weil sie wichtige Passagen dreier Schriftkolumnen enthielten. Das Fragment von Mr. Z wurde selbstverständlich ebenfalls an seinem Platz eingesetzt.)

Natürlich konnte gar keine Rede davon sein, daß das Manuskript zu diesem Zeitpunkt entrollt werden könnte. Das Entrollen würde einen langwierigen Prozeß darstellen und mußte von einem Fachmann vorgenommen werden. Zunächst konnte ich die Pergamentrolle nur ansehen und ganz vorsichtig berühren; es ist bekannt, daß antike Objekte, vor allem Pergamente und Papyri, oft buchstäblich in Staub zerfallen, wenn sie hart angefaßt oder gar fallen gelassen werden. Die Schrift auf den Fragmenten bestätigte allerdings sofort, daß es in der Tat die Schriftrolle war, die ich seinerzeit von Mr. Z hatte erwerben wollen.

Kurze Zeit betrachtete ich diesen wertvollen Schatz, während im Sitzungsraum Diskussionen um Leben und Tod geführt wurden. Dann wurde der

Karton in Sicherheit gebracht und ich kehrte in den Sitzungsraum zurück. Erst nach Beendigung der sechstägigen harten Kämpfe nahm ich die Schriftrolle an mich und machte mich an die Aufgabe, ihr Geheimnis zu entschlüsseln. Neun Jahre sollte mich diese Arbeit kosten.

Nach jordanischem Gesetz – übrigens ebenso wie in vielen anderen Ländern, darunter auch Israel – werden alle im Lande gefundenen Altertümer automatisch Eigentum des Staates. Nur ausgebildete Archäologen, meist im Auftrag einer wissenschaftlichen Institution, dürfen Ausgrabungen durchführen. Durch Absprachen ist es bisweilen möglich, diesen Institutionen einen Teil der Funde zu überantworten. Ansonsten aber müssen sämtliche Antikenfunde den Behörden gemeldet und, falls diese Funde als bedeutend genug eingeschätzt werden, dem Staat übergeben werden, wobei der Finder eine Entschädigungssumme erhält. Über den Preis einigt man sich meist durch Schlichtung. Wer es versäumt, Funde zu melden, macht sich unerlaubten Besitzes schuldig, was mit Gefängnisstrafe und Beschlagnahme der Fundstücke geahndet wird.

So wäre also diese Schriftrolle, die sich über Jahre hinweg illegal im Besitz des Händlers X befunden hatte, von den jordanischen Behörden konfisziert worden, wenn sie davon gewußt hätten. Der Händler hätte mit einer Gefängnisstrafe rechnen müssen. Da die West-Bank nun unter israelischer Militäroberhoheit stand, wurde jordanisches Recht angewandt und die Schriftrolle offiziell beschlagnahmt, Händler X allerdings nicht weiter bestraft. Im Gegenteil, er wurde später bei der Regierung von Israel vorstellig und verlangte eine Entschädigung. Er ließ seinen Fall von einem israelischen Anwalt vertreten, und die Regierung ließ seine Beschwerde zu, obwohl der Kläger – abgesehen von der Ungesetzlichkeit des Besitzes – durch die Art der Aufbewahrung die Rolle stark beschädigt hatte. Bei der Diskussion um die Entschädigungssumme wurden der Generalstaatsanwalt für die West Bank und ich in den Prozeß hineingezogen, der damit endete, daß Händler X 105 000 Dollar erhielt, annähernd die Summe also, die mit Mr. Z ausgemacht gewesen war. Einer der Gründe für die großzügige Abfindung lag darin, daß die israelischen Behörden andere Leute, die vielleicht Qumran-Rollen versteckt hielten und durch unsachgemäße Lagerung nicht wiedergutzumachenden Schaden anrichteten, dazu bringen wollten, ihre Funde abzuliefern.

Die israelische Regierung erwarb die Schriftrolle für den «Schrein der Schrift» im Israel Museum, den größten Teil allerdings stiftete der britische Geschäftsmann und Gönner, Sir Leonard Wolfson. Er hielt sich damals gerade zufällig in Jerusalem auf, und als wir über die Rolle sprachen, erwähnte ich beiläufig, daß sie in hervorragendem Hebräisch geschrieben sei. Zu meiner Überraschung – denn obwohl wir befreundet waren, wußte ich das nicht – sagte Wolfson, daß er als Kind Hebräisch gelernt habe und daß er es noch lesen könne: ob er die Schriftrolle nicht einmal sehen dürfe. Wir gingen ins Israel Museum, ich nahm das Dokument aus dem Safe, und ohne jede Schwierigkeit las er die besser erhaltenen Teile des Textes. Kurze Zeit später traf ein Scheck über 75 000 Dollar von der Wolfson Foundation ein und der «Schrein der Schrift» beschloß, diese Schriftrolle als die «Wolfson-Rolle» auszustellen, zusätzlich zu ihrer Bezeichnung als «Tempelrolle», was sich auf den Inhalt des Manuskripts bezieht.

Ich teilte weiter oben mit, daß mir am dritten Tag des Sechstagekrieges plötzlich der Gedanke an die Schriftrolle kam, als mein Kopf voll war von den hinter uns liegenden und bevorstehenden Kämpfen. Aber das war nicht das einzige Mal in diesen Tagen, daß ich mich mit den Schriftrollen beschäftigte. Am gleichen Morgen nämlich hatte ich einen Anruf von General Rehevam Ze'evi, dem stellvertretenden Operationschef erhalten, der mir mitteilte, daß unsere Truppen die jordanischen Linien durchbrochen und nach schweren Gefechten nun das Rockefeller Museum erreicht hätten, das sich nur wenige Meter von der noch nicht eingenommenen Nordostecke der Altstadt entfernt befand. Die Kämpfe dauerten an, und das Jerusalemer Kommando machte sich Sorgen, daß das Museum und sein Inhalt, vor allem die Schriftrollensammlung, beschädigt werden könnten. Ich solle doch dafür Sorge tragen, daß ein Verantwortlicher die alten Dokumente in Sicherheit bringe. Es erfüllte mich mit Stolz, daß General Ze'evi, an allen drei Fronten unter dem Druck der Ereignisse stehend, an diese der ganzen Menschheit gehörenden Schätze gedacht hatte.

Vom Hauptquartier in Tel Aviv aus sprach ich sofort mit meiner Frau Carmella in Jerusalem und bat sie, zwei meiner Kollegen anzurufen, und zwar Professor Nahman Avigad und den Chef der Altertümerverwaltung, Dr. Avraham Biran. Sie solle ihnen darlegen, worum es sich handle, und die beiden möchten sich umgehend mit dem Stab in Jerusalem in Verbindung setzen. Ich wußte, daß es nicht leicht sein würde, bis zum Museum vorzudringen. Nur ein paar hundert Meter entfernt hatten sich noch wenige Stunden zuvor an einer Stelle, die später der Munitionshügel genannt wurde, die schwersten und blutigsten Kämpfe abgespielt. Die Einnahme des Rockefeller-Areals war keineswegs einfach gewesen, und die Gegend lag noch immer unter Artilleriebeschuß. Die jordanischen Truppen hatten das Museum als Standquartier benutzt, so wie es die Syrer und die PLO mit dem Museum in Beirut im Krieg von 1982 taten.

Avigad und Biran erreichten, obwohl sie einen Panzerwagen benutzten, erst nach Stunden das Museum, denn die Nachricht, daß es in unserer Hand sei, war offenbar voreilig gewesen. Als sie aber endlich ins Innere gelangt waren, stellten sie mit Erleichterung fest, daß die Tausende von Schriftfragmenten in einem Safe verwahrt waren.

Ich kann nicht umhin, hier eine Episode zu erzählen, die sich am selben Tag ereignet hat und die meine Frau mir am Telephon erzählte. Ein junger israelischer Soldat, erschöpft, verschwitzt und schmutzbedeckt von den Kämpfen, hatte bei uns an die Tür geklopft und gesagt:

> Ich wollte Ihren Mann informieren, daß wir das Rockefeller-Museum besetzt haben, aber in der Umgebung wird noch gekämpft, die Soldaten ringen um ihr Leben. Unbeabsichtigt könnten die Stücke und die Schriftrollen beschädigt werden. Jemand muß sich darum kümmern ... Ich bin kurz beurlaubt worden, weil meine Frau jeden Augenblick niederkommen kann, ich bin auf dem Weg ins Krankenhaus, aber ich wollte doch erst bei Ihnen vorbeikommen.

Nach dem Krieg hörte ich, daß es seiner Frau und dem Baby gut ging, und bei unserer ersten Begegnung dankte ich ihm von ganzem Herzen für seinen Einsatz im Dienste der Allgemeinheit und für seine Selbstlosigkeit in einem Augenblick, da er eben dem Kampf entronnen war: ein wahrer Soldat des Volkes der Schrift.

Als damals Avigad und Biran ins Rockefeller-Museum eindrangen, war es das erste Mal, daß israelische Wissenschaftler die Handschriften vom Toten Meer sahen. Solange Ost-Jerusalem unter jordanischer Besatzung stand, hatte kein Israeli Zugang zu diesem Museum oder seinen Exponaten. Darüber hinaus wurde kein jüdischer Wissenschaftler, auch nicht aus anderen Ländern, in das internationale Team der Schriftrollen-Bearbeiter aufgenommen. Mit Befriedigung darf ich darauf hinweisen, daß Israel nicht nachtragend reagiert hat. Nach dem Krieg erhielt ich von der israelischen Regierung und vom «Schrein der Schrift» den Auftrag, dem Dominikanerpater Roland de Vaux, dem Hauptherausgeber der in diesem Museum aufbewahrten Schriftrollen, mitzuteilen, daß sein Team mit der Forschungsarbeit fortfahren könne. Zwei Bedingungen allerdings waren zu erfüllen: Zum einen sollten die in die Tausende gehenden Fragmente so schnell wie möglich veröffentlicht werden; denn bis 1967 waren Jahre der Arbeit dahingegangen, ohne daß nennenswerte Publikationen erschienen waren: ein großer Verlust für die Wissenschaft. Es gab keine jordanischen Schriftrollenforscher, die mit diesen Forschungen vertraut gewesen wären und für ihre Veröffentlichung hätten sorgen können. Nachdem wir nun die Kontrolle übernommen hatten, wollten wir diesen Zustand ändern. Unsere zweite Bedingung bestand in der Änderung des Titels der Reihe, in der das wenige, das bis jetzt das Licht der wissenschaftlichen Öffentlichkeit gesehen hatte, veröffentlicht worden war. Sie nannte sich «Entdeckungen in der Judäischen Wüste von Jordanien». Nunmehr sollte auf den Umstand Bezug genommen werden, daß die Schriftrollen-Studien unter israelischer Leitung standen.

Meines Erachtens war das eine großzügige Geste seitens der israelischen Regierung, und ich muß mit Bedauern zur Kenntnis nehmen, daß die ausländischen Wissenschaftler dies in ihren Publikationen nicht immer anerkannt haben. Weitaus bedauerlicher aber scheint mir, daß das Material keineswegs mit der gebotenen Zügigkeit – wie versprochen und wie erwartet – vorgelegt wird.

Obwohl ich während der letzten Kriegstage und in den Wochen danach mit einer Fülle anderer Probleme konfrontiert war, kehrten meine Gedanken doch immer wieder zur Schriftrolle im Schuhkarton zurück. Was konnte der Text enthalten? Wann war er geschrieben worden? Im 2. Jahrhundert v. Chr. oder im 1.? Möglicherweise auch im 1. nachchristlichen? Was würde der Text aussagen über die turbulenten Zeiten, in denen sich tiefgreifende materielle und geistige Wandlungen vollzogen hatten? Welche Informationen waren über die Sekte vom Toten Meer zu erwarten, die in den bisher bekannten Manuskripten noch nicht enthalten gewesen waren? Würden die auf der Erforschung dieser früheren Dokumente beruhenden Theorien bestätigt werden, oder würde man sie in Zweifel ziehen müssen?

Was den Erhaltungszustand der Schriftrolle anbetraf, so empfand ich in dem Augenblick, da Oberstleutnant Goren mir den Karton überreichte, freudige Erregung und Enttäuschung zugleich. Der obere Teil der Rolle war feucht und schwammig, und einige Teile schienen sich aufgelöst zu haben. Die eine Seite war stärker betroffen als die andere, weil dieser Teil offenbar der Feuchtigkeit stärker ausgesetzt gewesen war. Sicher war dies nicht auf die Lagerung in der Höhle zurückzuführen, sondern auf das ungeeignete Versteck des Händlers. Auf diese Weise entstand der gewellte, unebene obere Rand der Pergaments, der nach dem Entrollen zutage trat.

Ermutigend war dagegen, daß zwei Drittel der Rolle intakt schienen und daß sie möglicherweise viel länger war als die Maßangaben – 3,60 m bzw. 4,50 m –, die ich früher von Mr. Z erhalten hatte. Ich bemerkte das, als ich sah, wie eng das Pergament zusammengerollt war. Die wirkliche Länge würde man exakt erst feststellen können, wenn die Rolle gänzlich auseinander gefaltet war. Mr. Z und Händler X hatten sich bei ihren Maßangaben wohl auf den Augenschein des Durchmessers des zusammengerollten Manuskripts verlassen, ohne die «Drehungen» zu zählen. Als ich nun die enge Aufrollung sah und die Abmessung einer «Drehung» schätzte, kam ich zu dem Schluß, daß sich Z und X eher nach unten verrechnet haben mußten.

Die Fragmente, die sich von der Rolle gelöst hatten und die mir Goren in einer Zigarrenkiste überreicht hatte, zeigten schon bei oberflächlicher Betrachtung, daß die hebräischen Buchstaben auf der Rückseite eines der Fragmente spiegelverkehrt waren. Sie standen verdreht und liefen von links

Straffes Aufrollen und Feuchtigkeit hatten an manchen Stellen bewirkt, daß sich der Text gelöst und spiegelbildlich auf der Rückseite der folgenden Kolumne abgedruckt hatte, die um den vorigen Text «gewickelt» war.

nach rechts, statt dem hebräischen Schriftduktus von rechts nach links zu folgen. Schon damals war abzusehen, und nach dem Entrollen bestätigte sich diese Vermutung, daß sich durch das enge Zusammenrollen in Verbindung mit Feuchtigkeit der Text mancher Kolumne auf die Rückseite der nächsten Kolumne abgedrückt hatte, so daß Teile der ursprünglichen Kolumne frei blieben. Dieses «Abdrücken» des Textes auf die nächstfolgende Kolumne trat relativ oft auf, nicht nur bei den Fragmenten, sondern auch bei der Rolle selbst. Als nach einigen Jahren des Studiums das Stadium der Publikation erreicht war, drehten wir diese Kolumnen um, so daß also die Spiegelschrift wieder normal lesbar wurde und gemeinsam mit den Schriftresten auf der ursprünglichen Kolumne den vollständigen Text ergab.

Dies waren meine ersten Eindrücke. Zunächst aber hatte das Kriegsgeschehen Vorrang. Am 13. Juni war ich soweit frei, daß ich über die praktischen Fragen des Entrollens nachdenken konnte. Diese heikle Aufgabe wollte ich James Bieberkraut übertragen, aber er war inzwischen zu alt und gebrechlich, um bei einer der voraussichtlich längsten Rollen vom Toten Meer eine so zeitraubende Arbeit zu übernehmen. Der einzige andere Name, der mir in diesem Zusammenhang einfiel, war der von Joseph Shenshav, dem auch unter dem Namen Dodo bekannten israelischen Archäologen. Bei den Grabungs- und Rekonstruktionsarbeiten in Hazor und Masada hatte ich mich von seinen Fähigkeiten als Restaurator überzeugen können. An verschiedenen europäischen Ausbildungsstätten hatte er seine Spezialkenntnisse vervollkommnet. Auch in der Aufbereitung von Manuskripten kannte er sich hervorragend aus. Er leitete zum damaligen Zeitpunkt die Laboratorien des Israel Museums in Jerusalem, war aber natürlich zunächst als Reservist eingezogen worden, und so konnte es noch einige Wochen dauern, bevor er wieder entlassen wurde. Während auch ich noch einige Zeit auf meinem Posten beim Premierminister bleiben mußte, erleichterte uns die Beanspruchung durch die Fragen der Nachkriegspolitik das Warten.

Nachdem Dodo an seinen Arbeitsplatz zurückgekehrt war und mir die Übernahme der Arbeit zugesagt hatte, richtete er einen ganzen Raum in seinem Labor für die Restaurierungsarbeiten an der Schriftrolle ein. Außergewöhnliche Installationen waren nicht notwendig, es mußte nur ein hermetisch abgeschlossener Raum zur Verfügung stehen, in dem die Feuchtigkeit reguliert werden konnte. Dodo wandte die relativ einfache Methode H. J. Plenderleiths vom British Museum an: Ein Kessel mit kochendem Wasser und ein Hygrometer zur Messung der Luftfeuchtigkeit sind alles, was man braucht. Das Verfahren besteht vor allem darin, das Leder wieder geschmeidig zu machen. Die spezielle Fähigkeit des Restaurators besteht darin, unter genauer Beobachtung und mit viel Gefühl so viel Feuchtigkeit zuzuführen, wie notwendig ist, um die Spröde und Brüchigkeit des Leders rückgängig zu machen. Das Pergament muß so geschmeidig werden, daß es sich, ohne zu zerfallen und ohne daß die Schrift beschädigt wird, entrollen läßt. Bei diesem Vorgang weiß man nie genau, was es bei einer so empfindlichen Rolle, die über lange Zeiträume hinweg eng zusammengepreßt war, ergibt. Und auch die zu Klumpen verklebten Fragmente boten natürlich die gleichen Schwierigkeiten.

Um möglichen Beschädigungen beim Entrollen des Manuskripts entgegenzuwirken, beauftragte ich Aryeh Volk, den Chefphotographen bei meinen Ausgrabungen in Masada, die einzelnen Stadien des Entrollungsprozesses mit der Kamera festzuhalten. Diese Aufnahmen waren später bei der Entzifferung des Textes eine große Hilfe. Auch ich selbst machte Farbaufnahmen. Als Assistentin für seine höchst diffizile Arbeit hatte Dodo Ruth Yekutiel vom Israel Museum verpflichtet.

Die geringsten Probleme ergaben sich beim Auseinandernehmen des Y-Klumpens, jener Fragmente also, die sich um die Rolle herum im Zello-

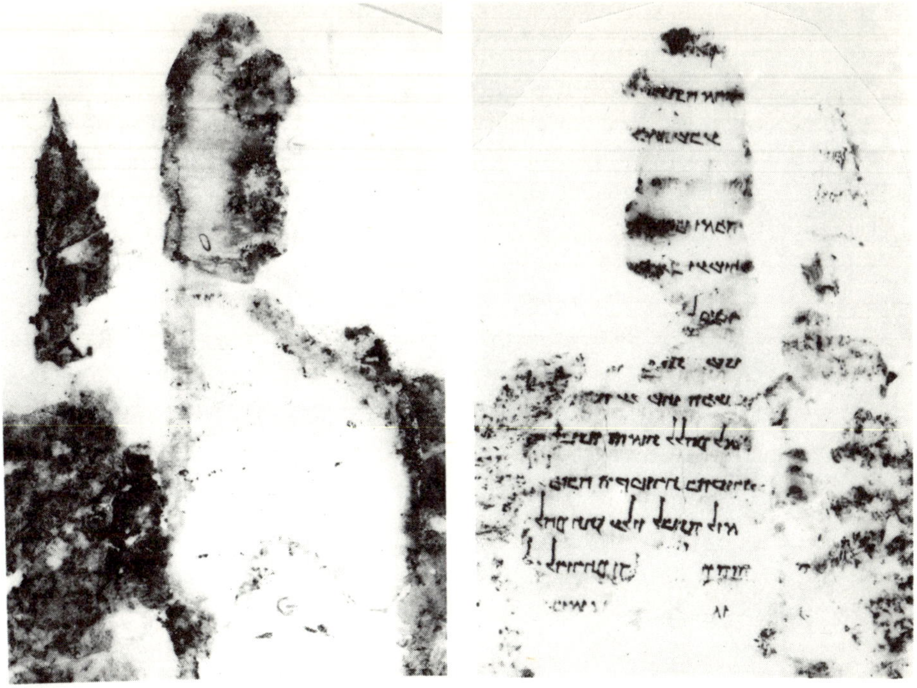

Kolumne 8 ohne Schrift, deren Text sich spiegelbildlich auf der Rückseite von Kolumne 9 abzeichnet.

phanpapier befunden hatten. Durch Numerierung erhielt jedes Fragment einen Hinweis auf seine exakte Lage. Erst nachdem die Rolle ganz ausgebreitet war, stellten wir fest, daß die Y-Fragmente die Reste der Eingangskolumnen der Rolle enthielten. (Als Kolumne bezeichnen wir bei der Schriftrolle das, was im Buch einer Seite entspricht.) Im Altertum hatte man die Manuskripte vom Ende her zusammengerollt, so daß also nun beim Auseinanderrollen die ersten Kolumnen den Anfang des Textes darstellten.

Diese Y-Fragmente gehörten zu Kolumnen, die so eng aneinandergepreßt gewesen waren, daß Buchstaben und ganze Wörter sich spiegelbildlich auf der Rückseite folgender Kolumnen abgedrückt hatten. Da vom Ende zum Anfang hin eingerollt worden war, entsprach auch die Anordnung der Fragmente der ursprünglichen Kolumnenabfolge. Es ergab sich, daß das innerste Fragment eine spätere Kolumne enthielt – in diesem Falle Kolumne 5 –, während das äußerste Fragment die erste enthielt. Da jedoch die Rückseite dieses äußersten Fragments verwischte Spuren von Buchstaben aufwies, die von mindestens einer voraufgehenden Kolumne stammen mußte, bezeichneten wir sie als Kolumne 2. Die spätere Textanalyse der Schriftrolle bestätigte diese Anordnung.

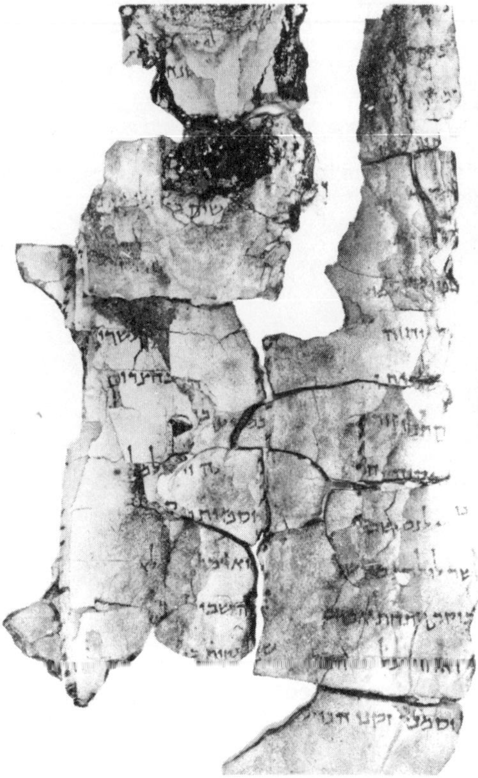

Oben: *Dodo wendet bei der «Domino» genannten Gruppe von Fragmenten «plastische Chirurgie» an.*
Links: *Wie ein Puzzle ließen sich schließlich auch die «Domino-Fragmente» zusammenfügen.*

Danach nahmen wir uns das Konvolut vor, das mir in der Zigarrenkiste übergeben worden war und die Bezeichnung X erhalten hatte. Auch diese Fragmente wurden durchnumeriert und ergaben die Hauptteile der Kolumnen 6–13. Wie zuvor schon kam es häufig vor, daß der gesamte Text einer Kolumne spiegelbildlich auf der Rückseite der folgenden Kolumne stand, während die Schreibseite des ersten Fragments vollkommen leer war. So waren die Schriftreste von Kolumne 8 (siehe Abb. S. 55) auf der Rückseite von Kolumne 9 erhalten.

Doch das Auseinanderlösen der Klumpen X und Y, die Wiederherstellung der Schrift und die Rekonstruktion der Anordnung innerhalb der Schriftrolle erwiesen sich noch als die einfachste Arbeit. Die größte Herausforderung waren vereinzelte oder in kleinen Bündeln zusammenhängende Fragmente sowohl aus der Zigarrenkiste als auch aus der Zellophanhülle. Gehörten z. B. manche von ihnen zusammen oder gehörten sie in den Text der Rolle? Dodo, der nebenbei ein ganz ausgezeichneter Bildhauer ist, hatte ein Auge für diese Art Puzzle-Spiel. So hatte er sich schon in Hazor und Masada dadurch ausgezeichnet, daß er besonders schnell erkannte, wie die Tonscherben, die wir ausgegraben hatten, zueinander paßten. Nun machte er sich mit dem gleichen Talent über diese winzigen Fragmente her, die er anhand ihrer Umrisse zusammenzufügen wußte, ohne den Text auch nur gelesen zu haben.

Als «Arbeitstitel» für diesen Komplex wählte Dodo die Bezeichnung «Domino», und diese Benennung behielten wir bei. Beim Lösungsprozeß wandte er verschiedene Techniken an. Bei verhältnismäßig gut erhaltenen Partien reichte das übliche Dampfverfahren mit einer Temperatur zwischen 75 und 80 Grad Celsius aus. Manchmal wurde auch das Skalpell benutzt – selbstverständlich mit äußerster Vorsicht. Die hartnäckigen Teile wurden einige Minuten lang einer 100-Grad-Behandlung ausgesetzt und damit geschmeidig gemacht, um anschließend einige Minuten lang tiefgekühlt zu werden. Doch auch dieses Verfahren eignete sich nicht in allen Fällen, weil damit die Schrift beschädigt worden wäre.

Nachdem alle ablösbaren Fragmente durch die eine oder andere Technik separiert worden waren, blieb vom «Domino» noch ein Rest schwarzen, formlosen, verquollenen Leders übrig. Nach meiner Schätzung konnte es sich um die Überreste weiterer zwei oder drei Kolumnen handeln, die jedoch mit bloßem Auge nicht zu erkennen, geschweige denn zu entziffern waren. Was wir taten, war dies: Wir photographierten diese Teile auf verschiedene Weise, um so viele Buchstaben als möglich wieder kenntlich zu machen. Nicht nur die Vorder- und Rückseite wurde aufgenommen, wir probierten auch unterschiedliche Beleuchtungen des Objekts aus und verwendeten normale und hochempfindliche Filme, dazu kamen Infrarot- und Farbaufnahmen.

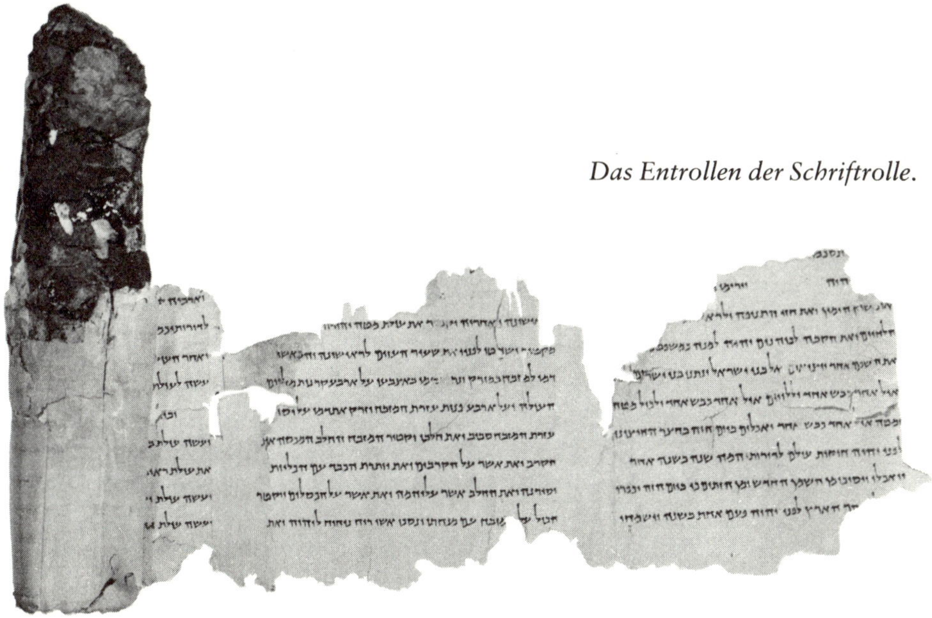

Das Entrollen der Schriftrolle.

Obwohl dadurch nur einige wenige Wörter deutlich lesbar wurden, erhielt ich durch die verschiedenen Aufnahmen später doch genügend Daten, um mit Bestimmtheit anzugeben, daß Teile des «Domino» zu den X-Fragmenten gehörten, und sie lieferten überdies Aufschlüsse über eine Kolumne des Y-Komplexes. Diejenigen Domino-Fragmente, die sich mit Erfolg präparieren ließen und sich in verhältnismäßig gutem Zustand befanden, gehörten, wie sich später herausstellte, zu späteren Kolumnen in der Rolle, ab Kolumne 15.

Verglichen mit dem schwierigen und langwierigen Prozeß des Auseinanderlösens der Fragmente – für manche waren Tage, für manche Wochen nötig – ließ sich der zusammenhängende Hauptteil der Rolle relativ leicht entfalten. Größtenteils reagierte das Pergament auf die Dampfbehandlung bei 75 und 80 Grad. Aber es gab auch Partien, die darauf nicht ansprachen. Von Anfang an hatten wir durch den Boden der Rolle bemerkt, daß sie teilweise auch in der Mitte beschädigt war. Die Feuchtigkeit war offenbar im Inneren hochgestiegen, wie sich bestätigte, als wir einen Teil entrollt hatten und auf die beschädigten Partien stießen. Wir behandelten diese Teile besonders sorgfältig, aber der Schaden war zu groß. So wiederholten wir das photographische Verfahren wie bei «Domino» und konnten auf diese Weise erhebliche Teile der Schrift wiedergewinnen. Wer heute die Schriftrolle im «Schrein der

Seite 59 links: *Das Ende der Schriftrolle nach dem Entrollen mit Spuren von Insektenfraß. Diese Schäden entstanden erst nach ihrer Entnahme aus der Höhle durch falsche Aufbewahrung bei Händler X.*
Seite 59 rechts: *Ein schlecht erhaltener Klumpen mit zusammengeklebten Schriftzeilen verschiedener Kolumnen.*
Unten: *Der obere «Berg-und-Tal»-Rand der Schriftrolle nach ihrer teilweisen Entrollung.*

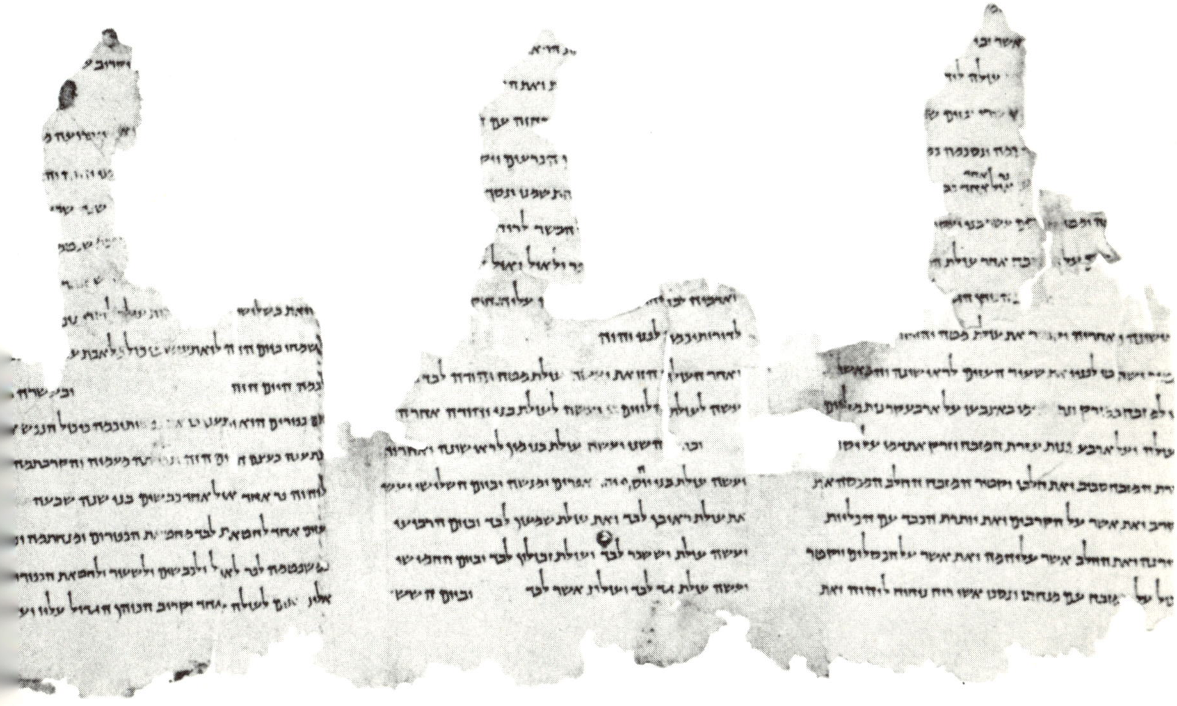

Schrift» sieht, wird auf diesen beschädigten Partien kaum Schriftzeichen entdecken, doch in meiner wissenschaftlichen Publikation der Tempelrolle konnte ich allein mit dem photographischen Verfahren große Teile der verlorenen Schrift sichtbar machen. Hier sollte ich vielleicht einfügen, daß uns Kriminalisten zur Seite standen, die sich auf wesentlich ausgefeiltere Photo-Methoden verstanden.

Dodo mußte bisweilen Methoden der plastischen Chirurgie anwenden, indem er die Kolumnen längs durchschnitt und sie nach der Separierung wieder zusammensetzte. Das erwies sich als eine schwierige Operation, die sich über Monate hinzog und viel Geduld und Geschicklichkeit erforderte. Wir hatten so große Bedenken, das bereits Gewonnene zu beschädigen, daß wir den Arbeitsfortgang ständig photographisch dokumentierten. In meiner wissenschaftlichen Publikation der Tempelrolle sind oft mehrere Photos ein und derselben Kolumne abgebildet, weil nur so der Text zu entziffern ist.

Unendlich langsam vollzog sich das Entrollen, aber schließlich lag eines Tages die gesamte Schriftrolle ausgebreitet vor uns. Der obere Teil, wie schon aus dem zusammengerollten Zustand ersichtlich, war in der Tat stark beschädigt. Der obere Rand bildete eine einzige Zackenlinie mit gelegentlich sehr tiefen Einschnitten. Aufgrund meiner langjährigen Erfahrung in der Schriftrollenforschung möchte ich behaupten, daß die Wissenschaftler noch auf Jahre hinaus mehr darüber diskutieren werden, was wohl an den Stellen der tiefen «Täler» gestanden haben mag, als über das, was die «Höhen» enthalten.

Je weiter wir ins Innere der Rolle vordrangen, desto besser waren das Leder und die Schrift-Kolumnen erhalten, bis eben auf die beschädigten Partien. Wie üblich hatte man im Altertum auch hier an das Ende ein unbeschriebenes «Blatt» gehängt, das vollkommen intakt war und gleichsam den Kern gebildet hatte, um den das Pergament aufgerollt worden war. Wir fanden allerdings auch die Überreste von Insekten, die sich durch diesen «Kern» durchgefressen hatten und gerade noch zur rechten Zeit gestoppt worden waren.

Einige Zeit nach dem Sechstagekrieg hatten mich die israelische Altertümerverwaltung und die Leitung vom «Schrein der Schrift» gebeten, die Schriftrollen und Fragmente im Rockefeller-Museum zu überprüfen und festzustellen, ob noch alles vorhanden war, was vor dem Krieg vorhanden gewesen war. Der Direktor vom «Schrein der Schrift», Dr. Magen Broshi, unterstützte mich sehr bei dieser Aufgabe. Im Laufe dieser Inventur fiel mir die Ähnlichkeit des Textinhalts einiger Fragmente dort mit dem Text der Tempelrolle auf. Mir, der ich den Text damals fast auswendig kannte, war sofort klar, daß diese Fragmente zu einer oder mehreren weiteren Abschriften unserer Rolle gehört hatten. Es handelte sich allerdings um sehr kleine Fragmente, und die Textausbeute war eher mager, so daß niemand aufgrund dieser Teile allein den Zusammenhang hätte erfassen können. Darauf war es zweifellos zurückzuführen, daß das in Jordanien mit der Schriftrollenforschung befaßte internationale Wissenschaftlerteam diese Fragmente bisher nicht publiziert, ja nicht einmal identifiziert hatte. Sie waren unter Überschriften verzeichnet, die in höchstem Grade unrichtig und irreführend waren.

Ich rief Pater de Vaux an, machte ihn auf diese Fragmente aufmerksam und sagte ihm, daß ich sie gern zur Ergänzung «meiner» Rolle benutzen würde. Ich bat ihn außerdem um Photos, die ich in meiner wissenschaftlichen Publikation veröffentlichen wollte, selbstverständlich unter Hinweis auf sein Entgegenkommen. Ich legte dar, daß ich das Material ohnehin würde benutzen können, wenn die Wissenschaftler, die daran arbeiteten, vor mir veröf-

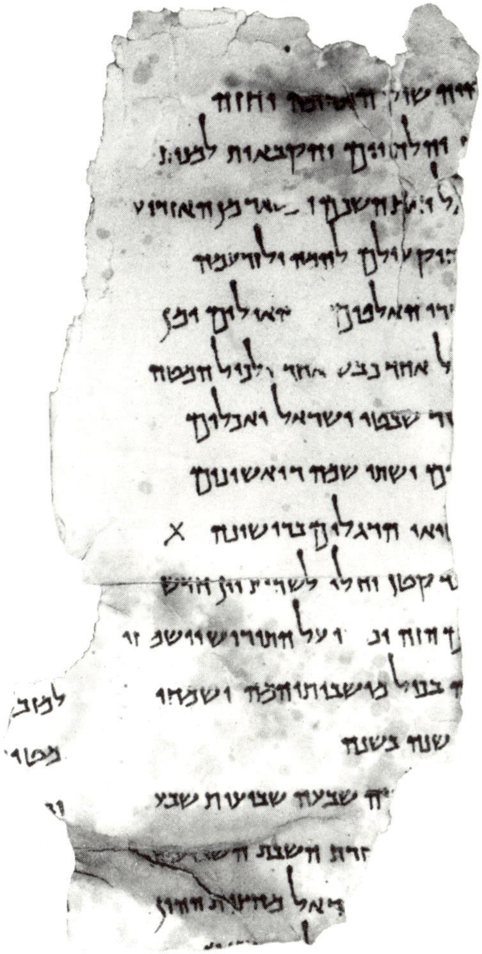

Fragment einer weiteren Abschrift der Tempelrolle aus Höhle 11, heute im Rockefeller-Museum von Jerusalem aufbewahrt.

fentlichen sollten. Falls ich zuerst fertig sein sollte, würden sie von meiner Arbeit Gebrauch machen und ihre Texte in den richtigen Zusammenhang bringen können. Pater de Vaux kam nicht nur meiner Bitte nach, sondern gab auch einem seiner Kollegen die Anweisung, mich mit zusätzlichen Photos auszustatten.

Diese Fragmente anderer Abschriften der Tempelrolle waren später eine beträchtliche Hilfe bei der Ergänzung fehlender Zeilen in meinem Manuskript. Ein winziges Lederstückchen ermöglichte die Datierung der ursprünglichen Komposition des Textes in eine Zeitspanne zwischen der zweiten Hälfte des 2. und dem Beginn des 1. Jahrhunderts v. Chr.

II. TEIL

DIE ANATOMIE DER SCHRIFTROLLE

4. Der äußere Befund

Bevor ich auf den Inhalt des Textes eingehe, möchte ich der allgemein üblichen Praxis in der Schriftrollenforschung folgen und die äußeren Eigenschaften des Lederdokuments beschreiben. Sie geben oft Aufschlüsse hinsichtlich des Entstehungsdatums, und dies wiederum ist von grundlegender Bedeutung für die Interpretation des Textes und der herrschenden Vorstellungen einer speziellen historischen Epoche.

In jenen Zeiten folgten die Schreiber, die als zeitlos und heilig betrachtete Werke kopierten, einer bestimmten Verfahrensweise, die nur leichte Abweichungen vom Vorgegebenen gestattete. Wenn sich dennoch von einer Generation zur anderen geringfügige Veränderungen bemerkbar machen, so sind sie natürlich besonders aufschlußreich. Außerdem kann die genaue Kenntnis der Beschaffenheit einer Schriftrolle für die Beurteilung gewisser Aspekte anderer antiker Rollen nützlich sein.

Zunächst einmal stellte ich fest, daß die Tempelrolle in bezug auf ihre äußeren Eigenschaften und die Art der Arbeit im allgemeinen den übrigen Qumran-Rollen, die ich untersucht hatte, ähnelte. Aber ich fand andererseits auch bestimmte, nur für diese Rolle charakteristische Eigenheiten heraus: sie betrafen die «Lederblätter», die Anzahl der Schrift-Kolumnen, die Zeilen pro Kolumne und den Schrifttyp.

Die Tierhaut, die für den Text der Tempelrolle verwendet wurde, ist außerordentlich dünn und geht an keiner Stelle über ein Zehntel eines Millimeters hinaus, d.h. es handelt sich um eine der feinsten Schriftrollen vom Toten Meer. Wie bei allen anderen Rollen auch, hatte der Schreiber, bevor er mit der eigentlichen Arbeit begann, mit einem spitzen Instrument Linien gezogen. Bei dieser Rolle nun hatte der Schreiber die Markierungen

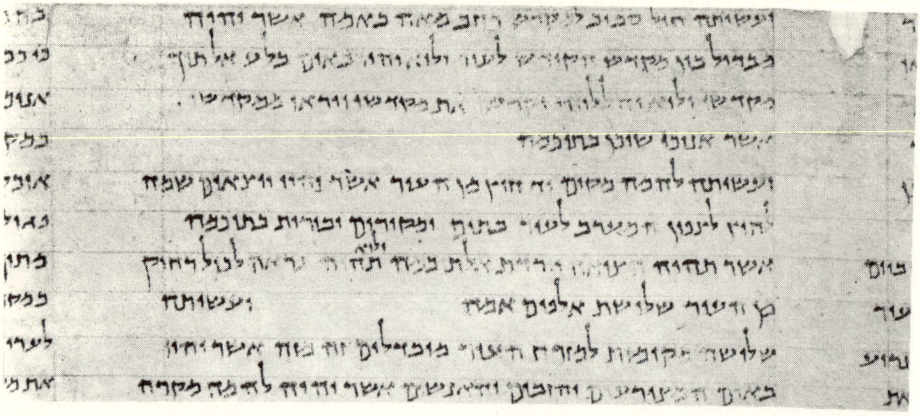

Der erfahrene Schreiber zog die Linien mit einem scharfen Gegenstand, ohne das hauchdünne Material zu verletzen – die Einschnitte sind nur einen Zehntel Millimeter tief.

mit so leichter Hand gesetzt, daß die Haut trotz ihrer Feinheit nirgends eingeschnitten wurde.

Einige der Lederstücke sind in weniger gutem Zustand als andere. Das liegt u. a. daran, daß nicht alle Häute auf die gleiche Art gegerbt wurden und später nicht alle der gleichen Feuchtigkeit ausgesetzt waren. Die unterschiedliche Färbung der «Blätter» ist nicht dem Erhaltungszustand zuzuschreiben, sondern geht auf unterschiedliche Behandlung zurück. Im großen und ganzen hatte das Pergament ursprünglich einen elfenbeinernen Farbton, der bei einigen Stücken eher in ein Zitronengelb oder ein dunkles Elfenbein spielt.

Die Rolle besteht aus neunzehn Lederstücken, die mit einem Faden zusammengenäht sind. Jedes dieser Stücke enthält mehrere Schriftkolumnen mit freien Rändern oben, unten und zwischen den Kolumnen. Die Länge der Stücke und die Anzahl der Kolumnen variiert. So tragen sieben Blätter jeweils drei Kolumnen, zehn dagegen vier. Beim ersten Blatt ist mit fünf Kolumnen zu rechnen, und das letzte, kürzeste Blatt wurde fast vollkommen freigelassen.

Die Anzahl der Kolumnen je Blatt folgt der Schreibertradition der damaligen Zeit. Das Gebot im Traktat Sopherim [Schreiber] 2.10 besagt: «Kein Blatt soll weniger als drei oder mehr als acht Kolumnen enthalten.» Die Drei-Kolumnen-Blätter sind im Durchschnitt 40 cm lang, das kürzeste 37 und das längste 43 cm, während die Vier-Kolumnen-Blätter eine durchschnittliche Länge von fast 52 cm aufweisen, das kürzeste mißt 47 cm und das längste 61 cm. Zum Vergleich sei erwähnt, daß bei der Jesaja-Rolle, dem längsten Manuskript, das bis zur Entdeckung der Tempelrolle bekannt war, drei Blätter drei Kolumnen aufweisen, fünf vier und zwei nur zwei Kolumnen, obwohl dies der Mischna-Tradition widerspricht.

Gegenwärtig beträgt die Gesamtlänge der Tempelrolle ohne das erste und Anfangsblatt 8,148 m. Die Länge des ersten Blattes läßt sich nicht abschätzen, da es nur in Fragmenten erhalten ist. Wenn es aber fünf Kolumnen enthielt, dann müßten der heutigen Länge noch 60 cm hinzugefügt werden, so daß wir auf 8,75 m kämen, rund anderthalb Meter mehr als die Jesaja-Rolle mit 7,35 m.

Da die Schriftrolle sorgfältig vom Ende her aufgewickelt worden war, so daß der Anfang die Außenseite bildete, haben vor allem die Anfangskolumnen Schaden genommen. Es ist in der Tat nicht auszumachen, wieviele Kolumnen hier fehlen. Geht man vom Inhalt der ersten gut erhaltenen Kolumne aus, so scheint es vorstellbar, daß nicht mehr als eine Kolumne fehlt. Es ist auch möglich, daß hier die Breite einer Kolumne unbeschriftet war, wie wir das von einigen anderen Schriftrollen kennen, so daß die Gesamtlänge der Tempelrolle 9 m betragen hätte.

Diese außergewöhnliche Länge mußte sich auf das Schriftbild auswirken. Der Schreiber kam selbstverständlich nicht mit einem einzigen Federkiel aus, vielmehr mußte er das Schreibgerät mehrfach erneuern. Offensichtlich bemerkte er zu einem bestimmten Zeitpunkt während der Arbeit, daß er den Text nicht auf den zur Verfügung stehenden Bögen unterbringen konnte, oder daß zusätzliche Bögen die Rolle dann doch zu lang und damit unhandlich machen würden. Darum gab er gegen Ende zu den einzelnen Kolumnen mehr Zeilen.

Die Rolle besteht aus sechsundsechzig Kolumnen, wobei von fast allen Blättern der untere Rand erhalten ist. Auf den oberen Rand trifft das jedoch in keinem Fall zu. Die obersten Zeilen der Kolumnen fehlen. Es gelang mir jedoch, diese Zeilen anhand von Fragmenten zum Teil zu ergänzen. Mit diesen Fragmenten anderer Abschriften unseres Textes ließ sich z. B. das obere Ende der Kolumnen 21, 29 und 41 rekonstruieren. Auf diese Weise konnte ich auch mit Sicherheit feststellen, daß die Kolumnen 6–48 und 61 bis 66 ursprünglich aus zweiundzwanzig Zeilen bestanden haben müssen. Bei den Kolumnen 49–60 (auf den Blättern 14, 15 und 16) hatte der Schreiber, als er merkte, daß der Platz nicht reichte, die Zahl der Zeilen pro Kolumne auf achtundzwanzig erhöht, wobei er jeweils oben und unten je drei Zeilen hinzugefügt hatte. Außerdem verkürzte er den Abstand zwischen den Zeilen von 1,1 auf 0,8 cm (die Abbildung zeigt den Übergang von 22 zu 28 Zeilen).

Wenn man annimmt, daß der Schreiber oberhalb der Kolumnen einen 3 cm breiten Rand freigelassen hatte, wie es der Schreibtradition der Epoche entspräche, so hat die ursprüngliche Höhe (oder Breite) der Schriftrolle zwischen 24 und 26 cm betragen. Diese Abmessung entspricht etwa der Jesaja-Rolle mit 27 cm und den 24 cm der sogenannten «Gemeinderegel», einer Sektiererschrift.

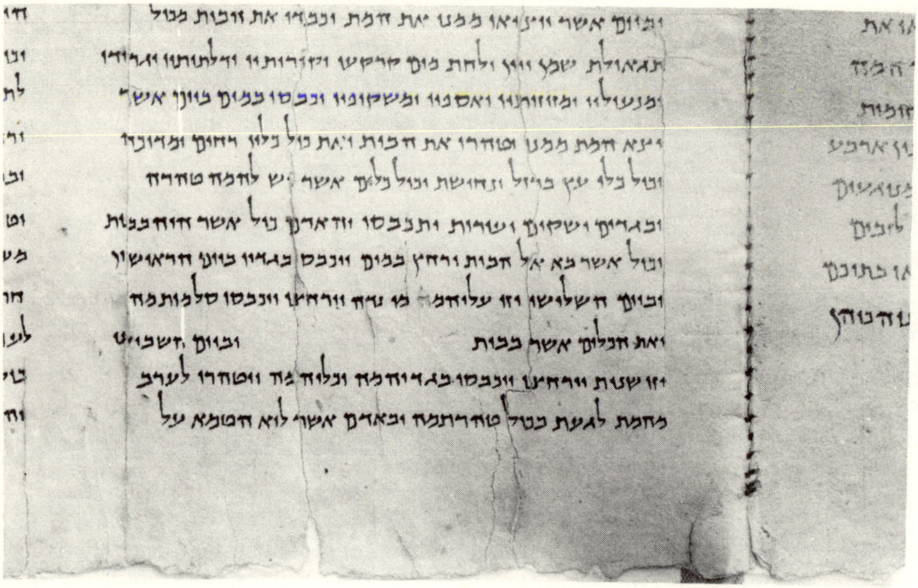

Sobald der Schreiber feststellte, daß nicht mehr genügend Lederbögen zur Verfügung standen, erhöhte er die Zahl der Zeilen pro Kolumne.

Die Länge der Blätter richtete sich nach der unterschiedlichen Größe der Tierhäute. Es finden sich jedoch auch kleinere Unterschiede in der Breite der Kolumnen und der Seitenränder, obwohl es für diese Abmessungen gewisse Vorschriften gegeben haben muß. Im Babylonischen Talmud (Traktat Menahot, p. 30a) besteht die folgende Anweisung für Abschriften des Pentateuch: «In den Fünf Büchern Mose soll der untere Rand drei Finger breit sein, der obere zwei, und zwischen zwei Kolumnen soll eine Daumenbreite frei bleiben.»

Die Wissenschaft nimmt für die Elle, das antike Längenmaß, die Länge eines durchschnittlichen Unterarmes an. Die Schreiber hätten zu dieser Zeit dann folgende Maße zu befolgen gehabt: 45,72 cm = 1 Elle, eine Handbreite betrug 7,62 cm, eine Daumenbreite 1,9 cm und eine Fingerbreite 1,5 cm. Bei allen Schriftrollen vom Toten Meer, die ich untersucht habe, hat man sich an diese Vorschrift gehalten. Bei der Tempelrolle entsprechen tatsächlich die meisten Ränder der vorgeschriebenen Daumenbreite von 1,9 cm. Nur drei Kolumnen haben einen linken Rand von 1,5 cm, weil sie am Ende eines Bogens stehen.

Die Handschrift des Schreibers: Schlüssel zur Datierung

Die Eigenheiten der Schrift eines Manuskripts bieten häufig einen Schlüssel zur Datierung: Die Form der Buchstaben und die Art des Schreibens sind sozusagen die Fingerabdrücke, die der Schreiber hinterlassen hat. Die faszinierende Disziplin der Paläographie, das mit hochentwickelten Techniken unternommene Studium antiker Schriften und Inschriften, hat in den letzten Jahren große Fortschritte gemacht, nicht zuletzt anhand der seit 1947 verhältnismäßig zahlreichen Schriftrollenfunde vom Toten Meer. Ein Aspekt der Fortschritte auf diesem Gebiet war für mich bei der Datierung der Tempelrolle von besonderer Bedeutung.

Dank der Forschungen des Amerikaners Professor Frank Moore Cross Jr. und des israelischen Professors Nahman Avigad wissen wir heute, daß sich die Handschriften der Schriftrollen vom Toten Meer im wesentlichen in zwei Kategorien einteilen lassen. Als erste und ältere ist die hasmonäische oder makkabäische Schrift für die rund hundert Jahre zwischen der Mitte des 2. bis zur Mitte des 1. vorchristlichen Jahrhunderts typisch. Die zweite und jüngere nennt man die herodianische Schrift, die von der Mitte des 1. Jahrhunderts v. Chr. bis zum Fall von Jerusalem und der Zerstörung des Tempels im Jahre 70 n. Chr. reicht, d. h. die Zeitspanne von Herodes dem Großen und seinen Nachfolgern umfaßt. Natürlich gibt es Unterteilungen in beiden Gruppen, so daß man von früh-, mittel- und späthasmonäisch bzw. -herodianisch spricht. Ferner unterteilt man den Schreibstil in formal und semi-formal, kursiv und nicht-kursiv (die Paläographen haben noch weitere Unterteilungen geschaffen, die jeweils ihren eigenen Fachausdruck tragen).

Als die Schriftrolle teilweise entrollt und die miteinander verklebten Fragmente voneinander gelöst waren, hatte ich zum ersten Mal Gelegenheit, einen umfassenderen Anteil des Textes zu untersuchen. Ich bemerkte augenblicklich, daß die Anfangskolumnen der »Klumpen« sich von den meisten übrigen Kolumnen des Hauptteils unterschieden. Das bedeutete, daß zwei Schreiber an dem Manuskript gearbeitet hatten, was keineswegs außergewöhnlich ist. Bei mehreren Schriftrollen hatten wir bereits unterschiedliche Handschriften festgestellt, am deutlichsten war das bei der Danksagungsrolle. Dort hatte, nachdem ein Schreiber den größeren Teil geschrieben hatte, der zweite sogar in der Mitte einer Kolumne die Arbeit fortgesetzt.

Rätselhaft an der Tempelrolle war zunächst, daß die Schrift beider Schreiber als herodianisch zu bezeichnen war, daß jedoch der Anfangstext von Schreiber A (wie ich ihn benannte) mir verhältnismäßig später bzw. entwickelter erschien als die Schrift des Schreibers B, der als der Hauptkopist der

Schriftrolle bezeichnet werden muß. Sein sehr förmlicher Schriftstil war typisch für eine etwas frühere Periode. Wie aber war es möglich, daß der Beginn der Rolle später geschrieben war als der Hauptteil?

Als dann die Schriftrolle vollständig entrollt war, konnte ich sämtliche Kolumnen in Augenschein nehmen und fand die plausible Antwort. Schreiber B hatte zunächst den Text von Anbeginn an geschrieben. Doch als die Arbeit abgeschlossen war, wurde sein erstes Blatt entweder beschädigt oder auch durch häufiges Benutzen schon im Altertum verdorben, so daß es von einem jüngeren und späteren Schreiber ersetzt werden mußte. Für diese Annahme spricht die Tatsache, daß die letzte Kolumne des ersten Blattes – von Schreiber A geschrieben – Teile der ersten Kolumne in der Handschrift des Schreibers B wiederholt. Darüber hinaus: Aus allen Photos, die wir während des Entrollens machten, geht hervor, daß das erste Blatt, welches später hinzugefügt wurde, das äußere gebildet hatte, das um die Rolle herumgeschlagen war. Damit bot sich zwar noch kein Indiz für das früheste mögliche Datum der Komposition des Textes der Schriftrolle, aber der späteste Termin für diese Kopie muß in der herodianischen Schriftperiode gelegen haben.

Das älteste Fragment

Als von größerer Bedeutung für die Datierung der Komposition der Tempelrolle erwies sich nicht unsere Abschrift, sondern das Fragment einer Abschrift, das ich im Rockefeller-Museum entdeckte. Auf den ersten Blick schon datierte ich dieses Fragment in die hasmonäische Gruppe und setzte es aufgrund der Schrift um einige Jahrzehnte früher an als die beiden Schriftstile unserer Rolle. Es bedurfte einer eingehenden Analyse dieses Stückes, um festzustellen, ob es früh-, mittel- oder späthasmonäisch war, weil ich dadurch auf das spätest mögliche Entstehungsdatum des Textes unserer Schriftrolle kommen würde. Ich stufte dieses Fragment schließlich als «mittel-hasmonäisch, semi-formal» ein. Sein Schriftduktus ähnelt am ehesten der Jesajarolle, die ich vom Metropoliten Samuel gekauft hatte. Ähnlichkeiten bestehen aber außerdem zur Handschrift eines weiteren Dokuments – einer Kopie des Deuteronomium (5. Buch Mose) aus Höhle 4 in Qumran.

Wenn meine Klassifizierung richtig war, so würde das für unsere Tempelrolle eine Datierung in das letzte Viertel des 2. Jh. v. Chr. oder an den Beginn des 1. Jh. v. Chr. ergeben. Um mit dieser zeitlichen Einordnung sicher zu gehen, zeigte ich meinem Kollegen Professor Nahman Avigad, einem der führenden Experten der Paläographie, ein Photo, ohne ihm meinen Befund mitzuteilen. Ich nannte ihm überhaupt keine Anhaltspunkte. Zu meiner

Eingang zu Höhle 4, die der Siedlung von Qumran am nächsten liegt. (Die übrigen Höhlen befinden sich in den umliegenden Felsklippen.) In dieser Höhle wurden einige hundert Rollen, zu Tausenden von Fragmenten zerfallen, gefunden, darunter auch ein Fragment der ältesten Kopie der Tempelrolle aus dem 2. Jh. v. Chr.

Oben: *Vorder- und Rückseite des ersten Fragments der Tempelrolle, das dem Autor sechs Jahre vor dem Erwerb der gesamten Rolle von Mr. Z zugesandt wurde. Die Rückseite war mit englischen Briefmarken verstärkt worden. Der hebräische Text, von exzellenter Schreiberhand geschrieben, enthält in Zeile 3 die Worte «der Hohepriester».*
Links: *Die Höhle 11 im Jahre 1984: Hier kamen die letzten Dokumente aus dem Altertum zutage. Wie in Höhle 1 hatten Beduinen vollständige Schriftrollen gefunden, darunter auch die Tempelrolle* (© David Harris).

Die Felsenhänge von Qumran (© David Harris).

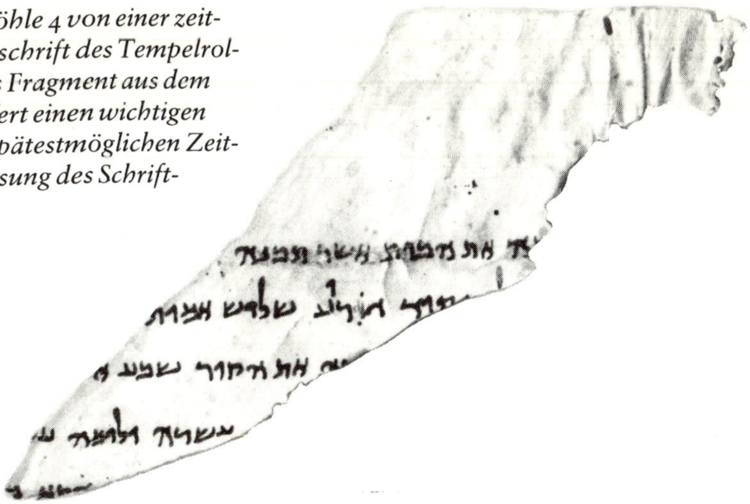

Fragment aus Höhle 4 von einer zeitlich früheren Abschrift des Tempelrollentextes. Dieses Fragment aus dem 2. Jh. v. Chr. liefert einen wichtigen Beweis für den spätestmöglichen Zeitpunkt der Abfassung des Schriftrollentextes.

Freude schrieb er mir, daß die Schrift «Jesaja-A sehr ähnlich» sei und darum (in die von mir angenommene Zeit) um 100 v. Chr. datiert werden sollte.

Die spätest mögliche Datierung der Textkomposition der Tempelrolle festzustellen war deshalb von besonderer Bedeutung, weil sich nur so bestimmte Teile ihres Textes voll erschließen ließen.

Fehler des Schreibers

Wie sorgfältig die Schreiber im Altertum ihre Arbeit auch immer verrichteten und wie strikt sie sich an die Regeln gehalten haben mögen: Gelegentlich unterliefen ihnen doch Fehler, obwohl es in Anbetracht der Länge der Texte erstaunlich wenige waren. Namentlich «unsere» Schreiber wie auch die Kopisten der übrigen Schriftrollen vom Toten Meer haben akribisch genau gearbeitet. Wie verhielten sie sich, wenn sie ein «Verschreiben» bemerkten? Wie z. B. korrigierten sie einen Rechtschreibfehler oder wie fügten sie vergessene Buchstaben, ein Wort oder einen ganzen Satz ein?

Grundsätzlich gab es drei Möglichkeiten der Korrektur. Ein Verfahren ist das «Punktsetzen», d.h. über den falschen Buchstaben wurde ein Punkt gesetzt, manchmal auch darunter und darüber, und der falsche Buchstabe blieb stehen. Eine drastischere Methode bestand im Auskratzen des falschen Buchstabens. Obwohl in der Schreibertradition üblich, waren dies jedoch verhältnismäßig primitive Methoden, und sie tauchen daher in der Tempelrolle relativ selten auf. Häufiger bediente man sich bei der Tempelrolle – wie bei den Manuskripten vom Toten Meer überhaupt – der folgenden Korrekturweise: Der richtige oder fehlende Buchstabe, das Wort oder der Satz wurden unmittelbar über der Schriftzeile zugefügt. Diese Methode wurde vor allem angewandt, wenn der Schreiber einen Buchstaben oder auch eine ganze Zeile ausgelassen hatte oder wenn ein schon geschriebener Text erweitert werden mußte. Wenn der Schreiber z. B. «Tempel» hatte schreiben wollen, das «p» aber vergessen und folglich «Temel» geschrieben hatte, so fügte er das p über dem zweiten e ein: «Tem^{p}el». Wenn er einen Satz einzufügen hatte und der Abstand zwischen den Zeilen zu schmal war, so mußte er sehr klein schreiben, und man brauchte dann gute Augen, um diese Korrekturen lesen zu können. Dies könnte im übrigen die Entstehung des Ausdrucks «zwischen den Zeilen lesen» erklären.

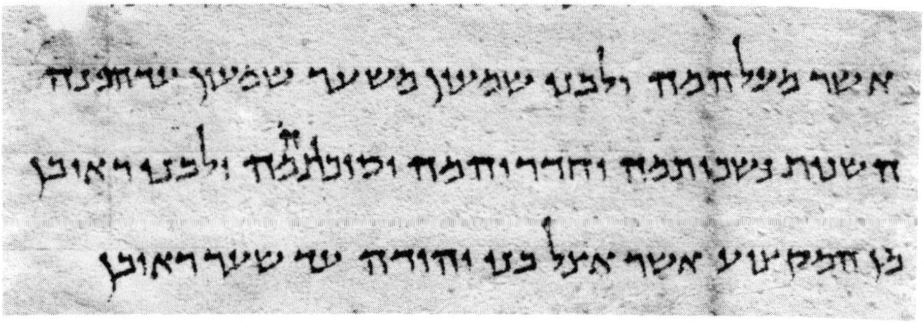

Beispiel für das Korrekturverfahren des Schreibers: Ausgelassene Wörter oder Buchstaben wurden über der Schriftzeile eingefügt.

Insgesamt entdeckte ich siebzig Korrekturen und Erweiterungen im Text der Tempelrolle und neun wahrscheinliche Fehler, die nicht bemerkt und folglich nicht korrigiert worden waren. «Wahrscheinliche Fehler» deshalb, weil es sich vielleicht nur um andere Schreibweisen und also nicht um Fehler handelt. Alles in allem war Schreiber B, der den größten Teil des Textes geschrieben hatte, nicht nur ein exzellenter Schreiber, sondern auch ein guter Korrekturleser gewesen.

Die Sprache

Während der Schriftstil eines Manuskripts ein Indiz für das späteste Datum ist, an dem eine Schriftrolle niedergeschrieben wurde, wie wir gesehen haben, bietet das eingehende Studium der Sprache, d. h. Stil, Satzbau und Gebrauch bestimmter Ausdrücke und bestimmter Wörter, ein Hilfsmittel, um das früheste Datum für das Abfassen des Textes zu erfahren. An einem Beispiel aus unserer Zeit läßt sich das am ehesten erklären: Nehmen wir an, im Jahre 3984 wird ein deutsches Schriftstück gefunden. Das sind etwa zweitausend Jahre von heute an gerechnet. Nun zerbricht sich ein Wissenschaftler den Kopf, ob es im 19. oder 21. Jahrhundert geschrieben worden ist, oder auch früher oder später. Stößt er nun auf das Wort «Fernsehen», dann ist eine Grenze nach unten gesetzt, denn der Text kann nicht früher zustande gekommen sein als zu einem bestimmten Zeitpunkt im 20. Jahrhundert, als das Fernsehen erfunden und eingeführt wurde.

Die Tempelrolle bot hier wegen der Besonderheit des Textes und der Absicht, die ihr Autor damit verfolgt hatte, ganz eigene Schwierigkeiten. Der Verfasser hatte sich zweifellos die Aufgabe gesetzt, einen Text im Stil der hebräischen Bibel zustande zu bringen, d. h. er wollte seinen eigenen Text in Satzbau, Wortwahl und Phraseologie so weit als möglich dem Stil der Bibel, aus der er häufig zitiert, anpassen. Ich prüfte daher jedes Wort und jeden Satz, um herauszufinden, ob ihm an irgendeiner Stelle Abweichungen unterlaufen waren und ob er irgendwo einen Ausdruck oder eine grammatikalische Form verwendet hatte, die zu seiner Zeit gebräuchlich war, in den biblischen Texten aber nicht vorkommt.

Ich entdeckte in der Tat Stellen, wo zusammengesetzte Verbformen und technische Begriffe sowie Wörter verwendet wurden, die für die als «rabbinisches Hebräisch» bezeichnete Sprachstufe, die man auch «Sprache der Weisen» nennt, charakteristisch ist. Es handelt sich um das Hebräisch der letzten Jahrhunderte der Periode des Zweiten Tempels. Zu den nach-biblischen Werken, in denen diese Spracheigenheiten vorkommen, gehören auch einige der übrigen Schriftrollen vom Toten Meer, aber in der Tempelrolle sind einige von ihnen geradezu auffällig. Offenbar hatte der Autor diese zeitgenössischen Begriffe nicht unbeabsichtigt verwendet, weil sie damals gebraucht wurden, sondern gezielt eingesetzt, weil sie genau das bezeichneten, was er aussagen wollte, auch wenn sie in der Bibel nicht enthalten waren.

Für die Datierung sind solche nicht-biblischen Wörter und Begriffe von ausschlaggebender Bedeutung, weil sie in einer ganz bestimmten Zeit in die hebräische Sprache gelangt sind, die uns aus anderen Quellen bekannt ist. Als Beispiel sei hier aufgeführt, daß in einer bestimmten Passage der Schriftrolle ein Wort vorkommt, welches der Autor für die Angabe einer bestimmten Entfernung brauchte. Die ganze Kolumne (Nr. 52) ist an sich in biblischem Hebräisch gehalten. Doch in Vers 18 kommt plötzlich die Entfernungsangabe «dreißig ris» vor. Es geht dabei um das Schlachten verkümmerter Tiere, deren Fleisch als normales Nahrungsmittel verwendet wurde, die jedoch als Opfertiere für den Tempel nicht geeignet waren. Dazu der Verfasser: «Du sollst sie in deinen Städten essen, weit weg vom Tempel, im Umkreis von dreißig ris. Du sollst sie nicht neben meinem Tempel schlachten, denn es ist faules Fleisch.»

Das Wort «ris» wird in der Mischna zur Angabe der Entfernung verwendet. «Dreißig ris» spielen im Traktat Baba Kama 7,7 über die Vorschriften zur Jagd auf wilde Tauben eine Rolle: «Sie sollen keine Fallen stellen für Tauben, es sei denn in einer Entfernung von dreißig ris von einem bewohnten Platz.» Das Wort «ris» stammt aus dem Persischen und wurde später als Äquivalent für das römische Stadium ins Aramäische und Hebräische übernommen. 30 ris oder 30 Stadien entsprachen dem persischen und griechischen «parasang», etwa 4 Meilen. Das Wort «ris» gelangte in der hellenistischen Zeit nach Palästina, d. h. im 3./2. Jh. v. Chr. Die Verwendung von «ris» – wie einiger weiterer Begriffe – in der Tempelrolle weist also darauf hin, daß das Manuskript auf keinen Fall vor dieser Zeit, d. h. vor dem Hellenismus verfaßt worden sein kann. Andere Indizien sprechen dafür, daß dies eher gegen Ende dieser Epoche geschah, d. h. im ausgehenden zweiten vorchristlichen Jahrhundert, etwa zweihundert Jahre vor der Zerstörung des Zweiten Tempels.

5. Charakteristika des Textes

Die bisher gefundenen Schriftrollen vom Toten Meer enthalten hauptsächlich biblische Bücher und Werke der Sekte. Die Tempelrolle nimmt insofern eine Sonderstellung ein, als sie der Sektenliteratur zuzurechnen ist, dabei aber Zitate aus biblischen Texten enthält, wenngleich diese Zitate auch erweitert oder abgeändert werden, ohne daß darauf hingewiesen wird, was der Fall wäre, wenn es sich um Bibelkommentare handeln würde. Die Rolle kodifiziert gewissermaßen biblische Gebote und – das ist das Interessanteste – fügt ein beträchtliches Maß an zusätzlichem Text hinzu, als handele es sich um vom Herrn auf dem Berge Sinai geäußerte Worte. Außerdem dient sie der deutlich sektiererischen Absicht nachzuweisen, daß nur die das religiöse Leben der Essener bestimmenden Regeln dem Gesetz folgten, wie es Gott Moses offenbart hatte. Damit werden viele wichtige Fragen im religiösen, politischen und militärischen Bereich des Heiligen Landes in der zweiten Hälfte des zweiten vorchristlichen Jahrhunderts beantwortet, die bisher offen waren.

Als Hauptthemen, die mit faszinierender Genauigkeit behandelt werden, sind die Statuten des Königs, d. h. die Organisation der Armee, die Stadien der Mobilmachung im Falle eines Angriffs durch Feinde, das Verteilen der Beute und die Pflichten des Königs gegenüber seinen Untertanen ebenso behandelt wie auch das Verbot von Polygamie und Scheidung sowie das Gerichtswesen. Einzigartig sind Tempelplan und Tempelritual, ferner der Kalender der Sekte und seine Auswirkungen auf die Feste der Israeliten. In diesem Zusammenhang werden aus der Bibel bekannte Feste ebenso erwähnt wie bisher nicht bekannte. Ein weiteres wichtiges Sujet sind ferner die Gesetze über Reinheit und Unreinheit unter Hervorhebung des Sexualverhaltens.

Unmittelbar nachdem ich den Text entziffert und zum ersten Mal gelesen hatte, stellte ich mir die Frage, ob die Tempelrolle als Teil der Heiligen Schrift entworfen und von der Sekte am Toten Meer als solche akzeptiert worden war, oder ob es sich um einen Kommentar zur Bibel handelte oder vielleicht um ein literarisches Werk, das sich biblischer Texte bediente (Teile solcher literarischen Texte sind unter den Dokumenten vom Toten Meer durchaus zu finden).

Gott in Ich-Form

Eines der auffallendsten und ungewöhnlichsten Merkmale des Textes ist die Tatsache, daß vom Herrn in der ersten Person singular gesprochen wird. Der Autor tut dies mit solcher Häufigkeit, daß sogar an Stellen, wo es in der Bibel heißt «und der Herr sagte» oder «zum Herrn» die erste Person verwendet wird: «Ich sagte» und «zu mir». Der Verfasser des Tempelrollen-Textes verfährt nicht nur in den Bibelzitaten so, sondern auch in seinem eigenen, die Bibel ergänzenden Text. Andererseits ist dies aber auch nicht die Regel im gesamten Text der Schriftrolle. Manchmal zitiert der Autor ohne Veränderung aus dem Pentateuch (5 Bücher Mose), so daß, selbst wenn die zitierte Passage «der Herr» enthält, dies nicht durch «ich», «mein» oder «mir» ersetzt wird, sondern die ursprüngliche Form des Gottesnamens erhalten ist. Diese Form besteht aus vier hebräischen Buchstaben, die als Tetragramm bezeichnet werden. Diese Unachtsamkeit, wenn man sie als solche bezeichnen will, stellte ein unbeabsichtigtes zusätzliches Indiz bei der näheren Bestimmung des Charakters der Schriftrolle dar.

Der Wechsel von der dritten Person im biblischen Text in die erste Person sei in folgendem Beispiel verdeutlicht (Deuteronomium 12.26):

Aber wenn du etwas heiligen willst von dem Deinen ... so sollst du es ... bringen an den Ort, den der Herr erwählet hat ...

In der Tempelrolle heißt es:

Aber wenn du etwas heiligen willst von dem Deinen ... so sollst du es bringen ... an den Ort, an den Ich meinen Namen setzen will ...

Und weiter Deuteronomium 12.27:

Und dein Brandopfer ... tun auf den Altar des Herrn deines Gottes,

während die Schriftrolle schreibt:

und du sollst dort opfern vor mir ...

Numeri (4. Mose) 30.2 heißt es:

Wenn jemand dem Herrn ein Gelübde tut oder einen Eid schwöret,

in der Schriftrolle:

Wenn jemand mir ein Gelübde tut oder einen Eid schwört

An allen weiteren Stellen über Gelübde und Eide ist in der Schriftrolle stets von «mir» oder «ich» die Rede.

Es ist die deutliche Absicht des Autors, jeden Zweifel darüber zu zerstreuen, daß Gott selbst nicht nur die bekannten Vorschriften im Pentateuch (der Thora) verkündet, selbst wo sie in indirekter Rede wiedergegeben sind, sondern auch den zusätzlichen Text, der in der Rolle erscheint.

Unsere Schriftrolle bietet reiches zusätzliches Material, von dem sich in der Bibel nichts findet. Man könnte also von einer «Thora-Ergänzung» sprechen, d. h. zusätzlichem «Gesetz». Der folgende kurze Auszug mag den Stil des Autors verdeutlichen und erneut das Einsetzen der 1. Person für die dritte belegen. Der Auszug stammt aus den «Statuten des Königs»:

Wenn er sich an meine Gesetze hält und meinen Geboten folgt und tut, was recht ist aus meiner Sicht, so wird ein Mann seiner Söhne nicht daran gehindert werden, auf dem Thron des Königreichs Israel zu sitzen für immer und ich werde mit ihm sein und ihn aus den Händen derer befreien, die ihn hassen, und den Händen derer, die nach seinem Leben trachten. Und ich werde ihm alle seine Feinde ausliefern, und er wird über sie herrschen ...

Dies sind nur einige der Beispiele, die unzweideutig dafür sprechen, daß der Autor die Absicht hatte, das Gesetz direkt und durchgängig als durch die Worte Gottes selbst verkündet darzustellen und nicht als durch Mose vermittelt. An wen aber wendet sich «der Herr» der Schriftrolle? In den meisten Fällen wird sein Gegenüber in der 2. Person Singular angesprochen. Das gilt vor allem für Anweisungen zum Bau des Tempels. Stilistisch ähneln diese

Passagen dem 2. Buch Mose (Exodus), wo der Herr direkt zu Moses spricht und ihn anweist, wie er die Stiftshütte zu errichten habe. Nun liegt nichts näher als die Annahme, auch in dem «du» der Schriftrolle Moses zu vermuten.

Leider sind jedoch die oberen und einige andere Teile der Kolumnen mit den Abschnitten, in denen Moses möglicherweise erwähnt worden ist, nicht erhalten. Im erhaltenen Text wird er nicht erwähnt. Nirgends findet sich eine Stelle wie «und der Herr sprach zu Moses». Dennoch hege ich keinen Zweifel, daß eine solche Stelle in den fehlenden Teilen des Manuskripts gestanden haben könnte, und noch weniger scheint mir widerlegbar, daß der Autor Moses als denjenigen im Sinn hatte, zu dem Gott sprach.

Diese Ansicht habe ich auch in der wissenschaftlichen Publikation der Tempelrolle vertreten, und nur ein Wissenschaftler ist mir hierin nicht gefolgt. Er hat offenbar meinen Hinweis auf die Beweisstelle übersehen, die ich in einem Teil der Schriftrolle fand, wo man diesen Hinweis am wenigsten vermutet hätte. Bei der Zuweisung der Tempelräume an die verschiedenen Stämme heißt es hinsichtlich der Räume, die für die Priester vorgesehen sind (der Herr in der 1. Person zu jemandem in der 2. Person):

> Und den rechten und den linken Teil des Tores des Levi sollst du den Söhnen des Aaron, deines Bruders, zuweisen, acht und einhundert Räume.

Wer anders als Moses, der Bruder des Aaron, könnte hier gemeint sein?

Heilige Schrift?

Damit erhebt sich die fundamentale Frage, ob die Tempelrolle als Heilige Schrift konzipiert war, d. h. als Teil des Kanons der hebräischen Bibel. Wir werden auf diese Frage noch mehrfach zurückkommen müssen. An dieser Stelle aber muß bereits ein Punkt berührt werden, der den Umkreis bezeichnet, in dem die Antwort zu finden ist. Wie bereits gezeigt, hat der Autor des Schriftrollen-Textes, wenn er aus dem Pentateuch zitierte, nicht an allen Stellen den Namen des Herrn, das Tetragramm, in die 1. Person Singular umgewandelt, was aus Gründen des Satzgefüges oder eines verborgenen Inhalts geschehen sein kann. An manchen Stellen ist also das Tetragramm – die vier hebräischen Buchstaben Jod, Heh, Waw, Heh – erhalten geblieben, und die Art, wie sie geschrieben sind, besagt viel über den Charakter der Schriftrolle.

Diese vier hebräischen Buchstaben wurden, wie alle Texte der Bibel, in den alten Handschriften ohne Vokale geschrieben. So wissen wir nicht, wie sie ausgesprochen wurden. Es ist jedoch sehr wahrscheinlich, daß sie das hebräi-

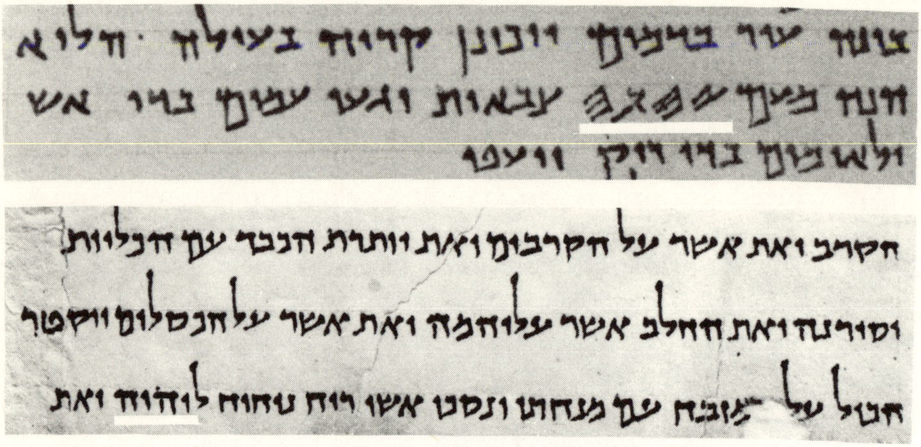

Oben: *In diesem Ausschnitt aus dem Habakuk-Kommentar ist das Tetragramm (hier unterstrichen) in alter paläo-hebräischer Schrift vom Rest der Quadrat-Schrift abgesetzt, wie es für nicht-kanonische Schriften der Sekte üblich war.*
Unten: *Im Text der Tempelrolle ist das Tetragramm, der hebräische Name für Gott, «YHWH» (hier unterstrichen), in der gleichen Weise wie der andere Text geschrieben, wie es der Schreibertradition bei biblischen Büchern entspricht. – Ein Indiz dafür, daß die Qumran-Sekte die Tempelrolle als Heilige Schrift betrachtete.*

sche Wort «Jahweh», der Schöpfer, bedeuten. Da sie den geheiligten Namen Gottes bildeten, wurden sie von den Juden niemals ausgesprochen, von der Zeit des Zweiten Tempels an bis zum heutigen Tage. Wenn Juden diese vier Buchstaben in der Bibel oder in einem Gebetbuch lesen, ersetzen sie sie durch das Wort «Adonai», eine althebräische Form von «mein Herr». Als im Mittelalter der hebräische Bibeltext mit Vokalen versehen wurde, vokalisierte man die Buchstabenfolge YHWH (oder JHWH) wie «Adonai» – was im übrigen zur falschen Mischform Jehowah (Jehova) geführt hat.

Von besonderem Interesse ist die Tatsache, daß jene Schriftrollen vom Toten Meer, die man mit Sicherheit als nicht-kanonisch bezeichnen kann und die auch von der Sekte als solche betrachtet wurden, generell «el» (Hebräisch für «ein Gott» oder «Gott») benutzen, wo sie auf den Herrn Bezug nehmen. In den Bibelzitaten schrieben die Schreiber die vier hebräischen Buchstaben des Tetragramms nicht in der gleichen Quadrat-Schrift wie den restlichen Text, sondern bedienten sich der althebräischen Schrift aus der Periode des Ersten Tempels (10.–6. Jh. v. Chr.). Schon die Schreibung dieser Buchstaben enthielt also einen Hinweis an den Leser, den Namen Gottes nicht auszusprechen.

Andererseits wird das Tetragramm in den Schriftrollen der biblischen Bücher, die in Qumran gefunden wurden, wie etwa Jesaja oder den Büchern des Pentateuch, stets in der gleichen Quadrat-Schrift wiedergegeben wie der Rest der Rolle. Und in dieser Form liegen die Buchstaben für den Namen des Herrn in der Tempelrolle vor, genau wie in den kanonischen Büchern der Bibel. Das ist zweifellos ein Anzeichen dafür – es gibt noch andere –, daß dieses Werk von den Mitgliedern der Sekte als Heilige Schrift betrachtet wurde.

Es sollte nicht verschwiegen werden, daß die Meinung in der Wissenschaft kontrovers ist, was die Aussagekraft der Tetragramm-Schreibung angeht. Da wird z. B. darauf verwiesen, daß in Dr. Sander's Psalter, auf den ich in einem früheren Kapitel hingewiesen habe und von dem mir Mr. Z ein Fragment geschickt hatte, althebräische Buchstaben für den Namen Gottes verwendet wurden –, und der Psalter ist ja schließlich ein biblisches Buch. Darauf entgegnen nun wieder andere Fachgelehrte, daß dieser Psalter nicht als kanonisches Buch für die Sekte vom Toten Meer zu betrachten sei, sondern vielleicht eher als Gebetbuch angesehen wurde. Sie stützen ihr Argument mit dem Hinweis, daß die Abfolge der Psalmen vom masoretischen Text abweicht und er überdies zusätzliche Psalmen enthält, die im kanonischen Psalter nicht vorkommen. Wie immer die Psalter-Frage zu entscheiden ist, meiner Überzeugung nach wurde in der Regel das Tetragramm in nicht-kanonischen Büchern althebräisch geschrieben und in der üblichen Schrift in den Büchern, die als kanonisch zu gelten hatten. Daß die Tempelrolle von der Essener-Gemeinde als heiliges kanonisches Werk konzipiert und akzeptiert wurde, wird im übrigen noch durch andere Beweise gestützt, die weiter unten diskutiert werden sollen.

Der Verfasser als Bearbeiter und Gesetzessammler

Die wirklich außergewöhnlichen Teile der Schriftrolle sind die Zusatztexte, d. h. die «Thora-Ergänzung». Diese Texte wurden bisher in keiner Version der Heiligen Schrift nachgewiesen. Sie treten in ihrer vollen Bedeutung noch stärker hervor, wenn sie im Vergleich zu den übrigen Teilen des Manuskripts mit den biblischen Texten gesehen werden. Sie vor allem zeigen die geschickte Hand eines Verfassers, der zugleich geübt im Herausgeben und Kodifizieren war.

Schon eine flüchtige Lektüre der biblischen Gebote im Pentateuch macht deutlich, daß sie ziemlich wahllos auf die fünf Bücher Moses verteilt und ohne erkennbare Ordnung oft auch innerhalb ein und desselben Buches oder weniger Kapitel aufgeführt sind. Auf diese Weise war es seit frühester Zeit für diejenigen, die das Jüdische Gesetz formulierten, notwendig, die Gebote zu kodifizieren, d. h. darin enthaltene Rechts- und Verhaltensnormen systematisch zu erfassen.

Dieser Aufgabe hat sich auch der Autor der Tempelrolle unterzogen, indem er die verschiedenen Gebote des Pentateuch, die sich auf einen bestimmten Gegenstand bezogen, miteinander verschmolz. Dabei kamen nach Inhalt geordnete, klassifizierte Gruppen heraus. Oft zitiert er die biblischen Passagen, die er zusammenfaßte, fast wörtlich, bisweilen fügt er sie auch in einen gut verständlichen Text zusammen. Sofern sich ein nicht zugehöriges Gebot inmitten einer Serie von Geboten zu einem bestimmten Thema fand, hat er es aus dieser Gruppe herausgenommen und dort untergebracht, wo es inhaltlich hingehört. So ergeben sich zu allen Themenbereichen klare Abfolgen.

Interessanterweise hat der Historiker Josephus wenig mehr als zweihundert Jahre später das gleiche Ziel verfolgt, wenn er in seinen «Jüdischen Altertümern» im Vorwort zum Verzeichnis der Mosaischen Gesetze schreibt (4.197):

> Das einzige, was an meiner Darstellung neu ist, ist eine bessere Anordnung der einzelnen Bestimmungen; denn Moses hat dieselben zerstreut aufgezeichnet, so wie sie Gott ihm gerade mitgeteilt hatte. Ich halte es aber für wichtig, dies besonders vorauszuschicken, damit meine Landsleute, die diese Schrift lesen, nicht etwa auf den Verdacht kommen, als sei ich von Moses abgewichen.

Dies war zweifellos ein logisches Verfahren, und Josephus muß nicht unbedingt von der Arbeit eines anderen beeinflußt worden sein. Aber wir wissen aus seiner Autobiographie, daß er mit den Schriften der Essener vertraut war, und so liegt die Vermutung nahe, daß einige der von ihm zitierten Gesetze nur in der Tempelrolle vorkommen.

Die Methode, Themen zusammenzufassen, wird in der gesamten Schriftrolle durchgeführt, sowohl in der allgemeinen Struktur als auch in der Anordnung der Hauptthemen. Dabei ordnete der Autor der Schriftrolle seine wichtigsten Themen im allgemeinen in der gleichen Abfolge, wie sie in den Gesetzesbüchern des Pentateuch – Exodus, Leviticus, Numeri und Deuteronomium – aufgeführt sind.

Mit dieser Methode schlug der Verfasser der Tempelrolle den gleichen Weg ein wie die großen rabbinischen Weisen bei der Zusammenstellung der Mischna als der kodifizierten «Halacha» – dem religiös-rechtlichen System des Judentums in mündlicher Überlieferung. Sie entwickelte sich in den letzten Jahrhunderten der Periode des Zweiten Tempels und den ersten Jahrhunderten des 1. Jahrtausends n. Chr., als die Gebote und Gesetze des Pentateuch inhaltlich in sechs größere Gruppen zusammengefaßt wurden.

Harmonisierung

Die Herausgabe und Themengruppierung der biblischen Gebote, soweit wir sie bis jetzt betrachtet haben, stellte eine verhältnismäßig einfache Aufgabe dar. Die Originalität des Autors zeigt sich erst – und hierin liegt die Hauptbedeutung dieses Aspektes der Schriftrolle – in der Art der Vereinigung ähnlicher biblischer Gebote und der Harmonisierung voneinander abweichender Gebote. Darin geht er deutlich nach dem charakteristisch halachischen Prinzip vor, daß der Bestimmung eines Gesetzes eine bestimmte Interpretation der Absicht des biblischen Textes zugrundeliegen muß.

Wie die rabbinischen Halachisten vor und nach ihm, die sich damit beschäftigten, die Gesetze des Judentums auf der Basis der Bibel zu formulieren, wußte auch unser Autor, daß es Wiederholungen und Widersprüche in den Geboten des Pentateuch gibt. Die heutige Wissenschaft führt dies auf die unterschiedlichen «Quellen» zurück. Die damaligen Halachisten aber, und mit ihnen der Autor der Tempelrolle, betrachteten das Gesetz als den Kindern Israels durch Moses auf dem Berge Sinai offenbart. Sie maßen daher jeder Wiederholung und jedem Widerspruch die größte Bedeutung bei und zerbrachen sich den Kopf darüber, wie dies zu verstehen sei. So heißt es im Talmud (Traktat Sota 3 a): «In der Schule des Rabbi Ishmael wurde gelehrt: wenn ein Teil des Geschriebenen wiederholt wird, dann geschieht es, weil ein neuer Gesichtspunkt darin enthalten ist.»

Vom «Ergreifen» und «Bereden» einer Jungfrau

Als Beispiel dafür, wie der Autor unserer Schriftrolle einerseits und die Rabbinen andererseits ein Problem angingen – und zu unterschiedlichen Ergebnissen kamen –, seien die beiden biblischen Gebote zum Thema der Entehrung einer Jungfrau angeführt. Einmal handelt es sich um die Jungfrau, welche «ergriffen» wird, zum anderen um die Jungfrau, die «beredet» oder «betört» wird. Die Bibel sieht unterschiedliche Strafen für den Entehrer vor. Der Autor der Schriftrolle vereinheitlichte, indem er den Standpunkt vertrat, daß es sich um ein und dieselbe Sache handle – aus der Sicht der Frau –, selbst wenn die Fälle vom rechtlichen Standpunkt aus unterschiedlich zu betrachten seien. Die Rabbinen sind dem Text wortgetreu gefolgt, ihre Begründung aber, interessant in sich selbst, ist auch von besonderer Aussagekraft für die Tempelrolle, da sie vom Standpunkt einer anderen Denkschule aus die vorherrschende Ansicht zu der Zeit beleuchtet, in der sie verfaßt wurde. Nebenbei sagt dieses Beispiel eine Menge über den Umgang mit der jüdischen Halacha aus.

Deuteronomium 22. 28–29 heißt es zum Fall der Jungfrau, die «ergriffen» wird:

> Wenn jemand an eine Jungfrau kommt, die nicht verlobet ist und ergreifet sie und schläft bei ihr, und es findet sich also, so soll, der bei ihr geschlafen hat, ihrem Vater fünfzig Silberlinge geben und soll sie zum Weibe haben, darum, daß er sie geschwächt (geschändet) hat; er kann sie nicht lassen sein Leben lang.

Exodus 22. 16–17 handelt von der «beredeten» Jungfrau, im Sinne von «betören», «verführen»:

> Wenn jemand eine Jungfrau beredet, die noch nicht verlobet ist und bei ihr schläft, der soll ihr geben ihre Morgengabe und sie zum Weibe haben. Weigert sich aber ihr Vater, sie ihm zu geben, soll er Geld darwägen, wieviel einer Jungfrau zur Morgengabe gebühret.

Setzt man die vordergründige Bedeutung des biblischen Textes voraus, so liegen zwei Fälle zum gleichen Thema vor. Das unterschiedliche Verhalten des «Schuldigen» aber bedingt unterschiedliche Strafen, wobei zur damaligen Zeit der Sinn beider Strafen war, die Frau zu schützen.

Der Verfasser der Schriftrolle redigiert und harmonisiert:

> Wenn ein Mann eine Jungfrau beredet (verführt), die nicht verlobet ist, dem Gesetz nach ihm aber geeignet erscheint, und bei ihr schläft und wird gefunden, so soll, der bei ihr geschlafen hat, ihrem Vater fünfzig Silberlinge geben und soll sie zum Weibe haben, darum, daß er sie geschändet hat. Er kann sie nicht lassen sein Leben lang.

Der Autor verwendet also das «beredet» von Exodus und läßt «an eine Jungfrau kommen» und «ergreifen» von Deuteronomium aus; dann hängt er seine eigene Auslegung an in Form des «die ihm nach dem Gesetz geeignet scheint» und endet mit Deuteronomium. Den Teil des Wortlauts, der beiden Bibelstellen eigen ist, hat der Autor der Schriftrolle in einen flüssigen Text verschmolzen und dabei vor allem auf Deuteronomium zurückgegriffen. Die rechtliche Situation basiert dagegen auf Exodus: Der Autor erachtet als von den Umständen her und nach dem Recht die «Jungfrau, die ergriffen wird» und die «beredete» Jungfrau als identisch.

Bevor wir nun dieses Urteil mit dem rabbinischen Gesetz und dem biblischen Text vergleichen, bedarf es noch der Erwägung des «die ihm nach dem Gesetz geeignet erscheint». Der springende Punkt hinsichtlich der Rechtsterminologie, die hier – und in der gesamten Schriftrolle – verwendet wird, liegt darin, daß sie mit der Terminologie der Mischna praktisch identisch ist. So heißt es im Traktat Ketubot 3.5: «Denn es steht geschrieben: und sie soll für ihn sein zum Weibe. Ein Weib? Das bedeutet, geeignet für ihn [nach dem Gesetz].»

Daraus geht hervor, da eindeutig feststeht, daß unsere Schriftrolle nicht von der Mischna kopiert ist und die Mischna nicht von der Schriftrolle, daß der Autor der Schriftrolle und die Weisen der Mischna sich der gleichen halachischen Terminologie bedienten, in der sich alle Halachisten, ganz gleich welcher Sekte sie angehörten, gut auskannten. In bestimmten Fällen, wie in diesem, ähneln sich Sprache und Rechtsvorstellung in einem spezifischen Detail; in der Sache selbst aber bestehen Unterschiede.

Kommen wir nun zu Exodus und Deuteronomium zurück: Es ist klar, daß, von der ursprünglichen biblischen Bedeutung einmal abgesehen, der Autor der Schriftrolle die Ansicht vertrat, der Status der «beredeten» Jungfrau sei der gleiche wie der der «ergriffenen» Jungfrau insofern, als es die Pflicht des Mannes war, sie zur Frau zu nehmen, mit oder ohne Zustimmung des Vaters. Meiner Meinung nach war der Autor sogar der Ansicht, daß im Falle der «beredeten» Jungfrau die Handlung gegen ihren Willen geschah, denn wenn ihre Zustimmung vorgelegen hätte, so wäre es keine Verführung gewesen.

Interessanterweise sind moderne Fachgelehrte wie die Professoren Moshe Weinfeld und Moshe Greenberg, beide bedeutende Bibelgelehrte, die ihre Ergebnisse veröffentlicht hatten, bevor die Tempelrolle vorlag, ebenfalls der Meinung, daß beide Fälle auf die gleiche Situation zu beziehen sind, obwohl sie diametral entgegengesetzt zum Autor argumentieren. Danach handle es sich in keinem der beiden Fälle um Vergewaltigung im allgemein akzeptierten Sinne. Die hebräischen Wörter, die gewöhnlich mit «ergreifen» und «schänden» übersetzt werden, beziehen sich laut Greenberg «nicht im direkten Sinne auf Vergewaltigung, sondern auf andere Formen nicht gewalttätigen Geschlechtsverkehrs, allerdings verbunden mit einer Beeinträchtigung für die Frau im Sinne von Verführung.»

Diese Argumentation faßt die beiden Begriffe und die beiden Fälle großzügiger: Sie treffen noch nicht den Tatbestand der Vergewaltigung. Die Schriftrolle dagegen sieht auf der Grundlage einer strengeren Auslegung der Bibelstellen ihre Gleichheit in bezug auf den Status der Frau.

Kriegsbeute

Als zweites Beispiel kann die Passage über die Königsstatuten dienen, die auch die Vorschriften für die Teilung der Kriegsbeute enthält. Hier löst der Autor der Tempelrolle ein Rätsel, das widersprüchliche Anweisungen der Bibel aufgeben. In Numeri (4. Buch Mose) wird vom Sieg der Israeliten über die Midianiter berichtet, und danach heißt es Numeri 31. 27–30 über die Verteilung der Beute:

> [Und der Herr redete zu Moses und sprach]: Nimm die Summe des Raubs der Gefangenen, beide, an Menschen und Vieh ... und gib die Hälfte denen, die ins Heer ausgezogen sind und die Schlacht getan haben, und die andere Hälfte der Gemeine. Und sollst dem Herrn heben von den Kriegsleuten, die ins Heer gezogen sind, je von fünf Hunderten eine Seele an Menschen, Rindern, Eseln und Schafen. Von ihrer Hälfte sollst du es nehmen und dem Priester Eleasar geben zur Hebe dem Herrn. Aber von der Hälfte der Kinder Israel sollst du je ein Stück von fünfzigen nehmen, an Menschen, Rindern, Eseln und Schafen und von allem Vieh, und sollst's den Leviten geben, die der Hut warten der Wohnung des Herrn.

Nach dieser Aufteilung steht den Kämpfern ein größerer Anteil der Beute zu als dem Rest der «Gemeine». Die Krieger erhielten demnach die Hälfte vom Ganzen minus ein Fünfhundertstel, während alle übrigen die Hälfte minus ein Fünfzigstel bekamen. Die Tempelrolle sieht dagegen die folgende Aufteilung der Beute vor:

> Und wenn sie siegreich sind über ihre Feinde, sie brechen und schlagen mit dem Schwert und tragen ihre Beute hinweg, so sollen sie davon dem König sein Zehntel geben und den Priestern ein Tausendstel und den Leviten ein Hundertstel von allem und das Restliche soll geteilt werden zwischen den Kriegern, die in die Schlacht gezogen sind und ihren Brüdern, die in den Städten geblieben. (Kol. 43. 11–15)

Warum hätte der Autor der Schriftrolle, der sich im wesentlichen an den Text Numeri hält, so, wie es auf den ersten Blick aussieht, den Anteil der Priester und Leviten von «einem aus Fünfhundert ($1/500$)» zu «einem aus Tausend ($1/1000$)» ändern sollen und «einem aus fünfzig ($1/50$)» zu «einem aus hundert ($1/100$)»? Und warum hätte er in der Zuteilung an die Fronttruppen und die Brüder in den hinteren Linien eine Änderung vornehmen sollen, wobei sie nach ihm gleiche Anteile erhalten im Unterschied zur Bibelstelle, wo der Anteil unterschiedlich ist?

Die Änderung erfolgte offenbar unter Kenntnis – wie sie andere Kodifizierer der Bibel auch hatten – einer konträren Verfügung des Königs David nach seinem Sieg über die Amalekiter. Im Buch Samuel wird geschildert, wie sich zwischen Kombattanten und Nicht-Kombattanten Streitigkeiten über die Teilung der Beute entwickelten. Darauf traf David folgende Entscheidung:

> Wie das Teil derjenigen, die in den Streit hinabgezogen sind, so soll auch sein das Teil derjenigen, die bei dem Geräte geblieben sind, und soll gleich geteilet werden. (1. Sam. 30. 24–25)

Um mit dem Widerspruch zwischen Numeri und 1. Sam. fertig zu werden, «harmonisierte» der Autor der Schriftrolle derart, daß der Eindruck des Ausgleichs entsteht. Er benutzt den Text der Situation in Numeri mit den

Vorschriften für Priester und Leviten, ändert aber die Ausgangslage der Teilung, so daß deren Anteil von der *gesamten Beute* kommt. So spricht die Schriftrolle den Priestern $1/1000$ der gesamten Beute zu, was rechnerisch das gleiche ist wie $1/500$ der Hälfte (wie in Numeri aufgeführt), und die Leviten erhalten $1/100$ der Gesamtbeute, was $1/50$ der halben Beute entspricht. Danach wird der Rest zu gleichen Teilen zwischen den Kriegern und der «Gemeine» geteilt, wie von David in 1. Sam. angeordnet.

Mittels eines arithmetischen Tricks also stellt der Autor der Schriftrolle ein kombiniertes Gesetz auf. Er verbindet die priesterlichen und levitischen Anteile von Numeri mit dem Gleichheitsgebot der Anteile für die Krieger und Zivilisten von 1. Sam. Sehr einfallsreich!

Doch hier ist noch ein Wort zum «Zehntel für den König» angebracht. Dabei handelt es sich um einen Bestandteil der «Thora-Ergänzung» des Autors. Der Komplex des königlichen Anteils soll später zur Diskussion stehen, doch sei bereits an dieser Stelle angemerkt, daß der Verfasser der Tempelrolle in den Königsstatuten vorschreibt, daß der König unter keinen Umständen mehr als eine Hälfte der Armee und des Volkes in den Krieg führen dürfe. Dic andere Hälfte habe zur Verteidigung der Städte in jedem Falle zurückzubleiben. Der Autor mußte also in aller Genauigkeit auf die Frage der Teilung der Beute eingehen und die widersprüchlichen Angaben der Bibel so interpretieren, daß beide Hälften den gleichen Anteil erhielten.

6. «Thora-Ergänzung»

Bisher wurde aus Teilen der Tempelrolle berichtet, in denen biblische Texte verarbeitet und «harmonisiert» wurden. Nunmehr kommen wir zum Hauptteil des Schriftrollen-Textes oder vielmehr jenem Teil, der von prinzipieller Bedeutung für das Verständnis der Sekte vom Toten Meer und zeitgenössischer Meinungen ist, die vom rabbinischen Judentum abwichen. Ich habe mich für die Bezeichnung «Thora-Ergänzung» entschieden, weil der Autor die darin enthaltenen Gebote und Vorschriften als direkt von Gott gegeben darstellt und es sich um Themen handelt, die in unsere Bibel keinen Eingang gefunden haben, oder biblische Ausdrucksweisen auf Gegenstände überträgt, die keine biblischen Parallelen haben.

Von großem Interesse ist der Teil der Schriftrolle, der sich mit religiösen Festen befaßt: Denn hier werden Feste verordnet, die in der Bibel nicht vorkommen oder dort zwar erwähnt werden, aber ohne bestimmte Vorschriften. Vor allem sei angemerkt, daß die Anweisungen für diese Feste den

Beweis erbringen, daß der Kalender, den der Verfasser des Schriftrollen-Textes verwendete, mit dem geheimen Kalender der Essener-Gemeinde von Qumran identisch ist.

Ein gutes Beispiel für den Charakter der Innovationen des Autors ist ein Fest, welches seinen Ursprung in einer Zeremonie hat, die im Pentateuch als «Tage der Priesterweihe» oder der «Investitur» bezeichnet wird. Anläßlich dieser Zeremonie in der Wüste wurde das Tabernakel, d. h. das bewegliche Sanktuar oder «die Hütte des Stifts» (nach Luther), das «Zelt der Begegnung» (nach Buber/Rosenzweig) geweiht, Aaron als Hoherpriester eingesetzt und seinen Söhnen die Priesterweihe verliehen. Zweimal wird das mit diesem wichtigen Anlaß verbundene Ritual im Pentateuch erwähnt. Kapitel 29, Exodus (2. Mose) schreibt vor: «Das ist's auch, das du ihnen (Aaron und seinen Söhnen) tun sollst, daß sie mir zu Priestern geweihet werden.» Und Leviticus (3. Mose) 8 folgt die Beschreibung des Ereignisses, bei dem die Exodus 29 gegebenen Instruktionen ausgeführt werden.

Bei diesem Ereignis in der Wüste spielt Moses die Hauptrolle. Er dirigiert die Abläufe und vollzieht die Zeremonie der Weihe, da Aaron und seine Söhne, die später das Heiligtum zu hüten und umsorgen haben, dies nicht vor ihrer Einsetzung tun können. Deshalb besagt die rabbinische Lehrmeinung, die in das orthodoxe Judentum übernommen wurde, daß die im Pentateuch beschriebene Zeremonie ein einmaliger Vorgang gewesen sei und Priesterweihen von da an nach einem anderen Ritual abzulaufen hätten.

Die grundsätzliche Neuerung der Schriftrolle besteht in der jährlichen Wiederholung der Zeremonie. Danach erhielten jedes Jahr neue Priester auf die in Leviticus beschriebene Weise die Weihe, wobei die Rolle des Moses in der Wüste vom amtierenden Hohenpriester zu übernehmen war; ging es aber um dessen eigene Priesterweihe, dann traten die «Priesterältesten» in die Funktion des Moses. Man darf annehmen, daß dieses Fest für die Essener so wichtig war, daß es sogar in Qumran alljährlich gefeiert wurde.

Nebenbei: Ausgerechnet die Anweisungen für die Weihe des Hohenpriesters durch die Ältesten der Priester waren im Text des kleinen Fragments enthalten, das mir Mr. Z, der Geistliche aus Virginia, seinerzeit per Post aus London geschickt hatte. Als ich das Fragment damals das erste Mal vornahm, konnte ich zwar mehrfach «Hoherpriester» entziffern, aber der Zusammenhang blieb unklar. Erst nach Erwerb der Schriftrolle und nachdem das Fragment an der passenden Stelle eingefügt worden war, wurde deutlich, daß sich der Text auf dieses bisher unbekannte festliche Ritual bezog, das in der verborgenen Thora der Essener beschrieben war.

Obwohl die wichtigste Änderung des Schriftrollen-Textes darin besteht, daß im Unterschied zum rabbinischen Judentum das einmalige Ereignis in ein jährlich wiederkehrendes umgewandelt ist, gibt es auch andere Neuerungen in der Tempelrolle. Um sie in ihrer ganzen Tragweite zu begreifen – und um möglicherweise eine rätselhafte Stelle im Neuen Testament zu erklären – müssen die Neuerungen und Abweichungen im Vergleich zum Ritual der Priestereinsetzung im Pentateuch-Text gesehen werden. Es genügt, die grundlegenden Elemente aus dem Bericht Leviticus 8 zu zitieren, um die Abweichungen in der Tempelrolle zu verdeutlichen. Danach gilt es zu erfahren, warum diese Änderungen stattgefunden haben, denn zufällig hat sie der Autor bestimmt nicht vorgenommen.

Leviticus 8. 1–2, beginnt mit:

> Und der Herr redete mit Moses und sprach: Nimm Aaron und seine Söhne mit ihm samt ihren Kleidern und das Salböl und einen Farren zum Sündopfer, zween Widder und einen Korb mit ungesäuertem Brot und versammle die ganze Gemeine vor die Tür der Hütte des Stifts.

Dann folgt die Zeremonie des «Webopfers» (beim «Web- oder Schwungopfer» wurde die Opfergabe vor dem Altar hin- und herbewegt, d.h. geschwungen) aus Teilen eines Widders:

> dazu nahm er von dem Korb des ungesäuerten Brots vor dem Herrn einen ungesäuerten Kuchen und einen Kuchen geölten Brots und einen Fladen und legte es auf das Fett und auf die rechte Schulter. Und gab das allesamt auf die Hände Aarons und seiner Söhne und webte es zum Webopfer vor dem Herrn.

Aaron und seine Söhne werden nun angewiesen, sieben Tage in der «Hütte des Stifts» zu bleiben, bis «an den Tag, da die Tage eures Füllopfers aus sind». Am achten Tag folgt ein Ritual, das im 9. Kapitel Leviticus detailliert beschrieben wird.

Das führt uns nun zu zwei weiteren Abweichungen der Schriftrolle, zusätzlich zur Umwandlung des einmaligen Vorgangs der Priesterweihe in ein jährliches Fest. Zum einen geht es um eine Abweichung von den rabbinischen Regeln, zum anderen um eine Abweichung vom Pentateuch-Text.

Der erste Fall betrifft das Datum, das man für die ursprüngliche Priesterweihe in der Wüste anzunehmen hatte. In der Schriftrolle ist dafür der erste Tag des ersten Monats (des hebräischen Monats Nissan) vorgesehen, so daß also das Ritual des achten Tages auf den achten Nissan gefallen wäre. So die einfache Auslegung des Pentateuch-Textes. Die Rabbinen aber kamen bei der Diskussion, wann die Zeremonie in der Zeit des Moses das erste Mal stattgefunden habe, zu dem Schluß, daß es der erste Nissan gewesen sein müsse; denn dieser Tag bezeichne die Vollendung, nicht den Anfang der Priesterweihe-Zeremonie, die darum am 23. des voraufgehenden Monats (Adar, dem zwölften Monat im hebräischen Kalender) begonnen haben müsse.

In diesem Zusammenhang ist darauf hinzuweisen, daß sich die Vorschrift der Schriftrolle durchaus im Einklang mit einem Teil der rabbinischen Lehrmeinung der Zeit befand. Noch der berühmte Rabbi Akiba vertrat einige Jahrhunderte später die Meinung, daß der achte Tag der Priesterweihen-Feierlichkeiten auf den 8. Nissan falle. So auch Ibn Esra, der im 11./12. Jh. in Spanien lebende Dichter, Philosoph und Schriftgelehrte: «Es scheint», schrieb er, «daß mit dem achten Tag der achte Nissan gemeint ist, denn das *Tabernakel* wurde am ersten dieses Monats errichtet.»

Schlüssel zu einem Rätsel im Evangelium des Markus

Die zweite Veränderung betrifft den «Korb mit ungesäuertem Brot». Im Unterschied zum Pentateuch schreibt der Text der Tempelrolle nicht einen, sondern sieben Körbe ungesäuerten Brotes vor. Man nimmt an, daß die Qumran-Sekte das Fest der Priesterweihe alljährlich feierte, aber weder einen Tempel noch überhaupt eine Opferstelle zur Verfügung hatte. So habe auch der «Weihe-Widder» nicht geopfert werden können, und die sieben Körbe mit ungesäuertem Brot seien wohl zum zentralen Element der Qumran-Feierlichkeiten geworden.

Der Autor der Schriftrolle aber war bei seinem Konzept von der Existenz eines Tempels ausgegangen:

> Und was die Priesterweihe anbelangt, einen Widder für jeden Tag und Körbe mit Brot für alle Widder, einen Korb für jeden Widder. Und sie sollen die Widder und die Brotkörbe aufteilen auf die sieben Tage der Priesterweihe...

Während der Studien an dem Text der Schriftrolle über die sieben Körbe ungesäuerten Brotes, durch die der Autor den einen Korb des Pentateuch ersetzt hatte, fiel mir eine etwas obskure Stelle im Neuen Testament ein, die nie zufriedenstellend erklärt worden ist. Sie schließt an die Erzählung (Markus 8. 1–9) des Brot- und Fischwunders an. Nachdem die hungrige Menge satt geworden war, hatten Jesus und seine Jünger «das Boot bestiegen» und waren «auf die andere Seite» des Sees von Galiläa gefahren:

> Und sie hatten vergessen, Brot mit sich zu nehmen und hatten nicht mehr mit sich im Schiff denn *ein* Brot. Und er gebot ihnen und sprach: Schauet zu und sehet euch vor vor dem Sauerteig der Pharisäer und vor dem Sauerteig der Herodianer.

(In einigen Handschriften steht «Sauerteig des Herodes» und in der Parallele Matthäus 16,6 «Sadduzäer» statt «Herodianer», wörtlich: «hütet euch vor dem Sauerteig der Pharisäer und Sadduzäer.»)

Markus fährt fort (8. 14–21):

Und sie gedachten hin und wider und sprachen untereinander: das ist's, daß wir nicht Brot haben. Und Jesus vernahm das und sprach zu ihnen: Was bekümmert ihr euch doch, daß ihr nicht Brot habt? Vernehmet ihr noch nichts und seid noch nicht verständig? ... Da ich fünf Brote brach und fünf tausend: wieviel Körbe voll Brocken hubt ihr da auf? Sie sprachen: Zwölf. Da ich aber die sieben brach unter die Viertausend, wieviel Körbe voll Brocken hubt ihr da auf? Sie sprachen: Sieben. Und er sprach zu ihnen: Wie vernehmet ihr denn nichts?

Markus hat keine Erklärung bereit, und der Leser versteht natürlich ebenso wenig wie die Jünger, wovon Jesus spricht. Die Matthäus-Version bringt die Erklärung. Nachdem er seine Jünger an die «sieben Brote unter die Viertausend» erinnert hat, sagt Jesus:

Wie, versteht ihr denn nicht, daß ich euch nicht sage vom Brot, wenn ich sage: Hütet euch vor dem Sauerteig der Pharisäer und Sadduzäer. Da verstunden sie, daß er nicht gesagt hatte, daß sie sich hüten sollten vor dem Sauerteig des Brots, sondern vor der Lehre der Pharisäer und Sadduzäer.

Diese Deutung kannte Markus wohl nicht oder wagte nicht, sie hinzuzufügen.

Von speziellem Interesse für uns, die wir die Absichten des Schriftrollen-Autors kennenlernen wollen, sind zwei grundlegende Fragen, die dieser Text uns aufgibt: Wer waren die Herodianer, und was bedeuten die zwölf und die sieben Körbe? Warum erwartete man von den Jüngern, daß ihnen die Anspielung auf das Brot der Pharisäer und Herodianer geläufig sei?

Die meisten Kommentatoren des Neuen Testaments haben sich mit der zweiten Frage beschäftigt und am häufigsten die Meinung vertreten, daß diese Markusstelle den Kern der Eucharistie enthalte, daß das *eine* Brot sich auf Jesus beziehe. Eine eingehendere Untersuchung des Textes läßt jedoch erkennen, daß die beiden Wunder, das Füllen der zwölf und der sieben Körbe, das Brot der Pharisäer und das Brot der Herodianer symbolisieren. Es scheint klar, daß die zwölf sich auf die Pharisäer beziehen und auf die zwölf Brote der Erscheinung, die von den Priestern jede Woche im Tempel verzehrt wurden. Wenn dem so ist, dann würden sich die sieben Brote auf die Herodianer beziehen. Daraus könnte man schließen, daß eine der wichtigsten Zeremonien der Herodianer irgendwie mit sieben Körben zu tun hatte und hierin ein wesentlicher Unterschied zwischen Pharisäern und Herodianern lag.

Mir scheint nun, daß die Hervorhebung der sieben Körbe im Text der Tempelrolle die Grundlage zur Identifizierung der «Herodianer» mit den sektiererischen Essenern bildet. Wenn das stimmt, dann wäre ein weiteres historisches Rätsel gelöst, das die Schriftrollen-Forscher seit langem plagt: warum nämlich im Neuen Testament die Sekte am Toten Meer nicht erwähnt wird! Ist meine Schlußfolgerung richtig, dann gibt es einen Hinweis auf sie, nur werden sie nicht Essener, sondern Herodianer genannt.

Die Antwort auf die Frage, warum sie so genannt werden, findet sich bei Josephus. In der Tat hatten schon lange vor Bekanntwerden der Tempelrolle einige Wissenschaftler die Gleichsetzung von Herodianern und Essenern in Erwägung gezogen, aber es fehlte der Beweis. Sie beriefen sich dabei vor allem auf die «Jüdischen Altertümer» (15. 372–379), in denen Josephus berichtet, daß Herodes den Essenern besondere Freundlichkeiten erwiesen und sie sogar unter seinen Schutz gestellt habe:

> Hier mag es nicht unpassend sein, darüber zu reden, weshalb Herodes den Essenern eine so ungewöhnliche Vergünstigung gewährte, zumal daraus hervorgeht, wie man überhaupt in jener Zeit von ihnen dachte.
>
> Ein gewisser Essener mit Namen Manaëm, der wegen der Ehrbarkeit seines Lebenswandels in gutem Rufe stand und von Gott mit der Gabe, die Zukunft vorauszusehen, ausgestattet war, blickte eines Tages den Herodes, da dieser noch ein Knabe war und mit ihm zur Schule ging, an und sagte zu ihm, er werde dereinst König der Juden werden. Herodes aber, der der Meinung war, Manaëm kenne ihn entweder nicht oder treibe seinen Scherz mit ihm, entgegnete, er sei doch nur von gewöhnlicher Herkunft. Manaëm lächelte darüber, schlug ihn auf die Schenkel und sprach: ‹Du wirst in der Tat König werden und, weil dich Gott dessen für würdig hält, eine glückliche Regierung führen. Erinnere dich alsdann der Schläge des Manaëm und lasse sie dir zum Zeichen dienen, daß alles Glück wandelbar ist. Denn eine solche Erwägung wird dir zu großem Nutzen gereichen, wenn du Gerechtigkeit und Frömmigkeit liebst und dich gegen deine Untertanen mild erweisest. Ich aber, der ich genau hierüber unterrichtet bin, weiß bestimmt, daß du *so* nicht sein wirst. Denn du wirst wohl, wie kein anderer, ein glückliches Leben führen und dir ewigen Ruhm erwerben, Frömmigkeit und Gerechtigkeit aber wirst du vergessen. Allein Gott dem Herrn wird dies nicht verborgen bleiben und er wird dich am Ende deines Lebens dafür bestrafen!› Auf diese Worte achtete Herodes damals nicht, weil er eine solche Hoffnung nicht hegte. Als er aber zur Regierung und zwar zu glücklicher Regierung gelangt war, ließ er, da er auf dem Gipfel seiner Macht stand, den Manaëm rufen und fragte ihn, wie lange er noch regieren werde. Manaëm antwortete hierauf nichts und schwieg. Da fragte Herodes weiter, ob seine Regierung wohl noch zehn Jahre dauern werde, und nun erwiderte Manaëm, auch wohl zwanzig oder dreißig Jahre, ohne jedoch das Ende seines Lebens genau zu bestimmen. Herodes aber war damit zufrieden, gab dem Manaëm die Hand, entließ ihn und hielt von der Zeit an alle Essener in Ehren. Obgleich nun diese Erzählung allen Glauben übersteigt, hielt ich es doch für gut, sie den Lesern mitzuteilen und zugleich davon Erwähnung zu tun, daß noch viele Essener wegen ihres ehrbaren Lebenswandels mit der Gabe der Weissagung ausgestattet waren.

Wenn meine Interpretation des «Sieben Körbe»-Rituals in der Schriftrolle zutrifft, wäre eine Interpretation gesichert, die bisher nur als Hypothese formuliert werden konnte: daß die Benennung «Herodianer» im Neuen

Testament ein Spottname für die Essener ist. Außerdem wäre damit die unklare Stelle im Markusevangelium, Kapitel 8, gedeutet.

Dem wäre noch hinzuzufügen, daß das Fest der Priesterweihe laut Tempelrolle etwa eine Woche vor dem Passah-Fest stattfinden sollte. Im Neuen Testament lesen wir Johannes 6.4, daß sich das Brotwunder ereignet habe, als das Passah-Fest «nahe war».

III. TEIL

NEUE ERSTLINGS-FESTE

7. Ein besonderer Kalender

Die Passagen der Tempelrolle, die sich mit den für die Feste geltenden Gesetzen beschäftigen, sind in doppelter Hinsicht von grundlegender Bedeutung, sowohl in bezug auf das, was sie über die in der Bibel erwähnten Feste besagen, als auch dadurch, daß sie die Existenz von in der Bibel gar nicht vorkommenden Festen offenbaren.

Besonderes Interesse verdient der Bericht über Pfingsten, ein Fest, das auch unter der Bezeichnung «Fest der ersten Früchte» oder «Fest der Wochen» bekannt ist. Wir erfahren hier zum ersten Mal von zusätzlichen Erstlingsfesten, die in unserer Bibel nicht erwähnt werden. Dies ist schon erstaunlich genug. Von weitaus größerer Tragweite ist jedoch, daß sich der Autor der Tempelrolle mit einem für das Judentum fundamentalen Problem auseinandersetzte, das auch noch heute faszinierende intellektuelle Anstrengungen fordert: Es geht um den speziellen Tag, auf den Pfingsten fallen sollte. Die rabbinische Regel zu diesem Datum, die auf der Interpretation der biblischen Texte beruhte, wurde nämlich von bestimmten jüdischen Sekten abgelehnt, u. a. auch von der Qumran-Sekte. Diese Gemeinde benutzte darüber hinaus einen Kalender, der von dem in Jerusalem verwendeten abwich. Die Angaben der Tempelrolle zu diesem Thema belegen eindeutig, daß der Autor der Schriftrolle dem Qumran-Kalender gefolgt ist.

Um was handelte es sich bei diesem besonderen Kalender? Und warum rief die Diskussion um das Datum des Pfingstfestes so scharfe Kontroversen hervor, daß sich die Essener und andere jüdische Sekten vom orthodoxen Judentum lossagten? (Mit «orthodox» ist hier wie im folgenden das im Gegensatz zu den Essenern am Grundsatz der Unveränderbarkeit der Thora festhaltende Judentum gemeint.)

Um die Erörterung der Kontroverse zum Datum des Pfingstfestes zu erleichtern, sollen einige Worte über den Kalender vorausgeschickt werden.

Der Kalender der Essener

Ohne einerseits die an die Wurzeln aller Lebensumstände gehenden Folgen einer unterschiedlichen Kalenderrechnung durch religiöse Sekten übertreiben und andererseits ideologische Unterschiede untertreiben zu wollen, dürfte feststehen, daß eine so grundlegende Abweichung von der Norm wie die Benutzung unterschiedlicher Kalenderrechnungen nicht nur die religiösen Gebräuche betrifft, sondern das gesamte soziale Gefüge einer Gesellschaft. Mein Kollege, Professor Shmaryahu Talmon, der sich eingehend mit den Fragen des Qumran-Kalenders befaßt hat, schreibt dazu:

> Keine Abgrenzung bewirkt schwerwiegendere Eingriffe und hat gewichtigere Konsequenzen als Unterschiede in der Kalenderrechnung. Die Änderung auch nur eines der Daten, die den Jahresablauf regulieren, muß zwangsweise zum Auseinanderbrechen des Gemeinschaftslebens führen, die Koordination der zwischenmenschlichen Beziehungen behindern und den Gleichklang der Gewohnheiten abschaffen, welche Grundlage jeder reibungslos funktionierenden sozialen Ordnung sind. Wer seinen eigenen Sabbat feiert und das Jahresfest nicht zu dem Zeitpunkt begeht, an dem dies seine Mitmenschen tun, sondert sich von ihnen ab und hört auf, Mitglied der gesellschaftlichen Gemeinschaft zu sein, zu der er bisher gehörte. Man darf behaupten, daß die Abweichung vom Kalender der orthodoxen Gemeinde seitens der Sekte vom Toten Meer, wie anderer Gruppen auch, etwa der Samariter oder Karäer, ein Zeichen und Symbol des Ungehorsams gegen die zeitgenössische offiziell anerkannte Führung des Judentums war und zugleich ein Dissidententum in politischer Hinsicht signalisierte. Die Gegner der sich absondernden Sekten mußten dies als Akt zivilen Ungehorsams ansehen.

Talmons Ausführungen stammen aus der Zeit vor der Entzifferung der Tempelrolle. Der Inhalt dieser Rolle beweist, daß die Unterschiede zwischen den Essenern und der übrigen jüdischen Gemeinde weitaus größer war als zuvor angenommen. Nicht nur der Kalender trennte beide – und ich stimme hinsichtlich der fundamentalen Bedeutung eines solchen Unterschieds für das gesamte Leben und die religiösen Gebräuche mit Talmon überein. Es ist heute erwiesen, daß die Essener vollkommen unterschiedliche Konzeptionen vom Tempel selbst, den Opfern, den Reinheitsgesetzen und den religiösen Festen hatten.

Der Kalender des normativen Judentums gründete auf dem Mondjahr von 354 Tagen und umfaßte so etwa zehn Tage weniger als das Sonnenjahr. Die Lücke wurde durch ein «Schaltjahr» korrigiert, d.h. ungefähr alle drei Jahre wurde ein Mondmonat angehängt, eine Praxis, der man bis auf den heutigen Tag folgt.

Der Kalender der Essener dagegen basierte auf dem Sonnenjahr. Das war bereits klar geworden aus Schriften wie dem «Buch der Jubiläen» und dem

«Buch Henoch», die nach der Ansicht einiger Wissenschaftler von Kreisen verfaßt wurden, die der Sekte vom Toten Meer nahestanden, wenn nicht von Mitgliedern der Sekte selbst. Dieser Kalender ist eindeutig definiert im «Buch der Jubiläen» 6.32:

> Und gebiete den Kindern Israel, daß sie das Jahr achten nach dieser Rechnung, dreihundert und vierundsechzig Tage und diese machen ein Jahr aus...

Das «Buch der Jubiläen» 2.9 bezieht sich offensichtlich ebenfalls auf ein Sonnenjahr von 364 Tagen:

> Und Gott setzte in der Sonne ein großes Zeichen für die Erde, für den Sabbat, für die Monate, die Feste und die Jahre ... und für alle Jahreszeiten des Jahres.

Nach dieser Kalenderrechnung teilte sich das Jahr in zwei Hälften; dabei wurde jeweils der Beginn des Halbjahres durch eine besondere «Neujahrszeremonie» hervorgehoben, die zu Beginn des ersten und siebten Monats stattfand. Beide Halbjahre wurden wieder unterteilt in Perioden von je drei Monaten. Der Monat hatte dreißig Tage, aber jedem letzten Monat der Vierteljahresperiode wurde ein Tag angehängt, so daß der dritte, sechste, neunte und zwölfte Monat aus 31 Tagen bestanden. Damit wurde die Gesamtzahl von 364 Tagen erreicht. Wie wir aus der Passage des «Buchs der Jubiläen» ersehen konnten, folgte die Qumran-Sekte ausdrücklich diesem Kalender. Ein weiterer Beleg existiert in der Schriftrolle, die unter der Bezeichnung «Damaskus-Dokument» geführt wird: «... und die exakte Rechnung der Zeitabschnitte ... siehe, ist festgelegt im Buch über die Einteilung der Zeit in Jubiläen und Wochen», nämlich im «Buch der Jubiläen».

Obwohl die Qumran-Sekte ihren Kalender nach der Sonne ausrichtete, beschloß man aus Gründen der Symmetrie dem Jahr 364 Tage zugrundezulegen. Das bedeutete, daß auf einen und einen Vierteltag verzichtet wurde, denn das Sonnenjahr besteht bekanntlich aus 365 und einem Vierteltag. (Das heutige Jahr von 365 Tagen beruht auf dem Julianischen Kalender, der im Jahre 47 v. Chr. eingeführt wurde. Der fehlende Vierteltag wird durch ein Schaltjahr alle vier Jahre ausgeglichen.) Aus den Schriften vom Toten Meer geht bisher nicht hervor, wie der fehlende 1¼ Tag in ihrem Kalender ausgeglichen wurde. Möglich, daß dem Jahr alle 24 Jahre ein Monat hinzugefügt wurde.

Trotz dieser Ungenauigkeit hatte das gerade Jahr von 364 Tagen einen großen Vorteil gegenüber dem Mondjahr des orthodoxen Judentums: Während die Daten der religiösen Feste in der Bibel nach Tagen und Monaten festgelegt und beiden Kalendern gemeinsam waren, fiel ein bestimmtes Datum nach dem Qumran-Kalender immer auf den gleichen Tag der Woche, da 364 durch sieben teilbar ist. Wenn also ein Fest auf einen Sonntag fiel, dann wurde dieses Fest jedes Jahr an einem Sonntag gefeiert, wohingegen nach dem Mondkalender einmal ein Sonntag, im nächsten Jahr jedoch ein anderer Tag an der Reihe war.

Damit erhebt sich die Frage, an welchem Tag des Jahres der Qumran-Kalender begann. Die Antwort lautet: Der erste Tag des Jahres war ein Mittwoch, denn heißt es nicht im Anfangskapitel von Genesis, Vers 14–19:

> Und Gott sprach: es werden Lichter an der Feste des Himmels, die da scheiden Tag und Nacht und geben Zeichen, Zeiten, Tage und Jahre ... Und es geschah also ... Da ward aus Abend und Morgen der vierte Tag.

So mußte die Kalenderrechnung mit dem «vierten Tag» beginnen, der Tag, an dem «Lichter waren an der Feste des Himmels», so daß Tag und Nacht geschieden waren, die Zeichen sein sollten für «Zeiten, Tage und Jahre».

Legte man den ersten Tag des ersten Monats des Jahres auf einen Mittwoch fest, dann erhielten alle übrigen Feste automatisch bestimmte Tage der Woche zugewiesen. So fiel zum Beispiel der Tag der Buße laut Bibel auf den zehnten Tag des siebten Monats. Diesen Tag beging die Qumran-Gemeinde alljährlich an einem Freitag.

Für die Entzifferung und Deutung des Schriftrollentextes genügte es jedoch nicht, die Verwendung des Qumran-Kalenders anzunehmen, man mußte vielmehr eindeutig entscheiden, ob sich der Autor dieses Kalenders bedient hatte oder ob er der orthodoxen Zeitrechnung gefolgt war. Ließ sich der Beweis erbringen, daß er vom Sonnenjahr mit 364 Tagen ausgegangen war, so lieferte diese Tatsache wiederum einen Beweis dafür, daß die Tempelrolle nicht nur zur Bibliothek der Qumran-Sekte gehört hatte wie die bisher bekannten Schriftrollen mit biblischen Texten, sondern daß mit diesem Manuskript ein ursprüngliches Werk eines Mitglieds dieser Sekte vorliegt. Das konnte dann die These stützen, daß der Autor der Tempelrolle nicht nur irgendein Mitglied war, sondern der Gründer der Sekte selbst, der «Lehrer der Rechtschaffenheit», auch «Lehrer der Gerechtigkeit» genannt.

8. Der Streit um Pfingsten

Bei allen weiterreichenden Folgen unterschiedlichen Kalendergebrauchs war der wesentliche Streitpunkt, ganz gleich, welchem Kalender man folgte, stets der Tag des Pfingstfestes. Seit undenklichen Zeiten herrschte im Judentum in dieser Frage eine tiefgehende Kontroverse, die sich in den Auseinandersetzungen zwischen orthodoxem Judentum und jüdischen Sekten in der späteren Phase der Epoche des Zweiten Tempels verschärfte und bis heute aufgrund der abweichenden Auffassung der Karäer und der Samariter fortdauert.

Das Problem wurzelt in einer undeutlichen Angabe der Bibel. Genau besehen sind Pfingsten und das voraufgehende Fest des Garbenschwingens die einzigen im Pentateuch verordneten Feste, die keine Datumsformel für Tag und Monat tragen. Leviticus 23 wird Moses von Gott beauftragt, dem Volke mitzuteilen: «Das sind die Feste des Herrn ... die ihr heilig und meine Feste heißen sollt.» Die Liste beginnt mit dem Osterfest: «Am vierzehnten Tag des ersten Monats zwischen abends ist des Herrn Passah. Und am fünfzehnten desselben Monats ist das Fest der ungesäuerten Brote des Herrn, da sollt ihr sieben Tage ungesäuert Brot essen.» (Lev. 23. 4–6) Ähnlich werden auch andere Feste durch die Angabe bestimmter Tage und Monate festgelegt, nur Pfingsten und das Fest des Garbenschwingens nicht.

Leviticus 23. 10,11 führt diese beiden Feste im Anschluß an die Vorschriften für das Passah-Ritual und die Tage des ungesäuerten Brotes an:

> Wenn ihr ins Land kommt, das ich euch geben werde, und werdet's ernten, so sollt ihr eine Garbe der Erstlinge eurer Ernte zu dem Priester bringen. Da soll die Garbe gewebt (geschwungen) werden vor dem Herrn ... solches soll aber der Priester tun des Tags nach dem Sabbat.

Hier werden also weder Monat noch Tag genannt, sondern lediglich «am Morgen (Tag) nach dem Sabbat».

Das Pfingstfest wird auf die gleiche Weise datiert (Lev. 23. 15–16):

> Darnach sollt ihr zählen vom Tage nach dem Sabbat, da ihr die Webegarbe brachtet, sieben ganze Wochen bis an den Tag nach dem siebentem Sabbat, nämlich fünfzig Tage sollt ihr zählen und neu Speiseopfer dem Herrn opfern.

«Pfingsten» geht auf die griechische Bezeichnung für «den fünfzigsten Tag» (Pentekoste) nach Ostern zurück, während «sieben volle Wochen» zur hebräischen Bezeichnung dieses Festes als «Wochenfest» führte.

Da also weder Monat noch Tag angegeben sind und der 50-Tage-Abstand zwischen Pfingsten und dem Garbenfest genau festgelegt ist, hängt alles von der richtigen Auslegung des «Morgens nach dem Sabbat» ab. Welcher Sabbat aber ist gemeint? Und was bedeutet «Sabbat» in diesem Zusammenhang? Es gab unterschiedliche Antworten auf diese Fragen, die im Altertum zur Abspaltung verschiedener jüdischer Sekten beitrugen. Die Rabbinen, auf deren Entscheidung das orthodoxe Judentum basiert, waren der Ansicht, daß mit diesem «Sabbat» «Passah» gemeint sei und zwar der Tag nach dem Abendritual, d. h. der 15. des ersten Monats. Der «Morgen» danach wäre demnach der 16. des ersten Monats als Datum des Garbenfestes, wobei Pfingsten 50 Tage später zu feiern wäre. Die Sadduzäer und Samariter sowie einige andere jüdische Sekten aber nahmen die Pentateuch-Stelle zugleich einfacher und wörtlicher. Danach meinte besagter «Sabbat» den Sabbat nach dem Passahfest.

Die Essener und andere, die ebenfalls dem Qumran-Kalender folgten, gingen noch einen Schritt weiter. Es gibt in der Wissenschaft die Ansicht, daß sie den Sabbat in diesem Falle als den ersten Sabbat nach dem siebentägigen Fest der ungesäuerten Brote gedeutet hätten. Da dieses Fest, am 15. des ersten Monats beginnend, stets auf einen Mittwoch fiel – das Kalenderjahr begann an einem Mittwoch –, wäre demnach das Datum des ersten Sabbat nach den sieben Tagen des Passahfestes der 25. des ersten Monats gewesen. Danach wäre auf Sonntag, den 26., das Garbenfest gefallen, und Pfingsten hätte fünfzig Tage später «am Tag nach dem siebten Sabbat», am Sonntag, dem 15. des dritten Monats, stattgefunden.

Offen bleibt zunächst die Frage, wie sie mit dem Problem der «sieben vollen Wochen» = 49 Tage und dem «fünfzig Tage sollt ihr zählen» (wie an derselben Stelle, Leviticus, angegeben) fertig wurden. Wir wenden uns dieser Frage eingehender im Zusammenhang mit der Betrachtung bestimmter Partien der Tempelrolle zu, in denen auf der Grundlage des Pentateuch eine Reihe neuer Erstlingsfeste eingeführt werden – zusätzliche Pfingstfeste gewissermaßen –, die in der Bibel nicht vorgeschrieben sind. Sie stellen das eigentlich Neue im Text der Tempelrolle dar.

Das «Garbenweben»

Während im Zusammenhang mit dem Pfingstfest (Wochenfest) Weizen als Opfergabe expressis verbis genannt wird: «Das Fest der Wochen sollst du halten mit den Erstlingen der Weizenernte» (Exodus 34. 22), gibt es keine Stelle in der Bibel, die das Fest des Garbenwebens fünfzig Tage zuvor mit einem bestimmten Getreideprodukt in Verbindung brächte. Das biblische Gebot zur «Webzeremonie» ist jedoch von allen Glaubensrichtungen des Judentums in Theorie und Praxis stets auf die «Früchte der Gerste» bezogen worden. Fraglos vertritt auch der Autor der Tempelrolle diesen Standpunkt. Leider sind zwar die entsprechenden Kolumnen in der Schriftrolle beschädigt, aber es blieb genügend erhalten, um mir eine erste Überraschung zu bereiten, nicht die letzte, wie sich herausstellen sollte.

Der Streit zwischen Essenern und orthodoxem Judentum war nicht über die Getreidesorte, die zum Garbenweben zu verwenden war, entbrannt: Alle stimmten darin überein, daß es eine Gerstengarbe zu sein habe. Die Kontroverse entstand dadurch, daß die Sekte dieses Garbenfest als richtiges Erstlingsfest feierte, das den gleichen Rang erhielt wie das orthodoxe Erstlingsfest Pfingsten oder «Fest der Wochen», welches sieben Wochen später stattfand.

Daß die Tempelrolle die rituelle Zeremonie des «Webens» zu einem Hauptfest erhob, wurde anhand der unbeschädigten Kolumnen und der dort aufgeführten Opfer, die am Tag des Garbenwebens darzubringen waren, deutlich.

Das biblische Gebot (Lev. 23. 12) sieht vor: «Und sollst des Tags, da eure Garbe gewebt wird, ein Brandopfer dem Herrn tun von einem Lamm, das ohne Fehl und jährig sei.» Ein einziges Lamm bedeutete ein außerordentlich mageres Opfer im Vergleich zu den zahlreichen Tieren, die an Hauptfesten dargebracht wurden. Darum haben die Rabbinen, die die Vorschriften für das Garbenweben festsetzten, dieses nicht unter die Hauptfeste eingereiht. Der Autor der Tempelrolle hingegen schreibt für dieses Fest Opfer in einem Umfang vor, die es zum Hauptfest machen. Da er nun aber niemals willkürlich ein neues Ritual einführt, ohne sich auf seine Auslegung des Pentateuch-Textes berufen zu können, mußte es eine biblische Quelle für dieses radikale Abweichen vom orthodoxen Judentum geben.

Es gibt in der Tat eine Stelle im Pentateuch neben Leviticus 23, wo wie dort unmittelbar nach den Vorschriften für das Passahfest und das Fest der ungesäuerten Brote Opfer aufgeführt werden. Numeri 28. 26–30 heißt es:

> Und der Tag der Erstlinge, wenn ihr opfert das neue Speiseopfer dem Herrn, wenn eure Wochen um sind, soll heilig heißen, daß ihr zusammenkommt; keine Dienstarbeit sollt ihr da tun und sollt dem Herrn Brandopfer tun zum süßen Geruch; zween junge Farren, einen Widder, sieben jährige Lämmer samt ihrem Speiseopfer ... und einen Ziegenbock, euch zu versöhnen.

Es fällt auf, daß hier nicht vom Garbenweben die Rede ist und auch die Getreideart nicht spezifiziert wird.

Die Mischna ordnet diese Opfervorschriften aus Numeri über die Darbringung von Rindern, einem Widder, Lämmern und dem Ziegenbock dem traditionellen Haupterstlingsfest, nämlich dem Erstlingsfest des Weizens (Pfingsten oder Fest der Wochen), einem der drei biblischen Pilgerfeste, zu. Der Autor der Tempelrolle dagegen interpretiert die Numeri-Stelle als auch auf das Garbenwebfest bezogen, das er gleichermaßen als ein Erstlingsfest betrachtet, nur daß hier für die Gerste gedankt wird. Er verbindet die Opfer aus Numeri 28 mit den Vorschriften Leviticus 23 und schafft unter Auslassungen und Ergänzungen ein neues Hauptfest.

Es sollte sich nicht um das einzige neue Fest handeln.

Das Fest der Weizen-Erstlinge: Mathematische Harmonie

Eine Neuerung der Tempelrolle stellt auch die Tatsache dar, daß der Autor beim traditionellen Pfingstfest, dem Fest der Wochen, die biblischen «sieben vollen Wochen» mit den «fünfzig Tagen» in Einklang bringt, die auf das Garbenweben folgen und den Zeitpunkt des Erstlingsfests bestimmen. Der Text zum Pfingstfest folgt unmittelbar auf die Gebote der Rolle zum Fest des Garbenwebens. Das war zu erwarten, da beide Feste auch in der Bibel in dieser Reihenfolge aufgeführt werden, und im übrigen ist diese Abfolge ja auch chronologisch richtig. (Der Text zu diesem Thema fand sich übrigens auf den Schriftrollen-Fragmenten, die aus einem Versteck des Kunsthändlers X geborgen werden konnten, der sie hinter Familienphotographien im Hause seines Bruders versteckt hatte.)

Diesem Hauptfest wird in der Schriftrolle gebührende Beachtung zuteil. Der Verfasser des Textes gibt sich alle Mühe, klarzustellen, daß das Fest der Weizen-Erstlinge – im Unterschied zum Fest der Gersten-Erstlinge – das Fest der Wochen, das Pfingstfest also, darstellt. So wird betont, «es ist das Fest der Wochen, ein Fest der Erstlinge». Dieser Satz hat seine unmittelbare Entsprechung im «Buch der Jubiläen». Dort heißt es 6. 21: «Denn es ist das Fest der Wochen und das Fest der Erstlinge: Dieses Fest ist von zweierlei Art und von doppelter Natur, entsprechend dem, was geschrieben steht und eingeprägt ist, feiert es.» Dieser Text geht wohl auf Exodus 34. 22 zurück: «Das Fest der Wochen sollst du halten mit den Erstlingen der Weizenernte.» Ähnlich lautet Numeri 28. 26 (siehe oben). Das Datum von Pfingsten wird natürlich vom Einbringen und «Weben» (Schwingen) der Garbe sieben Wochen zuvor bestimmt, und der Autor der Schriftrolle stützt sich ganz besonders auf die Vorschriften Leviticus 23. 15,16. Aber er verschmilzt die rechnerische Diskrepanz zwischen den 49 Tagen (sieben Wochen) und den «fünfzig Tagen» mit seinem üblichen Einfallsreichtum. Sein Geschick im Modifizieren und Umgießen des Leviticus-Textes und, in einem Fall, im Auslassen eines Satzes, führt zu einer klaren Aussage.

Um zwischen dem Bibeltext und dem Text der Schriftrolle besser vergleichen zu können, sei noch einmal Leviticus 23. 15,16 angeführt:

> Darnach sollt ihr zählen vom Tage nach dem Sabbat, da ihr die Webegarbe brachtet, sieben ganze Wochen bis an den Tag nach dem siebenten Sabbat, nämlich fünfzig Tage ...

Dieser etwas umständliche masoretische (traditionelle) Text wird in der Schriftrolle zu folgender präziser Angabe:

Und du sollst sieben volle Sabbate zählen von dem Tage an, da du die Garbe des Schwingopfers brachtest; du sollst bis zum Morgen nach dem siebenten Sabbat zählen, das sind fünfzig Tage.

Überraschungen im Festkalender

Nachdem ich diese Zeilen über Pfingsten oder das Fest der Wochen entziffert und mich der nächsten Kolumne zugewandt hatte, war ich zunächst darüber erstaunt, etwas zu lesen, das mir wie eine Wiederholung dieses Textes vorkam. Da der Text durch eine Leerzeile abgetrennt war, mußte es sich aber um ein neues Thema handeln. Erst nachdem ich etwa vierzig vertraute Worte gelesen hatte, stieß ich auf einen Satz, aus dem hervorging, daß es sich um ein weiteres Erstlings-Fest handelte, das bisher nicht bekannt war. Die Anfangszeilen lauten:

Von dem Tage an, da du dem Herrn das Opfer des neuen Getreides dargebracht hast, das Brot aus den Erstlingen, sollst du sieben Wochen zählen, es sollen sieben volle Sabbate sein, fünfzig Tage bis zum Tag nach dem siebenten Sabbat. Da sollst du ein Trinkopfer darbringen vom neuen Wein, vier Hin [ein Hohlmaß] aus allen Stämmen Israels ... Und sie sollen opfern an diesem Tag zusammen mit dem Wein zwölf Widder ...

Daran schließt eine genaue Aufzählung der übrigen Opfer an, die an diesem Tag dargebracht werden sollten.

Hier gab die Rolle also Vorschriften für ein weiteres und somit drittes Erstlings-Fest – die Zeremonie der Erstlinge des Weins. Dieses Fest sollte fünfzig Tage nach dem Erstlings-Weizen-Fest, d.h. also fünfzig Tage nach Pfingsten gefeiert werden, das hinwiederum fünfzig Tage nach dem Gerstenfest angesetzt war. Damit fällt dieses Fest genau in den Monat, in dem im Heiligen Land die Trauben reif werden. Bemerkenswert an der Fünfzig-Tage-Zählung in der Schriftrolle ist die Tatsache, daß das Weizen-Fest zweimal gezählt wird: es findet am letzten Tag im Fünfzig-Tage-Abstand zum Gerstenfest statt, und dieser Tag zählt zugleich als erster Tag der Wein-Fest-Frist.

In der Schriftrolle wird auch diesem Fest des Erstlings-Weins mit einer Fülle an Tieropfern der Status eines Hauptfestes verliehen. Nach der Opferzeremonie heißt es über das fröhliche Begängnis:

Zuerst sollen die Priester trinken, dann die Leviten und schließlich alle Häuptlinge der Standarten ... und danach sollen alle, Groß und Klein, mit dem Trinken des neuen Weins beginnen ... denn an diesem Tage sollen sie den Wein reinigen [wörtlich: sühnen], und die Kinder Israel sollen fröhlich sein vor dem Herrn.

Entdeckung eines wichtigen neuen Festes, das in der Schriftrolle beschrieben wird: das Fest der Erstlingsfrüchte des Weins.

Auch dabei handelte es sich nicht um ein einmaliges Fest, sondern, wie bei den anderen Hauptfesten, um ein jährlich wiederkehrendes, das vom Volk «über die Generationen hinweg gefeiert werden soll an allen ihren Wohnstätten und sie sollen fröhlich sein an diesem Tag, denn sie haben dem Herrn ein starkes Weinopfer gebracht, den neuen Wein auf dem Altar des Herrn, Jahr um Jahr». Im weiteren Verlauf der Rolle wird auf diese Zeremonie unter der Bezeichnung «Fest des Neuen Weines» verwiesen.

Das Weinfest ein Bacchanal?

Vermutlich uferte jedoch das Fest des Neuen Weines, das der Autor unserer Schriftrolle vorschreibt und das die Essener wohl begingen, nicht zum orgiastischen Treiben aus, wie es für die Dionysien oder Bacchanalien der damaligen griechischen und römischen Welt zu Ehren der Weingötter üblich war.

Aus dem Text der Schriftrolle von Qumran geht hervor, daß das Fest des Neuen Weines nicht damit vergleichbar war. Die Aussagen der Schriftrolle beleuchten zugleich andere Zeremonien der Qumran-Sekte, bei denen ebenfalls Brotessen und Weintrinken eingeschlossen waren und die bisher nur aus einem weiteren Manuskript vom Toten Meer bekannt waren, aus der sogenannten «Gemeinderegel». Die Beschreibung in dieser Rolle scheint dem zu widersprechen, was Josephus über die Sitten und Gebräuche der Essener zu berichten weiß. So heißt es in der «Gemeinderegel»:

> Wenn der Tisch gedeckt ist zum Essen und Trinken, dann soll der Priester als erster die Hand ausstrecken, um das erste Brot und den Wein zu segnen.

Und eine andere Stelle der Regeln besagt:

> Und wenn sie sich an der ... Tafel versammeln, um Wein zu trinken, d. h. wenn die Gemeinde sich zum Essen und Weintrinken niederläßt, so möge niemand seine Hand nach Brot und Wein ausstrecken, ehe der Priester es getan hat ...

Was die Wissenschaftler zunächst faszinierte, war die Ähnlichkeit dieses Rituals mit den Agape-Zeremonien, den Liebesmählern der frühen Christen, deren erste ja Zeitgenossen der Mitglieder der Qumran-Sekte in ihrer Endphase waren. Wenn gezeigt werden konnte – so das Argument –, daß bestimmte Rituale beiden gemeinsam waren, selbst wenn Inhalt und Zweck jeweils ein anderer und auch die Daten unterschiedlich gewesen wären, dann konnte dies doch ein deutliches Anzeichen dafür sein, daß die Christen von der Qumran-Sekte beeinflußt waren und der Einfluß vielleicht weiter reichte.

Man konnte sich aber nicht erklären, wieso in Josephus' Bericht über die Essener der Wein bei ihren Mählern ausgeschlossen blieb und er sogar betont, daß sie stets und zu allen Zeiten nüchtern gewesen seien.

Die Tempelrolle scheint mir diesen Widerspruch aufzuklären. Josephus hat wahrscheinlich die alltäglichen Essensgewohnheiten der Essener beschrieben, d. h. im Alltag gab es keinen Wein. Die Schriftrolle betont ausdrücklich, daß es sich um Vorschriften für das jährliche Weinfest zur Zeit der Tempel-Periode handelt. Die Situation nach ihrer Lossagung vom Tempel und dem religiösen Establishment in Jerusalem aber hielt ihre «Gemeinderegel» fest: Einmal im Jahr aus Anlaß des Weizen-Erstlings-Festes und des Erstlings-Weines hatte der Priester den Segen zu geben.

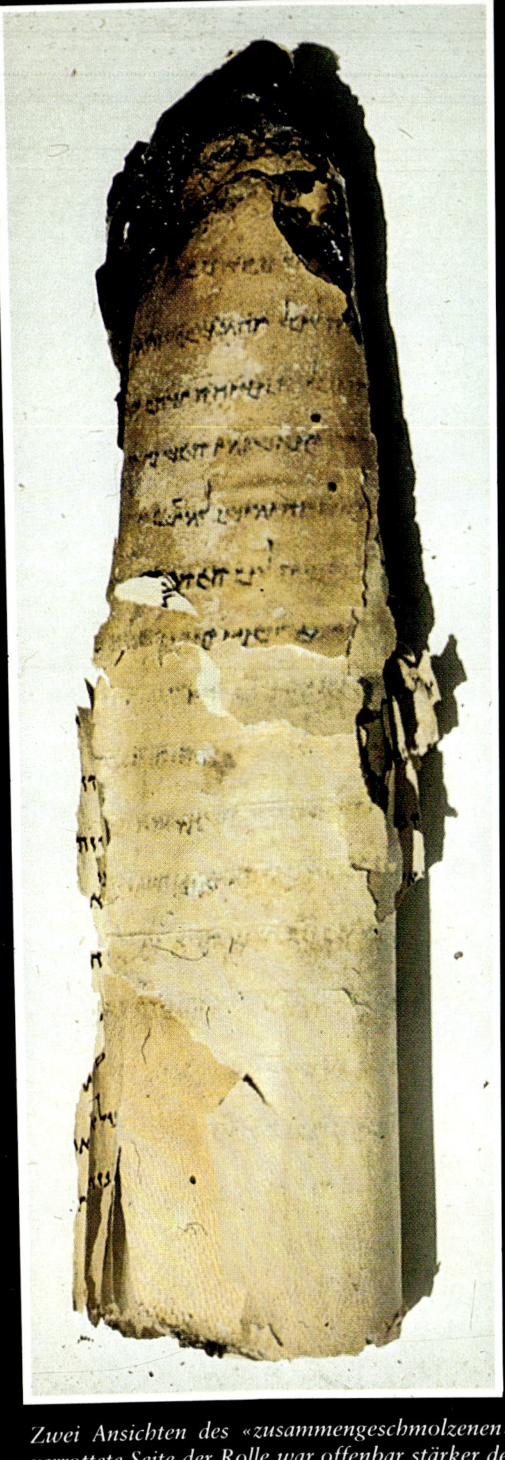

Zwei Ansichten des «zusammengeschmolzenen» oberen Teils der Schriftrolle. Diese eine, mehr verrottete Seite der Rolle war offenbar stärker dem Einwirken von Feuchtigkeit ausgesetzt. Entrollt ergab diese Seite den oberen, wellenförmigen Rand mit «Gipfeln und Tälern».

Nahaufnahme der zahlreichen, eng gerollten Lagen, die bereits auf die ungewöhnliche Länge der Rolle schließen ließen. Im Innern der Rolle sind überdies beschädigte Fragmente sichtbar.

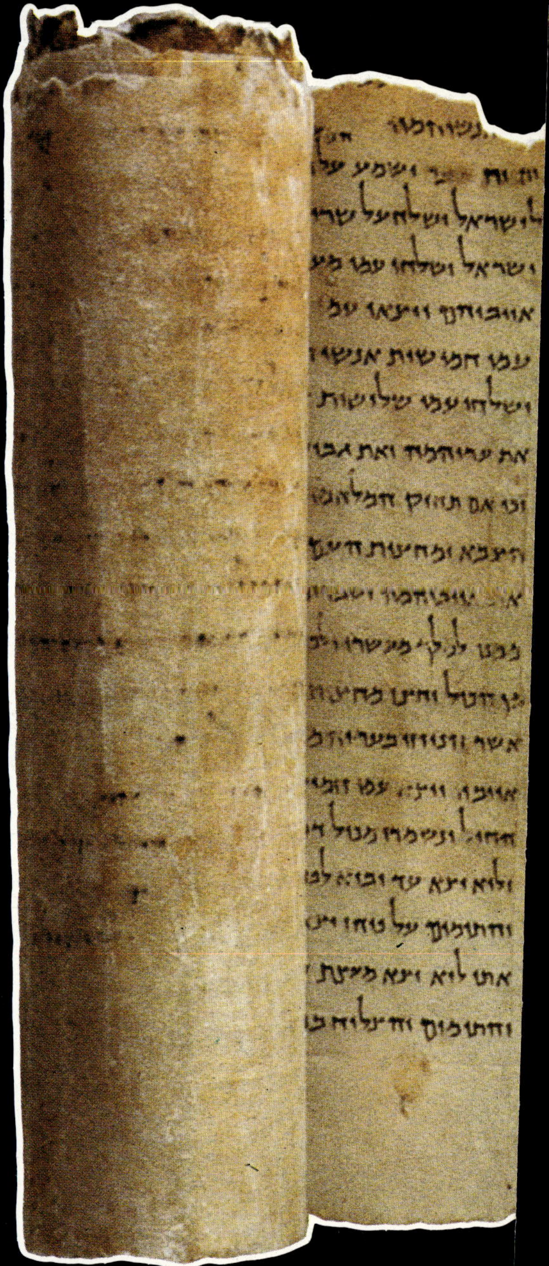

Besser erhaltene Kolumnen aus dem Innern der Rolle. Sie vermitteln einen Eindruck davon, wie schön die ganze Rolle ursprünglich war.

An den Stellen, an denen normale Entrollungsmethoden nichts fruchteten, mußten die zusammenklebenden Fragmente mit dem Skalpell herausgeschnitten und voneinander gelöst werden. Erst dann konnten sie wieder an ihren ursprünglichen Platz im Text eingesetzt werden.

Ein weiteres Fest

Zwei Kolumnen nach dem Text über das Weinfest deutete eine Leerzeile als Trennung an, daß ein neues Thema beginnt. Ein weiteres Erstlings-Fest wird hier beschrieben:

> Du sollst von diesem Tage [d. h. dem Weinfest] sieben Wochen sieben Mal zählen, neunundvierzig Tage, sieben volle Sabbate sollen sein bis zum Tage nach dem siebten Sabbat, fünfzig Tage sollst du zählen. Dann sollst du neues Öl opfern von den Wohnstätten aller Stämme Israels, ein halbes Hin von jedem Stamm, neu geschlagenes Öl, und von diesem Öl soll der Erstling geopfert werden auf dem Brandaltar, die ersten Früchte für den Herrn.

Auch dieses Fest war bisher nicht bekannt, es handelt sich um den Öl-Erstling, analog zum Fest des Ersten Weines. Obwohl zunächst die Bezeichnung «Fest» nicht gebraucht wird, heißt es ein paar Kolumnen weiter, daß auch das Ölopfer feierlich begangen wurde. Das wichtigste Ritual dieses Festes stellte das Opfern des Öls auf dem Altar dar, gemeinsam mit großzügig bemessenen Tieropfern, wie dies für hohe Feste üblich war.

Im Unterschied zu den oben genannten Festen wird die Zählung an dieser Stelle besonders detailliert vorgeschrieben. Der Autor übernimmt auch hier Formeln aus Leviticus und Deuteronomium, bezieht sie auf das neue Fest und erzielt einheitlich klare und unmißverständliche Anweisungen.

Vergleich mit Josephus

In der Tempelrolle wird auch der weitere Verlauf dieses Festes, nachdem die Opfer auf dem Altar im Äußeren Hof des Tempelareals dargebracht worden sind, beschrieben:

> ... sie sollen sich mit dem Öl salben und Oliven essen, denn an diesem Tage sollen sie sühnen für alles Öl des Landes vor dem Herrn, Jahr um Jahr, und alle Kinder Israels sollen fröhlich sein und jubeln in ihren Wohnstätten vor dem Herrn. Dies ist ein Gesetz für alle Generationen.

Das Öl-Fest mit seinen Opfergaben hatte also die Bedeutung der Reinigung aller Ölprodukte des Landes auf ein Jahr hinaus, und es endete ähnlich dem Weinfest mit fröhlichem Begängnis. Dort trinkt man den neuen Wein und ißt die Trauben, hier reibt man sich mit dem Öl ein und ißt Oliven.

Soweit die Anweisungen der Tempelrolle für das richtige Begehen des Öl-Erstlings-Festes im Tempel. Als die Qumran-Gemeinde dann vom Tempel abgeschnitten war, fand vielleicht an dem dafür vorgesehenen Tag eine Ersatz-Zeremonie statt, mit Sicherheit ist dies aber nicht zu belegen. Aus den sorgfältigen Vorschriften der Schriftrolle sowohl für das Öl- wie das Wein-Fest geht hervor, daß sich die Qumran-Gemeinde des Öls enthalten hätte, wenn es nicht durch die erwähnten Zeremonien «gereinigt» gewesen wäre.

Hier liegt meines Erachtens der Schlüssel zum Verständnis einer seltsamen Sitte der Essener, die Josephus zu seiner Zeit bezeugt und im «Jüdischen Krieg» (2. Buch, 123) beschreibt. Danach haben es die Essener vermieden, Öl auf ihrem Körper zu verreiben: «Für Schmutz halten sie das Öl, und wenn jemand wider seinen Willen gesalbt worden ist, dann wischt er seinen Körper ab, denn sie halten es für wohlanständig, eine rauhe Haut zu haben und allezeit weiße Kleidung zu tragen.»

Wir wissen nicht, ob Josephus die wahren Gründe für die Haltung der Essener gegenüber dem Öl kannte. Aber selbst dann hätte er wohl diese Form der Erklärung gewählt, um sich seinen nichtjüdischen Lesern verständlich zu machen. Gleichwohl vermuteten aufgrund dieser Aussage bei Josephus einige Wissenschaftler, daß die Essener Öl an ihrem Körper aus ästhetischen und hygienischen Gründen vermieden hätten. Diese These kann ich nicht stützen. Unter Heranziehung der Tempelrolle kann nun auch Josephus richtig verstanden werden. Die Essener betrachteten Öl als unrein und abstoßend, weil sie das «Reinigungs»-Ritual des Erstlings-Festes einschließlich Ölopfer auf dem Altar des Tempels in Jerusalem in der Einöde von Qumran nicht befolgen konnten.

Der passende Schlüssel

Wir haben gesehen, daß der Verfasser der Tempelrolle alle Angaben in den verschiedenen Büchern des Pentateuch über das Erstlings-Fest – welches das orthodoxe Judentum als einziges Hauptfest für den Weizen unter dem Namen Erstlings-Fest, Fest der Wochen oder Pfingsten kennt – zusammenzog und drei neue Feste schuf: für die Gerste, den neuen Wein und das neue Öl. Hierin liegt die Hauptbedeutung dieses Teils der Tempelrolle. In den Details der Vorschriften für die Erstlings-Feste verbarg sich aber auch der Schlüssel zum Verständnis weiterer Probleme des Schriftrollentextes, seines Verfassers und der Essener. Es geht um die Frage, ob der Autor den Kalender der Qumran-Sekte benutzte.

Auf der Grundlage des speziellen Kalendersystems in der Schriftrolle, ihrer Formel für die Errechnung der Perioden zwischen den vier Erstlings-Festen und der Tatsache, daß diese stets auf einen Sonntag fielen, habe ich die Fest-Daten wie folgt errechnet:

Fest des Garbenschwingens (Erstlings-Fest der Gerste): Sonntag, 26. Tag des 1. Monats (Nissan)

Weizen-Fest: Sonntag, 15. des 3. Monats (Siwan)

Wein-Fest: Sonntag, 3. des 5. Monats (Aw)

Öl-Fest: Sonntag, 22. des 6. Monats (Elul)

Diese Rechnung hielt ich für schlüssig, aber letzte Sicherheit bestand nicht, da in der Schriftrolle keine bestimmten Daten für diese Feste, sondern nur der Zeitabstand zwischen ihnen festgesetzt waren. Ich ließ dann die Arbeit an diesem Problem eine Weile ruhen, aber der Text ergab keine weiteren Anhaltspunkte. Wie bei der Schriftrollen-Forschung üblich, zog ich sämtliche verfügbare Literatur zu diesem Themenkreis heran, weil ich auf ein Wort, einen Satz oder irgendeinen Hinweis in dieser Richtung hoffte, um meine Ergebnisse bestätigt oder widerlegt zu finden. Zunächst fand ich nichts.

Dann aber erinnerte ich mich an einen Artikel, in dem ein winziges Fragment einer Schriftrolle aus der Qumran-Höhle 4 erwähnt wird. Ihr Text war noch nicht veröffentlicht worden, aber ich glaubte, im Kommentar zu diesem Text eine Andeutung gelesen zu haben, die mir weiterhelfen konnte. Der Artikel war 1957 von dem bekannten Schriftrollengelehrten, dem früheren Abbé J.T. Milik, verfaßt worden und gab einen Überblick über die unpublizierten Dokumente aus Höhle 4. Milik stellte fest, daß der Text des bewußten Fragments eine Liste der Festdaten der Qumran-Gemeinde enthielt. Daraus zitierte er eine einzige Zeile, in der es heißt, daß das Öl-Fest auf den 22. Tag des 6. Monats falle.

Milik hatte damals das Fest nicht näher identifizieren können und sich mit der Vermutung abgefunden, daß es sich ohne Zweifel «um ein Fest landwirtschaftlichen Charakters» gehandelt habe.

Heute läßt sich nun mit aller Sicherheit sagen, daß das «Öl-Fest» der Qumran-Gemeinde ein Erstlings-Fest war und an einem Tag begangen wurde, der sich im Abstand von zwei Sieben-Wochen-Perioden nach dem Tag des orthodoxen Erstlings-Festes errechnete, den Qumran-Kalender vorausgesetzt. Damit bestätigten sich die Vermutungen von Wissenschaftlern, die sich lange Zeit mit dem Problem des Kalenders der Sekte herumgeschlagen hatten. Zugleich liegt darin der Beweis, daß der Verfasser der Tempelrolle dem Kalender der Qumran-Gemeinde folgte, denn nach diesem Kalender fiel das Erstlings-Fest für das Öl auf den 22. Tag des 6. Monats.

9. Der geheimnisvolle «Alexandriner»

Im Alten Orient hat es zu verschiedenen Zeiten unterschiedliche Kalenderrechnungen und Festdaten gegeben, so auch in Judäa. Aber nur eines dieser Systeme glich dem der Tempelrolle. Woher es allerdings stammte, blieb für die Wissenschaft lange im Dunkeln. Für mich stellte die Frage nach der Quelle dieses Kalenders ein besonderes Problem dar, denn wenn Lebenszeit und Charakter seines Urhebers zu ermitteln waren, so ergaben sich vielleicht Aufschlüsse für bestimmte Inhalte des Handschriften-Textes und seinen Verfasser.

Die Spur zu diesem System und zu seinem Erfinder «Juda, dem Alexandriner», legte eine Randbemerkung, die ich einem Fragment eines Buches entnahm, das zu Beginn des 10. Jahrhunderts von Saadia Gaon, dem berühmtesten Bibel- und Talmudgelehrten seiner Zeit (882–942) und Oberhaupt (Gaon) des jüdischen Lehrhauses von Sura in Babylonien, einer Art Religionsakademie, geschrieben worden war. In einer seiner wissenschaftlichen Kontroversen mit der Jerusalemer Akademie ging es um Kalenderfragen. Zugleich war er auch ein erklärter Gegner der Praktiken jüdischer Sekten, namentlich der Karäer. Als er daher eine polemische Schrift gegen die Karäer verfaßte, ging er auch auf die Unterschiede im Kalender ein. Ein Teil seiner Ausführungen fanden sich in einem Fragment besagten Buches, das in der Genisa, der alten Esra-Synagoge von Kairo entdeckt wurde; sie war im Jahre 882 gegründet worden. Als Genisa bezeichnet man einen schwer zugänglichen Raum, in dem man heilige Schriften, die nicht vernichtet werden durften, magazinierte. In den neunziger Jahren des vorigen Jahrhunderts wurde das Genisa-Archiv von Solomon Schechter von der Universität Cambridge gefunden, und die Jüdische Gemeinde von Kairo vermachte die Schriften der Universität Cambridge. Das Saadia Gaon-Fragment wurde 1904 veröffentlicht und enthält folgende Stelle:

> Was Juda, den Alexandriner, anbelangt, so sagt er, daß fünfzig Tage zwischen dem Erstlings-Fest der Gerste und dem Erstlings-Fest des Weizens liegen ebenso wie zwischen dem Weizen-Fest und dem Erstlings-Fest des Weines und dieses [Weinfest] fällt auf das Ende des Monats Tammus [den 4. Monat des Kalenderjahres]; und zwischen dem Erstlings-Fest des Weines und dem Erstlings-Fest des Öls liegen ebenfalls fünfzig Tage; das Ölopfer fällt auf den 20. Elul [6. Monat], und dafür hat er einen Beweis.

Eindeutig stimmen Zahl, Anordnung und Benennung sowie die Fünfzig-Tage-Abstände zwischen den vier Erstlings-Festen mit den Angaben in der Tempelrolle überein. Überdies trägt das letzte der Feste dieselbe Bezeichnung wie in unserer Handschrift – nämlich «Ölopfer». Der einzige Unterschied zwischen dem Handschriften-Text und dem Text, der Juda, dem Alexandriner, zugeschrieben wird, liegt in den Daten. Wie wir gesehen haben, wurde das Weinfest laut Tempelrolle am 3. des 5. Monats begangen, im Gaon-Fragment am Ende des 4. Monats – ein Unterschied von wenigen Tagen. Beim Ölfest beträgt die Differenz zwei Tage: Es wurde am 22. des 6. Monats laut Schriftrolle und am 20. des gleichen Monats laut Gaon-Fragment gefeiert. Nun wissen wir allerdings nicht, ob dies die ursprünglichen Daten des Juda von Alexandrien sind oder ob sie, was wahrscheinlich ist, von Saadia auf der Grundlage eines anderen Kalenders eingesetzt wurden.

Wer war Juda der Alexandriner? Es wäre gewiß von erheblicher Bedeutung für das Studium unseres Textes, wenn man Näheres über einen Mann wüßte, der Kenntnis eines kalendarischen Systems und einer Festordnung hatte, die eine so verblüffende Ähnlichkeit mit denen der Schriftrolle aufweisen. Wer also war dieser Mann und auf welche Quellen stützte er sich?

Glücklicherweise gibt es noch einen Hinweis auf den «Alexandriner», und zwar in den Werken eines gefeierten Gelehrten des späten 9. Jahrhunderts, etwa ein Zeitgenosse des Saadia Gaon und ein bekanntes Mitglied eben der Sekte der Karäer, über die sich Saadia so kritisch geäußert hat: Jakob al-Kirkisani. Seine bekannteste Schrift «Buch der Lichter» enthält auch je ein Kapitel über die Geschichte alter jüdischer Sekten und über das «Fest der Wochen», das Erstlings-Fest. In erstgenannten erwähnt er eine Sekte, die er «die Höhlensekte» nennt, «weil ihre Bücher in einer Höhle gefunden wurden». Er berichtet, daß sich diese Sekte vor allem in der Befolgung eines anderen Kalenders von anderen unterschieden habe, und daß sie in ihren Archiven Bücher zur Bibelexegese und Bibelkommentare aufbewahrt habe. Dies trifft auf die Schriftrollen zu, die in unseren Tagen gefunden wurden. Es wird heute in der Wissenschaft allgemein akzeptiert, daß Kirkisani die Essener meint, d. h. die Qumran-Sekte am Toten Meer.

Von größtem Interesse ist für uns, was Kirkisani berichtet, als er über die Schriften der Sekte schreibt. Er hebt die Arbeit

> des Alexandriners, dessen Buch weithin berühmt ist und zu den wichtigsten Schriften der Höhlensekte gehört,

hervor. Diese «Schriften» müssen einige Zeit vor Kirkisani und Saadia Gaon aus Höhlen am Toten Meer geborgen worden sein – wohl ebenso zufällig wie die Funde der Beduinen in unserer Zeit, die 1947 bei einem Antiquitätenhändler in Bethlehem landeten. Über die damaligen Funde wissen wir aus einer einzigen Literaturstelle. Es handelt sich bei diesem Dokument um einen Brief in syrischer Sprache, den Timotheus I., der christliche Patriarch von Seleukia, an Sergius, den christlichen Metropoliten von Elam, schrieb. Das Dokument stammt aus dem Ende des 8. Jahrhunderts (dieses

Datum ist am wahrscheinlichsten, da Sergius 805 starb und Timotheus 819). Auf den Brief machte zuerst vor etwas mehr als fünfzig Jahren der deutsche Religionswissenschaftler Professor Otto Eißfeldt aufmerksam. Der Text wird hier zitiert nach Professor G. R. Drivers Buch «The Hebrew Scrolls» (Oxford 1951):

Von vertrauenswürdigen Juden, so schreibt der Patriarch, die seinerzeit als Katechumenen (im Christentum unterwiesene Konvertiten vor der Taufe) christlichen Religionsunterricht nahmen, haben wir erfahren, daß vor zehn Jahren einige Bücher in einer Felsenwohnung in der Nähe von Jericho gefunden wurden. Damals, so hieß es, sei der Hund eines jagenden Arabers einem Stück Wild in eine Höhle nachgelaufen und nicht wieder herausgekommen. Sein Besitzer folgte ihm und fand in einer Felsenkammer viele Bücher. Der Jäger ging nach Jerusalem und erzählte den Juden sein Erlebnis; diese besuchten dann in großer Zahl die Höhle und fanden dort Bücher des Alten Testamentes und andere hebräisch geschriebene Schriften. Da einer der Katechumenen ein sehr belesener und gelehrter Mann war, befragte ich ihn über viele Stellen in unserem Neuen Testament, die angeblich dem Alten Testament entstammen, die aber weder in diesem noch in den in jüdischen Händen befindlichen Abschriften noch in solchen, die im Besitz der Christen sind, stehen. Der Gelehrte behauptete, dies sei dennoch richtig; diese Stellen könne man in den an jenem Ort entdeckten Büchern finden. Als ich diese Kunde von dem Katechumenen bekam und auch von anderen, die ich unabhängig von ihm darüber befragte, ohne jede Abweichung dieselbe Auskunft erhielt, schrieb ich Freunden in jener Gegend und bat sie, sich diese Handschriften anzusehen. Ich wandte mich an den berühmten Gabriel und an Subhalmaran, den Metropoliten von Damaskus, nach diesen Büchern zu suchen und festzustellen, ob die Stelle ‹Er soll Nazarenus heißen› (Matth. 2.23) und andere Stellen des Alten Testamentes, die im Neuen zitiert werden, in unserem Text jedoch nicht vorkommen, bei den Propheten zu entdecken seien. Ich erkundigte mich auch nach der folgenden Stelle ‹Gott, sei mir gnädig nach deiner Güte ... entsündige mich mit dem Ysop des Blutes deines Kreuzes und reinige mich›. Ich wollte eine Übersetzung davon haben. Dieser Ausdruck steht nicht in der Septuaginta und auch nicht in anderen [Übersetzungen], auch nicht im hebräischen [Text]. Jener Hebräer aber erklärte mir: ‹Wir haben unter den Büchern dort über zweihundert Psalmen Davids gefunden.› Darüber habe ich geschrieben. Ich glaube, daß diese Bücher vom Propheten Jeremia oder von Baruch [in der Höhle] versteckt worden sind oder von irgendeinem anderen, der die Worte Gottes vernommen hat und von ihnen bewegt worden war. Als der Prophet durch die göttliche Offenbarung von der Eroberung, Plünderung und Brandschatzung, die sich ereignen würden, erfuhr, versteckten sie diese Schriften in [den Höhlen], überzeugt, daß nichts von den Worten Gottes verloren gehen werde, daß sie nicht verbrannt oder von Plünderern fortgetragen würden. Diejenigen aber, die sie versteckt hatten, starben wohl in den siebzig Jahren oder sogar vorher, und als das Volk aus Babylon zurückkehrte, war von denen, die die Bücher versteckt hatten, keiner mehr am Leben... Wenn aber diese Texte in den Büchern enthalten sind, sind sie vertrauenswürdiger als diejenigen, die die Hebräer benutzen und auch die, die wir haben. Leider habe ich keine Antwort auf meinen Brief zu diesen Fragen erhalten, auch habe ich keinen geeigneten Menschen, den ich dorthin schicken könnte. Dies alles ist mir wie Feuer im Herzen, das in allen meinen Gliedern brennt und lodert.

Der für uns signifikanteste Teil im Brief des Timotheus ist der Hinweis, daß damals viele dieser Manuskripte die Juden erreichten und auf die Schriften der folgenden Jahrzehnte im 9. und 10. Jahrhundert ihre Auswirkungen gehabt haben müssen, zum Beispiel auf Jacob al-Kirkisani und Saadia Gaon.

Lange glaubten einige Forscher, daß der bei Kirkisani genannte «Alexandriner» kein anderer gewesen sei als der jüdische Philosoph Philo Judaeus (ca. 20 v. Chr.–50 n. Chr.), gemeinhin unter dem Namen Philo von Alexandria bekannt. Wäre dem aber so, dann hätten entweder die Arbeiten Philos in die Bibliothek der Sekte vom Toten Meer Eingang gefunden, oder zumindest hätte man die Schriften dieser Sekte im Mittelalter dem Philo zugeschrieben. Auf jeden Fall ist Professor Isidore Levy, ein bekannter Religionshistoriker, dieser Meinung entgegengetreten und hat überzeugend nachgewiesen, daß diese These nicht zu den Fakten paßt, die wir über die Qumran-Sekte und Philo vorliegen haben. Wenn aber nicht Philo, wer dann?

Scheint es sehr abwegig, in «dem Alexandriner» des Kirkisani den «Juda von Alexandria» des Saadia Gaon-Buches zu sehen? Dieser «Alexandriner» muß ein hervorragender Wissenschaftler und Ideologe der Qumran-Gemeinde gewesen sein. Und er muß laut Saadia Gaon derjenige gewesen sein, der in seiner Abhandlung über das Erstlings-Fest in Sprache, Stil und kalendarischen Angaben ganz ähnlich geschrieben hatte wie der Autor der Tempelrolle. Natürlich könnte diese Übereinstimmung zufälliger Art sein, was allerdings nicht wahrscheinlich ist. Man muß auch die Möglichkeit in Betracht ziehen, daß wir es einfach mit einer Auslegung oder Interpretation mittelalterlicher Schriftgelehrter zu tun haben.

Aber es gibt auch eine dritte Möglichkeit, die ich mit aller Vorsicht anzudeuten wage: Könnte nicht das «weithin bekannte» Buch des «Alexandriners», das von Kirkisani und anderen so sehr geschätzt wurde und zu den «besten Schriften» der Qumran-Sekte gehörte, die Tempelrolle selbst sein? Und ist es ganz unwahrscheinlich, daß der gelehrte Alexandriner, auf den die beiden mittelalterlichen Schriftsteller Saadia Gaon und Kirkisani verweisen, mit dem Verfasser dieses Schriftrollentextes identisch ist?

Wir möchten diesen Teil über den Erstlings-Fest-Kalender in der Schriftrolle mit einem Seitenblick auf die Riten der Nestorianischen Kirche beenden, die sich als Zweig der Syrischen Kirche im 5. Jahrhundert von der offiziellen Ostkirche lossagte. Die Nestorianer kennen fünf Feste im Abstand von fünfzig Tagen: 50 Tage liegen zwischen dem siebenten Sonntag vor Ostern und Ostern, zwischen Ostern und Pfingsten, zwischen Pfingsten und dem Fest der Zwölf Apostel, zwischen diesem und dem Sommer-Fest und zwischen dem Sommer-Fest und dem Fest des Elias. Sonntag, der letzte Tag eines jeden Zyklus, ist jeweils auch der erste Tag der neuen Sieben-Wochen-Periode bis zum nächsten Fest.

Damit sei nur eines von mehreren Kalender- und Festdatensystemen genannt, das ein Grundmuster ähnlich dem der Schriftrolle aufweist, wenn auch Bezeichnungen, Zahl und Rituale nicht übereinstimmen. Außerdem existierte zum Beispiel auch ein Festkalender von sieben Fünfzig-Tage-Perioden, von dessen Festen uns fünf namentlich bekannt sind: «Erstlinge des Bodens, der Feigen, des Holzes, des Weins und der Frischen Kräuter.»

Daraus läßt sich ableiten, daß die Grundlage für die Feste in der Tempelrolle, vor allem bei den Erstlings-Festen, nicht original war, sondern unter dem Einfluß der langen Geschichte von Festkalendern im Alten Orient zustande gekommen war. Dennoch bleibt der Text mit seinen Einzelheiten, seiner Terminologie und seiner Zielsetzung einzigartig. Die größte Ähnlichkeit aber besteht zu dem Festschema, das in Saadia Gaons Buch erwähnt und «Juda, dem Alexandriner» zugeschrieben wird.

10. Das Fest der Feste

Gegen Ende der Passage über die Erstlings-Feste und unmittelbar im Anschluß an die Vorschriften für das Öl-Fest behandelt ein langer Text der Schriftrolle über fast zwei Kolumnen hinweg ein weiteres neues Fest. Nach den vorgeschriebenen Riten zu schließen, war es das wichtigste von allen. Denn während die zuvor erwähnten nur einen Tag dauerten, währte dieses sechs Tage. Dabei hatte jeder der zwölf Stämme Israels, jeweils zwei pro Tag, dem Herrn Brandopfer darzubringen. In der Schriftrolle wird genau festgelegt, in welcher Reihenfolge die Abkömmlinge der Jakobssöhne im Tempel zu erscheinen hatten. Auch das Ritual wird in allen Details geschildert.

Es geht dem Autor des Textes vor allem darum, daß die Leviten als erste zu erscheinen haben, danach kommt der Stamm Juda: «Und der Hohepriester soll das Brandopfer der Leviten zuerst darbringen; und nach ihm soll er das Brandopfer des Stammes Juda darbringen.» Daran schließt sich eine detaillierte Auflistung an, wie das Opfer dargebracht werden soll. Der Vorrang Levis vor Juda wird durch die zweifache Angabe herausgestellt: «Und nach dem Brandopfer [des Levi] soll er das Brandopfer des Stammes Juda darbringen. So wie er mit dem Brandopfer der Leviten verfuhr, so soll er mit dem Brandopfer der Söhne Juda verfahren, nach den Leviten.»

Dieses Beharren auf dem Vorrang Levis vor Juda ist von erheblicher Bedeutung, denn es verweist den König auf die zweite Stelle nach dem Priester. Das Thema der Hervorhebung der Leviten taucht an mehreren Stellen der Tempelrolle auf, wie es überhaupt ein Charakteristikum der Qumran-Literatur und der Apokryphen darstellt.

Der Text fährt dann mit der Reihenfolge der übrigen Stämme fort. Am zweiten Tag sind Benjamin und die Söhne Josephs, Ephraim und Manasse (die als ein Stamm zählten) vorgesehen, am dritten Tag Ruben und Simeon – in dieser Abfolge. Der vierte Tag gilt Isachar und Sebulon, «und am fünften Tag soll er (der Hohepriester) das Brandopfer des Gad und das Brandopfer des Asser für sich selbst (d. h. jeweils getrennt) darbringen. Und am sechsten Tag soll er das Brandopfer des Dan für sich selbst darbringen.»

An dieser Stelle ist die Schriftrolle zerstört, aber es ist ziemlich sicher, daß hier der verbleibende Stamm des Naphthali folgte. Tatsächlich bestätigt ein Fragment aus dem Rockefeller-Museum diese Aufzählung der Stämme, die mit Dan und Naphthali schließt.

Mit Hilfe dieses und anderer Fragmente im Rockefeller-Museum, aufgrund von Anspielungen in der Tempelrolle selbst sowie aus biblischen Hinweisen und Zitaten aus der Mischna konnte ich rekonstruieren, daß dieses sechstägige Fest das «Fest des Holzopfers» genannt wurde und dem Öl-Fest folgte. So heißt es an einer anderen Stelle in der Tempelrolle: «Und am Fest der Erstlinge des Öles sowie an den sechs Tagen von ...», ein Indiz dafür, daß das Sechs-Tage-Fest nach dem Öl-Fest gefeiert wurde. Und an einer anderen Stelle steht (mit Ergänzungen in eckigen Klammern): «... und an den Tagen der Erstlinge des Getreides, des We[ines und des Öles] [und am Fest des] Holz[opfers].» Hieraus geht hervor, daß von einem Holz betreffenden Fest nach den Erstlings-Festen gesprochen wird.

Die Fragmente aus dem Rockefeller-Museum bieten wesentlich mehr Aufschlüsse hinsichtlich des Holz-Opfers und der Festzeremonie nach dem Öl-Fest. In einem der Fragmente besagt der Text, der die Abfolge für die einzelnen Stämme angibt: «das Holz, ein Brandopfer für.» Und ein zweites Fragment belegt nach Aufzählung der Feste und den Opferzeremonien:

> ... [und nach? dem Fe]st des Öles sollen sie das Holz opfern, die zwö[lf Stämme des Volkes Israel ... zwei an jedem Tag; und je]ne, die am ersten Tag opfern sollen, [sind] Levi und [Juda ...]

Das Datum

Die Vorschriften für dieses Fest werfen drei grundlegende Fragen auf: Auf welche biblischen Quellen stützte sich der Verfasser der Schriftrolle bei einem Fest, das so wichtig war, daß es sechs Tage dauerte? Nach welchen Gesichtspunkten ordnete er die Stämme? An welchem Tag begann das Fest?

Was den Tag des Festbeginns anbelangt, so liegen im Text der Schriftrolle keine genaueren Angaben vor außer dem Hinweis, daß es unmittelbar nach dem Öl-Fest gefeiert wurde. Allerdings ist es möglich, daß in den fehlenden Teilen der Schriftrolle eine genauere Angabe vorhanden war. Dennoch gibt es genügend Indizien, die eine Rekonstruktion erlauben. Die für die Vorschriften zum Sechs-Tage-Fest vorgesehenen Kolumnen befinden sich zwischen den Passagen der Öl-Fest-Vorschriften und denen des «Versöhnungsfestes», des heutigen Rosch Haschana oder Neujahrsfestes. Da das Öl-Fest auf Sonntag, den 22. des 6. Monats (Elul) fiel und Rosch Haschana auf den 1. des siebenten Monats (Tischri), mußte das Holzopfer-Fest irgendwann zwischen dem 23. und dem 31. des sechsten Monats liegen. (Der 6. Monat gehörte zu den vier Monaten, die 31 Tage hatten.) Wo also sind die sechs Tage unterzubringen?

Dafür gibt es mehrere Möglichkeiten. Theoretisch hätte es am Donnerstag, dem 26. Elul beginnen und am Dienstag, dem 31. enden können. Aber dann hätte es keinen Abstand zum Versöhnungsfest am 1. Tischri gegeben. Außerdem wäre dann der Sabbat am 28. als dritter Festtag eingeschlossen gewesen, und wir haben zuverlässige Anhaltspunkte dafür, daß die Essener dagegen waren, am Sabbat Festopfer zu veranstalten. Damit scheidet auch Mittwoch, der 25., als Beginn aus; denn angenommen, man hätte den Sabbat ausgelassen, dann wäre man wieder in den Beginn von Rosch Haschana gekommen. Dieses Hindernis hätte nicht bestanden, wenn man am Dienstag, dem 24. begonnen hätte. Ich aber neige der Auffassung zu, daß der Beginn des Sechs-Tage-Festes auf Montag, den 23. Elul fiel, also unmittelbar an das Öl-Fest anschloß, so daß in der Praxis ein siebentägiges Fest entstand wie das Fest des ungesäuerten Brotes (heute Passah) und das Laubhüttenfest (Sukkoth). Unter Umgehung des Sabbat hätte das Fest dann wie die übrigen Erstlings-Feste an einem Sonntag begonnen und an einem Sonntag geendet.

Doch wie auch immer und ganz gleich, an welchem Tag es begann, auf jeden Fall fand das Holzopfer-Fest zwischen dem 23. und dem 31. des 6. Monats statt, d. h. am Ende des Sommers. Das war im übrigen ja auch die günstigste Zeit, um trockenes Holz zu sammeln, zum Tempel zu bringen und dort den Vorrat für die anschließenden Opfer des Winters, Frühlings und Sommers aufzustocken.

Die Quellen

Die Vorschriften für das Holzopfer leitete der Autor der Tempelrolle zweifellos aus dem Buch Nehemia ab und führte unter eigener Auslegung dieser Bibelstelle ein neues Fest sowie seine zeitliche Festlegung ein. Nehemia 10.34 heißt es:

> Und wir warfen das Los unter den Priestern, Leviten und dem Volk um das Opfer des Holzes, das man zum Hause unseres Gottes bringen sollte jährlich nach unsern Väterhäusern auf bestimmte Zeit...

Die Abhängigkeit vom Buche Nehemia geht nicht nur aus der Ähnlichkeit der Formulierung hervor, sondern auch aus der in beiden Texten gegebenen Vorschrift, daß das Holz nicht nur von Priestern, sondern auch von Leviten und Volk gebracht werden sollte. Den «Vaterhäusern» des Nehemia entspricht in der Schriftrolle die Abfolge der Stämme. Aus einer weiteren Stelle des Nehemia ergibt sich außerdem, daß das Holzopfer mit dem Erstlings-Fest verbunden wurde. Nehemia 13.13: «Und für die Opfergaben an Holz zu bestimmten Zeiten und für die Erstlinge.»

Die hebräische Bezeichnung für den Begriff, der hier mit «bestimmten Zeiten» oder «bestimmte Zeit» wiedergegeben wird, ist unterschiedlich ausgelegt worden. Der Autor der Schriftrolle verstand darunter einen festgelegten Zeitpunkt. Darin brach er mit dem orthodoxen Judentum, zumindest der Mischna, wo es heißt, dies bedeute «zu verschiedenen Zeiten während des Jahres».

Zur Verbindung mit den Erstlingsfesten darf man sagen, daß auch das Holzopfer insofern dazu paßte, als das Holz «neu» zu sein hatte. Im «Buch der Jubiläen» heißt es dazu:

> Und lege auf den Altar kein altes Holz (denn sein Duft ist vergangen), es hat keinen Duft mehr wie zuvor. Außer dem genannten sollst du kein anderes Holz [auf den Altar] bringen, denn der Duft hat sich verflüchtigt, so daß sein Wohlgeruch nicht zum Himmel steigen kann. (21.13–14)

Interessant ist in diesem Zusammenhang auch ein kurzer Passus über das Holzopfer in Maimonides' Kodex «Gesetze über die Gefäße für den Tempel»:

> Was war das Holzopfer? Es gab einen bestimmten Zeitpunkt, da bestimmte Familien hinausgingen in den Wald zur Ordnung [auf dem Altar]. Wenn der Tag herankam für die Mitglieder einer bestimmten Familie, das Holz hereinzubringen, opferten sie freiwillig Brandopfer, und dies war das Holzopfer. Dieser Tag war wie ein heiliger Tag für sie, und an diesem Tage durften sie nicht trauern, fasten oder arbeiten. So war die Sitte. (6.9)

Nach Josephus (Jüdischer Krieg, 2.425) gab es anscheinend einmal einen einzigen Festtag, den man das Holzopfer nannte, «bei dem die Sitte herrschte, daß alle Holz zum Altar herbeibringen».

Nach den detaillierten Anweisungen der Mischna hingegen gab es kein spezielles Holzopfer-Fest, geschweige denn ein so bedeutendes wie in der Schriftrolle vorgeschrieben. In der Ergänzung zur Mischna, Bikkurium (2.9) heißt es:

> Das Holzopfer der Priester und des Volkes wurde neun Mal [im Jahr] gebracht.

Und im Traktat Ta'anit (4.5) steht die genaueste Beschreibung der Zeiteinteilung für die einzelnen Stämme Israels:

> Das Holzopfer der Priester und des Volkes wurde neunmal [im Jahr] gebracht: am 1. Nissan, von der Familie des Ara aus dem Stamme Juda; am 5. Aw, von der Familie des ... vom Stamme Juda; am 7. desselben Monats ...; am 10., von ... Senaa vom Stamme Benjamin; am 15., von der Familie Sattu vom Stamme Juda zusammen mit den Priestern und Leviten und *all denen, deren Abstammung nicht zweifelsfrei feststand.*

Aus den letzten Worten geht hervor, daß das Opfer nach Abstammung verteilt war. Allerdings nennt die Mischna nur die drei Stämme Levi, Juda und Benjamin; denn das waren die in der Mischna-Zeit in Palästina bekannten Stämme. Mit seinem Hang zur Verallgemeinerung erlegt der Autor der Schriftrolle hingegen allen Stämmen das Opfer auf. Der grundlegende Unterschied aber besteht darin, daß es laut Mischna neunmal das Holzopfer «der Priester und des Volkes» geben sollte, was sich über mehrere Monate erstreckte, während der Autor der Schriftrolle eine Zusammenfassung auf sechs Tage am Ende des sechsten Monats vollzieht und überdies das Sommerende, die ideale Zeit fürs Holzsammeln und das Anschaffen des Vorrats für die kommenden Jahreszeiten, vorschlägt.

Die Abfolge der Stämme

Die Abfolge der Stämme Israels für das Holzopfer mag dem mit der Genesis-Schilderung in der Bibel vertrauten Leser zunächst seltsam erscheinen. Danach ist Ruben der erstgeborene Sohn Jakobs, und die Reihe endet mit Benjamin, dem jüngsten.

Der Anordnung in der Schriftrolle liegt jedoch ebenfalls ein Prinzip zugrunde: Danach scheint die mütterliche Linie für die zwölf Söhne bindend gewesen zu sein. Den Vorrang erhielten die Söhne der Hauptfrauen Lea und Rahel vor den Söhnen der Silpa und Bilha, den Mägden von Lea und Rahel.

Der Autor der Schriftrolle beginnt also mit den Söhnen Leas, wobei Levi und Juda als Träger von Priesteramt und Königtum herausgestellt werden. Dann folgen die Söhne der Rahel mit Joseph (durch dessen Söhne Ephraim und Manasse) und Benjamin. Der Grund dafür, daß der Verfasser der Schriftrolle Benjamin vor Ephraim und Manasse setzt, liegt wohl darin – und hier stimme ich mit einer Reihe anderer Wissenschaftler überein –, daß die Sekte vom Toten Meer eine tiefe Abneigung gegen die Sadduzäer und Pharisäer hegte und deren Abstammung auf Ephraim und Manasse zurückführte. Diese Haltung kommt auch in anderen Handschriften aus Qumran zum Ausdruck, vor allem in den Kommentaren. Vervollständigt wird die Liste der Stämme für das Holzopfer durch die paarweise Anordnung der Söhne der Lea – Ruben und Simeon, Isaschar und Sebulon; darauf folgen die Söhne der Silpa, Gad und Asser, und am sechsten Tag sind die Söhne der Bilha an der Reihe, Dan und Naphthali.

Die übrigen Feste

Dieser Teil der Schriftrolle endet mit den übrigen im Pentateuch vorgeschriebenen Festen: Versöhnungstag, Gedächtnisfest (Purim) und Laubhüttenfest (Sukkoth). Das sind bedeutungsvolle religiöse Feste, wobei die ersten beiden wiederum die wichtigsten sind. Hinsichtlich dieser Feste weichen die Anweisungen in der Schriftrolle kaum von denen des orthodoxen Judentums ab, weder was die Zeremonien noch die Fastentage angeht, obwohl im Detail eine Reihe von Unterschieden zu beobachten sind.

In den zweieinhalb Kolumnen mit den Regeln und Ritualen des Versöhnungsfestes hat der Verfasser der Schriftrolle – wie schon mehrfach beobachtet – die im Pentateuch verstreuten Gebote zusammengefaßt, wobei er ergänzt oder wegläßt, um die wesentlichen Gesetze, deren offensichtlicher Mangel an Klarheit zu widersprüchlichen Interpretationen führte, deutlicher herauszuarbeiten. Dabei geriet er mit zwei rabbinischen Entscheidungen in Konflikt, die damals als grundlegend betrachtet wurden. Sie betreffen Zahl und Art der Widder für das Opfer und die Abfolge der Opferzeremonien. In den Hauptelementen des Rituals besteht jedoch Einklang mit den Geboten des orthodoxen Judentums, das sich auf die unwiderruflichen Anweisungen der Thora stützt.

Ähnlich verhält es sich mit dem Laubhüttenfest (Sukkoth), auch als Fest der Tabernakel bekannt. Die Anweisungen in der Schriftrolle unterscheiden sich nicht wesentlich von den Feierregeln des orthodoxen Judentums. Es begann am 15. des siebenten Monats, wie im Pentateuch festgelegt, und hatte sieben Tage zu dauern, mit dem folgenden Tag der «Feierlichen Versammlung» insgesamt acht Tage. Die einzige Neuheit in der Tempelrolle hierzu besteht in der Anweisung, in den Höfen des Tempels ebenfalls Hütten zu errichten. Die Bedeutung dieser Vorschrift soll in einem späteren Kapitel dargelegt werden.

Opfer am Sabbat

Das letzte Thema, das im Zusammenhang mit den kalendarischen Fragen und den Festdaten dieses Teils der Rolle noch zu erwähnen wäre, betrifft einen Gegenstand, der zu dieser Zeit im Judentum eine große Rolle spielte: Sollte an einem Sabbat, an dem ohnehin ein Fest stattfand, zusätzlich geopfert werden über die in der Bibel für den Sabbat vorgeschriebenen Opfer hinaus? In der Tempelrolle finden wir hierzu keine Angaben. Im bereits erwähnten Damaskus-Dokument aber, einer der wichtigen Handschriften über die Regeln der Sekte vom Toten Meer und der «Gemeinderegel» sowie der Tempelrolle eng verwandt, lesen wir: «Niemand soll am Sabbat etwas opfern auf dem Altar außer den Sabbat-Brandopfern; denn es steht geschrieben, ‹nichts außer deinem Sabbat-Opfer›.»

Demnach haben die Sektenmitglieder die biblischen Gebote dahingehend ausgelegt, daß außer dem täglichen Opfer und dem Sabbat-Opfer keine weiteren Opfer vorgesehen waren. Nach ihrem Kalender traf diese Regelung nicht nur auf die biblischen Feste wie Laubhüttenfest und Passahfest zu, sondern auch auf ihr eigenes Holzopferfest, das ebenfalls einen Sabbat eingeschlossen haben muß.

Diese Ansicht wird auch von Ausführungen in dem bereits erwähnten Buch des Jakob al-Kirkisani gestützt. Bei der Beschreibung einer anderen jüdischen Sekte, die er die «Sadokiten» nennt und die der Qumran-Sekte sehr ähnlich war, wenn es sich nicht überhaupt um die gleiche handelte, bemerkt er, daß der Sabbat aus dem siebentägigen Fest des ungesäuerten Brotes ebenso wie aus dem Laubhüttenfest ausgenommen gewesen sei.

Daher ist anzunehmen, daß dies auch die Ansicht des Verfassers der Tempelrolle war.

IV. TEIL
DER TEMPEL

11. Jetzt oder in ferner Zukunft?

Den faszinierendsten Abschnitt des Schriftrollentextes bildet wohl jener Teil, der sich mit dem Entwurf des Tempels, seinen Ritualen und Zeremonien sowie den mannigfaltigen Vorschriften für die Reinheit des Bauwerks, des Areals, der gesamten Tempelstadt befaßt. Dieser Teil des Textes nimmt fast die Hälfte der Handschrift ein, so daß ich sie wegen der Bedeutung des Abschnittes «Tempelrolle» genannt habe. Ihr ursprünglicher Titel, den sie vom Verfasser bekommen hatte und der den Sektenmitgliedern geläufig gewesen sein muß, ist nicht bekannt, obwohl es mehrere einleuchtende Möglichkeiten gibt.

Von unmittelbarem Interesse für uns ist es jedoch, bevor wir den verschlungenen Nebenpfaden der Komposition des Autors folgen, die Antwort auf zwei grundsätzliche Fragen zu finden: An was für eine Art von Tempel dachte der Verfasser, als er so detaillierte Anweisungen ausarbeitete? Und auf welche biblischen Quellen stützte er sich? Welche Quellen rechtfertigen es, daß er seine Anweisungen Gott in den Mund legte und ihn gleichsam in der ersten Person Singular als Meisterarchitekten und Gesetzgeber diese revolutionäre «Thora» über den Tempel verkünden ließ?

Hier und jetzt oder eschatologisch?

War der in der Schriftrolle entworfene Tempel als das wirkliches irdische Bauwerk gedacht, von dem es in der Bibel heißt, daß die Kinder Israel es als Haus Gottes errichten sollten, sobald sie das Gelobte Land erreicht hätten? Oder handelt es sich vielmehr um die Beschreibung eines eschatologischen Tempels, jenes «am Ende der Tage», da die Welt der Ungleichheit untergehen

Trotz der Beschädigungen dieses Schriftteils ist genug Text erhalten, um ihm die entscheidende Information zu entnehmen, daß der Tempel, um den es in der Schriftrolle geht, von Menschenhand erbaut werden muß – ganz anders als der Tempel in der «Neuen Schöpfung» am «Ende der Tage», den Gott selbst erschaffen muß.

und eine neue Welt der Rechtschaffenheit und Güte entstehen würde, vergleichbar mit dem Tempel der Vision des Hesekiel? Könnte es sein, daß in der Tempelrolle die Vorstellungen des Verfassers von einem himmlischen Tempel festgehalten waren? Diese so grundlegenden Fragen hätten leicht zu endlosen Kontroversen unter den Wissenschaftlern führen können. Glücklicherweise beantwortet der Text der Schriftrolle diese Fragen selbst, wie ich zunächst indirekt feststellen konnte, um dann bei genauerer Textanalyse aus dem Wortlaut bestimmter Gebote eine direkte Bestätigung zu erhalten.

Die Anweisungen Gottes zum Tempelbau ergehen genau in der gleichen Weise wie seine Gebote an Moses zur Errichtung «der Hütte des Stifts» im Buch Exodus. Dort gebietet Gott Moses, den Kindern Israel zu befehlen: «Und sie sollen mir ein Heiligtum machen, daß ich unter ihnen wohne. Wie ich dir ein Vorbild der Wohnung und alles seines Gerätes zeigen werde, so sollt ihr's machen.» (Exodus 25.8,9)

Als solle jeglicher Zweifel am göttlichen Gebot beseitigt werden, fügt der Autor überdies der Schriftrolle einen wichtigen Verbindungssatz ein (Kol. 29.8–10), in welchem Gott selbst, immer noch in der ersten Person sprechend, die Erläuterung gibt. Diese Worte erscheinen in der Schriftrolle am Ende der Anweisungen für die Feste und vor dem Abschnitt mit dem Tempel-Plan. Ausgerechnet dieser Teil war sehr schwer zu entziffern, da drei Kolumnen aufeinander klebten und es zunächst unmöglich war, zu erkennen, welche Zeilen zu welcher Kolumne gehörten. Erst nach sorgfältiger Behandlung und Trennung konnten wir den Text so lesen, wie er geschrieben worden war. In diesem wichtigen Schlüsselsatz nun sagt der Herr:

> Durch meine Glorie will ich meinen Tempel weihen [den Tempel], auf den ich meine Glorie niedersenken will, bis zum Tage des Segnens [oder: den Tag der Schöpfung], an dem ich meinen Tempel schaffen will und ihn einrichten für mich für alle Zeiten nach dem Bunde, den ich mit Jakob in Bethel machte.

Das ist die Antwort auf die zuvor gestellte Frage. Der Autor der Tempelrolle hat eindeutig den irdischen, von Menschen errichteten Tempel gemeint, den Gott den Kindern Israel zu bauen befahl im Gelobten Land. Auf dieses Bauwerk würde Gott seinen Glanz erstrahlen lassen bis zum Tage der neuen Schöpfung, da Gott selbst seinen «Tempel schaffen will ... für alle Zeiten», in Übereinstimmung mit dem Bund, den Jakob in Bethel schloß.

Unser Verfasser glaubte also an den himmlischen Tempel ebenso wie an den zukünftigen Tempel, den Gott eines Tages aufbauen werde. In der Schriftrolle jedoch ging es ihm um Gottes Gebot zur Schaffung eines Tempels auf Erden, des einzigen der drei, der von Menschenhand gemacht sein würde.

Die Vorstellung von einem Tempel, der nicht von Menschenhand gebaut wäre, sondern von Gott selbst am Ende der Tage, war eine in mehreren jüdischen Sekten der Zeit gängige Vorstellung. Im «Buch der Jubiläen» gibt es zum Beispiel eine Stelle, wo Gott sagt: «Und danach werden sie sich mir zuwenden aus der Menge der Heiden ... *und ich will mein Heiligtum bauen in ihrer Mitte und unter ihnen wohnen ...*» Und an einer anderen Stelle heißt es über den von Gott zu errichtenden Tempel:

> Und er sagte zum Engel der Gegenwart: ‹Schreibe für Moses vom Anbeginn der Schöpfung bis zu der Zeit, da mein Heiligtum erbaut sein wird unter ihnen für alle Ewigkeit ...› Und der Engel ... nahm die Tafeln von der Einteilung der Jahre aus der Zeit der Schaffung des Gesetzes ... bis daß das Heiligtum des Herrn errichtet werden soll in Jerusalem auf dem Berge Zion, und all die Himmelskörper erneuert werden für das Heil und den Frieden und für den Segen der Erwählten Israels.

Deutlicheren Ausdruck noch findet die Vorstellung jener Zeit vom göttlichen Tempel im zu den Pseudoepigraphen zählenden «Buch Henoch», das eine gewisse Verwandtschaft sowohl zu den Handschriften vom Toten Meer als auch zum «Buch der Jubiläen» aufweist. Darin spricht Henoch von dem Ereignis, da das «alte Haus» – der von Menschenhand erbaute Tempel – durch den von Gott selbst errichteten Tempel ersetzt werde durch ein «neues Haus, größer und stattlicher als das erste, das aufgerichtet wird an der Stelle des alten».

Der kurze Hinweis unserer Schriftrolle auf einen eschatologischen Tempel enthält auch die rätselhafte Anspielung auf «den Bund, den ich gemacht habe mit Jakob in Bethel», d.h. Gottes Versprechen, am Ende der Tage einen

Tempel zu errichten. In der biblischen Erzählung von Jakob in Bethel wird davon jedoch nicht unmittelbar berichtet. Woher bezog der Autor der Schriftrolle diese Kenntnis?

Zur Erklärung müssen bestimmte andere Texte der Zeit herangezogen werden. Sie können ebenso zur Interpretation der Schriftrolle beitragen, wie diese umgekehrt Unklarheiten in anderen Büchern beseitigt. Aus Schriften wie dem «Buch der Jubiläen» und dem pseudoepigraphischen «Testament des Levi», aber auch aus der Quelle selbst, der Genesis, geht hervor, daß Bethel eine große Rolle in den Jakobsgeschichten spielt. Sein Traum dort gipfelt darin, daß sich eine Leiter zum Himmel emporreckt, Engel steigen auf und ab: «Und der Herr stund obendrauf» (Gen. 28.13). Nach dem «Testament des Levi», das die Genesis-Erzählung erweitert, war Bethel der Ort, an dem der Herr Jakob und Levi offenbarte, daß Levi Priester im Tempel des Herrn werde.

Nach dem «Buch der Jubiläen» kam Jakob am ersten Tag des ersten Monats in Bethel an, und dieser Tag ist mit dem Bau der Stiftshütte verbunden. Hier könnte eine Verbindung zum Tempel hergestellt werden. Im «Buch der Jubiläen» heißt es aber auch, daß Gott Jakob gewarnt habe, das Haus Gottes zu errichten: «Und er sprach zu ihm und sagte: Baue diesen nicht und mache ihn nicht zum ewigen Heiligtum.» (Kap. 32) Gleichwohl heißt es an einer anderen Stelle, daß «das Haus Gottes, das Tor des Himmels» (Kap. 27) Jakob in Bethel offenbart worden sei.

Obwohl in den genannten beiden Büchern also viel vom eschatologischen Tempel und von Jakob und Bethel die Rede ist, Themen, die in der Tempelrolle eher kurz gestreift werden, enthält einzig und allein unsere Rolle seltsamerweise die unmißverständliche Aussage, daß die Schaffung des zukünftigen Tempels die Erfüllung des Versprechens sein werde, das der Herr Jakob zur Besiegelung des Bundes in Bethel gab.

Die Quelle

Kehren wir nun vom Ende der Tage zurück in die irdische Realität und zur zweiten grundsätzlichen Frage, welche Quellen der Autor der Schriftrolle für seine neue «Thora» zu einem Tempel hatte. Was überhaupt bewog ihn, diese «Thora» abzufassen? Und welchen biblischen Text könnte er als Bürgen herangezogen haben?

Obwohl es merkwürdig anmutet, muß doch auf die Tatsache hingewiesen werden, daß es zwar zu den wichtigsten Pflichten der Kinder Israel gehörte, nach Ankunft im Gelobten Land einen Tempel zu errichten, daß es aber keine

«Thora» gibt, d. h. kein göttliches Gesetz in der Bibel, das sich mit der Gestalt des Bauwerks befaßt. Schon im Altertum hat die Juden dieser Mangel an deutlichen biblischen Anweisungen erstaunt. Natürlich sind Beschreibungen des salomonischen Tempels vorhanden, aber Anweisungen Gottes für Moses, wie der Tempel zu bauen sei, so wie es ja genaue Vorschriften für die Gestalt der Stiftshütte gibt, existieren nicht.

Noch undurchdringlicher wurde dieses Geheimnis durch einige Verse im Kapitel 28 im Ersten Buch der Chronik. Dort heißt es (2,3):

> Und David, der König, stund auf und sprach: Höret mir zu, meine Brüder und mein Volk! Ich hatte mir vorgenommen, ein Haus zu bauen, da ruhen sollte die Lade des Bundes des Herrn und der Schemel der Füße unseres Gottes, und hatte mich geschickt zu bauen. Aber Gott ließ mir sagen: Du sollst meinen Namen nicht in ein Haus bauen; denn du bist ein Kriegsmann und hast Blut vergossen.

Danach verkündet David, daß sein Sohn Salomo ihm auf dem Thron folgen und den Tempel errichten werde. Daran schließt die folgende überraschende Aussage an (1. Chron. 28.11–19):

> Und David gab seinem Sohn Salomo ein Vorbild der Halle des Tempels und seiner Häuser, und der Gemächer und Söller und Kammern inwendig und des Hauses des Gnadenstuhls, dazu Vorbilder alles, was bei ihm in seinem Gemüt war, nämlich der Vorhöfe am Hause des Herrn und aller Gemächer umher für die Schätze im Hause Gottes und für die Schätze des Geheiligten und der Ordnung der Priester und Leviten, und aller Geschäfte und Geräte der Ämter im Hause des Herrn; und des güldenen Zeuges nach dem Goldgewicht zu allerlei Geräte eines jeglichen Amts, und alles silbernen Zeuges nach dem Gewicht zu allerlei Geräte eines jeglichen Amts; und das Gewicht für die güldenen Leuchter und güldenen Lampen ...

Die Liste wird dann fortgesetzt mit der Ausstattung des Tempels: von Schalen und Bechern bis hin zum Altar und einem goldenen Wagen für die Cherubim. Die Aufzählung endet mit dem entscheidenden Satz:

> Das alles ist mir beschrieben gegeben von der Hand des Herrn, daß's mich unterwiese über alle Werke des Vorbildes.

Daraus geht hervor, daß es ein «Vorbild», d. h. einen Plan gegeben haben muß und daß Vorschriften bestanden «von der Hand des Herrn», eine Thora also mit dem Bauplan und der Ausstattung des Tempels. Wo aber sind dieser Plan, dieses Gesetz, diese Thora zu finden? Außer dieser Erwähnung in der Chronik gibt es keine weiteren Hinweise in der Bibel.

Die Weisen der alten Zeit haben sich lange den Kopf darüber zerbrochen, warum die Tempelvorschriften in der Bibel nicht enthalten sind, andererseits aber dort die Bestätigung zu finden ist, daß ein göttliches Gebot in dieser Hinsicht bestand und daß ein schriftliches «Vorbild» von David an Salomo übergeben worden war. Es gibt auch eine Überlieferung, wonach David eine «Tempelrolle» erhalten hatte. Im Midrasch Samuel etwa lesen wir:

> Die Tempelrolle, die der Allmächtige, gesegnet sei sein Name, dem Moses übermittelte, während er aufrecht stand ... Moses stand und gab sie an Josua weiter, während er stand ... und Josua an die Ältesten und die Ältesten an die Propheten, und die Propheten an David und Salomo.

(Die Hervorhebung des «Stehens» sollte die Feierlichkeit des Augenblicks betonen.)

Diese Erwähnung einer «Tempelrolle», welche der Herr an Moses gegeben und die dieser weitergereicht habe über die Generationen bis hinab zu David und Salomo, ist von nicht geringer Bedeutung. Aus einer anderen rabbinischen Quelle mit der Bezeichnung Agadat Bereschit – die Legende der Genesis – erfahren wir:

> Und David sagte vor ihm: Herr des Universums, laß mich aufstehen um der Tempelrolle willen, die Samuel, der Prophet, mir überreicht hat; ich flehe dich an, gib mir die Kraft ... daß ich mich von diesem Bett erhebe und ihnen die Schriftrolle überreiche für den Bau des Tempels.

Nun möchte ich nicht auch nur für einen Augenblick den Eindruck erwecken, als hielte ich die von mir bearbeitete und entzifferte Schriftrolle für jene – oder auch nur eine Kopie davon –, welche Samuel dem David gab und die dieser an Salomo weiterreichte. Es ist auch kaum wahrscheinlich, daß die Tempelrolle, auf die sich die Rabbinen beziehen, unsere Schriftrolle ist. Denn in der Tat: Wenn sie ihrer je ansichtig geworden wären, dann hätten sie den Bann über sie aussprechen müssen, denn ihre Vorschriften weichen grundsätzlich von denen des orthodoxen Judentums ab.

Allerdings bin ich der Auffassung, daß die Passage in 1. Chronik 28 der Anlaß dafür war, daß der Verfasser unseres Textes sich entschloß, eine Tempelrolle zu schreiben. Sicher glaubte er, von Gott inspiriert zu sein, und indem er sich auf eine ältere Tradition stützte, glich er sozusagen einen Mangel aus: Er ersetzte die fehlende Thora des Tempels oder – wie er wohl glaubte – schrieb seine «verborgene» Thora. Beachtenswert ist, daß er sich in seiner Schrift eng an die einzelnen Punkte in der 1. Chronik hielt: die Vorhalle, Höfe, Kammern, die Aufteilung unter die Priester und Leviten und viele sonstige Einzelheiten.

Doch wo immer Ursprung und Anregung zu suchen sein mögen: Zu verzeichnen bleibt die Tatsache, daß wir in der vorliegenden Schriftrolle eine außergewöhnliche Tempel-Thora zu sehen haben mit Gott, dem Gesetzgeber, als Architekten, der detaillierte Anweisungen zur Gestaltung aller Bauten und ihrer Ausstattung erteilt.

12. Der innere Hof

Während der Verfasser des Schriftrollentextes den Haupttempelbau nur kurz behandelt, verbreitet er sich in aller Ausführlichkeit über die Höfe, deren Gesetze und Entwürfe er in allen Details vorlegt. Dieser Sachverhalt mag darauf zurückzuführen sein, daß in seinen Quellen wenig über das eigentliche Gotteshaus ausgesagt war. Meiner Ansicht nach liegt der Hauptgrund jedoch darin, daß in den Tempelhöfen die wichtigsten kultischen Vorgänge angesiedelt waren. Hier brachte man die rituellen Opfer dar, und das gemeine Volk hatte nur zu den Höfen Zugang. Aufgrund ihrer zentralen Kultbedeutung also stehen die Höfe mit ihren Bauten und die Ritualhandlungen, die dort zu vollziehen waren, im Mittelpunkt unserer Erzählung über die Tempelrolle. Sie sind Ausprägungen der ungewöhnlichsten und revolutionärsten Züge der Schriftrolle und sie bildeten ohne Zweifel das eigentliche Anliegen des Autors.

Was kommt zuerst?

Aber auch, was der Schriftrollentext über den eigentlichen Tempel auszusagen hat, und vor allem, wie es ausgesagt wird, ist nicht ohne Interesse. Es fällt auf, daß die Anweisungen betreffs der Ausstattung in die Beschreibung der Gesamtanlage eingefügt sind, detaillierter aber noch einmal am Ende des Textes aufgegriffen werden. Zunächst kommt das Gebot, ein «Haus» zu errichten, und wie es auszustatten ist, dann werden die Materialien genannt, die dafür zu verwenden sind. Darauf folgen kurze Anweisungen über die Art, wie der Tempel errichtet werden soll zusammen mit seinen Abmessungen. Das Verzeichnis der Innenausstattung und der Gerätschaften beschließt die Abfolge.

Natürlich wußte der Autor, was zuerst kommt. Warum hat er dann aber nicht in logischer Weise, wie es sonst seine Art ist, zuerst das Bauwerk behandelt und ist dann zur Ausstattung übergegangen? Warum gibt er zuerst ein paar Anweisungen zum Bau, schildert dann die Ausstattung, um anschließend den Text über den Bau zu vollenden und daran den Haupttext über die Ausstattung anzuschließen?

Der Hauptgrund für dieses Vorgehen ist zweifellos in der redaktionellen Methode des Autors zu suchen. Eines seiner Ziele war doch, bei den Bibelstellen, die seinen eigenen Texten als Quellen zugrundelagen, doppelte Gebote zu vereinheitlichen und widersprüchliche Anweisungen miteinander in Einklang zu bringen. Für die Anweisungen zum Tempelbau stützte er sich nach Inhalt und Stil einschließlich der direkten Rede Gottes an Moses auf die Kapitel im Buche Exodus, die sich mit der «Hütte des Stifts» befassen. Dabei ist er sicher auf den Unterschied in der Abfolge der Gebote Kapitel 25–27 und ihrer Ausführung Kapitel 36–38 gestoßen. Kapitel 25 behandelt zunächst die Lade und die Geräte, mit der die Stiftshütte ausgestattet werden soll, und erst im nächsten Kapitel folgt die Anweisung, eine «Stiftshütte zu errichten». In den Kapiteln über den Fortgang der Arbeit beginnt Kapitel 36 mit der Schilderung, wie «die Stiftshütte gemacht» wurde, und erst danach schließt sich der Bericht über die Herstellung der Gerätschaften an.

Die Rabbinen haben versucht, diese Inkonsequenz durch Beredsamkeit und Wortspielerei aus der Welt zu schaffen. Im Babylonischen Talmud gibt es ein amüsantes Beispiel dafür in Form eines Dialogs zwischen Moses und dem Künstler Besalel, der für den Entwurf des Heiligtums zuständig war:

> Besalel wurde gerufen aufgrund seiner Weisheit. Zu der Zeit, da der Erhabene, er sei gesegnet, zu Moses sprach: Geh und sage Besalel, daß er mir ein Heiligtum mache, eine Lade und Gefäße. Moses ging und verdrehte die Sache, indem er sagte: Mach eine Lade, Gefäße und ein Heiligtum. Da sagte Besalel zu ihm: Moses, unser Lehrer, in der Regel errichtet man zuerst ein Haus und bringt dann Gefäße hinein, du aber sagst: Mach mir eine Lade, Gefäße und ein Heiligtum! Wo aber soll ich die Gefäße unterbringen, die ich gemacht habe. Könnte der Erhabene, er sei gesegnet, nicht vielleicht gesagt haben: Mach ein Heiligtum, eine Lade und Gefäße? Darauf erwiderte Moses: Vielleicht hast du im Schatten Gottes gestanden und gewußt! (BT Berachoth 55 a)

(Mit einem geringen Unterschied in einem der Vokale heißt «Besalel» auf Hebräisch «Im Schatten Gottes».)

Anders als die Rabbinen also, die sich mit Exegese und Homiletik behalfen, um nicht in einen biblischen Text hineinpfuschen zu müssen, benutzte unser Autor das Mittel der redaktionellen Bearbeitung, um eine textliche Schwierigkeit zu beheben. In diesem Fall hat er meiner Ansicht nach die Exodus-Kapitel unter gewissen Auslassungen zu einem einheitlichen Ganzen zusammengefaßt. Da ihm klar war, daß zuerst das Bauwerk errichtet werden müsse, beginnt er mit den Geboten für die Errichtung des Haupttempelgebäudes und folgt hier Exodus 36–38, bricht dann aber ab, um einige Anweisungen über die Ausstattung nach Exodus 25–27 einzufügen. Bei Rückkehr zur Vollendung des Textes über das Bauwerk fügt er die Vorschriften über die Ausstattung an, indem er sich auf die Details aus Exodus 25–27 stützt, ohne jedoch ihre ursprüngliche Abfolge zu berücksichtigen. Bei den Tempelhöfen folgt er beiden Quellen in Exodus, eine saubere Lösung, wenn ich seine Absichten richtig verstanden habe.

Aus den wenigen Textfragmenten, die über die Verfügungen für den Bau geblieben sind, läßt sich erschließen, daß die Hauptelemente die Vorhalle, die

Abmessungen des Bauwerks, das Äußere und einige Details des Innern, vor allem das Allerheiligste waren. Darauf werden wir später zurückkommen, wenn wir die Quellen betrachten, auf die der Autor zurückgegriffen hat: Das betrifft die biblischen und andere Zitate zum Tempel des Salomo (aus dem 10. Jh. v. Chr.), den Zweiten Tempel (errichtet im 6. Jh. v. Chr.) und seine Renovierung unter Herodes (im 1. Jh. v. Chr.), ferner die Vision des zukünftigen Tempels wie bei Hesekiel niedergelegt. Doch soviel können wir an dieser Stelle schon sagen: Der Verfasser der Tempelrolle verließ sich vor allem auf den Bericht über Salomos Tempel in 1. Könige, 6 sowie auf einige Angaben über den Zweiten Tempel im Buche Esra. Im Unterschied zur Mischna stützte er sich nicht auf die Maße, wie sie im Buche Hesekiel für den eschatologischen Tempel, d. h. den künftigen Tempel am Ende der Tage beschrieben sind.

Der innere Hof

Die interessanteste unter den Innovationen der Tempelrolle ist die Anlage der Tempelhöfe. Danach sollte es drei quadratische, konzentrisch angelegte Höfe geben, einen inneren, mittleren und äußeren. Bei der Beschreibung geht der Autor von innen nach außen vor. Beginnend mit dem Tempelbau, dem «Hause» selbst, und verschiedenen kleineren Bauwerken für unterschiedliche kultische Zwecke – alle innerhalb des inneren Hofes gelegen – fährt der Autor mit Detailangaben der Mauern, Tore und Dimensionen dieses Hofes fort. Den Abschluß bilden der äußere Hof und die Vorkehrungen für die Reinheit um diesen Hof herum, die Reinheit der Tempelstadt insgesamt und zuletzt die Reinheit anderer Städte im Lande.

Die Bauten im inneren Hof und die Kulthandlungen dort sind von höchstem Interesse, aber dem wird der Leser am besten folgen können, wenn wir zuerst die Abmessungen und die Funktion dieses Hofes darlegen. Es handelte sich hier um den heiligsten aller Höfe in unmittelbarer Nähe des Tempels, denn dieser Bau sollte darin untergebracht sein. Die Textkolumnen über die Kulteinrichtungen sind relativ gut erhalten, während der Text zu den Toren und Mauern fragmentarisch ist. Aber anhand der erhaltenen Bruchstücke und aus den Beschreibungen der anderen Höfe läßt sich manches erschließen.

Geduldspiel

Die Rekonstruktion dieser Anlage glich einem Geduldspiel, einem Puzzle, bei dem wesentliche Teile fehlten. Diese fehlenden Teile zu erschließen, erforderte eine Menge Detektivarbeit.

Drei Anhaltspunkte entdeckte ich schon bei meiner ersten Überprüfung des Textes. Da fand ich z. B. eine Zeile, die besagte: «Und von der Ecke des Tores zum zweiten Winkel des Hofes einhundertzwanzig Ellen.»

(Der Autor benutzte den Begriff «Ecke», um Außenecken zu bezeichnen, d. h. das Zusammentreffen der äußeren Seiten zweier dicker Mauern. «Winkel» dagegen nannte der Autor die inneren Ecken, die beim Zusammentreffen zweier innerer Seiten gebildet werden. Die Elle als biblische Maßeinheit wird mit ungefähr 45 cm angesetzt. Im folgenden benutzen wir die Bezeichnung Außenecke und Innenecke.)

Der zweite Hinweis bestand in einer unterbrochenen Zeile, die sich zu «Von der Innenecke [... zur Außenecke des Tores einhundertzwanzig Ellen»] ergänzen ließ.

Der dritte Anhaltspunkt bestand in einer umfassenderen Ausführung in den besser erhaltenen Teilen und bezog sich auf «das Westtor». Danach sollte die Westseite der Mauer des quadratischen Innenhofes ein Tor haben.

Aus den Maßen und der Wortwahl der ersten beiden Zitate ließ sich ableiten, daß das Westtor in der Mitte der Mauer liegen mußte. Das eine Maß gab die Entfernung von einer Innenecke des Hofes zu einer Außenecke des Tores und das andere von der zweiten Außenecke des Tores zur zweiten Innenecke des Hofes; jede der beiden Entfernungen sollte 120 Ellen betragen. Einfacher gesagt: wenn wir die Breite des Tores außer acht lassen, ergab sich eine 240 Ellen lange Mauer, 120 Ellen von einem Ende zu einer Seite des Tores und 120 Ellen von der anderen Seite des Tores zum anderen Ende der Mauer. Es war offensichtlich, daß es dem Verfasser des Textes darauf angekommen war, die 120 Ellen zu betonen mit dem Hinweis, daß dies die Abmessung der Innenseite sei.

Da ich mit dem fragmentarischen Text nicht viel mehr anzufangen wußte, ging ich zum Text über den mittleren und den äußeren Hof über. Dort traf ich auf die klare Vorschrift, daß jede der Mauern drei Tore haben solle, zwölf im ganzen. Wenn, anders als diese beiden Höfe, der innere in der Westmauer nur ein Tor haben durfte, dann schien es mir logisch, für die anderen Mauern des Innenhofes auch nur ein Tor anzunehmen. Ich stellte außerdem fest, daß die Maße für die anderen beiden Höfe von den Außenecken genommen waren, während der innere Hof von den Innenecken gemessen war. Dieser Unterschied schien wieder mit der Absicht eingeführt, die 120 Ellen herauszustellen. Die Zahl muß für den Autor eine spezielle Bedeutung gehabt haben, und dabei wurde mir klar, daß sie sich ja zu 360 vervielfältigen ließ. Das wäre die Zahl der Kalendertage der Sekte vom Toten Meer abzüglich der überzähligen Tage am Ende eines jeden Vierteljahres.

Aus einer bruchstückhaft erhaltenen Zeile ging dann hervor, daß die äußere Breite der Tore 40 Ellen betragen sollte. Diese Tore, das darf man nicht vergessen, sind nicht mit unseren heutigen Durchgängen zu vergleichen, sondern stellten veritable Torhäuser dar, gewaltige Bauwerke mit immens starken steinernen Mauern, die zu beiden Seiten des Torweges Räume enthielten. Wenn wir annehmen dürfen, daß die Dicke der Mauern 7 Ellen betrug, dann hätten der Eingangsweg und die ihn flankierenden Räume 26 Ellen gemessen.

Daraus läßt sich errechnen, daß die äußere Länge der Mauern des inneren Hofes 294 Ellen betrug: 2 mal 120 (von der Innenecke des Hofes bis zur nächstgelegenen Tormauer) + 40 (Gesamtbreite des Torhauses) + 2 mal 7 (Dicke zweier Hofmauern) = 294 Ellen. Zieht man die Dicke der Mauern ab, erhält man eine innere Abmessung der Mauer von 280 Ellen: zieht man hiervon die Breite des Torbaues ab, ergeben sich 240 Ellen, und ich glaube, daß es kein Zufall ist, daß dies die Hälfte der 480-Ellen-Länge des mittleren Hofes darstellt, wie aus einer anderen Stelle der Schriftrolle hervorgeht. Hierin könnte eine zusätzliche Erklärung dafür liegen, daß der Autor der Schriftrolle beim inneren Hof die Länge der Innenseite der Mauer angegeben hat und nicht von den Außenecken ausging; denn nur die Innenseiten, die unmittelbar das Heiligste umschlossen, hatten Bedeutung. Die Außenseiten des inneren Hofes bildeten ja die Innenseiten von Mauern des mittleren Hofes und gehörten eigentlich zu diesem.

Nachdem somit die «verlorenen Stücke» des Puzzles rekonstruiert sind, bietet das Geduldspiel des fragmentarischen Anfangs der Vorschriften über den inneren Hof folgendes Bild: Der Hof sollte aller Wahrscheinlichkeit nach ein Quadrat von 280 mal 280 Ellen mit einem Tor in jeder der vier Mauern sein. Innerhalb dieses Hofes lag der Tempel.

Antike Quellen überliefern auch für den Tempel des Salomo, den visionären Tempel des Hesekiel und den Zweiten Tempel die Existenz eines inneren Hofes, aber entweder liegen keine Details über den Grundriß vor, oder es wird eine von der Tempelrolle abweichende Beschreibung gegeben.

Allerdings heißt es in einem Bericht über Salomos Tempel bei Josephus, daß um den Tempel herum ein quadratischer geheiligter Platz gewesen sei, umgeben von gedeckten Säulenreihen (Stoa), und zu diesen habe man Zugang gehabt durch «gewaltige Türöffnungen, je eine nach den vier Himmelsgegenden, die Torflügel aber waren vergoldet». (Jüd. Altertümer, 8.96) Diese Beschreibung deckt sich fast mit der unserer Schriftrolle. Josephus' Angaben

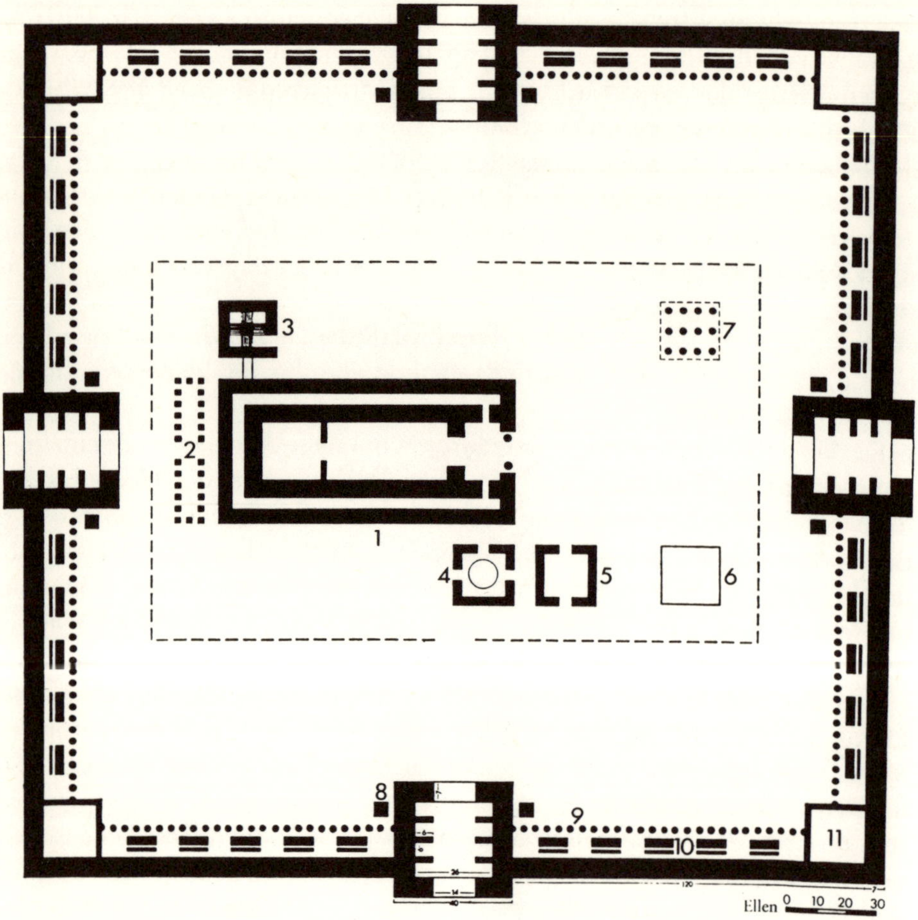

Maßstabgerechter Grundriß des Inneren Hofs auf der Grundlage der Elle als Maßeinheit. Rekonstruktion nach den Anweisungen der Tempelrolle: 1 Tempel; 2 Säulenhalle; 3 Treppenhaus; 4 Haus des Reinigungsbeckens; 5 Haus des Tempelgeräts; 6 Altar; 7 Schlachthaus (die «Decke über den zwölf Säulen»); 8 Kochplatz; 9 Umlaufende Säulen im inneren Hof; 10 Sitzgelegenheiten und Tische; 11 Feuerstätten.

über den salomonischen Tempel stammten natürlich aus einer Zeit über ein Jahrtausend nach Errichtung dieses Bauwerks, und mehr als sechshundert Jahre trennten den Historiker vom Zeitpunkt der Zerstörung dieses Tempels. Josephus wird sich jedoch aller Wahrscheinlichkeit nach auf Dokumente haben stützen können, die eine Beschreibung des Salomo-Tempels enthielten. Darauf werden wir noch zurückzukommen haben.

In der Mischna wird in der Diskussion über den Tempel niemals der Begriff «innerer Hof» erwähnt. Aber auch dort wird ein Quadrat mit vier Toren erwähnt und als «Frauenhof» bezeichnet. Dabei handelt es sich allerdings um den äußeren Hof, das einzige Tempelgebiet, das Frauen betreten durften. Die Gesamtanlage des herodianischen Tempels, desjenigen also, über den die Rabbinen diskutierten, unterschied sich grundsätzlich vom Tempelentwurf der Schriftrolle. Die herodianischen Tempelhöfe lagen hintereinander, während sie laut Anlage in der Schriftrolle den Tempel konzentrisch umgaben.

13. Die «Häuser»

Fahren wir fort mit den besser erhaltenen Kolumnen der Schriftrolle, die sich mit den Anlagen im inneren Hof befassen. Es handelt sich u. a. um den Altar, das Haus des Reinigungsbeckens, das Haus der Geräte, das Treppenhaus und die Säulenhalle, für die allesamt eingehende Beschreibungen vorliegen. Bei der Entzifferung war stets darauf zu achten, daß sich in einem Detail ein Hinweis auf bisher im Text nicht überlieferte Nachrichten verbergen konnte, selbst bei so relativ profanen Einrichtungen wie den Küchengebäuden.

Einen solchen Hinweis entdeckte ich in einem Absatz über die Koch- und Eßgelegenheiten im inneren Hof. An einer Stelle hieß es «in der inneren Säulenhalle neben der äußeren Mauer des Hofes» (Kol. 37.9). Wenn es eine «äußere» Mauer gab, dann mußte der Hof auch eine «innere» Mauer haben. Aus bestimmten Anspielungen im Text der Schriftrolle, die sonst rätselhaft geblieben wären, aber auch aus anderen Quellen schien deutlich hervorzugehen, daß eine solche innere Mauer, vielleicht nicht so hoch und so dick wie die Hofmauer selbst, das Haupttempelgebäude und die unmittelbar anschließenden Bauwerke umschloß. Zuvor schon hatte es geheißen (Kol 35.8,9): «Und du sollst heiligen die Umgebung des Altars und des Tempels sowie des Reinigungsbeckens und der Säulenhalle, und dies soll das Allerheiligste sein auf ewig.»

Diese Mauer sollte offenbar als zusätzliche Schutzbarriere gegen den Zutritt Unbefugter zum Kern des Tempelkomplexes dienen. Einen Beleg bietet wiederum Josephus (Jüd. Altertümer, 13.373). Dort berichtet er von dem Hasmonäerkönig Alexander Jannäus, der im 1. Jhr. v. Chr. «um den Altar und den Tempel hölzerne Schranken errichten (ließ) bis an den Raum, den nur die Priester betreten durften». Derartige «Schranken» muß es auch im Tempelareal des Herodes gegeben haben, wie aus Josephus hervorgeht (Jüd. Krieg 5,226): «Das Tempelgebäude und den Altar umgab eine aus schönen Steinen gefertigte gefällige Schranke, etwa eine Elle hoch; sie trennte das draußen stehende Volk von den Priestern.»

Die erwähnte «Stoa» aus Kolumne 35 deutet an, daß es innerhalb dieser inneren Mauer einen überdeckten Säulengang gab. (Später gelang es mir, dieses Bauwerk westlich des Tempels zu lokalisieren.) Aus einer anschließenden stark beschädigten Passage ergab sich, daß es außerhalb, aber noch im inneren Hof gelegen, eine ausgedehntere Stoa gab, einen überdeckten Säulenumgang an allen vier Hofseiten. Dort, wo der Autor der Schriftrolle den Tisch und die Sitzordnung der Priester im inneren Hof beschrieb, erwähnte er auch die «innere» Säulenhalle.

Drei weitere, bruchstückhaft erhaltene Textstellen setzten uns in die Lage, das Rätsel zu lösen, das die schlecht erhaltenen Teile dieser Partie der Schriftrolle stellten. Sie behandeln Themen, die trivial erscheinen mögen, für das Ritual jedoch von großer Bedeutung sind – gemeint sind die Plätze für das Kochen und die Sitzplätze für die Priester. Nach Kolumne 37 der Schriftrolle lagen die «Kochstellen neben [Eingängen? oder Ecken?] der Tore, auf beiden [Seiten] des Tores». Daraus ist doch wohl zu entnehmen, daß es zu Seiten der Torbauten an allen vier Seiten des inneren Hofes Küchen gab.

Kolumne 37 fährt fort: «Sitzplätze für die Priester und Tische vor den Sitzen in der inneren Säulenhalle.» Diese Tische waren für die Opfer der Priester gedacht, die Erstlingsgaben und den Zehnten «so daß nicht vermischt werden die Friedensopfer der Kinder Israel mit den Opfern der Priester».

Das Treppenhaus mit der Wendeltreppe

Das Treppenhaus im inneren Hof liegt aufgrund des gut erhaltenen Textes in allen Einzelheiten beschrieben vor. Der Text bietet aber insofern Schwierigkeiten, als wir aus anderen Quellen keine Bestätigung erhalten.

Um das Tempelgebäude sollten gruppiert werden: Das Treppenhaus, das Haus des Reinigungsbeckens, das Haus der Geräte, Anlagen für das Schlachten der Opfertiere und ein Säulenbau, die Stoa, unmittelbar westlich des Tempels.

Da wird zunächst angeordnet, daß «ein Haus für die Treppe innerhalb des Hauses, welches zu errichten ist», gebaut werden soll. An einer späteren Stelle ist dann vom «Haus der Wendeltreppe» die Rede.

Dieses Haus der Wendeltreppe sollte «nördlich vom Hechal», d.h. nördlich des Tempels liegen. Darauf folgen die Beschreibung dieses Bauwerks und die Maße, und danach noch einmal eine Anweisung für die exakte Lage «auf der Nordwestseite». An wieder anderer Stelle wird ein Abstand zur Tempelmauer mit sieben Ellen angegeben. Damit war es auch möglich, die Anordnung der Bauwerke im inneren oder Tempelhof genauer zu bestimmen.

Dieses Bauwerk hatte die architektonische Funktion, den Zugang zum Tempeldach zu ermöglichen, das sieben Ellen (etwa 3 m) entfernt lag. Möglicherweise gab es eine Brücke vom oberen Teil des Treppenhauses zum Tempeldach, so daß diese Entfernung überwunden werden konnte. Es gibt aber keine Beschreibung in den erhaltenen Teilen der Schriftrolle. Die Partien zur Gestalt des oberen Treppenhauses fehlen zum großen Teil. Auf eine Brücke deutet jedoch folgendes hin:

> Im oberen Raum dieses Hauses (des Treppenhauses) sollst du ein Tor machen, geöffnet zum Dache des Hechal (des Tempels) und einen Weg durch das Tor zum Eingang des Tempeldaches, von wo aus man den oberen Raum des Tempels betreten kann.

Dieser «Weg» in Form einer Brücke sollte also die sieben Ellen überspannen und aus dem Obergeschoß des Treppenhauses zum Obergeschoß des Tempels führen.

Damit unterscheidet sich dieses Bauwerk wesentlich von einer Beschreibung in der Mischna, die im wesentlichen den Tempel des Herodes im Auge hat. Aber in Terminologie und Funktion sind durchaus Ähnlichkeiten zu entdecken. So wird das Gebäude mit Wendeltreppe in der Mischna ebenfalls »mesiba« genannt, und auch die Lage entspricht dem Treppenhaus der Schriftrolle: «Und eine mesiba führte von der Nordostecke zur Nordwestecke» (Traktat Middoth 4.5). Architektonisch aber sind Unterschiede zu verzeichnen.

Laut Schriftrolle sollte es sich bei diesem Treppenhaus um «ein quadratisches Haus, von einer Ecke zur andern zwanzig Ellen, entsprechend seinen vier Ecken» handeln. Um keinen Zweifel daran zu lassen, daß es sich um die äußeren Maße handelt und diese «Ecken» äußere Ecken sind, wird die Dicke der Mauern mit vier Ellen angegeben, so daß die Abmessungen des Innenraums 12 mal 12 Ellen betragen. Um die Sache ganz und gar eindeutig zu machen, wird das bestätigt: «die Innenseite von Innenecke zu Innenecke zwölf Ellen.» Die Stufen sollten sich um einen Pfeiler winden: «Und in der Mitte, im Zentrum, soll eine rechteckige Säule (Pfeiler) stehen, Breite vier Ellen an jeder Seite.» Das hätte eine Stufenbreite von ebenfalls vier Ellen ergeben.

In einem nur bruchstückhaft erhaltenen Text wird von «Türen» gesprochen. Abgesehen von der Tür im Obergeschoß, die Zugang zum Tempeldach verschaffen sollte, muß es auch im Erdgeschoß einen Zugang gegeben haben. Berechtigterweise kann man annehmen, daß das Treppenhaus im Nordwesten des Tempels lag. Somit mußte also die obere Tür an der Südseite liegen, während die Erdgeschoßtür vielleicht an der Nordseite, wahrscheinlicher aber an der Ostseite geplant war.

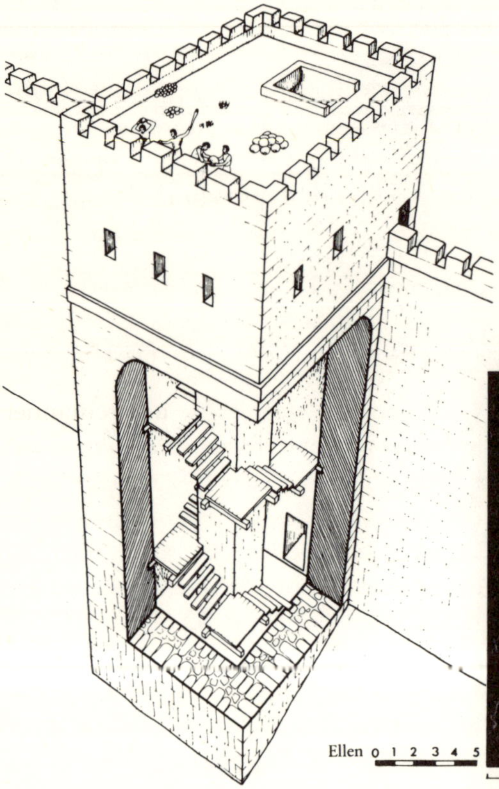

Links: *Das Treppenhaus ermöglichte den Zugang zum oberen Tempelraum. Wie die nebenstehende Rekonstruktionszeichnung verdeutlicht, war die Wendeltreppe nicht um eine Säule, sondern um einen Pfeiler herumgebaut.*

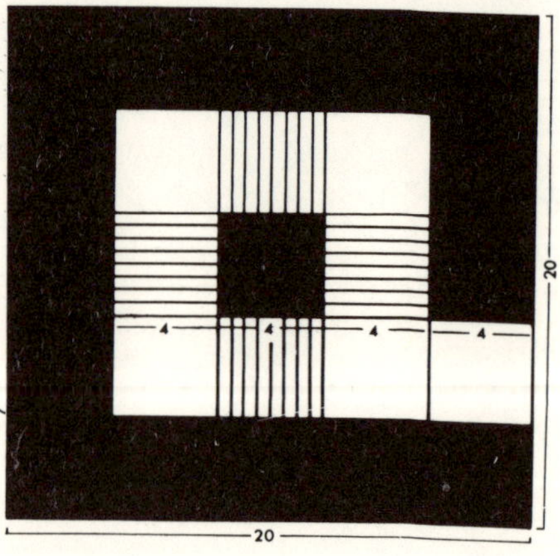

Rechts: *Grundriß eines Treppenhauses in einer Stadtmauer aus der Epoche des Hellenismus (3./2. Jh. v. Chr.), wie es bei Ausgrabungen der Stadt Dor in Israel, nördlich von Caesarea, entdeckt wurde* (© L. Ritmeyer).

Laut Anweisung in der Schriftrolle waren «das Treppenhaus, seine Mauern und Türen, sein Dach, innen und außen, seine Stufen und Säulen mit Gold zu überziehen». Aufgrund seiner Lage so dicht am Allerheiligsten und von seiner Funktion her mußte dieses Treppenhaus, wie alle unmittelbar anschließenden Gebäude, natürlich vergoldet und verziert werden (siehe farbige Rekonstruktion S. 144).

Was die rituelle Funktion dieses Treppenhauses anbelangt, so sind eingehende Anweisungen nur fragmentarisch erhalten. Von den wenigen Worten, die man entziffern kann, sind einwandfrei lesbar «stellvertretender Priester» und zweimal scheinen «Hohepriester» genannt zu sein. Es muß also ein Ritual gegeben haben, in dessen Ablauf die Priester den oberen Teil des Tempels zu besichtigen hatten, was über die aus dem Treppenhaus herausführende Brücke zu geschehen hatte. Aber ich bin mir in dieser Sache nicht ganz sicher.

Genau der gleiche Entwurf liegt für ein Treppenhaus mit Wendeltreppe in der Beschreibung der dreistöckigen Kolonnaden im äußeren Hof vor: «Und du sollst ein Treppenhaus anlegen neben den Mauern der Tore, innerhalb der Säulengänge, in dem die Stufen spiralförmig nach oben führen bis in den zweiten und dritten Stock.»

Archäologisch lassen sich Treppenhäuser dieses Typs schon seit der Zeit Salomos nachweisen. So wurde eine ganz ähnliche Anlage in einem Palast aus der Zeit Salomos in Megiddo gefunden: Ein quadratisches Treppenhaus mit einem quadratischen Pfeiler, um den sich die Stufen spiralförmig von Stockwerk zu Stockwerk wanden. Daneben sind solche Treppenhausanlagen auch in Dor aus dem 4./3. Jh. v. Chr. nachzuweisen, ferner in Masada, wo auf diese Weise die Terrassen der im Fels hängenden Palast-Villa untereinander zugänglich waren. Weitere Beispiele bilden eine Reihe nabatäischer und anderer Bauwerke im Bereich des Toten Meeres, des Negev und auch anderswo. Das Treppenhaus ist also keineswegs der Phantasie des Autors entsprungen und stellt auch keine Neuigkeit dar. Worin sich dieser Entwurf vom herodianischen Treppenhaus, wie es in der Mischna beschrieben wird, unterscheiden sollte, waren Grundriß, Standort und Ausschmückung.

Das Haus des Reinigungsbeckens

Das zweite Bauwerk innerhalb des inneren Hofes, das in der Tempelrolle beschrieben wird, ist das Haus des Reinigungsbeckens. Die Beschreibung nimmt nicht weniger als drei Kolumnen ein, was verständlich ist, denn dies war der Ort, wo die Priester ihre Waschungen vornahmen und sich vor und nach den Opfern reinigten.

Nach den Anweisungen der Schriftrolle mußte es südöstlich des Tempels liegen, diagonal gegenüber dem Treppenhaus. Aufgrund von Lücken im Text läßt sich jedoch der Abstand zum Tempel nicht genau bestimmen. Angegeben ist lediglich der Abstand zum Altar mit «fünfzig Ellen». Diese «fünfzig Ellen» weichen von der Mischna-Beschreibung des Tempels der herodianischen Zeit ab. Dort heißt es, daß der Abstand «zwischen Vorhalle und Altar zweiundzwanzig Ellen» betrug (Traktat Middoth 3.6), und in der gleichen Passage heißt es weiter, daß «das Reinigungsbecken zwischen der Vorhalle und dem Altar nach Süden» gelegen habe. Diese zweiundzwanzig Ellen als Abstand zwischen Eingangshalle und Altar tauchen in der Tempelrolle als Abstand zu einem weiteren Bauwerk, dem Haus der Geräte, auf.

Läßt sich also die genaue Lage des Reinigungsbeckens aufgrund der fragmentarisch erhaltenen Daten aus dem Text nicht bestimmen, so sind doch ausreichend Informationen gegeben, um den Standort zu erschließen. Wenn es im Südosten des Tempelhauses stehen sollte, so kommen drei Standorte in Frage: gegenüber dem Südteil der Tempelostseite, die die Tempelfassade bildete, oder direkt gegenüber der Südostecke oder gegenüber dem Ostteil der Südseite des Tempels.

Die ersten beiden Alternativen scheiden aufgrund der Abmessungen des inneren Hofes aus, erstens, weil eine Mauer die wichtigsten Gebäude umgab, zweitens aber, weil das Haus der Geräte, wie wir sehen werden, östlich vom Reinigungsbeckenhaus liegen und sich jenseits des Hauses der Geräte in einiger Entfernung der Altar erheben sollte.

Unter der Voraussetzung, daß das Reinigungsbeckenhaus für die Ostseite vorgesehen gewesen wäre, hätte man den Altar so nahe an das Osttor heranrücken müssen, daß für die innere Umfassungsmauer kein Raum geblieben wäre. Außerdem hätte der Autor dann «im Osten und seinem südöstlichen Teil» geschrieben, wie er es für die Lage des Treppenhauses getan hat.

Wenn der Verfasser des Textes das Gebäude gegenüber der Südostecke geplant hätte, so hätte er sicher das Wort «Ecke» oder einen Begriff der Mischna, «das südöstliche Horn» des Tempels, benutzt.

Aufgrund dieser Erwägungen scheint mir die dritte Alternative die plausibelste, d. h. das Ostende der Südseite des Tempels. Das entspräche den Erfordernissen der Symmetrie: Der «Südosten» für das Haus des Reinigungsbeckens als Entsprechung zum «Nordwesten» für das Treppenhaus.

Außerdem erreicht der Autor mit diesem Vorschlag eine Harmonisierung zweier biblischer Quellen. Er schlägt auf diese Weise eine Brücke zwischen Exodus 30.18 hinsichtlich der Stiftshütte «du sollst auch ein ehern Handfaß machen ... und sollst es setzen zwischen der Hütte des Stifts und dem Altar» und dem Satz über Salomos Tempel im 1. Buch der Könige 7.39: «... aber das Meer (Reinigungsbecken) setzte er zur Rechten vornan gegen Mittag» (was der Bezeichnung «Südosten» genau entspricht). Die rabbinische Tradition hat in der Tat ebenso versucht, den biblischen Text über die Stiftshütte mit der Beschreibung des salomonischen Tempels in Einklang zu bringen, wenn es in der Mischna heißt: «Das Reinigungsbecken stand zwischen der Eingangshalle und dem Altar, dem Süden zu» (Traktat Middoth 3.6). Diese Stelle ist allerdings so interpretiert worden, daß sich eine andere Lokalisierung ergab, als sie der Autor unserer Schriftrolle beschreibt.

DIE DREISTÖCKIGE ANLAGE DES ÄUSSEREN HOFS

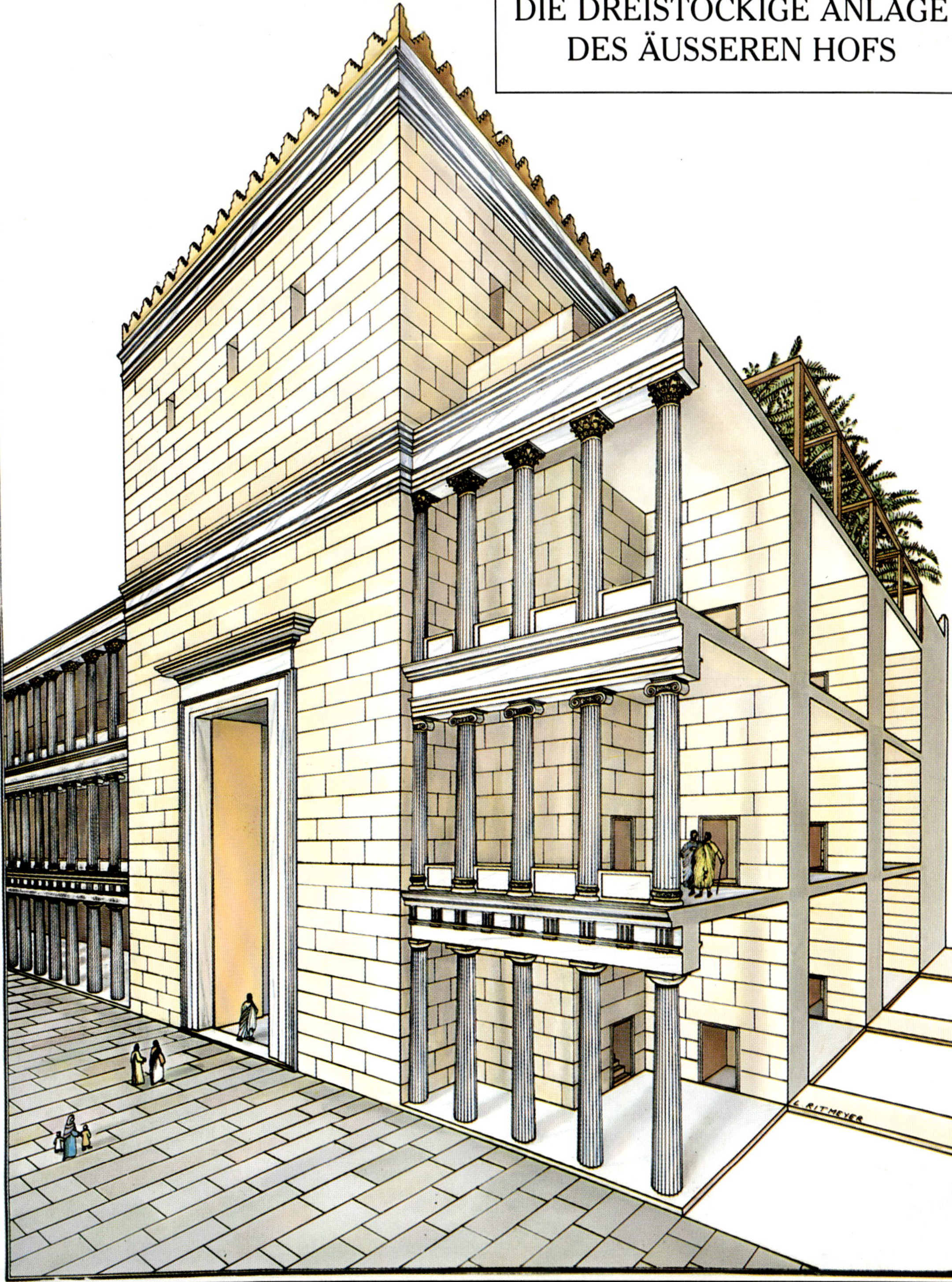

Rekonstruktionszeichnung der drei Stockwerke des äußeren Hofs mit einer auf dem Dach

L RITMEYER

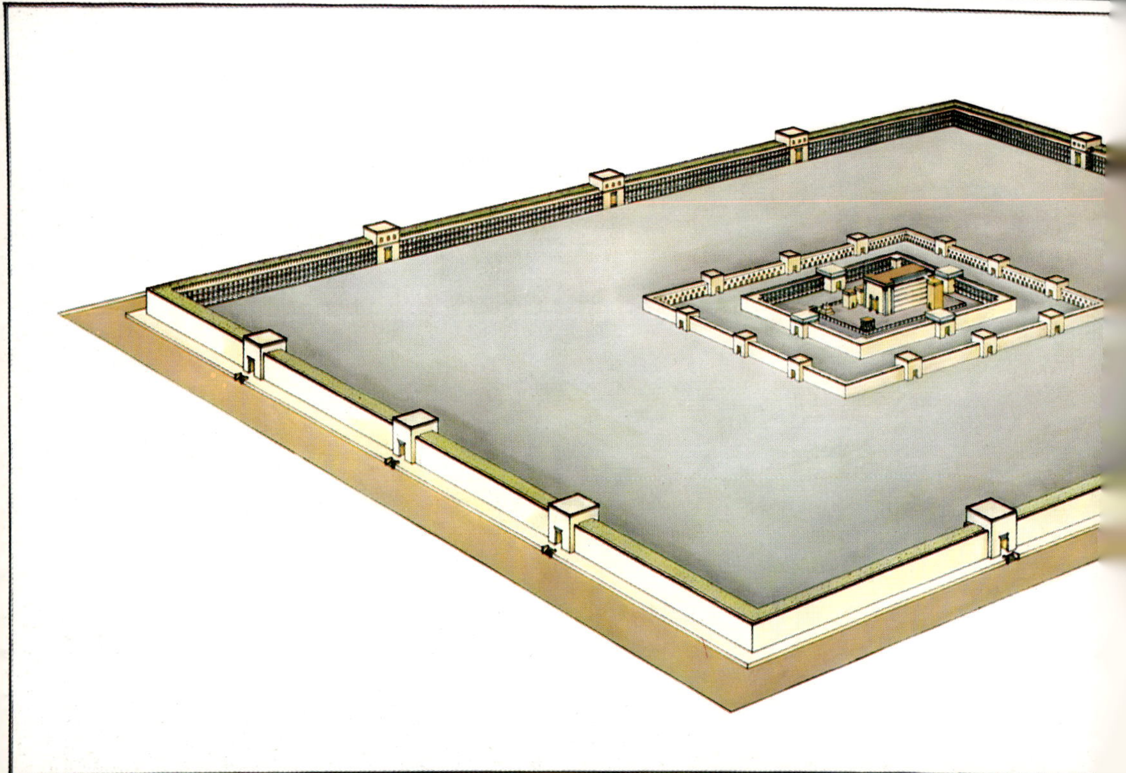

DER INNERE HOF

Rekonstruktionszeichnung des Autors anhand der Tempelrolle (© L. Ritmeyer).

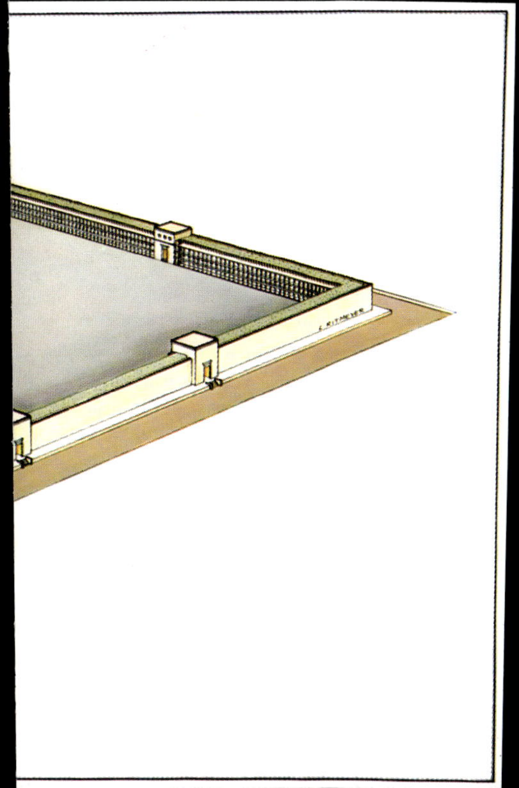

DER TEMPEL MIT SEINEN HÖFEN

Rekonstruktionszeichnung des Tempelareals, von Nordosten her gesehen. Aus der Schriftrolle geht hervor, daß das Heiligtum von drei konzentrisch angelegten, viereckigen Höfen umgeben war (© L. Ritmeyer).

Eine Rekonstruktionszeichnung nach der Vorstellung: Die Farben deuten die in der Schriftrolle vorgeschriebene Verwendung von Gold und Zedernholz an (© L. Ritmeyer).

Der Entwurf

Die Entzifferung und das Studium antiker Texte bieten uns die faszinierende Gelegenheit, in die Gedankenwelt eines Autors einzudringen, seine Vorstellungen zu prüfen, Sinn und Zweck hinter jedem Satz zu entdecken und dabei die zeitgenössische Literatur – soweit sie uns bekannt ist – nach Ideen abzusuchen, die ihn beeinflußt haben könnten.

Als ich mich mit dem Plan und den Abmessungen der Gebäude innerhalb des Tempelareals befaßte, in diesem Falle mit dem Raum für die Reinigungsriten, interessierte mich daher nicht nur der architektonische Entwurf, sondern auch die Frage, warum der Autor diesen und nicht einen anderen gewählt hatte, wie er auf diese Konzeption gekommen war, welche seine Quellen gewesen sein konnten und warum er es für notwendig erachtet hatte, derart ins Detail zu gehen. Bei einer solch intensiven Beschäftigung ergibt sich meist eine Bereicherung dessen, was wir über das Leben und die Zeitläufe einer Epoche schon wissen, die unserer Zivilisation zur Geburt verholfen hat. Gelegentlich wirft eine zufällige Bemerkung Licht auf Probleme, welche die Gelehrten seit zweitausend Jahren beschäftigt haben – wie im Falle des Reinigungshauses.

Das Reinigungsbecken war die Stelle, wo sich die Priester nach – und vielleicht auch vor – den rituellen Opferhandlungen zu reinigen hatten. Neben Bademöglichkeiten mußten auch die technischen Voraussetzungen für die Reinheit und Trennung der priesterlichen Gewänder gegeben sein. Der Verfasser der Tempelrolle hatte sich sichtlich bemüht, die verschiedenen biblischen Quellen miteinander in Einklang zu bringen, und bewies dabei erneut seinen Einfallsreichtum.

Entwurf und Maße des Gebäudes sind in Kolumne 31 festgelegt. Nach verhältnismäßig einfacher Ergänzung einiger Wörter, denen Buchstaben fehlten, ließ sich der Text gut verstehen:

> ...gleich an allen Seiten mit einundzwanzig Ellen, in einer Entfernung von fünfzig Ellen vom Altar; die Dicke der Mauer soll drei Ellen betragen und die Höhe zwanzig Ellen [...] und Türen sollen gemacht werden an der Ost-, Nord- und Westseite; die Breite der Türen soll vier Ellen betragen und ihre Höhe sieben.

Zieht man die Dicke der Mauern ab, so ergibt das für den Innenraum einen quadratischen Grundriß in den Abmessungen von 15 mal 15 Ellen. Dem Verfasser muß es in erster Linie um diese Maße gegangen sein, denn er weicht mit den 21 Ellen von den Maßen des Treppenhauses mit 20 Ellen ab und ändert auch die Dicke der Mauern von 4 (Treppenhaus) auf 3 Ellen für das Haus des Reinigungsbeckens. Was hat es mit den 15 mal 15 Ellen auf sich?

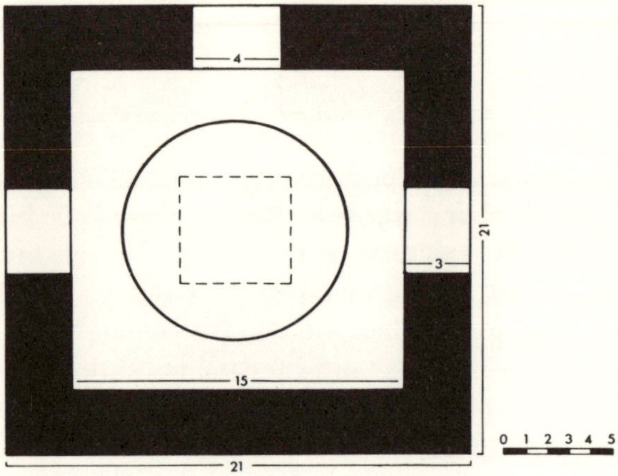

Grundriß des Hauses für das Reinigungsbecken. Wahrscheinlich stand das runde Becken auf einer quadratischen Basis (gestrichelte Linie).

Offensichtlich mußte der Autor erneut zwei biblische Zitate miteinander in Übereinstimmung bringen. Während Exodus keine Maße für das Reinigungsbecken angibt, sind im Buch der Könige und in der Chronik bei der Beschreibung des salomonischen Tempels Einzelheiten verzeichnet, auf die sich der Verfasser der Tempelrolle stützte. 1. Könige 7.23 heißt es:

> Und er machte ein Meer, gegossen, von einem Rand zum andern zehn Ellen weit, rundumher, und fünf Ellen hoch, und eine Schnur dreißig Ellen lang war das Maß ringsum.

Das gleiche erfahren wir aus dem 2. Buch der Chronik 4.2, noch ausführlicher aber 2. Chronik 6.13:

> denn Salomo hatte eine eherne Kanzel (Plattform) gemacht und gesetzt mitten in den Vorhof, fünf Ellen lang und breit und drei Ellen hoch ...

Die Konsonanten des hebräischen Wortes für «Plattform» in dieser Bibelstelle sind genau die gleichen wie die des Wortes für «Reinigungsbecken» in der Schriftrolle. Gemeinhin gab man ihm die Bedeutung von Plattform, Podium, Kanzel oder Pfeiler und nicht unbedingt die Bedeutung «Reinigungsbecken». Wenn der Autor der Schriftrolle die Angaben beider biblischer Quellen wörtlich genommen hat, dann kam er wohl auf eine quadratische Basis von 5 mal 5 Ellen analog zur «Bronzeplattform» 2. Chronik 6.13 – und ein rundes Becken von 10 Ellen im Durchmesser – wie beim «gegossenen Meer» 1. Könige 7.23. Seine 15 mal 15 Ellen für die Innenseiten des Raumes im Haus des Reinigungsbeckens ermöglichten die Maße der biblischen Quellen: 5 Ellen Abstand auf jeder Seite der Basis für den Umgang (gleich 10) plus 5 Ellen für die Basis selbst, macht 15 Ellen von Wand zu Wand. Natürlich bietet der Text der Schriftrolle keinen unmittelbaren Beleg für diese Beweisführung, aber ich bin überzeugt, daß dies der Gedankengang des Autors war.

Zur Stützung dieser Hypothese kann ein kurzer Text im Babylonischen Talmud dienen, der eine traditionelle Auslegung der biblischen Stelle über Salomos Tempel bietet. Nach 1. Könige 7.23 sollte das «gegossene Meer» fünf Ellen hoch sein und nach unserem Vorschlag auf einer «Plattform» oder Basis (2. Chronik 6.13) stehen, wobei hinzugefügt wird, daß diese Plattform drei Ellen hoch sein sollte. Hier nun die aufschlußreiche Talmudstelle (Traktat Eruwin 14b): «Rami ben Hesekiel lernte, daß das Meer, welches Salomo machte, quadratisch war in seinen unteren drei Ellen und rund in seinen oberen zwei.» (Im übrigen ruhte «das Meer» laut 1. Könige 7 auf zwölf Rindern, drei auf jeder der vier Seiten der quadratischen Basis.)

Die drei Tore des Hauses des Reinigungsbeckens an der Ost-, West- und Nordseite sollten 4 Ellen breit und sieben Ellen hoch sein. Die gleichen Maße sind in einer weiteren Handschrift vom Toten Meer überliefert, einem Fragment aus Qumran-Höhle 4, unter der Bezeichnung «Das Neue Jerusalem» bekannt. Bei der Beschreibung bestimmter Häuser von Jerusalem heißt es, daß ihre Länge «drei cannes», das sind einundzwanzig Ellen, betragen habe und ihre Tore «vier Ellen breit und sieben Ellen hoch» gewesen seien. Das entspricht genau den Maßen des Reinigungshauses. Hier zeigt sich eine zweifellos vorhandene Verbindung zwischen Höhle 4 und Höhle 11, aus der unsere Schriftrolle stammt.

Das Innere

Bei der Beschreibung des Inneren des Reinigungshauses werden «Nischen» in der Innenwand erwähnt. Trotz des fragmentarischen Erhaltungszustandes konnte ich mit einiger Sicherheit folgenden Text ausmachen: «in der Wand dieses Hauses Nischen an der Innenseite». Dann folgt ein fast unleserliches hebräisches Wort mit der Bedeutung «und innerhalb derselben»; der Rest des Textes ist unleserlich. Darauf wieder erhaltener Text, der sich ergänzen läßt zu «eine Elle breit». Es scheint, als ob sich dieser Text auf Rücksprünge in den Nischen bezieht. Diese Nischen sollten außerdem «mit Gold überzogen» werden, und sie sollten sich in Augenhöhe befinden, nämlich «vom Boden vier Ellen hoch». Sie hatten als Ablage für die Gewänder derjenigen, die im Reinigungsbecken badeten, zu dienen.

Obwohl einige Einzelheiten fehlen, kann man sich diese Kleiderablagen doch insgesamt vorstellen (siehe Abb. S. 149). Außerdem besteht eine große

Ähnlichkeit zur Beschreibung derartiger Einrichtungen in anderen Quellen, selbst wenn der Plan in der Schriftrolle anders gewesen sein sollte. In der Mischna (Tamid 5.3) gibt es eine Beschreibung der Vorgänge im «Ankleideraum», wo die «Tempeldiener» den Priestern «ihre Gewänder auszogen bis auf ein Untergewand». Und dann folgt der Satz: «Es gab dort Mauernischen, die mit den Namen der Kleidungsstücke beschriftet waren.»

An einer anderen Stelle in der rabbinischen Literatur (Tosefta bis Sukka 4.27) lesen wir: «Es gab dort vierundzwanzig Nischen [Blindfenster], entsprechend den vierundzwanzig Abteilungen der Leviten«, die dort wechselweise Dienst taten.

Maimonides schreibt in seinem Kodex über die Tempelgeräte (8.9) unter Heranziehung dieser beiden rabbinischen und anderer Quellen über die Einrichtungen des Zweiten Tempels der herodianischen Zeit, daß es eigentlich 96 solcher «Fenster» gegeben habe, «vier für jede Abteilung» der Leviten, so daß die unterschiedlichen Kleidungsstücke nicht verwechselt werden konnten. Das oben bereits zitierte Ende von Traktat Sukka kommentierend fügt er hinzu, daß es ein «großes» Fenster mit drei kleinen darin gegeben habe, was den Nischen der Schriftrolle entsprechen würde, die noch Rücksprünge enthielten.

Diese Form der Kleiderablage, wie sie in der Schriftrolle, in der Mischna und bei Maimonides beschrieben wird, erinnert an Einrichtungen in Badehäusern dieser Zeit. Im Zusammenhang mit einem rituellen Badehaus heißt es im Tohoroth (Reinheiten) der Mischna (7.7): «Wenn ein Mann seine Gefäße in einer Wandnische bei den Badehaus-Wärtern gelassen hat...» Bei meinen Ausgrabungen in Masada entdeckten wir eine ähnliche Anlage, allerdings viel einfacher in der Ausführung. Neben dem Bad befand sich ein quadratisches Bauwerk mit Reihen von Nischen an den Innenwänden.

Die Nischen im Haus des Reinigungsbeckens sollten mit Gold ausgekleidet werden, weil sie geheiligte Gewänder aufzunehmen hatten. Reinheit und Unreinheit spielen für den Verfasser der Tempelrolle eine große Rolle – im Verlaufe des Textes geht er auf diese Frage sehr ausführlich ein, und so gibt es natürlich auch sorgfältige Vorschriften für die Reinheit der priesterlichen Gewänder. Zunächst geht es ihm um die Kleidung, die die Priester zu tragen hatten, bevor «sie am geheiligten Ort tätig werden». So durften sie sich dem Altar nur in «geheiligten Gewändern nähern». Aber auch für den umgekehrten Vorgang bestanden strenge Vorschriften: Nach Vollzug von Ritual und Opfer mußten die geweihten Gewänder wieder abgelegt werden. Es folgt der Hinweis auf den Ausschluß vom Kultvollzug, falls Priester mit den geweihten Gewändern den inneren Hof verließen: «und sie sollen das Geheiligte meinem Volke nicht vermitteln, indem sie mit den geweihten Gewändern hinausgehen, in denen sie den Dienst tun.»

Mauernischen im Haus des Reinigungsbeckens dienten als Ablage für die Priestergewänder während des rituellen Bades. Vergleichbare Mauernischen fanden sich in einem Umkleideraum eines «Mikweh» (Ritualbad) in Masada.

Wortschatz und Stil des Textes sind hier weitgehend den Kapiteln 42 und 44 im Buch des Propheten Hesekiel verpflichtet – vor allem das Verbot des Kontakts mit dem Volk, solange die Priester die geweihten Gewänder tragen. Dort erfolgt die Warnung: «... sollen sie nicht wieder aus dem Heiligtum gehen in den äußeren Hof, sondern sollen zuvor ihre Kleider, darin sie gedient haben ... weglegen, denn sie sind heilig; und sollen ihre anderen Kleider anlegen und alsdann heraus unters Volk gehen.»

Dabei darf jedoch nicht übersehen werden, daß hier Unterschiede in den Vorschriften bestehen, da der Prophet nur zwei Tempelhöfe erwähnt, während in der Tempelrolle drei vorgesehen sind.

Die Wasserleitung und die Höhle

Unmittelbar anschließend an den Text über das Reinigungsritual für die Priester folgen die Vorschriften für die Ableitung des unreinen Wassers nach dem Bade. Dieses Wasser durfte «von niemandem berührt werden, denn es ist mit dem Blute der Brandopfer vermischt». Darum sollte «um das Reinigungsbecken herum eine Wasserleitung neben dem Haus angelegt werden und diese Leitung soll vom Hause des Reinigungsbeckens in eine Grube führen, die in den Boden führt, [so daß] das Wasser ... hineinfließt ... und sich im Boden verliert». Das mit dem Blute vermischte Wasser sollte also direkt im Boden versickern. Eine ähnliche Vorkehrung war für die Ableitung des Blutes getroffen, das vom Altar herabtropfen würde.

Mit dieser Vorschrift weicht der Text der Schriftrolle erheblich von der vorherrschenden Meinung ab. Ich konnte im gesamten Text feststellen, daß der Autor in solchen Fällen besonders ausführlich und klar formuliert. Die strittige Frage in diesem Zusammenhang ist, ob das mit dem Opferblut vermischte Wasser und das Blut vom Altar unbenutzt und unberührt bleiben sollten oder nicht. Im Prinzip stimmen die Schriftrolle und die rabbinische Tradition der Mischna überein. So heißt es im Traktat Me'ila der Mischna (3.3) in einem Text über Sakrilegien, d. h. Übertretungen geheiligter Gesetze: «Rabbi Ismael sagt: was das Blut betrifft ... so unterliegt es, nachdem es in den Bach Kidron (östlich unterhalb des Tempels gelegen) geflossen ist, dem Gesetz über das Sakrileg.»

Die Thora allerdings entschuldigt hier wie in vielen Fällen diejenigen, die sich unabsichtlich eines Sakrilegs schuldig gemacht haben. Sie konnten ein Sühneopfer darbringen und für den Tempelschatz stiften. Es gibt auch Belege dafür, daß die Rabbinen mit dem in den Bach Kidron fließenden Wasser und dem Blut ziemlich nachsichtig umgingen, obwohl das Blut der Brandopfer als heilig galt. Dies entspricht einer liberalen Haltung, wie sie vielfach nachzuweisen ist: Die Auslegung der Gesetze sollte so beschaffen sein, daß die Menschen damit leben konnten. Das mit Blut vermischte Wasser wurde nämlich von den Gemüsebauern im Kidrontal außerordentlich geschätzt (bis auf den heutigen Tag liegen hier blühende Gärten).

Während die Mischna im Traktat Me'ila also das Blut und Wasser mit dem Gesetz des Sakrilegs belegte, heißt es im Traktat Joma, das dem Versöhnungsfest gewidmet ist: «Beide (Arten von Blut) vermischten sich im Kanal und flossen in den Bach Kidron.» Und dann der bemerkenswerte Zusatz: «Und es wurde als Düngemittel an die Gärtner verkauft, und das Gesetz für das Sakrileg traf darauf zu.» (5.6) Das heißt also, daß das mit Blut vermischte Wasser vom Tempel verkauft wurde.

Während die Rabbinen insofern nachsichtig waren, als sie die Leute die Mischung aus Wasser und Blut für ihre Gärten verwenden ließen und ihnen dafür eine Sühnezahlung an den Tempelschatz auferlegten, hielt sich der Autor der Schriftrolle strikt und rigide an die Anweisung, daß Blut und Wasser im Boden versickern sollten und niemand sie berühren oder benutzen sollte.

Erklärung für eine rätselhafte Stelle im Neuen Testament

Als ich diese Passagen der Schriftrolle entzifferte und interpretierte, versuchte ich, sie im Zusammenhang mit den Disputen, Regeln und Traditionen jener Zeit – beinahe schon der Zeit Jesu – zu verstehen. Dabei fiel mir auf, daß der Schriftrollentext vielleicht eine einfache Erklärung einer seltsamen Geschichte enthält, die im Neuen Testament in zwei Versionen vorkommt. Es geht um das Schicksal des Judas Ischarioth und den Namen seines Begräbnisplatzes.

Apostelgeschichte 1.18,19 berichtet, wie Judas «hat erworben den Acker um den ungerechten Lohn» – die dreißig Silbermünzen – «und ist abgestürzt und mitten entzweigeborsten und all seine Eingeweide ausgeschüttet. Und es ist kund worden allen, die zu Jerusalem wohnen also daß der selbige Acker genannt wird auf ihre Sprache Hakeldama (das ist: ein Blutacker).»

Anders liest sich die Version bei Matthäus 27.3 ff. Danach kam Judas auf andere Art zu Tode, und auch der Name «Blutacker» wird anders abgeleitet. Hier heißt es, daß es Judas gereute, was er getan habe «und brachte herwieder die dreißig Silberlinge den Hohenpriestern» und:

> ging (er) hin und erhängte sich selbst. Aber die Hohenpriester nahmen die Silberlinge und sprachen: Es taugt nicht, daß wir sie in den Gotteskasten legen; denn es ist Blutgeld. Sie hielten aber einen Rat und kauften den Töpfersacker darum zum Begräbnis der Pilger. Daher ist derselbige Acker genannt der Blutacker bis auf den heutigen Tag.

Hakeldama, wie der Acker genannt wurde – laut Apostelgeschichte in der Sprache «von allen, die zu Jerusalem wohnen» – ist die griechische Umschreibung für zwei aramäische Wörter, mit der Bedeutung «Acker des Blutes». Mir scheint, daß dies der herkömmliche Name des Töpferackers im Kidrontal war, weil dieses Gebiet mit dem Gemisch aus Blut und Wasser von den Tempelopfern gedüngt wurde. Das «Blutgeld» bei Matthäus als Erklärung für den Namen des Ackers scheint mir eingeführt worden zu sein, um den Namen des Ortes mit der Tat des Judas in Verbindung bringen zu können.

Diese Erklärung erhält noch Gewicht, wenn man weiß, daß das hebräische Wort für «Blut» im Plural auch eine Bezeichnung für «Geld» ist.

Um nun zu unserer Schriftrolle zurückzukehren: Die detaillierte Beschreibung des Hauses des Reinigungsbeckens, die auf dem Aussehen eines bestehenden Bauwerks im Zweiten Tempel beruht oder vielleicht auf eine ältere Tradition zurückgeht, ergibt eine klare Vorstellung von einem Gebäude, das für die Essener als Anhängern strikter Reinheitsgebote von besonderer Bedeutung war.

Das Haus des Altargerätes

Den Vorschriften für das Treppenhaus und das Haus des Reinigungsbeckens folgen diejenigen für das Haus des Altargerätes als drittes Bauwerk nächst dem Tempel im inneren Hof. Es sollte im Abstand von sieben Ellen östlich des Reinigungshauses errichtet werden, und zwar zwischen diesem und dem Altar. Kol 33.8,9 heißt es:

> Du sollst ein Haus errichten östlich des Reinigungshauses, und es soll von der gleichen Größe sein und seine Mauer einen Abstand von sieben Ellen zum Reinigungshaus haben.

Grundriß und Maße sollten die gleichen wie für das Reinigungshaus sein – ein quadratischer Grundriß von 21 mal 21 Ellen in den äußeren Abmessungen mit drei Ellen dicken Mauern. Dann betrug auch hier der Innenraum 15 mal 15 Ellen. Anders als das Reinigungshaus aber sollte das Gebäude für die Altargeräte nicht drei, sondern «zwei Türen haben, eine im Norden und eine im Süden, sich gegenüberliegend, und zwar von der gleichen Größe wie die Türen des Reinigungshauses», vier Ellen breit und sieben Ellen hoch.

Bei der Beschreibung dieses Bauwerks geht es entsprechend seiner Zweckbestimmung vor allem um die Ausstattung im Inneren. So gehört zu den wichtigsten Anweisungen die, daß das Haus aufweisen soll:

> Nischen [oder Blindfenster] in allen Wänden an den Innenseiten. Sie sollen 2mal 2 Ellen breit sein und vier Ellen hoch und sollen Türen haben für die Geräte des Altares, d. h. die Becken und Krüge und Pfannen und Silberschüsseln [oder Schöpflöffel], mit denen man die Innereien und Beine [der Opfertiere] zum Altar bringt.

Der Text der Schriftrolle gibt nicht genau an, wieviele solcher Nischen anzulegen waren. Da aber die Maße für diese Rücksprünge vorliegen – 2 Ellen breit und 2 Ellen tief (in einer Mauer von drei Ellen) sowie 4 Ellen hoch –, und man voraussetzen kann, daß sie die gesamte Wandfläche einnehmen sollten, wobei zwischen diesen blinden Fenstern ein gewisser Abstand sein mußte, läßt sich eine Anzahl von 20 Nischen erschließen: In die West- und

Ostwand paßten jeweils 6, während in der Nord- und Südwand neben den Türen noch jeweils vier solcher Nischen Platz gehabt hätten.

Ob es dem Autor der Schriftrolle auf die Zahl dieser Nischen ankam, ist zweifelhaft, denn bei seiner Gewohnheit, die wichtigen Dinge möglichst genau und detailliert zu schildern, hätte er diese Einzelheit sicher nicht ausgelassen. Es ist anzunehmen, daß die vier Gerätearten, die er in der Anfangspassage nennt, auf die vier Wände verteilt werden sollten – Becken, Krüge, Pfannen und Silberschüsseln. Da die Nischen Türen haben sollten, handelte es sich im Grund um Einbauschränke. Bei der Türverordnung fügt der Autor dem Hebräischen einen neuen Begriff hinzu, indem er das Substantiv für die Tür «delet» in eine passivische Verbform umwandelt, deren wörtliche Übersetzung lautet «sie (die Nischen) sollen getürt» sein.

Sowohl aus der Mischna wie aus Josephus kennen wir derartige Gebäude zur Aufbewahrung geweihter Gefäße. Im Traktat Tamid (3.4) lesen wir: «Sie gingen in die Gerätekammer und brachten dreiundneunzig Gefäße aus Silber und Gold daraus hervor, und sie gaben [dem Lamm, welches das] Ganzopfer des Tages sein sollte, aus einer goldenen Schüssel zu trinken». Im Traktat Schekalim 5.6 dagegen hat die Gerätekammer einen ganz anderen Zweck: In dem so bezeichneten Raum wurden Weihegaben an den Tempel aufbewahrt: «Die Gerätekammer: wer immer irgendein Geschenk machte, warf es dort hinein und alle dreißig Tage öffneten die Schatzhausbewahrer diesen Raum. Und was immer sie dort fanden, das sich für den Tempelschatz eignete, das beließen sie dort.»

Josephus berichtet in «Jüdische Altertümer» (3.150), daß sich die Geräte im Heiligtum «gegenüber dem Altar» befanden. Der Text ist nicht genauer, aber im Zusammenhang mit dem Tempel könnte seine Angabe durchaus auf die Beschreibung des Hauses des Altargeräts zutreffen, wie es in unserer Schriftrolle beschrieben wird; zumindest steht sie nicht im Widerspruch dazu. Auf die zahlreichen Anklänge an Josephus' Bericht über den Tempel Salomos werden wir noch genauer eingehen.

14. Das Schlachthaus und der Altar

An die Vorschriften für das Haus des Altargeräts schließen die Anweisungen für das Schlachthaus an. Merkwürdigerweise enthielten ausgerechnet diese Passagen einen Hinweis auf den Zeitpunkt, zu dem der Text der Tempelrolle aller Voraussicht nach konzipiert worden ist.

Leider sind die Anweisungen weniger als bruchstückhaft erhalten; dennoch erlauben auch diese Fragmente eine sinnvolle Rekonstruktion. Die erhaltenen fünfzehn Zeilen von Kolumne 34 lauten wie folgt:

1. [ ]... auf einem Bron[ze]-Untersatz [ ]
2. [ ]... und zwischen einer Säule und der nächsten
3. [ ]zwischen den Säulen
4. [ ]... (vielleicht, die Stiere) zwischen die Räd[er]
5. [und] sie [sollen öffnen (?)] und schließen die Räder und da[nn(?)]
6. und die Köpfe (vielleicht: die Hörner) der Stiere binden an die Ringe und [ ] in den Ringen
7. Dann sollen sie sie töten und ihr [Blut] in den Becken auffangen
8. und es gegen die Altarbasis werfen. Und dann [sollen sie] öffnen
9. die Räder und die Häute der Stiere vom Fleische [lösen] und sie aufschneiden
10. in Stücke, die Stücke mit Salz salzen und die
11. Eingeweide und die Beine waschen, sie mit Salz salzen und verbrennen
12. im Feuer, das auf dem Altar ist, jeden Stier und seine Stücke für sich; und das Getreideopfer aus feinem Mehl darauf;
13. und den Wein vom Trinkopfer dabei, wovon darauf gegossen wird. Und die Priester, die Söhne des Aaron, sollen alles darbringen
14. auf dem Altar, ein Brandopfer, ein gefälliger Duft vor dem Herrn.
15. Und du sollst Ketten machen, die von der Decke der zwölf Säulen herabhängen.

Stellen wir die erkennbaren Elemente zusammen: Da gibt es eine Decke, die von zwölf Säulen getragen wird; Ketten, die von dieser Decke herabhängen; Ringe, an die die Tiere gebunden sind; Räder, die das Fesseln und Loslassen der Tiere regulieren sollen; ferner ein Gegenstand, der irgendwie mit «zwischen den Säulen» und dem Bronze-Untersatz zu tun hat. Jedes dieser Elemente hatte in den Vorschriften für das rituelle Schlachten seinen Platz: vom Schlachten über das Benetzen der Altarbasis mit Blut bis zum Häuten, Zerlegen, Salzen und Waschen der Fleischteile und dem Anordnen zum Opfer auf dem Altar. Die Fleischstücke sollten getrennt vom Getreide und dem Trinkopfer aufgestapelt werden.

Diese detaillierten Angaben in der Schriftrolle sind allein schon von sensationeller Bedeutung, denn in der Bibel wird das Schlachthaus im Tempel Salomos nicht beschrieben. Einige wenige Hinweise auf das Schlachten der Opfertiere finden sich bei Hesekiel (Kap. 40.38–43). Sie beziehen sich allerdings auf den «Tempel am Ende der Tage». Der Prophet spricht vom Ort, «darin man das Brandopfer wusch», über «Tische, darauf man die Brandopfer, Sündopfer und Schuldopfer schlachten sollte», und andere Tische, «auf die sollte man das Opferfleisch legen»; es gibt noch einige interessante Ergänzungen zum masoretischen Text in der Septuaginta, aber in den übrigen biblischen Büchern findet sich nichts zu diesem Thema.

Im Talmud dagegen sind verhältnismäßig zahlreiche Angaben zu finden. An erster Stelle muß hier Traktat Middoth (3.5) in der Mischna genannt werden, dessen Text sich am ehesten mit dem unserer Schriftrolle vergleichen läßt: Es geht dabei um den Säulenbau und Einrichtungen wie die Ringe im Schlachthaus, die Bestandteile des Zweiten Tempels bildeten, wie er von Herodes wieder aufgebaut worden war:

Nördlich vom Altar waren Ringe angebracht, sechs Reihen von jeweils vier (manche sagen auch, es seien vier Reihen mit jeweils sechs), wo die Tieropfer geschlachtet wurden. Die Schlachtbank befand sich nördlich des Altares und dort standen acht kurze Säulen: darauf waren vierseitige [wörtlich: quadratische Gegenstände] Blöcke aus Zederholz, in die Eisenhaken eingelassen waren, drei Reihen. Daran wurden die geschlachteten Tiere aufgehängt. Gehäutet wurden sie auf Marmortischen zwischen den Säulen.

Es besteht also durchaus eine gewisse Ähnlichkeit zwischen beiden Beschreibungen, obwohl es Unterschiede im Detail gibt. Beide Quellen erwähnen Ringe, an denen die Tiere geschlachtet werden, und Säulen, deren Zahl in der Mischna mit acht angegeben wird, während der Schriftrollentext zwölf vorschreibt. Offenbar gibt es in beiden Quellen zwischen den Säulen Tische, auf denen die Tiere gehäutet werden. Auch die Eisenhaken mögen in der Tempelrolle erwähnt worden sein, und zwar an der nur sehr schlecht erhaltenen Stelle, wo ein «Bronze-Untersatz» vorkommt.

Die Ringe

Ist oberflächlich betrachtet schon die Ähnlichkeit der beiden Texte von höchstem Interesse, so liegt in der Erwähnung der «Ringe» noch ein wichtiger Hinweis auf die mögliche Datierung der Schriftrolle.

In den Talmud-Quellen heißt es wiederholt, daß Johanan, der Hohepriester, im Schlachthaus des Tempels diese Ringe eingeführt habe. Übereinstimmung herrscht darin, daß mit diesem «Johanan» Johannes Hyrkanos I. gemeint ist, der zwischen 135 und 104 v. Chr. regierte. In Ma'aser Scheni (5.15) und Sota (9.10) lesen wir, daß «Johanan der Hohepriester ... ein Ende machte mit den Erweckern und Betäubern. Bis in seine Tage schlug in Jerusalem der Hammer zu.» Laut Tosefta zu Sota (9.10) waren die «Betäuber» diejenigen, die «das Kalb zwischen die Hörner schlagen, wie es bei der Verehrung der Götzen auch praktiziert wurde. Johanan der Hohepriester aber sagte zu ihnen: Wie lange wollt ihr den Altar noch mit verunstalteten Tieren füttern?» Was Johanan tat, wird in zwei Traktaten des Palästinensischen Talmud berichtet: «Daraufhin machte er Ringe für sie ... unten weit und oben eng.»

Bevor wir zu Johannes Hyrkanos zurückkehren, sei eine Bemerkung zur Anwendung dieser Ringe erlaubt. Aus den Angaben im Talmud geht sie nicht in allen Einzelheiten hervor, darum ist die Technik auch von den Weisen und den späteren großen Kommentatoren wie Raschi und Maimonides unterschiedlich ausgelegt worden. Maimonides z. B. erklärte die Ringe als in «den Boden eingelassen, so daß die Beine des Tieres im Augenblick des Tötens gefesselt werden konnten». Raschi hingegen behauptet, daß der Kopf des Tieres in den Ring gesteckt worden sei. Nach unserem fragmentarischen Text – «und bindet die Köpfe der Stiere an die Ringe» – müßte Raschi recht haben. In einem späteren Buch aus der halachischen Tradition scheint die Bestätigung enthalten, denn im «Arugat Ha'Bosem» (Garten der Gewürze), wo von einer der vierundzwanzig priesterlichen Abteilungen berichtet wird, heißt es, daß diese «keine Ringe hatte, in die der Hals des Tieres gesteckt werden konnte, und sie so nicht schlachten konnten, wie sie es wünschten, da das Tier seinen Kopf in alle Richtungen drehte...»

In unserer Schriftrolle werden außerdem Ketten genannt, die von der Decke der zwölf Säulen herabhingen. Sie waren mit Zahnrädern verbunden – «und sie sollen die Räder öffnen und schließen». Auf diese Weise konnten die Tiere angehoben und festgemacht werden, während sie gefesselt und der Kopf in den Ring geschoben wurde. Nach dem Schlachten ließ man die Tierkörper herab.

In den Texten der Mischna gibt es keine eingehende Beschreibung des Schlachthauses, aber wahrscheinlich handelte es sich um einen offenen Pavillon, ein Bauwerk ohne Mauern, das nur aus einer Säulenhalle bestand. Bezeichnenderweise vermerkt die griechische Übersetzung der Bibel, die Septuaginta, bei Hesekiel 40.43: «und über [den Installationen] sind Decken, um sie gegen Regen und Dürre zu schützen».

König Johannes Hyrkanos I.

Anders als die Mischna widmet der Autor der Tempelrolle den Einrichtungen des Schlachthauses eine ganze Kolumne seines Textes. Da er dazu neigte, sich kurz zu fassen, wenn keine Kontroversen vorlagen und lange Ausführungen wählte, wenn er sich mit einem umstrittenen Thema befaßte, liegt die Annahme nahe, daß zu seiner Zeit widersprüchliche Ansichten über das Schlachten der Opfertiere bestanden. Das führt uns auf Johannes Hyrkanos und den Anhaltspunkt für die Datierung des Schriftrollentextes zurück.

Da der Verfasser der Schriftrolle Ringe als Fesselinstrumente ausdrücklich erwähnt – «bindet die Köpfe (oder Hörner) der Stiere an die Ringe» – und da diese Ringe nach der Überlieferung im Talmud von Johannes Hyrkanos I. eingeführt worden sein sollen, liegt die Frage nahe, ob der Autor seinen Text vor oder nach Einführung der Neuerung abgefaßt hat. Beschrieb er in seinem Text eine bereits bestehende Praxis, bei der die Ringe im Tempel schon Verwendung fanden? Dann würde die Information aus dem Talmud den Vorschlag stützen, die Schriftrolle stamme aus der Zeit nach der Einführung von Ringen durch Hyrkanos. Das ist in der Tat möglich, und ich kann mir vorstellen, daß einige Wissenschaftler so argumentieren werden.

Wenn dagegen, wie ich annehme, die Ringe noch nicht eingeführt waren und unser Autor sie forderte, dann wäre sein Text vor Hyrkanos' Entscheidung anzusetzen. Ich glaube dies nicht nur aus Gründen, die ich später erläutern will und die eindeutig auf ein früheres Datum hinweisen, sondern auch aus folgendem Grund: Die Art und Weise, wie das Thema behandelt wird, macht deutlich, daß der Verfasser der Schriftrolle in dieser Frage etwas vorschrieb, was der Praxis seiner Zeit zuwiderlief. Das Einführen der Ringe gehörte zu den umstrittenen Schlachtungsbräuchen, und es ist durchaus naheliegend, daraus die Hypothese abzuleiten, Johannes Hyrkanos habe die Ringe im Tempelschlachthaus überhaupt erst unter dem Einfluß der Essener oder zumindest ihnen nahestehender Kreise, die wie die Essener glaubten, daß Ringe für den korrekten Vollzug des Schlachtrituals unverzichtbar waren, befohlen.

Nicht zu unterschätzen ist in diesem Zusammenhang die Nachricht, daß Johannes Hyrkanos, der zunächst ein glühender Anhänger der Pharisäer gewesen war, später seine Überzeugung änderte und für die Sadduzäer Partei ergriff. In «Jüdische Altertümer» bemerkt Josephus dazu:

> ... (daß) Hyrkanos sich an die Sadduzäer anschloß, sich von den Pharisäern lossagte und die von letzteren dem Volke gegebenen Vorschriften nicht nur für ungültig erklärte, sondern auch gegen die, welche sie befolgten, mit Strafen einschritt.

Hyrkanos hatte also Praktiken abgeschworen, die in seiner Zeit von den Pharisäern vorgeschrieben wurden. Änderungen wie die Einführung der Ringe müssen daher von den Sadduzäern befürwortet worden sein. Wenn diese Annahme richtig ist, dann können wir daraus schließen, daß die Tempelrolle – bzw. die dort vertretenen Lehrmeinungen – in der späteren Regierungszeit des Hyrkanos bereits bekannt waren. Das wiederum würde bedeuten, daß der Text nicht später als in den letzten Jahrzehnten des 2. vorchristlichen Jahrhunderts verfaßt worden sein kann.

Die Stoa

Der Text über die für den Inneren Hof vorgesehenen Bauten endet in Kolumne 35 mit der Aufforderung, an einem «separaten Platz» westlich des Tempelhauses eine Kolonnade zu errichten, eine «Stoa aus aufgerichteten Säulen für das Sündopfer und das Schuldopfer».

Die Opfertiere – Ziegenböcke für das Sündopfer, Widder für das Schuldopfer – mußten in den inneren Hof gebracht werden, und man mußte strengstens darauf achten, daß die für die Priester geopferten Tiere von denen getrennt gehalten wurden, die für das Volk geopfert wurden. Laut Schriftrolle kam es einer schwerwiegenden Übertretung gleich, wenn diese Trennung nicht strikt eingehalten wurde. Demnach mußten Vorkehrungen getroffen werden, die eine Vermischung der Opfertiere verhinderten, es mußte Stellen geben, wo die Tiere getrennt gehalten und gezeichnet werden konnten. Hierfür war die Stoa oder die Säulenhalle «mit aufrecht stehenden Säulen» vorgesehen. An den Säulen sollten die Tiere angebunden und sortiert werden: Bestimmte Säulen waren den priesterlichen Tieren «für das Sündopfer der Priester und für die Böcke» reserviert, andere Säulen dienten der Kennzeichnung «für das Sündopfer des Volkes und für sein Schuldopfer». Um den Sinn dieses Gebots zu erläutern, heißt es im Text u.a. «und sie sollen nicht vermischt werden, ihre Plätze sollen getrennt voneinander sein, so daß die Priester sich nicht irren können mit dem Sündopfer des Volkes» – bzw. mit dem Schuldopfer, wie man hinzufügen könnte. Da die Sündopfer aus Ziegenböcken bestanden und die Schuldopfer aus Widdern, konnte hierin keine Verwechslung stattfinden. Die Gefahr bestand nur darin, Priester- und Volksopfer zu verwechseln.

Belege sowohl in der Bibel als auch in der Mischna bezeugen für den Standort dieser Säulenhalle westlich des Tempels eine lange Tradition, und auch die Zweckbestimmung im Zusammenhang mit Opfertieren geht daraus hervor. Einer der frühesten Belege ist beim Propheten Hesekiel zu finden: «... und siehe, daselbst war ein Raum in der Ecke gegen Abend (Westen) und er sprach zu mir: Dies ist der Ort, da die Priester kochen sollen das Schuldopfer und Sündopfer und das Speiseopfer backen» (Hesekiel 46.19,20). (Das hebräische Wort für «Ort» wird in diesem Zitat in der Septuaginta mit «abgesonderter Ort» wiedergegeben, und das entspricht genau der Bezeichnung in der Schriftrolle.)

Eine weitere aufschlußreiche Stelle findet sich, speziell was die Terminologie der Schriftrolle anbelangt, in 1. Chronik 26.18. Dort heißt es: «... am Parbar aber gegen Abend (Westen) und ... zween am Parbar.» Sprachlich und sinngemäß entspricht dieses «parbar» dem «parwar» der Schriftrolle, dem Begriff, der für die Säulenhalle des inneren Hofes verwendet wird. In der Orthographie des 1. Buches der Chronik, «Parbar» also, war dieses Wort im Talmud Gegenstand homiletischer Interpretation, und daraus leitet sich die vage Überlieferung ab, daß dieser Parbar «hinter dem Platz für den Gnadenstuhl», d.h. hinter dem Allerheiligsten gelegen habe. Im Traktat Sewahim 55b heißt es:

Hinter dem Platz für den Gnadenstuhl war ein schmaler Durchgang, acht Ellen hoch, um den ganzen Tempel für den Verbrauch der heiligsten Opfer geeignet zu machen und für das Schlachten der kleineren Opfertiere. Zwei gab es davon und – so steht es geschrieben, zwei am Parbar.

Aus den vorausgegangenen Ausführungen dürfte klar geworden sein, daß sich der Verfasser der Tempelrolle besonders ausführlich mit den Bauwerken und Einrichtungen auseinandersetzte, die mit den Opfervorgängen verbunden waren: das Haus des Reinigungsbeckens, das Haus des Altargerätes, das Schlachthaus und die überdachte Säulenhalle zum Aussortieren der Opfertiere. Um diese Dinge ging es dem Verfasser in erster Linie, was insofern verständlich ist, als das Darbringen von Naturalopfern das zentrale Geschehen im Tempelritual war. Der Mittelpunkt der Opferhandlungen aber war der große Altar für die Brandopfer.

Der Altar

Die Anweisungen für die Gestaltung des Altars sind bereits in Kolumne 12 der Schriftrolle enthalten, und dieser Teil gehört zu den Partien, die besonders schlecht erhalten sind. Zu entziffern waren lediglich ein paar Worte, die eine ungefähre Vorstellung vom Aussehen dieser zentralen Kultstelle geben können. Da ist die Rede von «seinen Hörnern und Ecken ... aus [unbehauenem?] Stein». Oder «Zwanzig [Ellen von Ecke] zu Ecke». Die Fragmente reichen so eben aus, um zu erschließen, daß ein Altar aus Steinen oder ein steinerner Altar in einer Größe von 20 mal 20 Ellen gemeint war. Ohne weitere Angaben wäre es nicht möglich gewesen, mehr über diesen höchst wichtigen Gegenstand innerhalb des Tempelkomplexes, geschweige denn über die Vorstellungen und Absichten des Autors zu erfahren.

Aus anderen Teilen der Schriftrolle, deren Inhalt in einem Zusammenhang mit dem Altar steht, ergaben sich jedoch glücklicherweise eine ganze Reihe von Anhaltspunkten, so vor allem aus den Passagen über das Opferritual bei den verschiedenen Festen. So heißt es beispielsweise in Kolumne 23 zum Holzopfer-Fest:

Und sprenge ein wenig von seinem Blut auf die vier Hörner des Altars der Brandopfer und die vier Ecken an dem obersten Absatz und um die Leiste des Altars ganz herum.

Nur in der Zukunftsvision des Propheten Hesekiel ist bei der Schilderung des Altars die gleiche Wendung zu finden:

Und von desselben (eines Farren = junger Stier) Blut sollst du nehmen und seine vier Hörner damit besprengen und die vier Ecken an dem obersten Absatz und um die Leiste herum. (Hesekiel 43.20)

Die Ähnlichkeit der beiden Texte ist so frappant, daß der Verfasser der Schriftrolle zumindest in diesen Punkten auf Hesekiel zurückgegriffen haben muß. Allerdings unterscheiden sich die Maßangaben. Nach der Schriftrolle sollen sie, falls meine Ergänzung der bruchstückhaften Textstelle stimmt, 20mal 20 Ellen betragen. Diese zwanzig Ellen nun tauchen an einer anderen Bibelstelle auf, und zwar im 2. Buch der Chronik, 4.1, wo berichtet wird, daß Salomo einen «Altar aus Bronze zwanzig Ellen lang und breit und zehn Ellen hoch» errichtet habe.

Es ist nicht auszuschließen, daß der Autor der Tempelrolle auch hier wieder zwei Bibelstellen miteinander in Einklang gebracht hat, indem er sich teils auf Hesekiel, teils auf 2. Chronik stützte. Auf dieser Voraussetzung baut mein Rekonstruktionsversuch auf.

Eine interessante Fußnote zu den Angaben über die Maße des Altars und seine Bauweise liefert eine weitere Quelle. Josephus zitiert in seiner Schrift «Gegen Apion» 1.198 einen gewissen Hekataios von Abdera, der über den Altar aus der Zeit vor Herodes überliefert habe, dieser sei «quadratisch (gewesen); aufgeschichtet aus unbehauenen Steinen; jede Seite ist zwanzig Ellen lang, und die Höhe beträgt zehn Ellen».

Damit wollen wir den Abschnitt der Tempelrolle über das Sanktuar und die unmittelbar daran anschließenden Bauwerke im inneren Hof, dem bedeutendsten der drei Höfe, in dem sich das zentrale Tempelritual abspielte, abschließen. Folgen wir dem Autor zu den Vorschriften für die anderen beiden Höfe, die ebenfalls manche Überraschung bieten.

15. Der mittlere und der äußere Hof

Die Kolumnen mit den Verfügungen über den mittleren oder zweiten Hof sind nicht allzu gut erhalten; dennoch läßt sich mit Sicherheit errechnen, daß diesem Teil des Tempelareals nur siebenunddreißig Zeilen gewidmet waren, von denen sechsundzwanzig erhalten sind. Das ist erheblich weniger Text, als auf den inneren und auch den äußeren Hof verwendet ist. Das liegt daran, daß dem mittleren Hof, der den männlichen Israeliten vom zwanzigsten Lebensjahr an vorbehalten war, weit weniger Bedeutung zukam. Während der innere Hof aufgrund der dort veranstalteten Opfervorgänge, der äußere Hof wegen der dort vollzogenen Rituale im Zusammenhang mit den Festen wichtig waren, nahm der mittlere Hof im Kultvollzug eine mindere Stellung ein. Zum äußeren Hof hatten alle Israeliten Zugang, auch die Frauen und Kinder.

Dem Gebot, einen «zweiten Hof um den inneren zu legen», folgen Bauvorschriften mit den Einzelheiten für die Abmessungen der Mauern und Tore. Zu den bedeutsamsten Anlagen gehören die Tore: Es sollen insgesamt zwölf sein, drei in jeder der vier Mauern, benannt nach den zwölf Söhnen Jakobs. Die Anweisungen für den mittleren Hof enden mit dem Verbot für die Priester, diesen Bereich mit ihren geweihten Gewändern zu betreten. Sie mußten sich also einer erneuten Waschung unterziehen und auch ihre Kleidung wechseln, bevor sie den inneren Hof verließen.

Mathematische Spielereien

Der Autor der Handschrift geizt keineswegs mit Informationen über die Maße der architektonischen Bestandteile des mittleren Hofes, aber es bedarf doch gewisser rechnerischer Überlegungen, bis man das Prinzip seines Entwurfs durchschaut hat und zur Rekonstruktion des Hofes übergehen kann.

So wird etwa an einer bestimmten Stelle mitgeteilt, daß dieser Hof «um den inneren herum» und in einer «Entfernung von 100 Ellen» anzulegen sei. Jede Seite des Hofes soll «480 Ellen» lang sein, und dann spezifiziert der Autor seine Anweisung, indem er diese 480 Ellen «für alle Seiten, die östliche, die südliche, westliche und nördliche» fordert. Dabei handelt es sich um die Länge der Außenseiten; die Dicke der Mauern ist mit 4 Ellen anzusetzen. Erinnern wir uns: die Gesamtlänge der Innenseiten des inneren Hofes einschließlich der 40 Ellen breiten Torbauten soll 280 Ellen betragen. Wenn nun die Entfernung der beiden Höfe zueinander mit 100 Ellen angegeben wird, dann errechnet sich diese Entfernung von der Innenseite des inneren Hofes zur Außenseite des mittleren Hofes. (Eine einfache Rechnung zeigt, daß wenn sich ein Quadrat von 280 mal 280 Ellen in einem Quadrat von 480 mal 480 Ellen befindet, 100 Ellen für den Abstand an jeder der Seiten bleiben Arithmetisch sieht das so aus: [480–280] : 2 = 100.)

Die Entfernung der 100 Ellen mußte wohl deshalb von der Innenseite des inneren Hofes genommen werden, weil die Außenseite ja bereits Bestandteil des mittleren Hofes war und damit weniger sakrosankt im Sinne ritueller Reinheit. Es scheint dem Verfasser der Schriftrolle aber auch auf die Zahl 480 angekommen zu sein, die sich natürlich verändert hätte, wenn die 100 Ellen von der Außenseite des Innenhofes an gerechnet worden wären.

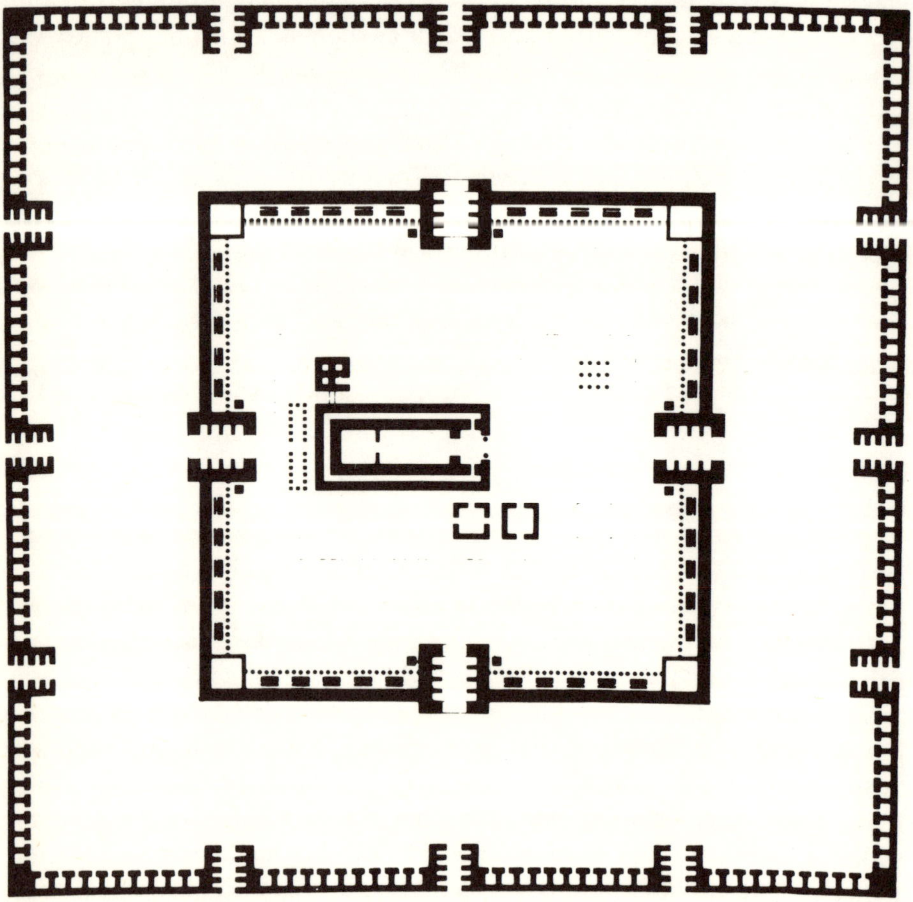

Grundriß des inneren und mittleren Hofs. In den mittleren Hof führten zwölf nach den Söhnen Jakobs benannte Tore, genau wie beim äußeren Hof (vgl. dazu die Angaben der Bildunterschrift auf S. 165).

«Acht und zwanzig Ellen» sind für die Breite der zwölf Tore mit den Namen der Jakobssöhne vorgeschrieben, drei in jeder Mauer, wobei die Abstände zwischen dem mittleren Tor und den beiden äußeren in jeder Mauer und zwischen dem äußeren und der nächstgelegenen Ecke «neun und neunzig Ellen» betragen sollte. Hier nun beweist der Autor mathematischen Einfallsreichtum und Wortgewandtheit, indem er einen gleichen Abstand von 99 Ellen suggeriert, nur um auf die 480 Ellen für die Seitenlänge des Hofes zu kommen, obwohl die Abstände nicht gleich groß sind.

Zeigen wir am Beispiel der Tore in der Ostmauer, wie das gemeint ist. Das Tor des Levi befindet sich in der Mitte, das des Simeon nördlich nächst der Nordostecke, das des Juda südlich davon, zunächst der Südostecke. Die Schriftrolle schreibt nun vor, daß die Länge des Abschnitts «von diesem Tor (des Simeon) zu dem des Levi neun und neunzig Ellen», und «von der Nordostecke zum Tor des Simeon neun und neunzig Ellen» sein soll. Die beiden Abschnitte scheinen auf diese Weise gleich lang. Der Autor verwendet hier jedoch den Ausdruck «Außenecke». Wir hatten bereits darauf hingewiesen, daß er stets zwischen «Außenecke» und «Innenecke» unterscheidet. Ziehen wir also die vier Ellen der Mauerdicke in Betracht, dann ergibt sich, daß zwar zwischen dem Simeonstor und dem des Levi sowie zwischen dem Levitor und dem des Juda jeweils 99 Ellen Abstand vorhanden waren, daß aber zwischen Simeonstor und der Nordostecke und zwischen dem Judator und der Südostecke nur 95 Ellen blieben. Hätten die Abstände tatsächlich gleich sein sollen, dann hätte der Autor den 480 Ellen Seitenlänge 8 Ellen hinzufügen müssen. So ergibt sich nach des Autors phantasievoller Rechnung: Breite der Tore 28 Ellen; drei Tore pro Mauer ergibt 3 mal 28 = 84. Entfernung zwischen den Toren und den (Außen-)Ecken = 99 Ellen: 4 mal 99 = 396; 396 + 84 = 480.

Warum verfolgte der Verfasser der Schriftrolle mit soviel Akribie die Zahl 480? Wir können es nicht genau erfahren, aber vielleicht ist es doch kein Zufall, daß es sich um ein Vielfaches von 120 handelt. Bei den Maßen des inneren Hofes hatten wir erkannt, daß in den 280 Ellen Länge jeder Mauer 40 Ellen Breite pro Tor zu beachten seien, so daß zwischen den Ecken und den Toren ein Abstand von 120 Ellen zu verzeichnen war. (Bei den Maßen des äußeren Hofes wird sich zeigen, daß der Abstand von 360 Ellen zwischen den Toren ebenfalls ein Vielfaches von 120 ist!)

Die Zahl 120 mag etwas mit dem Kalender der Sekte zu tun haben. Die Zahl 480 erinnert jedoch auch an die Zahl der Jahre, die zwischen dem Exodus aus Ägypten und dem Baubeginn des salomonischen Tempels gelegen haben sollen: «Im vierhundertundachtzigsten Jahr, nachdem die Kinder Israel aus dem Lande Ägypten kamen, im vierten Jahr der Regierung des Salomo ... begann er (Salomo), das Haus des Herrn zu errichten.»

Aus Andeutungen geht hervor, daß für die Mauern des mittleren Hofes Zellen geplant waren: «Zellen sollen gemacht werden in den Mauern an der Außenseite, und der Abstand zwischen den Zellen soll drei und eine halbe Elle betragen...» Mehr wird dazu allerdings nicht gesagt, und, obwohl einem hierzu allerhand einfällt, so läßt sich doch über die Verwendung dieser Zellen nur spekulieren, solange keine eingehenderen Informationen im Text der Schriftrolle vorliegen.

Viel hingegen läßt sich über das Gebot sagen, die zwölf Tore des mittleren Hofes sollten nach den Jakobssöhnen und – wohlgemerkt – nicht nach den Stämmen Israels – benannt werden: Simeon, Levi und Juda wurden die Tore der Ostseite, Ruben, Joseph, Benjamin die Tore der Südseite zugewiesen, Isaschar, Sebulon und Gad erhielten den Westen, Dan, Naphthali und Asser den Norden. Auf diese Zuweisungen wollen wir jedoch im Zusammenhang mit den Toren des äußeren Hofes, die in der gleichen Anzahl und Anordnung die gleichen Namen erhalten, näher eingehen. Bei den Vorschriften für den äußeren Hof finden sich überdies interessante Details über die Zuweisung der Kammern an die Stämme, Priester und Leviten.

Dem kurzen Text über die Vorschriften darüber, wer zum mittleren Hof Zutritt hatte, können wir entnehmen, daß es die erwachsenen Männer der Israeliten waren. Verboten war der Hof u.a. auch für «Fremde», d.h. Ausländer, eine Vorschrift, die auch für das Innere des herodianischen Tempels galt. Im Schutt außerhalb des Löwentores der Stadtmauer von Alt-Jerusalem wurde eine griechisch abgefaßte Warnung dieses Inhalts gefunden.

Der äußere Hof

Der dritte und äußere Hof des Tempelkomplexes genießt beträchtliche Aufmerksamkeit seitens des Autors der Schriftrolle, der diesem Teil nicht weniger als sieben Kolumnen (von 40–46) widmet. Die Vorschriften beziehen sich vor allem auf den Grundriß, die Mauern, Tore, Kammern, Zellen, Säulenhallen und Terrassen. Obwohl alle seine Anweisungen auf der Interpretation der wenigen Bibelstellen, die hierfür in Frage kommen, beruhen, findet der Autor doch zu einzigartigen Lösungen.

Besondere Vorschriften für diesen Hof betreffen auch Riten, die an den verschiedenen Festen durchzuführen waren. Außerdem geht der Autor der Schriftrolle hier mit besonderer Sorgfalt auf die Reinheitsvorschriften ein, weil dieser Hof dem weniger geheiligten Boden am nächsten lag, und er scheut sich nicht, dabei die intimste menschliche Sphäre zu berühren. Selbst die Umgebung des Tempelareals sollte vor Verschmutzung bewahrt werden.

Wir möchten bei diesen Abschnitten der Schriftrolle nur die am meisten ins Auge springenden Punkte berühren und einige Probleme aufzeigen, die sich bisher dem vollen Verständnis entziehen. Obwohl der Text zum äußeren Hof am besten erhalten ist, bleiben doch Lücken, die sich nur mit Hilfe von Fragmenten weiterer Abschriften unserer Schriftrolle schließen lassen.

Die Anweisungen beginnen mit: «Und du sollst einen dritten Hof ... um den mittleren Hof machen.» Zusammen mit den Männern sind in diesem Hof auch Frauen und Kinder zugelassen. Anschließend folgen die Instruktionen zu den Maßen der Mauern und damit bereits das erste Rätsel. Die Gesamt-

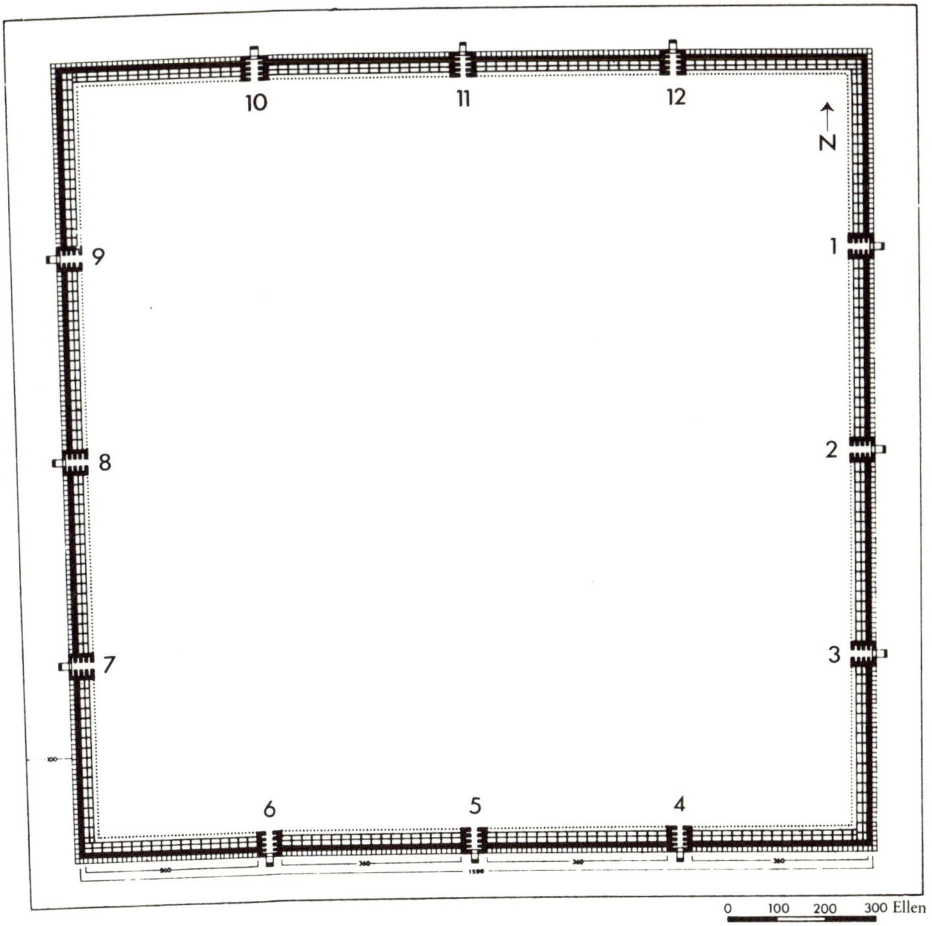

Grundriß des äußeren Hofs mit Lage und Namen der zwölf Tore. Ostmauer: 1 Simeon; 2 Levi; 3 Juda. Südmauer: 4 Ruben; 5 Joseph; 6 Benjamin. Westmauer: 7 Isaschar; 8 Sebulon; 9 Gad. Nordmauer: 10 Dan; 11 Naphthali; 12 Ascher. Zwischen den Toren sind Kammern, Räume und Säulenhallen.

länge jeder der vier Mauern dieses Hofes wird auf folgende merkwürdige Weise angegeben: «Ungefähr eintausend und sechshundert Ellen von (Außen-)Ecke zu (Außen-)Ecke. Jede Seite soll diesem Maß entsprechen.» Warum ist hier von «ungefähr» die Rede, da der Verfasser der Schriftrolle doch meist recht präzise formuliert? Der Grund wird ersichtlich, wenn wir die Angaben zur Breite der Tore in Betracht ziehen. Jedes der drei Tore soll 50 Ellen breit sein und der Abstand zwischen dem mittleren und den beiden Toren zur Seite sowie diesen und der nächstgelegenen Ecke 360 Ellen betragen. Rechnen wir diese Maßangaben zusammen, dann erhalten wir die Summe von 1590 Ellen, und nicht von 1600! Hier die Rechnung: 4 mal 360 (für die Abstände zwischen den Toren und den Toren und der Mauerecke) = 1440, plus drei Tore mit 50 Ellen = 150 Ellen. 1604 Ellen aber ergeben sich, wenn man die Tore und die damit verbundenen Zellen, die auf jeder Seite sieben Ellen aus der Außenmauer hinausragen, mitrechnet. In der Vorschrift für diese Zellen, die noch über die Aussenseite der Mauer hinausgreifen, heißt es: «Und zwischen den Toren sollen Zellen angelegt werden an der Außenseite von der Mauerbasis bis zu den Zinnen.»

Das Wort «ungefähr» ist also ganz bewußt verwendet worden, um die runde Zahl 1600 nennen zu können statt 1509 oder 1604, und weil der Abstand zwischen den Toren unbedingt 360 Ellen betragen sollte, so wie es dem Autor beim inneren Hof auf die 120 Ellen angekommen war. Und wiederum nehme ich an, daß die Zahl 360 etwas mit dem kalendarischen System der Sekte vom Toten Meer zu tun hat, mit den 360 Tagen des Jahres und dem zusätzlich angehängten Tag alle drei Monate.

Dicke und Höhe der Mauer sind genau aufgeführt: «Die Breite der Mauer soll sieben Ellen betragen und die Höhe neun und vierzig.» Die Mauerdicke ist bei diesen Hofmauern also in die Gesamtrechnung einbezogen; denn in den Vorschriften für die Tormaße heißt es ausdrücklich: «Von der Ecke (der Außenecke) zum Tor des Simeon, sechzig und dreihundert Ellen.» Wie beim mittleren Hof also beträgt der Abstand zwischen den flankierenden Toren und der inneren Hofecke sieben Ellen weniger, ohne daß der Autor dies deutlich erklären würde, denn auf diese Weise konnte er einheitlich die Zahl von 360 Ellen aufrecht erhalten.

Die Tore

Zu den wichtigsten Vorschriften für den äußeren Hof gehören jene über die Tore. Wie beim mittleren Hof sollen es zwölf sein, drei an jeder Seite: «Er soll drei Tore haben an der Ostseite und drei im Süden sowie drei an der Westseite und drei im Norden.» Die Höhe ist mit 70 Ellen bemessen, bei einer Breite von

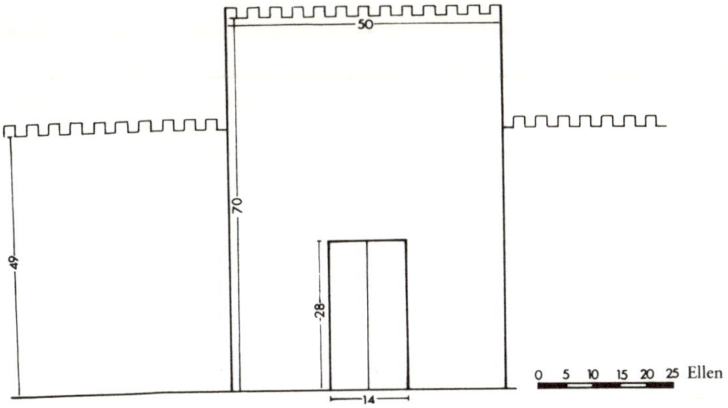

Aufriß eines der Tore in der Außenmauer (Maßeinheit: Ellen). Die Torbauten ragten nur 7 Ellen über die Außenmauer hinaus.

50 Ellen, so daß die Torbauten beträchtlich die Mauerhöhe überragen. 50 Ellen soll auch die Tiefe dieser markanten Torkonstruktionen betragen: «Und sie sollen sieben Ellen über die Mauer vorragen und nach innen in den Hof sollen sie sechs und dreißig Ellen vorragen.» Betrat man also eines dieser Tore, dann durchschritt man zunächst die sieben äußeren Ellen, dann folgten die Mauerdicke von sieben Ellen und schließlich die 36 Ellen, die in den Hofraum hineinragten, insgesamt 50 Ellen. Die Breite der Tore mit 50 Ellen bezieht sich auf die Gesamtbreite dieser Bauwerke. Den eigentlichen Einlaß gewähren «Toröffnungen», wie das hebräische Wort, das in der Schriftrolle gebraucht wird, lautet. Diese Öffnungen in Form von Doppeltüren sollten 14 Ellen breit und «bis zum Türsturz» 28 Ellen hoch sein.

Die Tore tragen, wie beim mittleren Hof, die Namen der Jakobssöhne. Hier lauten die Anweisungen in Form und Wortwahl, wenn auch nicht in den Maßen, wie die Beschreibung von Jerusalem in der Vision des Hesekiel im letzten Kapitel seiner Prophezeiungen:

> Und die Tore der Stadt sollen nach den Namen der Stämme Israels genannt werden, drei Tore gegen Mitternacht (Norden): das erste Tor Ruben, das andere Juda, das dritte Levi. Also auch gegen Morgen (Osten) ... drei Tore: nämlich das erste Tor Joseph, das andere Benjamin, das dritte Dan. Gegen Mittag (Süden) auch ... also drei Tore: das erste Tor Simeon, das andere Isaschar, das dritte Sebulon. Also auch gegen Abend (Westen) ... drei Tore: ein Tor Gad, das andere Ascher, das dritte Naphthali. (Hesekiel 48.30–34)

«Viertausendfünfhundert Ellen» sollte nach Hesekiel jede Seite der Stadtmauer haben, so daß also auch hier ein Quadrat vorlag, wie in der Tempelrolle für das Tempelareal.

Außerdem erinnert die Anlage der Tore im mittleren und äußeren Hof und ihre Benennung an die Beschreibung der Stadttore des neuen Jerusalem, «das aus dem Himmel herabfuhr», wie es in der Offenbarung des Johannes beschrieben wird (21.12,13,16):

> Und hatte eine große hohe Mauer und hatte zwölf Tore und auf den Toren zwölf Engel, und Namen darauf geschrieben, nämlich der zwölf Geschlechter der Kinder Israel. Vom Morgen drei Tore, von Mitternacht drei Tore, von Mittag drei Tore, vom Abend drei Tore... Und die Stadt liegt viereckig, und ihre Länge ist so groß als ihre Breite.

Die Anordnung der Stämme

Die Anordnung der Tore nach Namen für den äußeren Hof erfolgt in der gleichen Weise wie beim mittleren Hof. Im Uhrzeigersinn ergibt sich, im Osten beginnend, diese Folge: Simeon, Levi, Juda, im Süden dann Ruben, Joseph und Benjamin, im Westen Isaschar, Sebulon und Gad und im Norden abschließend Dan, Naphthali und Ascher. Diese Anordnung weicht von jenen beiden Bibelstellen ab, in denen die Stämme Israels nach den vier Himmelsrichtungen angeordnet genannt werden: Hesekiel 48.31–34, die bereits zitiert wurde und Numeri (4. Mose) 2.3–31, wo die Anordnung der Stammeslager um das Zelt der Versammlung aufgeführt wird. Aber auch die Abfolge bei Hesekiel weicht von der in Numeri ab. Nach welchen Gesichtspunkten traf wohl der Autor der Schriftrolle seine Anordnung?

Das Prinzip seiner Aufreihung wird meiner Meinung nach deutlich, wenn man die architektonischen Auffälligkeiten seines Entwurfs für das Tempelareal betrachtet. Levi, der wichtigste der Stämme, erhält die Mitte der wichtigsten Seite, nämlich der Ostseite. Ihm zu Seiten Simeon und Juda, eine Zuweisung, die vielleicht auf Deuteronomium 27.12 zurückgeht, wo es um die Lagerung der Stämme auf «dem Berge Garizim zu segnen das Volk: Simeon, Levi, Juda...» geht. Ephraim und Manasse werden nicht genannt, dafür ihr Vater Joseph, der ja in der Tat der Sohn Jakobs war. (Über die Gründe siehe die Erläuterung zu den Opfern für das Holzopfer-Fest.) Isaschar, Sebulon und Gad werden auf die Westseite verwiesen, entsprechend Hesekiel 49.26–28, wo die Stammesgebiete aufgezählt werden. Die nach Dan, Naphthali und Ascher benannten Tore an der Nordseite entsprechen Numeri 2.25–29 und Hesekiel 48.1–3 (was die Stammeslandgrenzen anbelangt).

Bei der Zuweisung der Tore an die zwölf Jakobssöhne muß es dem Verfasser des Textes vor allem darauf angekommen sein, die Position des Levi hervorzuheben und Ephraim und Manasse auszulassen. Darum mußte er von seiner Hauptquelle, Numeri, abweichen, weil dort die Stämme genannt werden. Er hat dies getan, obwohl er sich ansonsten eng an Numeri anlehnt, vor allem hinsichtlich der Anordnung der Leviten und der anderen Stämme bei der Hütte des Stifts. Das wesentliche Ziel des Autors war offenbar, die Abfolge der Jakobssöhne in architektonische Gegebenheiten umzusetzen, und so paßte er sie seinem Tempelkonzept an. Bei der Zuteilung der Kammern in diesem Hof an die levitischen Familien wird seine Absicht noch einmal deutlich.

Die Kammern und Säulenhallen

Spezielle Beachtung verdienen im Entwurf des äußeren Hofes Bauten, welche die Innenseite der Mauer umziehen sollen: «Und zwischen einem Tor und dem anderen, einwärts, sollt ihr Kammern und Räume und Säulenhallen errichten.» Einwärts soll heißen, daß sie innerhalb der Mauer liegen mußten im Unterschied zu den «Zellen«, von denen es an anderer Stelle heißt, daß sie «zwischen den Toren», aber «an der Außenseite» zu errichten seien.

Der Text der Schriftrolle unterscheidet zwischen «Kammern» und «Räumen», ohne daß ersichtlich würde, wie dieser Unterschied zu verstehen ist. Es wäre möglich, daß die einen für offizielle Tempelgeschäfte vorgesehen waren, während die anderen als Wohnungen dienten. Allerdings ist dies eine reine Hypothese, die durch nichts im Text gestützt wird.

Die «Kammern» und «Räume» sollen die gleiche Größe haben, und ihre Maße sind genau festgelegt: «Die Breite der Kammer soll zehn Ellen betragen und ihre Länge zwanzig Ellen; die Höhe soll vierzehn Ellen bis zum Türsturz betragen und die Mauerdicke zwei Ellen, während der Eingang drei Ellen breit sein soll.» Die gleiche Anweisung ergeht für die Maße der «Räume». Die umlaufende Kolonnade soll zehn Ellen in der Breite und 14 Ellen in der Höhe haben.

Die gesamte Anlage war dreigeschossig gedacht, wobei sich die Abmessungen des Erdgeschosses bei den beiden oberen wiederholen. In den Räumen zwischen den Toren brachte man im Erdgeschoß 18 Kammern und 18 Räume unter, und davor lag die nicht unterteilte Säulenhalle: «Zwischen einem Tor und dem nächsten sollen achtzehn Kammern und achtzehn Räume liegen.» Die Zahl 18 ergibt sich aus der Teilung von 360 Ellen Zwischenraum durch zwanzig Ellen Frontlänge der Kammern und Räume, wobei in diesen zwanzig Ellen die Dicke der Trennmauern enthalten ist, so daß die Innenmaße weniger als zwanzig Ellen ausmachten. Außerdem war sich der Verfasser der Schriftrolle sicher im klaren darüber, auch wenn er nicht speziell darauf hinweist, daß diese Maße nur auf die Räume zwischen den Toren zutreffen konnten, während für die Abstände zwischen den jeweils äußeren Toren und der

Mauer die Dicke der Hofmauer eingerechnet werden mußte, d. h. die Kammern und Räume dort kleiner waren.

Wenn Kammern, Räume und Säulenhalle jeweils 10 Ellen breit, d. h. tief waren, dann ragten diese Einbauten 30 Ellen in den Hof hinein. Hier ergibt sich eine gewisse Entsprechung zu Josephus, der als Gesamttiefe der Säulenhallen im äußeren Tempelhof angibt: «Die Säulenhallen ... waren 30 Ellen breit.» (Jüd. Krieg, 5.192).

Die oberen Stockwerke

Die Vorschrift, die oberen Stockwerke ebenso zu gestalten wie das Erdgeschoß, liest sich in der Schriftrolle folgendermaßen: «Und du sollst auferbaute Kammern errichten und ihre Räume und Säulenvorbauten sollen wie die unteren sein und die gleichen Maße aufweisen.» Rechnen wir also mit 18 Kammern und 18 Räumen in den Zwischenräumen, so ergeben die drei Stockwerke in jedem Torzwischenraum 54 Kammern und ebensoviele Räume sowie drei Kolonnaden übereinander, was natürlich auf die Eckpartien nicht zutreffen konnte. Es wird sich zeigen, daß der Autor für diese Schwierigkeit keine harmonische Lösung vorzuschlagen hat.

In seiner Rolle als göttlich inspirierter Architekt erklärt der Verfasser des Textes weiterhin, wie die oberen Stockwerke zugänglich sein sollen: «An den Toren sind Treppenhäuser zu errichten, innerhalb der Säulenvorbauten, wo Wendeltreppen zum ersten und zweiten Stockwerk emporführen bis unters Dach.» Der Zugang zum Dach war deshalb geboten, weil «auf dem Dach des zweiten Stockwerks aus Anlaß des Laubhüttenfestes Hütten errichtet werden sollten.» Weder in Beschreibungen des salomonischen noch des herodianischen Tempels ist jemals von derartigen Hütten die Rede. Sie werden nur einmal erwähnt, und zwar für die Frühzeit der Zweiten-Tempel-Periode. Aus der Epoche des Nehemia hören wir: «Und das Volk ging hinaus und holte und machte sich Laubhütten ein jeglicher auf seinem Dach ... und in den Höfen am Hause Gottes.»

Eine Neuheit: Hütten

Die Hütten hatten laut Schriftrolle 8 Ellen hoch zu sein. Wenn wir dies der Höhe von 14 Ellen für jedes der drei Geschosse hinzurechnen, erreichen wir 50 Ellen. Da die Mauer des Hofes 49 Ellen hoch war, hätten die Hütten demnach 1 Elle übergestanden. Wahrscheinlich aber schlossen die Zinnen in einer Höhe von 50 Ellen ab, wenn dies auch nicht ausdrücklich gesagt wird.

Im übrigen erinnert die Sprache in dem Gebot zum Bau der drei Stockwerke an die Beschreibung der Arche Noah in Genesis 6.16; «... Und soll drei Boden haben: einen unten, den andern in der Mitte, den dritten in der Höhe.» Am aufschlußreichsten aber ist der Vergleich mit Hesekiel, Kap. 40 und 42, und zwar interessanterweise nicht mit dem hebräischen masoretischen Text, sondern dem Wortlaut der Septuaginta. Offensichtlich hat den Verfassern dieser griechischen Bibelübersetzung ein anderer hebräischer Text als der masoretische vorgelegen, und dieser Text könnte auch dem Autor der Schriftrolle bekannt gewesen sein.

Zur Klärung einer rätselhaften Stelle bei Hesekiel

In der Übersetzung des hebräischen masoretischen Textes zu Hesekiels Tempel heißt es: «... zum äußeren Vorhof, da waren Kammern und ein Pflaster gemacht am Vorhofe herum, dreißig Kammern waren auf dem Pflaster. Und es war das Pflaster zur Seite der Türe, solang die Tore waren, nämlich das untere Pflaster.» (Hesekiel 40.17,18) Vergeblich hat sich die Wissenschaft bisher bemüht, die Bedeutung dieses «Pflasters» zu erklären. Das hebräische Wort, das hier mit «Pflaster» wiedergegeben wird, kann so gebraucht werden, etymologisch aber hängt es mit der Bedeutung «fortlaufende Reihe» zusammen im Sinne von «eines nach dem anderen», und in der nach-biblischen Literatur wird das Wort in der Bedeutung «Abfolge von Bäumen» verwendet. Und genauso wird es auch in der griechischen Übersetzung, der Septuaginta, verstanden: einmal wird es mit «Peristyl» und ein andermal mit «Stoa» wiedergegeben: «Und siehe, da waren Kammern und Peristyle um den Hof; dreißig Kammern innerhalb der Peristyle» (Hesekiel 40.17), «und die Stoas waren hinter den Toren; der Länge der Tore entsprach das untere Peristyl.» (Hesekiel 40.18) Nach der Textvorlage der Septuaginta wies der Hof also nicht nur Kammern, sondern auch Peristyle, d.h. Reihen von Säulen um das Hofinnere herum auf, so wie wir es in der Tempelrolle angegeben finden. Die Anordnung der drei Stockwerke findet sich ebenfalls bei Hesekiel (42.5,6), obwohl der ursprüngliche hebräische Text nur bruchstückhaft erhalten ist: «Und die oberen Kammern ... denn es waren drei Gemächer hoch.» Das heißt, daß zwar die bei Hesekiel verzeichneten Maße nicht mit denen der Tempelrolle übereinstimmen, das architektonische Konzept aber dem unserer Handschrift ähnelt.

Die Zuweisung der Kammern

Bei der Zuweisung der Kammern, Räume, Säulenvorbauten und Hütten an die Priester, die Stämme und vor allem an die levitischen Familien des Kahath, Gerschon und Merari, die Söhne Levis, entwickelt der Verfasser großen Einfallsreichtum. Die Räumlichkeiten werden nicht einfach gleichmäßig auf die Angehörigen der Stämme verteilt. Levi – d.h. die Priester und die «Familien der Söhne des Levi» – erhielt mehr als die übrigen. Warum diese Bevorzugung?

Zwei Zwischenräume zwischen den Toren der Ostseite mit ihren Kammern, Räumen, Säulenvorbauten und Hütten gehen an «die Söhne des Aaron», die Priester. Es handelt sich um die Abschnitte zwischen den Toren des Levi und des Simeon nach Norden und des Juda nach Süden: «Vom Tor des Simeon zum Tor des Juda, das soll für die Priester sein.» Sie erhielten also 108 Kammern, 108 Räume (54 auf jeder Seite neben dem Levi-Tor), sechs Säulenhallen und zwei Hütten. Da dies von der Zuteilung an die übrigen Stämme auffallend abwich, fühlte sich der Autor der Schriftrolle offenbar verpflichtet, dieser Vorschrift eine erklärende Wiederholung anzufügen. «Und die ganze rechte Seite und die linke Seite vom Tore des Levi sollst du den Söhnen des Aaron zuweisen, deines Bruders: acht und einhundert Kammern sowie ihre Räume und ihre zwei Hütten, die auf dem Dache sind.» An dieser Stelle sei daran erinnert, daß die Worte «Aaron, deines Bruders» den klaren Beweis dafür liefern, daß der Autor, indem er Gott in der Ich-Form sprechen läßt, sich an Moses, den Bruder des Aaron wendet. Der Text der Schriftrolle erhält also die Gewichtigkeit der ursprünglichen Anweisungen Gottes an Moses.

Darauf erfolgt die Zuweisung an Juda, den wichtigsten Stamm nach Levi: «Und die Söhne Juda: vom Tor des Juda zur Ecke, vierundfünfzig Kammern und Räume und die Hütte, die sich darüber befindet.» Der Begriff «Außenecke» unterschlägt, wie wir gesehen haben, die sieben Ellen für die Mauerdicke, die abzuziehen sind. Die Erwähnung der Zahl 54 aber zeigt, daß die Eckräume und sämtliche Räume in den drei Stockwerken für Juda vorgesehen waren. Entsprechend Juda erfolgt dann die Zuteilung der nördlichen Seite «bis zur zweiten Ecke» an Simeon.

Nun schreitet der Autor mit seiner Raumaufteilung im Uhrzeigersinn fort, von der Süd- über die Westseite zur Nordseite, indem er mit der Südostecke beginnt. Und hier trifft er auf rechnerische Schwierigkeiten. Den östlichen Teil der Südseite erhält der Stamm Ruben vom Tor des Ruben bis zur Ecke. Nun waren aber die Eckräume bereits an Juda vergeben. Das bedeutet: Wenn Juda alle 54 Räume erhielt, blieben für Ruben nicht 18, sondern nur 17

Räumlichkeiten pro Stockwerk, somit 51 insgesamt. Die Anweisung für Rubens Anteil lautet daher: «Und den Söhnen des Ruben: von der Ecke, die bei den Söhnen des Juda liegt, zum Tor des Ruben: zwei und fünfzig Kammern und ihre Räume und die zugehörige Hütte.» Der Autor verwendet hier die Bezeichnung Innenecke. Mit dieser Innenecke ist aber nicht diejenige des Hofes gemeint, sondern die Stelle, an der die Südseite mit den Bauteilen zusammentrifft, die an Juda vergeben sind. Warum aber nun 52 und nicht 51 Räume? Die Zahl zweiundfünfzig taucht kein zweites Mal auf; bei den restlichen Stämmen wird die Zahl der Räume nicht angegeben. Zum Beispiel: Benjamin und Isaschar, die an der Südwestecke aufeinandertreffen, werden folgendermaßen abgehandelt: «Vom Tor des Benjamin zur westlichen Ecke (der Südseite) an die Söhne des Benjamin. Von dieser Ecke zum Tor des Isaschar (auf der Westseite) an die Söhne des Isaschar.» Das Problem der 54 bzw. 52 Räume ergab sich ja insgesamt viermal, denn Eckräume kamen nur viermal vor und bildeten den Treffpunkt von acht Stämmen. Der Text der Schriftrolle führt uns eine der Ecken vor, und zwar die zwischen Juda und Ruben, wobei Juda zusammen mit den Eckräumen insgesamt 54 Räume bekommt, während Ruben «52» erhält. Aus dem Formulierungsschema des Autors könnte geschlossen werden, daß mit den anderen drei Ecken, den Stämmen von Isaschar, Dan und Ascher, ebenso verfahren wird und sie 52 Räume bekommen. Aber diese Zahl bleibt unverständlich, da sie sich nicht durch 3 teilen läßt, nämlich die Zahl der Stockwerke. Daraus kann man nur schließen, daß der Verfasser, der ja kein schlechter Mathematiker war, seinen Versuch einer mathematisch exakten Lösung bei der Vergabe der Räume abbrach, weil es ihm vor allem auf die 52 ankam. Die Zahl 52 war für ihn wichtig, weil, wie ich annehme, sie der Zahl der «Väter der Versammlung» entsprach, die in einer anderen Schriftrolle vom Toten Meer, der sogenannten «Kriegsrolle», vorkommen und außerdem im Kalendersystem der Sekte die Zahl der Wochen eines Jahres ausmachte.

Nach der Aufteilung der Räume an die Söhne des Aaron und die Stämme wendet sich der Verfasser der Schriftrolle besonders den levitischen Familien zu, deren Mitglieder den priesterlichen Söhnen des Aaron im Kult zu dienen hatten: Kahath, Gerschon und Merari. Der Text ist an dieser Stelle sehr bruchstückhaft erhalten, und so erfolgt nur die Zuweisung an «die Söhne des Kahath von den Leviten», deren Räume «vom Tor des Joseph zum Tor des Benjamin» auf der Südseite des Hofes reichen sollten. Die Zuweisung an Gerschon und Merari war zweifellos in den fehlenden Passagen vorhanden. Eine relativ sichere Rekonstruktion läßt sich anhand der Anordnung der Stämme und der levitischen Familien um die Stiftshütte erbringen, wie sie Numeri, Kap. 3, beschrieben wird, ein Text, auf den der Autor sicherlich zurückgegriffen hat. Dort lesen wir: «Und dieselben Geschlechter der Gerschoniten sollen sich lagern hinter der Wohnung gegen Abend (Westen)... Und die Geschlechter von Kahath sollen sich lagern an die Seite der Wohnung gegen Mittag (Süden) ... die Geschlechter Meraris ... an die Seite der Wohnung gegen Mitternacht (Norden)» (Numeri 3.23,29,35). Die «Geschlechter» Gerschons waren also zwischen den Toren des Sebulon und des Gad untergebracht, und die «Geschlechter» Meraris zwischen den Toren von Naphthali und Ascher.

Insgesamt entfielen 270 Räume auf den gesamten Stamm Levi: die Priester und die levitischen Familien (Priester: 108 Räume, Leviten 3 mal 54 = 162); 586 Räume gingen an die restlichen Stämme (7 mal 54 und 4 mal 52). Um es auf andere Weise zusammenzufassen: Zwischen den Toren und zwischen Toren und Ecken gab es 16 Abschnitte. Levi erhielt 5 (2für die Priester und 3 für die levitischen Familien). Die verbleibenden 11 gingen an die übrigen Jakobssöhne einschließlich Joseph, in dem Ephraim und Manasse gewissermaßen zusammengefaßt sind. Der Entwurf des Autors geht also so weit als möglich davon aus, die Anordnung der Stämme und Leviten um die Stiftshütte wie in Numeri (4. Mose) beschrieben vorzunehmen und mit seinem Tempelkonzept in Einklang zu bringen.

Die Reinigung

Der Absatz der Tempelrolle über die Bauweise der Kammern und Räume und ihre Zuweisung endet mit den wichtigsten Vorschriften über ihre Reinigung beim wöchentlichen Schichtwechsel der Tempeldiener. Obgleich fragmentarisch erhalten, wird doch klar, wie die Ablösung vor sich zu gehen hat: «Die zweite (Schicht) soll zur Linken hereinkommen ... und die erste zur Rechten hinausgehen. Und laßt sie sich nicht miteinander mischen und mit ihren Gefäßen. [...] Schicht ihren Platz und sie sollen Wohnung nehmen. Eine betritt das Heiligtum und die andere geht hinaus zum 8. Tage hin. Sie sollen die Räume einen nach dem anderen reinigen, wenn die erste [Schicht] hinausgeht; und daß keine Vermischung vorkomme.»

Damit sollte verhindert werden, daß die neuen, geweihten, d. h. «gereinigten» Tempeldiener Kontakt mit den ihren Dienst abschließenden Männern hatten. Die Hereinkommenden wandten sich also nach Betreten des Tempelhofes nach links, die Hinausgehenden nach rechts. Vorher sind die Räume gereinigt worden und beide «Schichten» hatten streng darauf zu achten, daß keine «Vermischung» stattfand.

Das Reine vom Unreinen zu trennen und unterschiedliche Eingänge und Ausgänge zu benutzen, diese Praxis findet sich auch in den Quellen der

Mischna zum Tempeldienst. Ein Vergleich der Tempelrolle mit einem allgemeiner gehaltenen Text im Traktat Middoth 2.2 macht dies deutlich:

> Wer immer es auch war, der den Tempelberg betrat, kam rechts herein, ging herum und kam auf der Linken heraus, es sei denn einer, der von irgend etwas befallen wäre, der ging nämlich links herum. ‹Was bedrückt dich, daß du nach links hereingehst?› ‹Ich bin in Trauer› (antwortet darauf der eine): ‹mir ist ein Bann auferlegt› (sagt ein anderer).

In der Schriftrolle werden zwar die Richtungen genau umgekehrt angegeben. Derjenige, den nichts bedrückte, kam von links, wohingegen in der Mischna der linke Eingang für den «Bedrückten» vorgesehen war, aber grundsätzlich handelt es sich um das gleiche Verfahren.

Die «Vogelscheuche»

Im Abschnitt über die Reinhaltung des Tempelareals befaßt sich der Autor der Schriftrolle auch mit dem Problem der Vögel, die das geweihte Areal überfliegen und beschmutzen konnten. Mit Hilfe von Fragmenten einer Kopie der Schriftrolle läßt sich der an dieser Stelle schlecht erhaltene Text folgendermaßen verstehen: «Laß nicht einen unreinen Vogel über meinen Tempel fliegen und über die Tore des äußeren Hofes. Kein unreiner Vogel soll in meinem Tempel sein auf ewige Zeit, all die Tage, da ich unter ihnen wohnen werde.» (Kolumne 46.1–4) Aufgrund der Lücken ist nicht mehr feststellbar, ob der Autor hier Vorkehrungen vorschrieb, die die Vögel fernhalten sollten. Man nannte solche Einrichtungen «Vogelscheuchen», wie die Mischna überliefert. Im Traktat Middoth 4.6 z. B. heißt es im Zusammenhang mit den Maßen für das Tempelgebäude: «Die Brüstung drei Ellen und die ‹Vogelscheuche› eine Elle. Rabbi Juda sagt: Die Vogelscheuche wurde nicht gerechnet, aber die Brüstung maß vier Ellen.»

Der bekannte Talmudist Professor Saul Liebermann, der diesem Thema eine Untersuchung gewidmet hat, zitiert Parallelen aus anderen Quellen, in denen «Vogelscheuchen» für den Tempel des Herodes erwähnt sind: «Auf dem Dachfirst trug das Tempelgebäude spitze Stangen aus Gold, damit es durch keinen Vogel, der sich dort niederlassen wollte, beschmutzt würde.» (Josephus, Jüd. Krieg 5.224) Bei dem Kirchenvater Eusebius wird im Zusammenhang mit der Beschreibung des Tempels Salomos eine andere Quelle zitiert: «Das Geflecht wurde sehr stark gemacht, und Glocken ertönten, die die Vögel abschreckten, so daß sie sich nicht auf dem Tempeldach niederließen oder an den Gesimsen der Tore und der Säulenhallen Nester bauten oder den Tempel mit ihren Ausscheidungen beschmutzten.» Als letzter Beleg sei eine talmudische Quelle zitiert, in der es im Zusammenhang mit dem Schlachthaus ähnlich wie in der Schriftrolle heißt: «Im Schlachthaus wurde keine Fliege gefunden ... und keine Vögel flogen darüber hinweg.»

Im Licht dieser Quellen und anhand der erhaltenen Buchstaben in der Schriftrolle ist es wohl möglich, die Lücken wie folgt zu ergänzen: «Laß nicht einen unreinen Vogel über meinen Tempel fliegen, und du sollst die Mauer des Hofes und die Dächer der Tore des äußeren Hofes mit spitzen Stäben versehen. Und kein unreiner Vogel soll in meinem Tempel sein auf ewige Zeit, all die Tage, da ich unter ihnen wohnen werde.»

Terrasse und Graben

Zum Abschluß der Anweisungen über den äußeren Hof geht der Autor auf Anlagen ein, die gewissermaßen einen Gürtel um das Tempelareal bilden und zusätzlich dessen Reinheit gewährleisten sollen. Mit folgenden Worten wird der Bau einer Terrasse angeordnet: «Darum herum sollst du eine Terrasse machen, außerhalb des äußeren Hofes, vierzehn Ellen breit, entsprechend den Eingängen aller Tore. Zwölf Stufen sollen zu ihr führen, damit die Kinder Israel hinaufsteigen, wenn sie meinen Tempel betreten.»

Dieser Text läßt sich in zweifacher Weise interpretieren. Einmal könnte es sich um eine durchgehende, 14 Ellen breite Terrasse um die gesamte Außenmauer des Hofes handeln; es könnte aber auch sein, daß nur vor den Zugängen zu den Toren jeweils einzelne Terrassen vorgesehen waren. Keine andere Quelle erwähnt die Terrassenkonstruktion, so daß wir keine Anhaltspunkte haben. Die zweite Möglichkeit scheint mir jedoch die wahrscheinlichere. Es sei daran erinnert, daß die Toröffnungen – «die Eingänge» aller Tore also – ebenfalls 14 Ellen breit sein sollten. Die Terrassen wären dann gleichsam die Vorplätze gewesen, die die Kinder Israel erreichten, wenn sie die zwölf Stufen überwunden hatten, um «meinen Tempel zu betreten». Erst kürzlich hat Professor Binyamin Mazar großflächige Stufen mit Terrassen dazwischen an der Südmauer des Tempelberges gefunden, was die oben erwähnte Auslegung stützen würde. Mit Sicherheit läßt sich diese Frage jedoch nicht entscheiden, und es wäre durchaus auch möglich, daß der Autor eine alles umgreifende Terrasse vor Augen hatte.

Die Terrasse und die Stufen sollte wie ein letzter Schutzgürtel um den Tempelkomplex ein Trockengraben umgeben. Die Anweisungen hierzu sind leicht zu verstehen: «Du sollst einen Graben ausheben um den Tempel ... einhundert Ellen breit, um meinen heiligen Tempel von der Stadt zu sondern, [so daß die Menschen] nicht plötzlich zu meinem Tempel kommen und ihn entweihen können. Sie sollen meinen Tempel heiligen und meinen Tempel fürchten, denn ich wohne unter ihnen.»

Damit enden die Vorschriften für den Bau des Tempels mit seinen Höfen und Einbauten nach den direkten Anweisungen Gottes.

Lösung eines archäologischen Rätsels?

Als die Instruktionen zum Tempelentwurf mit seinen drei Höfen entziffert waren, schienen sie auch die Lösung für ein Rätsel zu enthalten, das das Muster der Leinentücher betrifft, in die einige der Schriftrollen vom Toten Meer eingehüllt waren. Dieses wiederholt vorkommende Muster besteht aus drei konzentrischen Rechtecken, mit blauen Leinenfäden eingewebt.

Grace Crowfoot, eine weltbekannte Expertin für antike Gewebe, stellt in ihrer Publikation über die Stoffe aus Qumran fest, daß nicht weniger als sechzehn der Leinentücher dieses Muster aufweisen. Bei eingehender Untersuchung der Webtechnik fand Mrs. Crowfoot heraus, daß das vergleichsweise simple Muster der drei ineinander geschachtelten Rechtecke große Anforderungen an die Weber stellte. Überdies ist zu beobachten, daß nur das innerste Rechteck wirklich ein Rechteck bildet, während sich die äußeren immer stärker dem Quadrat nähern. Hier mag es eine Rolle gespielt haben, daß man auf den Saum der Tücher Rücksicht nehmen mußte, die eigentlich Quadrate vorstellen sollten. Angesichts der beträchtlichen Schwierigkeiten, ein farblich abgesetztes Muster dieser Art aus Kettfäden und rechtwinklig dazu geführten Schußfäden zu erzeugen, bemerkt Mrs. Crowfoot:

> Es erhebt sich die Frage, ob dieses Rechteck-Muster nicht eine religiöse Bedeutung hat. In Anbetracht der Tatsache, daß dieses Muster sowohl in der Technik des Webens wie der des Stickens nur mit Mühe zu erzielen ist, kann ich mir schwerlich

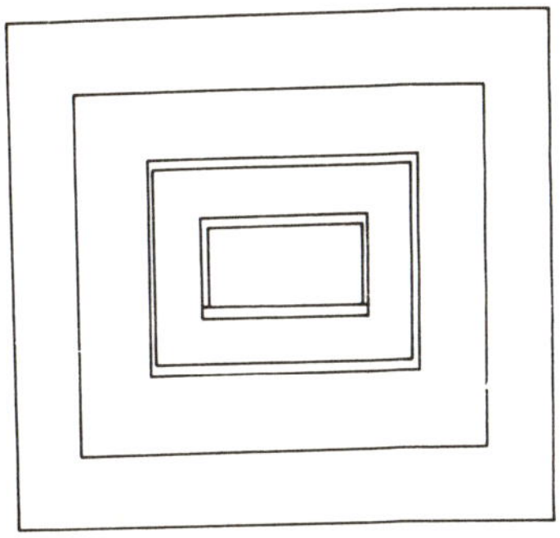

Konzentrische Rechtecke in Purpur bilden das Muster von Tüchern, in die die Schriftrollen in Höhle 1 eingewickelt waren. Es wäre möglich, daß dieses Muster den schematisierten Grundriß des Tempelareals aus der Tempelrolle darstellt.

vorstellen, daß sich jemand für ein relativ unauffälliges Muster mit derartigen Schwierigkeiten abplagt, wenn nicht eine symbolische Bedeutung damit verbunden ist. Es könnte sein, daß die blauen Rechtecke den Grundriß eines sakralen Gebäudes darstellen. Im Kodex Amiatinus z. B. wird die Stiftshütte durch ein einfaches Rechteck wiedergegeben, aber unser Muster entspricht dem nicht ganz, und es stimmt auch nicht mit der Beschreibung des Tempels in der Vision des Hesekiel überein.

Zweifellos hat Mrs Crowfoot recht, aber hier handelt es sich um den Grundriß des Tempels, wie er von unserer Sekte vorgesehen war! Wenn sich auf diese Weise auch bestimmte Details noch nicht schlüssig genug erklären, so liegt doch auf der Hand, daß der Tempel in der Form, wie er in der Schriftrolle entworfen wird, eine zentrale Rolle im Leben der Sekte spielte. Zudem: Wenn man die heiligen Schriften in Tücher mit dem Abbild des Tempels einhüllte, dann barg man sie symbolisch im Tempel – wie es die Praxis im damaligen Tempel von Jerusalem war.

16. Die Quellen

Dem Leser wird aufgefallen sein, daß die Schriftrolle im Entwurf zum Tempelareal eine Menge Informationen zu den Höfen und den Bauten in den Höfen bietet, verhältnismäßig wenig aber zum Heiligtum selbst aussagt. Das wenige, was über das Sanktuar mitgeteilt wird, ist den biblischen Quellen entlehnt, die jedoch keine Anweisungen für einen Tempel enthalten, sondern Beschreibungen des Tempels aus der Zeit Salomos und des Zweiten Tempels sind, der nach der Rückkehr aus der babylonischen Gefangenschaft unter Serubbabel errichtet wurde.

Die Dürftigkeit der Angaben über das Sanktuar ist aber auch ein Indiz dafür, daß es dem Verfasser darauf nicht so sehr ankam. Sein Hauptanliegen waren die Höfe mit ihren Einbauten und die Rituale, die in den «Häusern» und Höfen ablaufen sollten. Die Einzigartigkeit des Entwurfs liegt also im Grundriß und den Anlagen der Höfe und ihrer Beziehung zum Heiligtum.

In den Beschreibungen der biblischen Quellen dagegen ist das Verhältnis genau umgekehrt. Die Bibel stellt das Heiligtum in den Mittelpunkt, unter Vernachlässigung der Höfe. Eine Ausnahme bildet hier lediglich die bereits erwähnte Stelle im 1. Buch der Chronik, Kapitel 28, wo David Salomo den Befehl erteilt, einen Tempel zu errichten und ihm schriftlich die Weisungen Gottes hinsichtlich seines Entwurfs überreicht. Hier liegt die Betonung auf Anordnungen für die Höfe, Kammern, die Vorhalle und den Dienst der Priester und Leviten.

Bevor wir dieser Frage nachgehen, muß darauf hingewiesen werden, daß die antiken heidnischen Tempel ebenso wie der Tempel von Jerusalem keine Versammlungsstätten des Volkes zum Gebet waren, wie dies für die heutigen Synagogen, Kirchen und Moscheen zutrifft. Für die Heiden des Alten Orients stellte der Tempel die Wohnung Gottes dar, der sich dort in Form eines Kultbildes aufhielt. Auch der jüdische Tempel wird in der Bibel als Haus Gottes bezeichnet, obwohl hier natürlich kein «Götzenbild» vorhanden war. Einige der bedeutsamsten Rituale im jüdischen Tempel, die unter Teilnahme des Volkes abliefen, fanden außerhalb des «Hauses», namentlich in den Höfen, statt. Aber obwohl in der Bibel diese Höfe mit Abweichungen bei der Angabe der Details und der Anzahl mehrfach erwähnt werden, erfahren wir doch wenig über sie. Aus diesem Grunde war es dem Autor der Schriftrolle möglich, in diesem Bereich schöpferisch tätig zu werden und mit seinen präzisen Anordnungen eine Lücke auszufüllen.

Sofern wir von Quellen über den jüdischen Tempel sprechen, sollte stets beachtet werden, daß mit dem «Tempel von Jerusalem» eigentlich drei Tempelbauten gemeint sind: 1. der Tempel des Salomo aus dem 10. vorchristlichen Jahrhundert, als Erster Tempel bezeichnet; 2. der unter Serubbabel errichtete Tempel vom Ende des 6. vorchristlichen Jahrhunderts, Zweiter Tempel genannt, und 3. der unter Herodes gegen Ende des 1. vorchristlichen Jahrhunderts umgebaute Tempel. Als weitere biblische Quelle, die in diesem Zusammenhang stets zu Rate zu ziehen ist, muß der eschatologische, d. h. der künftige Tempel, wie er in der Vision des Hesekiel beschrieben wird, angesehen werden.

Eine kurze Beschreibung des salomonischen Tempels ist enthalten im 1. Buch der Könige und dem Paralleltext, dem 2. Buch der Chronik. In den Büchern Esra und Nehemia finden sich Nachrichten über den nach-exilischen Tempel aus der Zeit des Serubbabel, als die persischen Könige Kyros und Dareios den jüdischen Exilanten die Rückkehr nach Jerusalem und den Wiederaufbau der Stadt gestatteten. Die Mitteilungen über den Zweiten Tempel sind allerdings so kurz, daß wir über diese Phase sehr wenig wissen, wenn auch der Autor der Schriftrolle hier auf manches Detail zurückgegriffen haben mag, etwa bei der Höhe von 60 Ellen für das Heiligtum, die dem Bericht des Esra zu entnehmen ist.

Am meisten wissen wir über den Tempel des Herodes, denn sowohl in den Schriften des Josephus als auch in der Mischna wird vor allem auf diesen Tempel verwiesen. Der herodianische Tempel ersetzte ein relativ bescheidenes früheres Bauwerk, das seinerseits den salomonischen Tempel ersetzt hatte und das schon einige Male umgebaut worden war, vor allem unter den Makkabäerkönigen im 2. Jahrhundert v. Chr.

Welche der verschiedenen Tempelbeschreibungen hat nun den Verfasser des Schriftrollentextes beeinflußt? Obwohl ich vorgreife, möchte ich doch schon an dieser Stelle die Behauptung aufstellen, daß die Beschreibung des salomonischen Tempels durch Josephus dem Plan der Rolle am nächsten kommt. Sie weicht wesentlich von den übrigen Quellen ab, und ich glaube, daß Josephus seine Informationen von der Sekte der Essener bezogen hat. In seiner Autobiographie sagt er, daß er als junger Mann einige Jahre bei den Essenern verbracht habe, um ihre Gesetze zu studieren. Es wäre also durchaus möglich, daß auch seine Kenntnis vom Aussehen des salomonischen Tempels auf Traditionen zurückging, die bei den Essenern im Umlauf waren, d. h., daß er eine Tempelbeschreibung kannte, wie wir sie in der Tempelrolle vorliegen haben.

Meine Überzeugung beruht auf sorgfältiger Prüfung der biblischen und nach-biblischen Quellen. Als wichtigste Bibelstellen kommen das 1. Buch der Könige 6 und das 2. Buch der Chronik 3 in Frage. In diesen Kapiteln sind genügend Einzelheiten erhalten, um das Heiligtum zuverlässig zu rekonstruieren. Über die Tempelhöfe wird freilich so gut wie nichts gesagt. Zwar nennt der Text einen inneren und einen äußeren Hof, aber weder Lage noch Grundriß oder Maße werden genannt. Da für unseren Autor jedoch die Höfe eine so eminente Rolle gespielt haben, er dagegen dem Sanktuar so wenig Raum widmet, muß man sich erneut fragen, welches seine wesentliche biblische Quelle gewesen sein könnte – wenn es eine solche gab!

Der Tempel in der Vision des Hesekiel

Man sollte meinen, daß die Quelle die Zukunftsvision des Propheten Hesekiel sei, denn hier findet sich am unmißverständlichsten die Anweisung: «Das soll aber das Gesetz des Hauses sein!» (Hesekiel 43.12) Mit ihren Angaben zu den inneren und äußeren Höfen, den Toren und Kammern mit ihren Maßen hätte der Autor der Schriftrolle eine biblische Quelle gehabt, die als fertig vorliegende Thora zum Tempel zu betrachten gewesen wäre.

Dem ist aber nicht so. Sicherlich gibt es in den Anweisungen bis hinein in die Wortwahl Berührungspunkte zwischen Schriftrolle und Hesekiel. Unser Autor muß das Buch des Hesekiel sehr gut gekannt haben, denn er verwendet Begriffe und Beschreibungen aus diesem Buch. Außerdem besteht auch insofern eine große Ähnlichkeit, als Hesekiel ebenfalls wenig Worte auf das Sanktuar und viele auf die äußeren Anlagen verwendet. Und sowohl in der Schriftrolle wie bei Hesekiel ist die Quadratform der gesamten Anlage von höchster Bedeutung. Man möchte also meinen, daß die Ähnlichkeiten zahlreich seien. Aber es gibt auch grundlegende Unterschiede in beiden Entwürfen, und in jedem der beiden Entwürfe sind Einzelheiten enthalten, die der jeweils andere nicht aufweist.

So sieht die Schriftrolle drei, Hesekiel dagegen nur zwei Höfe vor. Bestimmte Vorschriften des Hesekiel, die den äußeren Hof betreffen, sieht der Verfasser des Schriftrollentextes für den mittleren Hof vor.

Bei Hesekiel befindet sich nur der Altar im inneren Hof, laut Schriftrollentext sind es Altar und Sanktuar.

Auch die Zahl der Tore zu den Höfen unterscheidet sich grundlegend: Nach der Schriftrolle führen vier Tore in den inneren Hof, laut Hesekiel nur drei. Der äußere Hof weist gemäß Schriftrolle zwölf Tore auf, nach Hesekiel nur drei. Auch die Namen der Tore stimmen nicht überein, und in der architektonischen Form weichen sie stark voneinander ab: Nach dem Schriftrollentext springen sie nach beiden Seiten der Mauer vor, während bei Hesekiel die Tore des Außenhofes nach innen liegen und die des inneren Hofes nach außen. Auch in der Lage und der Anordnung der Kammern sind gravierende Unterschiede nachzuweisen. Was einzelne Bauwerke betrifft, so fehlen bei Hesekiel sämtliche Gebäude im inneren Hof wie etwa das Haus des Reinigungsbeckens oder das Haus des Altargeräts.

Nimmt man eine enge Abhängigkeit von Hesekiel an, dann erhebt sich die Frage, warum der Verfasser des Schriftrollentextes in so vielen Einzelheiten von dessen Entwurf abgewichen ist. Warum hätte er all die Neuerungen einführen sollen? Nun könnte man argumentieren, daß die Abweichungen vielleicht gar nicht so eklatant sind, wenn man bedenkt, daß der Text des Hesekiel sowohl im Hebräischen wie in der frühen griechischen Übersetzung Lücken und Verdrehungen aufweist. Mit anderen Worten: Dem Autor der

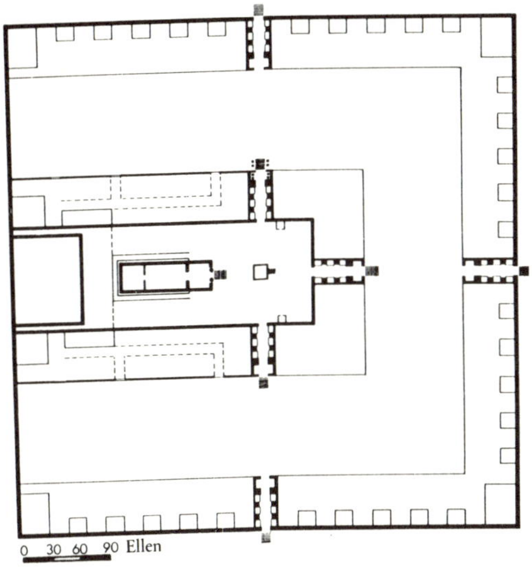

Rekonstruierter Grundriß des Tempelareals nach der Vision des Propheten Hesekiel (nach Prof. M. Haran). Auf Unterschiede und Ähnlichkeiten zwischen diesem Tempel «am Ende der Tage» und dem Entwurf der Tempelrolle wird im Text dieses Buches ausführlich eingegangen. Man beachte zum Beispiel die drei Tore des inneren Hofs auf dieser Abbildung und dagegen die vier Tore in der Tempelrolle.

Schriftrolle könnte doch der ursprüngliche Hesekiel vorgelegen haben, der vielleicht dem Schriftrollentext viel ähnlicher war. Dieses Argument läßt sich jedoch leicht widerlegen. Die wesentlichen Unterschiede finden sich nämlich in jenen Passagen, die nach übereinstimmender Meinung der Wissenschaft den Hesekiel-Text betreffen, der am wenigsten verderbt überliefert ist, d. h. also jene Partien im traditionellen masoretischen Text, die dem Original entsprechen.

Die Frage, warum der Autor so weit von Hesekiel abgewichen ist, läßt sich nicht eindeutig beantworten. Als Erklärung wäre möglich, daß der unterschiedliche Zweck der Tempel dies bestimmte. Laut Schriftrolle enthielt der Text Anweisungen für den Tempel, den die Kinder Israel zu errichten hatten, während der bei Hesekiel entworfene Tempel der künftige ist, den der Herr selbst errichten wird. Beide Entwürfe brauchen nicht identisch zu sein. Der Autor der Schriftrolle mag eine gewisse Rechtfertigung für seine Abweichungen sogar bei Hesekiel selbst insofern gefunden haben, als Hesekiel seinerseits von der Beschreibung des salomonischen Tempels nach Könige und Chronik abweicht.

Damit läßt sich vielleicht auch erklären, daß die Tore des mittleren und äußeren Hofes nach den Jakobssöhnen benannt sind und nicht der Vorlage der Stadttor-Namensgebung bei Hesekiel folgen. Es kommt darin zum Ausdruck, daß der Tempel als integraler Bestandteil der Stadt angesehen wird. Meiner Meinung nach hat der Verfasser der Schriftrolle dem Konzept des Hesekiel einen Hof hinzugefügt und für den mittleren Hof bestimmte Verbote ausgesprochen, die nach Hesekiel dem äußeren Hof vorbehalten sind, weil nach Auffassung unseres Autors ein weiterer Schutzring zur Reinhaltung des Tempels innerhalb der Stadtanlage notwendig war.

Eine nicht-biblische Quelle

Ich hatte bereits vorausgeschickt, daß von allen Beschreibungen des Tempels aus der Zeit Salomos in den erhaltenen nicht-biblischen Quellen einzig jene des Josephus in seinen «Jüdischen Altertümern» (8.61 ff.) Beziehungen zum Entwurf des Tempels in der Schriftrolle aufweist. Josephus lebte in den letzten Jahren der herodianischen Tempelperiode, und er hat einen ausführlichen Bericht über diesen Tempel hinterlassen. Aber er schildert auch den salomonischen Tempel, und obwohl er seine Informationen über dieses Bauwerk und seine Ausstattung aus der griechischen Bibelübersetzung bezieht, sind doch viele Unterschiede und auch Ergänzungen in seinem Bericht enthalten, die in der biblischen Quelle nicht vorkommen. Die meisten Wissenschaftler neigen in dieser Frage der Auffassung zu, daß Josephus in die Angaben über den salomonischen Tempel Eigenheiten des herodianischen Bauwerks eingearbeitet oder bisweilen den biblischen Bericht mißverstanden oder gar Details überliefert habe, die seiner Phantasie entsprungen seien. Nimmt man jedoch Josephus' Schilderung für bare Münze und vergleicht sie mit dem Text der Tempelrolle, dann ist die Ähnlichkeit nicht von der Hand zu weisen, vor allem bezüglich der Höfe. Hier ein Auszug aus Josephus:

> Alsdann umgab er (Salomo) auch noch den Tempel ringsum mit einer Mauer ... und zwar in einer Höhe von drei Ellen, um dem Volke den Eintritt in den Tempel zu wehren und ihn den Priestern allein frei zu lassen. Außerhalb dieser Mauer errichtete er einen besonderen heiligen Bereich von viereckiger Gestalt mit großen und weiten Hallen, die gewaltige Toröffnungen, je eine nach den vier Himmelsgegenden gerichtet, aufwiesen. Die Torflügel aber waren vergoldet. In diesen heiligen Bezirk durfte jeder aus dem Volk eintreten, wofern er nur rein war und die Gesetzesvorschriften beobachtete. Es läßt sich aber nicht beschreiben, wie wundervoll der [dritte] heilige Bezirk ausgestattet war, den er außerhalb anlegte. Große Schluchten, in die man wegen ihrer Tiefe kaum hineinzuschauen wagte, ließ der König durch Erdanschüttungen ausfüllen und machte sie, obgleich ihre Tiefe bis zu vierhundert Ellen betrug, der Ebene des Berggipfels gleich, auf dem der Tempel stand. Diesen Raum umgab er mit doppelten Hallen, die auf Säulen aus den an dieser Stelle gebrochenen Steinen ruhten und getäfelte Bedachungen aus Zedernholz erhielten. Alle Tore dieses heiligen Bezirks ließ der König aus Silber verfertigen.

Mir scheint aus dieser Beschreibung hervorzugehen, daß Josephus in konzentrischen Quadraten angelegte Höfe für den salomonischen Tempel

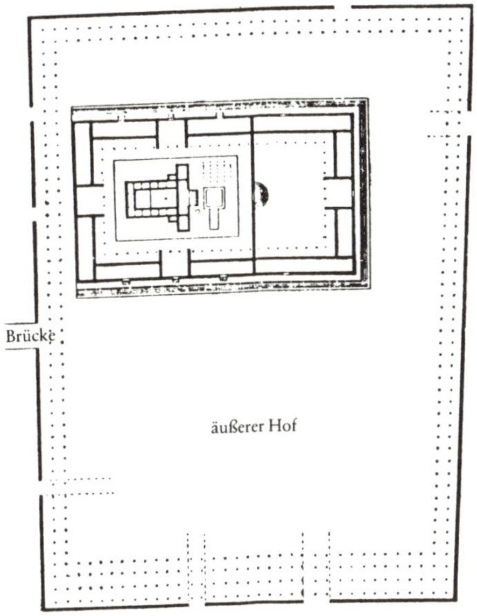

Grundriß des herodianischen Tempels nach den Angaben bei Josephus und den Quellen in der Mischna. Der Unterschied zum Entwurf der Tempelrolle wird auf den ersten Blick deutlich: Die Höfe sind nicht konzentrisch angelegt, und die Zahl der Tore und der gesamte Maßstab sind ebenfalls grundsätzlich anders.

beschreibt, wie unsere Tempelrolle es ebenfalls vorschlägt. Im Unterschied dazu weist der herodianische Tempel laut Josephus nebengeordnete Höfe auf, wie sie auch in der Überlieferung der Mischna beschrieben sind. Diejenigen Wissenschaftler aber, die gegenteiliger Auffassung sind, könnten nun das Argument vorbringen, daß aus dem Zitat über Salomos Tempel ja nicht eindeutig hervorgehe, daß die aufgezählten Höfe konzentrisch gedacht seien, und dem kann ich nicht widersprechen; der Text läßt auch die Interpretation des Nebeneinander der Höfe zu. Dennoch kann ich nicht nachdrücklich genug darauf hinweisen, daß in den Beschreibungen der beiden Tempel bei Josephus so grundlegende Unterschiede vorhanden sind, daß auf keinen Fall der herodianische Tempel als Vorlage für seinen Bericht über den salomonischen gedient haben kann.

Darum möchte ich bei meiner These bleiben, daß Josephus bei der Beschreibung des salomonischen Tempels Informationen vorgelegen haben müssen, wie sie auch in der Tempelrolle enthalten sind, selbst wenn er einige wenige Details vom herodianischen Tempel seiner Zeit eingefügt haben sollte. Während seines Aufenthalts bei den Essenern hat er sich zweifellos mit ihren Lehren vertraut gemacht, und Ansichten oder Einsichten, die er damals gewonnen hat, blieben sicher in seinem Gedächtnis haften, und er erinnerte sich daran, als er später seine historischen Schriften abfaßte.

Zusammenfassend darf man wohl sagen, daß als Quellen, auf die sich unser Autor bei der Abfassung der Tempelvorschriften stützte, die Beschreibungen des salomonischen Tempels, wie sie in den biblischen Büchern 1. Könige und 2. Chronik enthalten sind, heranzuziehen sind; ferner enthalten sie einige Elemente des zukünftigen Tempels, wie ihn Hesekiel erstehen läßt; außerdem kannte er die wenigen Angaben über den Zweiten Tempel bei Esra; dazu mögen weitere Quellen über den Tempel kommen, die nicht erhalten sind, dem Autor der Schriftrolle aber bekannt waren. Insgesamt aber stellt der Entwurf des Verfassers eine eigene Schöpfung dar, deren leitende Idee die Versammlung der Stämme der Kinder Israel um die Stiftshütte, das erste Heiligtum in der Wüste des Sinai, war. Diese großartige Konzeption aber hat Josephus offensichtlich bei der Beschreibung des salomonischen Tempels beeinflußt.

Als Fußnote zu diesem Problemkreis sei noch eine etwas rätselhafte Geschichte bei Josephus erwähnt, die möglicherweise mit seiner Kenntnis des essenischen Entwurfs der quadratischen Tempelanlage zusammenhängt. In seiner Schilderung der Einnahme von Jerusalem durch die Römer und der Vernichtung des Tempels in der Schrift «Der Jüdische Krieg» (6.310ff.) zitiert Josephus Aussagen von «falschen Propheten», die am Abend vor der Zerstörung die Menschen irregeführt und damit sogar zum Untergang des Tempels beigetragen hätten. Am Ende dieses Kapitels schreibt er:

Wenn man das bedenkt, so findet man, daß Gott zwar für die Menschen sorgt und ihrem Geschlecht auf mannigfaltige Weise die Rettung vorherbezeichnet, sie aber infolge von Unverstand und selbst verschuldetem Elend zugrunde gehen. So haben ja die Juden auch das Heiligtum nach der Zerstörung der Antonia [Festung nördlich des Tempels] viereckig (quadratisch) gemacht, obwohl sie in den Gottessprüchen eine Aufzeichnung hatten, daß die Stadt und der Tempel erobert würden, wenn das Heiligtum die Form eines Quadrates bekäme.

Was «in den Gottessprüchen» aufgezeichnet war, blieb den Wissenschaftlern unbekannt, und selbst ausgesprochene Kenner der Werke des Josephus, wie sein Übersetzer ins Englische, H. St. J. Thackeray, bemerkten zu dieser Stelle «Quelle unbekannt». Gewiß, es konnte in den jüdischen Quellen hierzu nichts geben, weder in der Bibel noch in der rabbinischen Literatur. Findet sich die Antwort vielleicht in der Tempelrolle? In diesem Text wird ein absolut quadratischer Grundriß des Tempels mit konzentrischen Höfen vorgestellt, den Josephus aus Schriften der Essener oder deren orakelhaften Kommentaren kannte – oder vielleicht direkt aus der Tempelrolle? Er könnte Kenntnis davon erhalten haben, daß die Essener die Meinung vertraten, der irdische Tempel habe quadratisch zu sein, ehe der Herr selbst den Tempel «am Ende der Tage» schaffen werde. Vielleicht hatte es so in einer ihrer sektiererischen Schriften gestanden. Vielleicht hat Josephus dies auch nur so interpretiert. Wir werden niemals erfahren, wie es sich verhalten hat. Wir sehen nur, daß diese Übereinstimmung ein erstaunlicher Zufall ist – wenn sie denn ein Zufall ist!

V. TEIL
VON DER REINHEIT

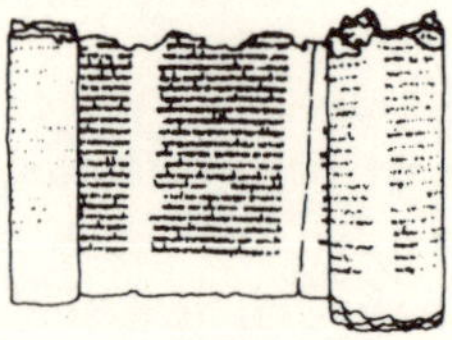

17. Die Tempelstadt

Den Anweisungen für die Anlage des äußeren Hofes folgen die Vorschriften für die Reinhaltung und Heiligkeit der Stadt, in der sich der Tempel erhebt. Dieser Teil des Textes gehört zu den wichtigsten der Schriftrolle, denn er bringt den Sekten-Charakter stärker als alle anderen Passagen der Handschrift zutage und enthüllt die tiefe Kluft, die sich zwischen dem orthodoxen Judentum, den religiösen Konzeptionen, wie sie sich in der rabbinischen Überlieferung der Mischna niedergeschlagen haben, und den extremistischen Ansichten der Essener aufgetan hatte.

Beide Seiten stützen sich auf die biblische Quelle Numeri 5.2,3 «Gebeut den Kindern Israel, daß sie aus dem Lager tun alle Aussätzigen und alle, die Eiterflüsse haben und die ... unrein worden sind ... daß sie nicht ihr Lager verunreinigen, darinnen ich unter ihnen wohne». (In der hebräischen Version steht «Lager» im Plural.)

Die Essener folgten nun der wörtlichen Bedeutung des Pentateuch-Textes und waren der Ansicht, daß sich die rituelle Reinheit auf das gesamte Lager in der Wüste mit seinen drei Bestandteilen beziehe: den göttlichen Bereich mit der Stiftshütte in der Mitte, das Lager der Leviten und das Lager der Stämme der Israeliten, die um die Leviten herum gruppiert waren. Sie folgerten daraus, daß das Gebot über die Reinheit angewendet werden müsse: 1) auf den Tempel im Zentrum (göttlicher Bezirk), 2) das Tempelareal (Lager der Leviten) und 3) die Tempelstadt (Lager der Stämme). Diese strikte, wörtliche Auslegung vertritt auch die Tempelrolle. Sämtliche Vorschriften zur Aufrechterhaltung der rituellen Reinheit werden auch auf die Stadt angewandt, die den Tempel birgt. So erging zum Beispiel das Verbot, Beischlaf zu pflegen.

Die rabbinische Tradition hingegen neigte bei der Auslegung der Pentateuch-Gebote in vieler Hinsicht zu einer weitherzigeren Deutung, um das

Zusammenleben der Menschen unter Bedingungen, die nicht mehr denen in der Wüste vergleichbar waren, zu erleichtern.

Wie verfuhr sie nun mit den Reinheitsgeboten? Sie berief sich zunächst einmal auf die Pluralform «Lager». Das schuf die Möglichkeit, die Bestimmungen über Unreinheit so zu interpretieren, daß sie sich nicht auf alle drei Bestandteile «des Lagers» bezogen, sondern bald auf ein Lager, manchmal auch zwei, bisweilen auch alle drei. Sodann bestimmte sie, daß die meisten biblischen Bestimmungen über Unreinheit nur auf den göttlichen Bezirk und das Lager der Leviten anzuwenden seien und auf Priester und Leviten allein, während andere, abhängig von den jeweiligen Umständen, auch auf die Tempelstadt und alle ihre Bewohner zutreffen sollten.

Meiner Auffassung nach sind die Rabbinen jener Tage im Gegensatz zu Sekten wie den Essenern mit ihrer extremen Wortgläubigkeit und rigorosen Haltung eher als Reformer zu verstehen. Die rabbinische Bibelauslegung zeigt die Größe dieser Weisen der Vergangenheit, denen oft zu Unrecht nachgesagt wird, sie hätten auf der strikten Einhaltung der biblischen Gesetze bestanden. Ihre abgewandelte Auslegung basierte auf dem, was sie «mündliche Überlieferung» oder Halacha nannten, und sie bildet den Kern aller Diskussionen und Regeln des Talmud.

Die rabbinische Auffassung formulierte sehr diplomatisch, doch nicht minder klar, der große jüdische Gelehrte Professor Gedalia Alon in seinen «Studies in Jewish History»:

> Es wird allgemein akzeptiert, daß die im Pentateuch niedergelegten Reinheitsgebote nach der halachischen Tradition nur auf die Priester, den Zutritt zum Tempel und den Verzehr geheiligter Dinge zutrafen. Die Halacha interpretiert die wörtliche Bedeutung der biblischen Passagen, die sich auf die Unreinheit außerhalb des Tempels oder das Verbot der Unreinheit jeglicher Art zu beziehen scheinen, selbst für gewöhnliche Priester anders ... sogar die tannaitische [Mischna]-Interpretation der Abschnitte des Pentateuch, die den Ausschluß unreiner Personen aus dem Lager betreffen, geht dahin, daß nur der göttliche Bezirk und das Lager der Leviten gemeint seien und zeigt wenig Ähnlichkeit mit dem simplen Sinn biblischer Worte.

Die Heilige Stadt

Der Text unserer Handschrift und mit ihm die Sekte der Essener vertrat den entgegengesetzten Standpunkt. Das biblische «Lager» hatte für sie allumfassende Bedeutung, und so trafen die Bestimmungen über Reinheit und Unreinheit nicht nur auf den Tempelbereich zu, sondern auch auf «die Stadt des Tempels». Sie war geheiligt und mußte nicht nur im übertragenen Sinn, sondern auch in der Praxis «rein» sein.

Dabei konnte sich der Verfasser der Schriftrolle nicht nur auf die entsprechenden Pentateuch-Stellen berufen, sondern auch auf die Propheten. Sicher kannte er zu seiner Zeit ebenso gut wie wir heute den Jesaja-Text 52.1: «Mache dich auf, mache dich auf, Zion! Zeuch deine Stärke an, schmücke dich herrlich, du heilige Stadt Jerusalem. Denn es wird hinfort kein Unbeschnittener oder Unreiner zu dir hineingehen.» Und auch auf Joel konnte er sich stützen (3.17): «Und ihr sollet's erfahren, daß ich, der Herr, euer Gott, zu Zion auf meinem heiligen Berg wohne. Alsdann wird Jerusalem heilig sein und kein Fremder mehr durch sie wandeln.»

Der Autor folgt diesen Worten buchstabengetreu, indem er allen Unreinen den Zutritt zur Stadt, die den Tempel birgt, untersagt. Er verbannt sogar die «vom Schicksal Geschlagenen», etwa die Blinden. Genaueste Anweisungen zur Prozedur der Reinigung ergehen mit dem einzigen Ziel sicherzustellen, daß die Stadt rein sei, weil sie die heilige Stadt ist, die Stadt, in der der Tempel errichtet wird, die Stadt, in der Gott wohnt. Das Thema wird mehrfach wiederholt. Auch hier läßt der Autor Gott in der Ich-Form sprechen und wie folgt gebieten: «Du sollst die Stadt nicht beschmutzen, darin ich meinen Namen machen und meinen Tempel setzen will» und «die Stadt, die ich heiligen will ... soll geweiht sein und rein von allen unreinen Dingen ... alles und jedes, das in ihr ist, soll rein sein.»

Der Autor der Schriftrolle geht sogar so weit, die Reinheit für alle Städte zu fordern, in denen Juden wohnen, obwohl hier die Vorschriften nicht so bindend sind wie für die Stadt, in der sich der Tempel befindet. Er dehnt darüber hinaus bestimmte Reinheits- und Unreinheitsbestimmungen, die in der Bibel nur die Priester zu beachten haben, auf alle Israeliten aus in der Furcht, daß sonst die Reinheit der Stadt des Tempels und der übrigen Städte nicht gewährleistet sein könnte.

Sexuelle «Unreinheit»

Unter den verschiedenen Kategorien der Unreinheit, denen dieser Abschnitt der Schriftrolle gewidmet ist, stehen die Bestimmungen über den Sexualbereich am Beginn. Zu «nächtlichen Ausflüssen», wie die Bezeichnung lautet, heißt es:

> Wenn ein Mann einen nächtlichen Ausfluß hat, so darf er den Tempel nicht vor Frist dreier Tage betreten. Am ersten Tag soll er seine Kleider waschen und baden, und so soll er auch am dritten Tag seine Kleider waschen und baden und nach Sonnenuntergang des dritten Tages darf er in den Tempel kommen. Und sie sollen nicht in ihrer menstruationsähnlichen Unreinheit in den Tempel kommen und ihn beschmutzen. (Kol. 45.7–10)

In dieser Form erinnert die Bestimmung an Deuteronomium 23.9–11 mit dem Befehl an die Israeliten, sich «aller üblen Dinge zu enthalten», wenn man dem Feinde gegenüberliegt:

Wenn jemand unter dir (Israel) ist, der nicht rein ist, daß ihm des Nachts was widerfahren ist, der soll hinaus vor das Lager gehen und nicht wieder hineinkommen, bis er vor abends sich mit Wasser bade; und wenn die Sonne untergegangen ist, soll er wieder ins Lager gehen.

Eben diese Vorschrift in Deuteronomium wurde im Text einer anderen Schriftrolle vom Toten Meer, die ich vor einigen Jahren publiziert habe und die den Titel «Der Krieg der Söhne des Lichts wider die Söhne der Finsternis» trägt, folgendermaßen angewandt:

Aber jeglicher Mann, der in sexueller Hinsicht unrein ist am Tage des Kampfes, darf nicht mit in den Kampf ziehen, denn heilige Engel sind bei den Heerscharen. (7.5,6)

Der Autor der Tempelrolle ordnet an, daß dergestalt «Unreine» nicht nur dem Tempel fernzubleiben haben, sondern auch die Stadt des Tempels oder andere Städte Israels zu meiden haben, bis sie sich «gereinigt» haben. Wie dies zu geschehen hat, wird für die Tempelstadt folgendermaßen verordnet:

Du sollst drei Plätze östlich der Stadt anlegen, alle drei voneinander getrennt und dorthin sollen sich die Aussätzigen, alle die von einem Eiterausfluß betroffen sind und jene mit nächtlichem Ausfluß begeben.

Der Text der Schriftrolle geht in der Frist der Tage für die Reinigung weiter als die Bibel, die nur einen Tag fordert. Warum gerade drei Tage? Diese Frist wird verständlich, wenn wir sie in Beziehung setzen zu den strengeren Vorschriften hinsichtlich des ehelichen Beischlafs:

Wenn ein Mann bei seiner Frau liegt und hat einen Samenerguß, dann soll er jeglichen Teil der Stadt des Tempels meiden, wo ich meinen Namen machen will, drei Tage. (Kol. 45.11,12)

Diese Anordnung ist insofern von besonderem Interesse, als hier die Ursprünge des religiös bedingten Zölibats liegen dürften. Außerdem enthält eine andere Schriftrolle vom Toten Meer, das sogenannte «Damaskus-Dokument», ähnliche Regeln, so daß zwischen beiden Schriften eine Verbindung bestehen muß.

Als biblische Quelle dieser Regel kommt offenbar Leviticus 15.18 in Frage, obwohl auch hier der Unterschied zwischen Bibel und Schriftrolle auffällt. In der Bibel heißt es: «Wenn ein Mann bei einem Weibe liegt und es fließt ihm der Samen aus, so sollen beide sich in Wasser baden und bis zum Abend unrein sein.» Der Text der Schriftrolle verlängert die Frist der Unreinheit auf drei Tage, und der Zutritt zur Stadt des Tempels wird erst gewährt, wenn die dreitägige Reinigung außerhalb der Stadt erfolgt ist. Indirekt war damit der Beischlaf in der Stadt des Tempels überhaupt untersagt.

Ist diese Konsequenz aus der Tempelrolle nur zu erschließen, so bringt das «Damaskus-Dokument» eindeutig zum Ausdruck: «Kein Mann soll bei einem Weibe liegen in der Stadt des Tempels, auf daß die Stadt des Tempels nicht verunreinigt werde von den Ausflüssen und der Unreinheit.» Schriftrolle und Damaskus-Dokument ergänzen sich gegenseitig. Unsere Tempelrolle befaßt sich mit der nach dem Geschlechtsverkehr außerhalb der Stadt vorgeschriebenen Reinigungszeremonie. Das Damaskus-Dokument dagegen handelt nicht von der Reinigung, sondern von dem Verbot. Zusammengefaßt läßt sich die Vorschrift für die Sektenmitglieder wie folgt verstehen: Kein Mann soll mit einem Weibe in der Stadt des Tempels zusammenliegen ... und wenn ein Mann in einer anderen Stadt mit einem Weibe liegt ... dann darf er die Stadt des Tempels erst nach dreitägigen Reinigungsriten betreten.

Daraus muß man ableiten, daß nach den Regeln der Sekte alle männlichen Mitglieder, die in der Stadt des Tempels lebten, zum Zölibat gezwungen waren. Diese Art der Abstinenz wurde laut Josephus und Plinius von fast allen Mitgliedern der Essener-Sekte praktiziert. Ähnliche Regeln enthält auch die «Kriegsrolle», wo es Frauen und Kindern untersagt ist, das Kriegslager zu betreten. Während der monatlichen Menstruation und unmittelbar nach der Niederkunft durften sich Frauen nicht in der Stadt des Tempels aufhalten, was praktisch bedeutete, daß sie den Frauen überhaupt verboten war. In diesen strengen Vorschriften liegt vielleicht der Ursprung für die Zölibatsregeln der Essener und später auch des christlichen Mönchtums.

Mit der dreitägigen Reinigungsfrist gegenüber der eintägigen der Thora zielte der Autor der Schriftrolle auf die unbedingte Heiligkeit Jerusalems ab, das als Stadt des Tempels zu verstehen ist. Aus diesem Grund zog er wohl auch eine andere biblische Quelle heran, nämlich die Verfügung des Moses an die Israeliten am Berge Sinai (Exodus 19.10–15):

> Und der Herr sprach zu Moses: Gehe hin zum Volk und heilige sie heute und morgen, daß sie ihre Kleider waschen und bereit seien auf den dritten Tag; denn am dritten Tag wird der Herr herabfahren vor allem Volk auf den Berg Sinai. Und mache dem Volk ein Gehege umher und sprich zu ihnen: Hütet, euch, daß ihr nicht auf den Berg steiget noch sein Ende anrühret, denn wer den Berg anrühret, soll des Todes sterben. Keine Hand soll ihn anrühren, sondern er soll gesteinigt oder mit Geschoß erschossen werden, es sei ein Tier oder Mensch ... Moses stieg vom Berge zum Volk ... und er sprach zu ihnen: Seid bereit auf den dritten Tag, und keiner nahe sich zum Weibe.

Beim Rückgriff auf diese biblische Quelle hatte der Autor sicher nicht nur die längere Reinigungsfrist vor Augen, sondern er strebte außerdem die Gleichsetzung des Berges Sinai mit dem Tempelberg der heiligen Stadt an.

Wer an Gonorrhöe litt, in der Schriftrolle «Eiteraussfluß» genannt, hatte sich siebentägigen Reinigungsriten zu unterziehen, bevor er die Tempelstadt betreten durfte:

Jeglicher Mann, der sich vom Eiterfluß reinigt, soll sieben Tage für sich abzählen für seine Reinigung und soll seine Kleider waschen am siebenten Tag und seinen Körper baden in fließendem Wasser. Nur danach darf er die Stadt des Tempels betreten. (Kol. 45.15–17)

Die Verordnung basiert auf Numeri 5.2,3. Dort ergeht der Befehl an die Israeliten, «daß sie aus dem Lager tun alle Aussätzigen und alle, die Eiterausflüsse haben ... beide, Mann und Weib, sollt ihr hinaustun, daß sie nicht ihr Lager verunreinigen ...»

Auch hier unterscheiden sich die Vorschriften der Schriftrolle von den rabbinischen Regeln. Nach ihren Anweisungen war die gesamte Tempelstadt von den Verfügungen betroffen, während die Rabbinen das «Lager» nur auf das Lager der Leviten beziehen, das sie mit dem Tempelberg gleichsetzen. Wer also an dieser Krankheit litt, dem wurde lediglich der Zutritt zum Tempelareal verwehrt, nicht aber der Aufenthalt in der Stadt.

Die strengen Regeln hinsichtlich des Aufenthalts in der Stadt des Tempels folgten offenbar einer alten Tradition, denn auch Josephus berichtet im Sinne der Schriftrolle, und nicht gemäß der rabbinischen Auslegung, wenn er über diejenigen, die aus der Stadt verbannt waren, schreibt. Nach Josephus war der Aufenthalt in Jerusalem nicht nur den Aussätzigen untersagt – darin stimmen alle überein –, sondern auch denjenigen mit Eiterfluß: «Eiterflüssigen und Aussätzigen war sogar der Zutritt zur Stadt überhaupt verboten (Jüdischer Krieg 5.227) und: «Moses verbannte aus der Stadt, welche aussätzig waren und eiterflüssig.» (Jüd. Altertümer, 3.261).

Viele Wissenschaftler haben diese beiden Aussagen des Josephus auf die Sitten der Periode des Zweiten Tempels bezogen und vor die Zeit der rabbinischen Interpretation gesetzt. Es ist jedoch möglich, daß die milderen Anweisungen der Rabbinen auch damals schon bestanden und Josephus sich hier nur der Überzeugung der Essener anschloß.

«Wer einen Fehl hat»

Der Schriftrollentext verfügt: «Kein Blinder soll die Stadt des Tempels betreten.» Hier haben wir erneut ein klassisches Beispiel für die umfassenden Verbote der Schriftrolle im Vergleich zu den biblischen Bestimmungen, in denen nur die Priester und das Tempelareal betroffen sind. (Mit den «Blinden» sind alle jene gemeint, die in irgendeiner Weise ein körperliches Gebrechen haben.)

Die biblische Quelle für diese Bestimmung liegt in Gottes Gebot an Moses vor, wie in Leviticus 21.17–23 belegt:

> Und der Herr redete mit Moses und sprach: Rede mit Aaron und sprich: Wenn an jemand deines Samens in Euren Geschlechtern ein Fehl ist, der soll nicht herzutreten, daß er das Brot seines Gottes opfere. Denn keiner, an dem ein Fehl ist, soll herzutreten: Er sei blind, lahm, mit einer seltsamen Nase, mit ungewöhnlichem Glied oder der an einem Fuß oder Hand gebrechlich ist, oder höckerig ist oder ein Fell auf dem Auge hat oder scheel ist oder den Grind oder Flechten hat oder einen Bruch hat.
>
> Welcher nun von Aaron, des Priesters, Samen einen Fehl an sich hat, der soll nicht herzutreten, zu opfern die Opfer des Herrn ... aber zum Vorhang soll er nicht kommen noch zum Altar, weil der Fehl an ihm ist, daß er nicht entheilige mein Heiligtum; denn ich bin der Herr, der sie heiliget.

Obwohl dieser Text die Priester mit einem körperlichen Gebrechen betrifft, nimmt der Verfasser des Sektentextes die Wendung «auf daß das Heiligtum nicht entweiht werde» zum Anlaß, alle Menschen und Stätten der heiligen Stadt einzubeziehen.

Warum wurden die Behinderten in dieser Weise gebrandmarkt? Überall in der antiken Welt, und nicht nur bei den Essenern, herrschte die Überzeugung, daß, wer mit einem körperlichen Fehler behaftet war, von Gott für eine Sünde gestraft sei und als unrein zu gelten habe. In diesem Zusammenhang sei darauf verwiesen, daß im Bericht über Davids Einnahme der Stadt Jerusalem (2. Samuel 5.8) der Satz «Daher spricht man: Laßt keinen Blinden und Lahmen ins Haus (Gottes Haus) kommen« in einigen frühen Bibelkommentaren und Übersetzungen so aufgefaßt wurde, daß sich darin die Überlieferung des Altertums widerspiegele, nach der die Behinderten als «sündhaft und schuldig» galten.

Die Anwendung dieser Vorschrift auf alle Israeliten und die gesamte Stadt des Tempels bringen, abgesehen von der expliziten Passage unserer Rolle, auch andere Bücher der Essener zum Ausdruck. So heißt es in der Kriegsrolle, wenn auch in anderem Zusammenhang, nämlich den Regeln über die Beteiligung am Kampf:

> Jeder, der hinkt, lahm oder blind ist oder wer einen ständigen Fehl an seinem Körper hat oder wessen Fleisch unrein ist: der soll nicht in den Kampf ziehen.
>
> Wer in den Kampf zieht, soll freiwillig dahin gehen und gesund an Leib und Geist sein sowie gerüstet zum Tag der Rache.

Aus diesem Text geht hervor, daß die biblische Einschränkung auf alle Krieger erweitert wird. Sie sollen ebenfalls «gesund an Geist und Leib» sein.

In dem Schriftrollendokument «Die Messianische Herrschaft», bei dem es um eine Versammlung des Volkes in messianischer Zeit geht, werden alle Personen «mit einem Fehl» von dieser Versammlung ausgeschlossen.

Aussatz – und eine Episode im Neuen Testament

«Und wer unrein ist durch Berührung mit einem Toten soll (die Stadt des Tempels) nicht betreten, bis daß er gereinigt ist.» Auch diese Vorschrift hat ihre Entsprechung in Numeri 5.2, und auch diese Anordnung stimmt nicht mit den Ansichten der Weisen überein, wie sie wohl am deutlichsten im Codex des Maimonides dargelegt wird:

> Wer durch einen Toten unrein geworden war, und der Leichnam selbst, sie durften auf dem Tempelberg weilen, denn es steht geschrieben: Moses nahm die Gebeine des Joseph mit (Exodus 13.19); das bedeutet ‹mit sich in das Lager der Leviten›.

Im Text der Schriftrolle wird auch den Aussätzigen der Zugang zur Tempelstadt verwehrt, «bis daß sie sich gereinigt haben und dann opfern dürfen». Diese Vorschrift stimmt mit den rabbinischen Deutungen überein.

Interessant ist jedoch, daß unserem Autor zufolge in jeder Stadt «Plätze für die mit Lepra Befallenen oder mit der Pest Behafteten errichtet werden sollen, denn sie dürfen keine Stadt betreten und sie beschmutzen.» Hinsichtlich der Tempelstadt ergeht die Anweisung, die Aussätzigen und Pestkranken «östlich der Stadt» zu versammeln (Kol. 46.16–17).

Es kann kein Zweifel darüber bestehen, daß Lepra für ansteckend gehalten wurde und man überdies glaubte, daß diese Krankheit auch vom Wind übertragen werde. So erklärt sich die Betonung der Separierung der Kranken im Osten der Tempelstadt hier und in einer anderen Passage der Rolle. Da in Jerusalem vorwiegend Westwind herrscht, galt das Gebiet im Osten der Stadt, vor allem an den dem Toten Meer zugewandten Hängen des Ölbergs, als geeigneter Ort für eine Leprakolonie, die die Gefahr vom Tempel und der Stadt Jerusalem fernhalten sollte.

In einer rabbinischen Auslegung, Leviticus Rabba 16, ebenso wie im Talmud finden sich Belege für diese Meinung:

> Rabbi Johanan sagte: Man darf nicht näher als vier Ellen östlich von einem Aussätzigen vorübergehen. Rabbi Simon ben Lachisch sagt: im Abstand von einhundert Ellen. Darin liegt aber kein Widerspruch, denn die vier Ellen bedeuteten, wenn kein Wind weht; wer aber behauptet, es müßten einhundert Ellen sein, der meinte: bei Wind.

Und in Baba Batra 3.9–13 des Palästinensischen Talmud lesen wir folgendes: «Rabbi Mana pflegte mit Leuten zu gehen, die mit Geschwüren bedeckt waren. Darauf sagte Rabbi Abbaja zu ihm: Geh nicht auf der Ostseite dieser Leute, sondern vielmehr auf ihrer Westseite.»

Eine Reihe rabbinischer Regeln sah zum Beispiel vor, daß geruchsintensive Läden und Handwerksbetriebe wie Gerbereien nicht auf der Westseite von Jerusalem errichtet werden sollten, weil der vorherrschende Westwind den Gestank in die Stadt getragen hätte. Allerdings hören wir hier zum ersten Mal davon, daß die Leprakranken östlich der Stadt isoliert wurden.

Diese Angabe könnte neues Licht auf den berühmten Bericht im Neuen Testament über Jesus werfen, der auf seinem Wege nach Jerusalem «zwei Tage vor dem Passahfest» in Bethanien haltmachte: «Und da er zu Bethanien war in Simons, des Aussätzigen, Hause und saß zu Tisch ...» (Markus 14.3). Bethanien liegt in der Tat östlich von Jerusalem auf dem Osthang des Ölberges, bot also die Voraussetzung für eine Leprasiedlung. Wenn meine Vermutung stimmt, dann würde das bezeugen, daß Jesus nicht zufällig das Haus eines Leprakranken besuchte, sondern mit voller Absicht die Nacht vor seinem Einzug in Jerusalem in dieser Leprakolonie verbrachte, was von Essenern wie Pharisäern als Provokation verstanden werden mußte.

18. Die «Hand», der Leichnam, das Opfer

«Hand» lautet die wörtliche Übersetzung des hebräischen Wortes, das in der Schriftrolle (und in der Bibel) für Toilette, Latrine oder Abort verwendet wird. «Hände» waren laut Schriftrollentext nicht nur im Tempelbereich untersagt, sondern auch in der Tempelstadt selbst, ja sogar in Sichtweite von 1500 Metern außerhalb der Stadt.

> Du sollst einen Platz für die Hand einrichten außerhalb der Stadt, wohin sie gehen sollen, nach Nordwesten – überdachte Häuser mit Gruben darin, in die die Exkremente hinabfallen; und zwar so, daß man von diesen nichts sieht im Umkreis von dreitausend Ellen um die Stadt herum. (Kol. 46.13–16)

Diese Anordnung ist nicht nur eine Zumutung und darum bemerkenswert, sondern sie erlaubt zudem, eine Verbindung von Schriftrolle und Essenern herzustellen. Natürlich interessieren auch die Baulichkeiten und die Lage der Toiletten.

Die Anweisung selbst und ihre Formulierung weisen Ähnlichkeiten zu Deuteronomium 23.9–14 auf, einer Bibelstelle, die der Autor offenbar herangezogen hat:

Wenn du ausziehest wider deine Feinde und ein Lager aufschlägst, so hüte dich vor allem Bösen ... Und du sollst außen vor dem Lager einen Ort haben, dahin du zur Not hinausgehst. Und sollst ein Schäuflein haben, und wenn du dich draußen setzen willst, sollst du damit graben; und wenn du gesessen bist, sollst du zuscharren, was von dir gegangen ist. Denn der Herr, dein Gott, wandelt unter deinem Lager, daß er dich errette und gebe deine Feinde vor dir. Darum soll dein Lager heilig sein, daß nichts Schändliches unter dir gesehen werde und er sich von dir wende.

Die Kriegsrolle der Essener enthält ebenfalls Anweisungen für die Errichtung von Latrinen für den Fall, daß die Männer sich im Kriegslager aufhalten, aber außer der Vorschrift über die Entfernung vom Lager sind keine Einzelheiten angegeben: «Zwischen den Lagern und dem Platz der Hand soll eine Entfernung von zweitausend Ellen sein, und keine üblen Dinge sollen sichtbar sein in der Nachbarschaft des Lagers.»

In unserer Schriftrolle werden auch an dieser Stelle wieder alle Vorschriften, die im Pentateuch «das Lager» betreffen, auf die gesamte Tempelstadt übertragen, so daß «außerhalb des Lagers» im Text der Schriftrolle zu «außerhalb der Tempelstadt» wird.

Auch diese Bestimmung findet, wie schon mehrfach nachgewiesen, keine Unterstützung in den Auslegungen der Rabbinen. Im Gegenteil, nach der Lehrmeinung der normativen Halacha wurden Exkremente nicht als rituell unrein betrachtet. In der Mischna heißt es: «Sind Exkremente unrein? Es ist dies nicht der Fall hinsichtlich (ritueller) Reinheit.» (Paläst. Talmud Pesahim 7.11;35b). In einem anderen Traktat gehört zur Definition, was ein reicher Mann sei: «Einer, der eine ‹Bequemlichkeit› neben seinem Tische hat.» (Babyl. Talmud Shabbath 25b), und in einem weiteren Traktat heißt es, daß «ein Gelehrter nicht in einer Stadt wohnen soll, wo die folgenden zehn Dinge fehlen ...» Zu diesen zehn Dingen gehört selbstverständlich «eine Bequemlichkeit» (Babyl. Talmud Sanhedrin 17b).

Angesichts der strengen Bestimmungen über die Toiletten sei die Frage erlaubt, ob sich die Essener, die den Text der Tempelrolle doch, wie ich glaube, als Thora, d.h. als Gesetz betrachten mußten, in diesem Falle an die Vorschriften hielten. Zweifellos besteht eine unzumutbare Härte, wenn jemand, um sich zu erleichtern, fast eine Meile weit laufen muß. Was diesen Punkt betrifft, entdeckte ich etwas wie eine merkwürdige Übereinstimmung, durch die sich ein weiterer Beweis für die Zusammengehörigkeit der Schriftrollen vom Toten Meer und den Essenern ergibt. Diese These ist von der Wissenschaft inzwischen zwar allgemein akzeptiert, aber bisher im Grunde nicht eindeutig bewiesen worden.

Die Essener und ihre Toiletten

Wir hatten gesehen, daß in der Tempelrolle 3000 Ellen, in der Kriegsrolle 2000 Ellen Entfernung vom Lager oder von der Siedlung gefordert werden. Auf jeden Fall mußte die «Hand» jenseits der Sabbatgrenzen sein. Die Sabbatgrenze betrug im orthodoxen Judentum ebenfalls 2000 Ellen. Nach einer der Sektenbestimmungen war es am Sabbat nicht erlaubt, sich mehr als eintausend Ellen von der Stadt zu entfernen, und an anderer Stelle heißt es, daß am Sabbat «niemand mehr als 2000 Ellen laufen darf, um ein Tier zu weiden». Auf die Toilettenvorschriften angewandt würde das nun bedeuten, daß sich die Essener am Sabbat überhaupt nicht erleichtern durften! War so etwas möglich?

Josephus berichtet in der Tat, daß aufgrund der Pentateuchvorschrift, ein Loch zu graben, die Essener sich am Sabbat nicht erleichtert hätten. Er schreibt:

> Sie wagen an diesem Tage nicht einmal auszutreten. An den anderen Tagen aber heben sie eine einen Fuß tiefe Grube aus mit der Hacke ... hüllen ihren Mantel herum, um die Strahlen Gottes nicht zu beleidigen, und verrichten dort ihre Notdurft. Dann scharren sie die aufgeworfene Erde wieder in die Grube; bei diesen Verrichtungen suchen sie entlegene Plätze aus. Obwohl die Ausscheidung der Exkremente etwas Natürliches ist, haben sie den Brauch, sich danach zu waschen, als wenn sie sich verunreinigt hätten. (Jüd. Krieg 2.147–49).

Die Sektenmitglieder müssen dieses Verhalten trainiert oder besondere Nahrung zu sich genommen haben, um sich am Sabbat nicht zur Toilette begeben zu müssen und an den übrigen Tagen die weite Strecke von der Wohnstätte zurückzulegen. Im Falle der Tempelstadt war es ein Weg von 3000 Ellen in nordwestlicher Richtung außerhalb der Stadt.

Wir kommen nun zum endgültigen Beweis für den Zusammenhang zwischen Essenern und Tempelrolle, indem wir dieses Problem von einer ganz anderen Seite angehen. Wiederum von Josephus wissen wir, daß, abgesehen von der Gemeinde in Qumran, einige Essener auch in Jerusalem lebten, wo ja ein Tempel existierte. Wenn wir nun zeigen könnten, daß die Jerusalemer Essener hinsichtlich dieses Tempels die Vorschriften ihrer Sekte, wie sie in der Tempelrolle enthalten sind, beachteten, dann bewiese das die Verbindung. Kehren wir darum noch einmal zu Josephus zurück.

Das «Essener-Tor»

In seiner Beschreibung der Stadtmauer von Jerusalem erwähnt Josephus auch ein «Essener-Tor». Er stellt die einzige Quelle für die Existenz dieses Tores dar, das sonst in keiner anderen antiken Schrift erwähnt wird. Was war dieses Tor und wo lag es? Und in welchem Zusammenhang steht es mit unserem Thema?

Bei seiner Schilderung der Lage der Stadtmauer beginnt Josephus an der Nordwestecke am Hippikus-Turm (in der Nähe des heutigen David-Turmes) und geht dann weiter nach Osten: «Diese Mauer begann im Norden beim sogenannten Hippikusturm und erstreckte sich bis zum Xystos; sie traf dann auf das Rathaus und endete an der westlichen Säulenhalle des Tempels.»

Die Richtung ist klar. Josephus schildert die Nordmauer, von Westen nach Osten zum Tempel fortschreitend. Dann geht er zur Nordwestecke zurück, um die Westmauer zu beschreiben. Hier nun bringt unsere Schriftrolle, wie ich meine, die Lösung für eine stets als unklar bezeichnete Stelle. Wieder am Hippikusturm beginnend und von Norden nach Süden fortschreitend, bemerkt Josephus, die Westmauer «führte von dem gleichen Anfangspunkt (Hippikusturm) durch eine Bethsoa genannte Gegend bis zum Essener-Tor, bog dann zur Südseite und verlief jenseits des Siloahteiches. Von dort wiederum wandte sie sich nach Osten ... und zog sich dann bis zu einem gewissen, Ophel genannten Ort und traf schließlich auf die östliche Säulenhalle des Tempels.» (Jüd. Krieg 5.144–146)

Die Bethsoa genannte Gegend und das Essener-Tor lagen also im Westteil der Stadtmauer und beide nahe beieinander, Bethsoa nächst dem Hippikus-Turm im Nordwesten, das Essener-Tor weiter nach Süden. Beide Angaben ließen sich nicht so recht in den Stadtplan einordnen, aber beim «Essener-Tor» war wenigstens die Bedeutung klar. Was aber besagte «Bethsoa»? Was bedeutete dieses Wort?

Erst im 19. Jahrhundert hatten zwei Wissenschaftler einen genialen Einfall. Der Amerikaner Edward Robinson und Rabbi Joseph Schwartz aus Jerusalem, beide gefeierte Gelehrte auf dem Gebiet der Erforschung des Alten Israel, schlugen vor, daß sich in diesem Begriff die beiden hebräischen Worte «beth» für «Haus» und «tsoa» für «Exkrement» verbergen könnten. Beide Wörter werden in den soeben beschriebenen Passagen der Schriftrolle mit der gleichen Bedeutung verwendet.

Der Vorschlag von Robinson und Schwartz bewog dann einige Wissenschaftler, Josephus' «Bethsoa» eine ähnliche Bedeutung zuzuschreiben wie einem der Tore, das im Hebräischen meist «Mist-Tor» genannt wurde (wobei das hebräische Wort «Mist» zugleich «Menge» bedeuten kann). Wegen der

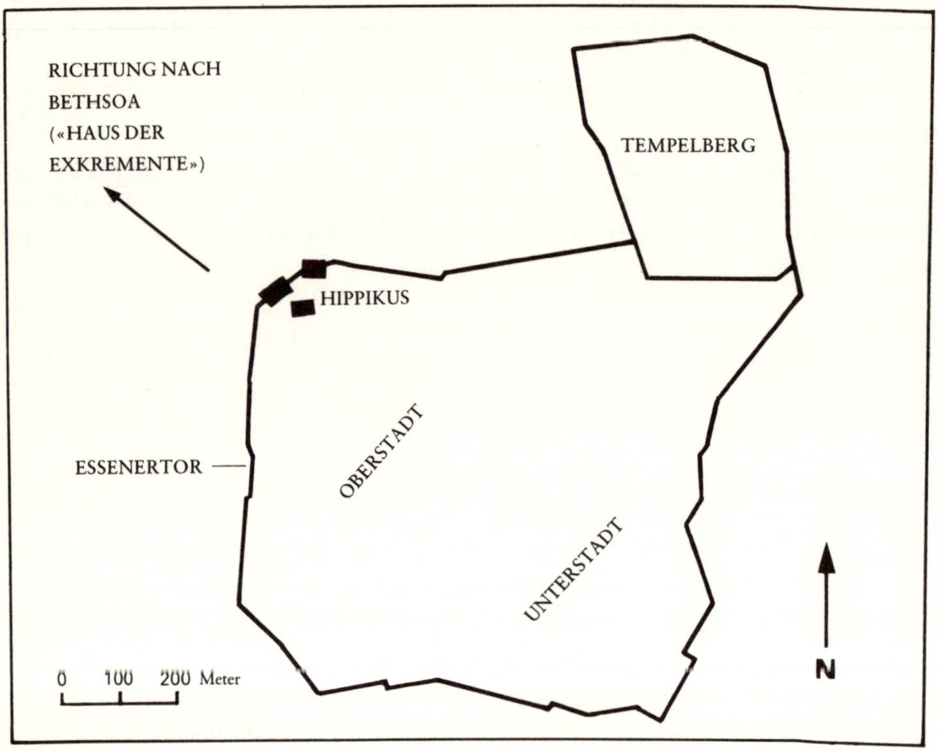

Vermutliche Lage von «Bethsoa» (Toilette) und dem «Essenertor» nach der Beschreibung der Stadtmauern von Jerusalem bei Josephus. Sein Ausgangspunkt ist der herodianische «Hippikusturm», der heutige «Davidsturm», der damals an der Nordwestecke der Stadtmauer stand.

Bedeutungsähnlichkeit von «Exkrement» und «Mist» glaubte man, den Angaben der Himmelsrichtungen oder der Abfolge bei Josephus mißtrauen zu dürfen und nahm das Essener-Tor, das man ohnehin nicht recht unterbringen konnte, in der Nähe des «Mist-Tores» in der Südmauer der Stadt an. Der Josephus-Text läßt jedoch an Klarheit nichts zu wünschen übrig: Bethsoa und das Essener-Tor lagen an der Westseite der Stadt, Bethsoa näher zur Nordwestecke – in der gleichen Richtung wie die «Hand» der Schriftrolle, die ebenfalls «nordwestlich der Stadt» vorgesehen war.

Was hat es nun mit dem Essener-Tor auf sich? Worum handelte es sich und woher der Name? Wir hatten bereits darauf hingewiesen, daß Essener in Jerusalem lebten, die sich an die Vorschriften, wie sie in der Tempelrolle niedergelegt sind, halten mußten. Wir hatten festgestellt, daß das Essener-Tor, das nur bei Josephus erwähnt wird und sonst nirgends, etwas Besonderes und anders als die übrigen Stadttore gewesen sein muß. Wahrscheinlich war es nämlich kein Stadttor im üblichen Sinne, sondern ein Seitenauslaß in der Westmauer, den die Essener benutzten, um zu ihren Latrinen in Bethsoa, dem «Haus der Exkremente» außerhalb der Stadtmauer im Nordwesten zu gelangen.

Es ist möglich, daß das merkwürdige Gebaren der Essener, sich weit außerhalb der Stadttore auf die Toilette zu begeben, die Bevölkerung auf den Spitznamen «Essener-Tor» für einen einfachen Ausgang brachte. Vielleicht aber wohnten die Essener bevorzugt in dieser Gegend, um schneller am Tor und draußen zu sein, so daß das Tor im Volksmund nach den Essenern, die dieses Viertel bevölkerten, benannt wurde.

Berührung der Toten

Von den übrigen Vorschriften zum Gebot der Reinheit wären an letzter Stelle noch die schärfsten Verbote überhaupt zu nennen. Sie betreffen den Kontakt mit Toten. Auch diese Anweisungen ziehen sich über mehrere Kolumnen hin.

Alle Verrichtungen im Zusammenhang mit einem Toten, die Behandlung des Leichnams, das Haus, in dem der Tote gestorben ist, die Begräbnisstätte und ähnliches werden im Pentateuch und in der rabbinischen Literatur ebenfalls behandelt, wobei auch hier wieder die striktesten Auflagen für die Priester gelten. Der Verfasser der Schriftrolle geht jedoch sehr viel weiter. Seine Anweisungen zu diesem Thema sind rigoroser als jegliche Vorschrift in der rabbinischen Literatur und übertreffen diejenigen der Heiligen Schrift.

Generell läßt sich auch hier bemerken, daß der Autor der Schriftrolle zunächst einmal auf ganz Israel angewandt wissen will, was in der Bibel nur für die Priester gilt. Die Vorschriften, die im Pentateuch für ein Lager in der Wüste gedacht sind, versucht er auf eine Bevölkerung in der Stadt zur Zeit der Abfassung der Rolle zu übertragen. Wenn also die Bibel ein Zelt – wie es dem Lager in der Wüste entsprach – erwähnt (Numeri 19.14): «Wenn einer in seinem Zelt stirbt», soll «jeder, der ins Zelt kommt ... unrein sein sieben Tage», wird in der Schriftrolle vom «Haus» gesprochen, und um dies unmißverständlich zu machen, wird mehrfach «in euren Städten» hinzugefügt. Die Entsprechung zu den Pentateuch-Sätzen lautet dann in der Schriftrolle: «Und wenn jemand in eurer Stadt stirbt, so soll jedes Haus, in dem jemand stirbt, sieben Tage unrein sein ... und jeder, der in dieses Haus kommt, soll unrein sein.» (Kol. 49.5–7) Die weiteren Anweisungen zur Reinigung des Hauses sollen weiter unten abgehandelt werden, denn auch hier sind die Bestimmungen der Schriftrolle viel strenger als die in der rabbinischen Literatur überlieferten.

Von den die Toten betreffenden Vorschriften sind vor allem drei von wirklichem Interesse, die zugleich die Strenge des Autors und seine Abweichung von der rabbinischen Tradition belegen. Eine davon betrifft das Begräbnis.

Das Begräbnis

Die Schriftrolle schreibt vor:

> Du sollst nicht handeln wie die anderen Völker: Überall begraben sie ihre Toten, und sie begraben sie sogar in den Häusern. Du aber sollst entfernte Stätten in eurem Lande aussuchen, an denen ihr die Toten begrabt; zwischen vier Städten soll ein Platz ausgesucht werden, wo die Toten begraben werden.

Das Verbot richtet sich in erster Linie gegen die in dieser Epoche häufig belegte Sitte, einen Toten in seinem Haus zu beerdigen. Außerdem aber zielt die Bestimmung auch gegen die Bestattung in den Städten. Ein gesonderter Begräbnisplatz soll für jeweils vier Städte angelegt werden.

Die Rabbinen untersagten zwar auch Bestattungen innerhalb von Stadtmauern, waren aber weniger streng, wenn es sich um offene, nicht von Mauern umgebene Ortschaften handelte. Allerdings waren auch hier bei der Anlage des Friedhofs bestimmte Regeln zu befolgen. (Nebenbei: Das Verbot der Bestattung innerhalb der Stadtmauern, speziell der Stadtmauern von Jerusalem, ist die Wurzel des wissenschaftlichen Streits über den Ort des Heiligen Grabes. Die Grabeskirche, die sich angeblich über der Begräbnisstätte erhebt, befindet sich mitten in der Stadt. Die Frage ist allerdings, ob zu Jesu Zeiten die Stadtmauer nicht einen anderen Verlauf nahm. Sollte der Platz jedoch schon damals innerhalb der Mauer gelegen haben, kann es sich mit Sicherheit nicht um den Begräbnisplatz handeln.)

Die offenen Städte kannten Bestimmungen unterschiedlichen Charakters. In der rabbinischen Literatur gibt es zum Beispiel die Anordnung, daß der Begräbnisplatz nur 50 Ellen von der Stadtgrenze entfernt zu sein habe (Tosefta Baba Batra 1.11). An anderer Stelle heißt es, daß «auf einem Feld, wo sich ein einzelnes Grab befindet, durchaus ein Haus gebaut werden darf mit einem Stockwerk darüber» (Oholoth 17.5). Offensichtlich fanden Bestattungen in den besiedelten Gebieten überall statt, sogar innerhalb der Häuser, und dieser Sitte widersetzt sich der Autor des Schriftrollentextes kategorisch. Sein Zorn richtet sich vor allem gegen Bestattungen im Haus und gegen Friedhöfe in den Siedlungen, ja selbst auf dem Lande bestanden Einschränkungen, weil «dies das Land verunreinigt». Eine Nekropole für jeweils vier Ortschaften war deshalb vorgesehen.

In diesem Zusammenhang verdient eine verhältnismäßig junge archäologische Entdeckung Erwähnung: In der Nähe der Ruinen der Siedlung der Qumran-Sekte wurde eine Nekropole mit mehr als 1100 Gräbern gefunden. Dabei handelte es sich allem Anschein nach um den «zugewiesenen Platz» als gemeinschaftliche Begräbnisstätte für alle Siedlungen der Essener in der Umgebung von Qumran.

Das Haus des Todes

Ein zweites bemerkenswertes Beispiel sind die strengen Vorschriften der Schriftrolle für die Reinigung eines Hauses, in dem jemand gestorben ist. In seiner Ansicht, daß das «Haus» analog zum biblischen «Zelt» unrein sei, stimmt der Autor des Schriftrollentextes nicht mit den großzügigeren Auslegungen der Rabbinen überein. Dafür bürgt zum Beispiel Maimonides, der über die voneinander abweichende Geltung der Unreinheitsvorschriften für Priester und nicht-priesterliche Personen in seinem Kodex schreibt: «In der Heiligen Schrift werden nur die Söhne Aarons angewiesen ... sich von der Berührung eines Leichnams fernzuhalten. Daraus ergibt sich doch offenbar, daß es allen übrigen nicht untersagt war.»

Was nun die Sterbestätte anbelangt, so meint Maimonides, daß, wenn es sich um ein Zelt handelt, dieses «der siebentägigen Reinigungsfrist unterliegt, wie es in der Heiligen Schrift steht». Die Verfügung beziehe sich nur auf ein Zelt, sei es aus Stoff, Holz oder Leder. Und dann: «Es ist wohl unnütz zu betonen, *daß die Sterbestätte nicht der Unreinheit verfällt, wenn es sich um ein Gebäude handelt;* denn wo immer man von einem unreinen Haus spricht, sind nur die Personen und die Einrichtungsgegenstände des Hauses gemeint.»

Laut Schriftrolle aber war auch das Haus unrein. In den Verfügungen zur Wiederherstellung seiner Reinheit geht der Autor der Schriftrolle weit über die biblischen Anweisungen, wie sie in Numeri 19.18 beschrieben sind, hinaus, er ordnet sogar ganz neue Verfahren an. In der Bibel heißt es auf das Zelt bezogen:

> Und ein reiner Mann soll Ysop nehmen und ins Wasser tauchen und das Zelt besprengen und alle Geräte und alle Seelen, die drinnen sind ...

Dagegen der Schriftrollentext:

> Das Haus soll vollständig gereinigt werden von allen schmierigen Öl- und Weinresten und Feuchtigkeit. Fußboden, Wände und Türen müssen abgekratzt werden; Türschlösser, Türbalken und Schwellen sind mit Wasser abzuwaschen. Am Tage, da der Tote das Haus verläßt, sollen das Haus und alles Gerät gereinigt werden.

Die Frau mit einem abgestorbenen Fötus

Besonderes Interesse verdient ferner die Anweisung zum Umgang mit einer Frau, die einen abgestorbenen Fötus im Leib trägt. Außer daß der Autor der Schriftrolle im Vergleich zur rabbinischen Auslegung erneut einen extremen Standpunkt bezieht, ist der Text dieses Abschnitts insofern wichtig, als er als Thora, d. h. als Gesetz Gottes, zu verstehen ist. In Ich-Form im Stile der Bibel (Numeri) wendet sich Gott an sein Gegenüber, obwohl in den kanonischen Schriften keine Zitate zu finden sind, auf die sich der Verfasser beziehen könnte.

Weiterhin bedeutsam ist die Tatsache, daß auch die Mischna den genannten Fall kennt, wobei Sprache und Terminologie sich gleichen, während entgegengesetzte Meinungen zum Ausdruck kommen. Das zeigt, daß sich sowohl die Rabbinen wie die verschiedenen jüdischen Sekten auf eine Reihe rechtlicher Fälle der Zeit stützten, wobei die Qumran-Sektierer als die Extremsten, die Rabbinen als die Liberalsten gelten müssen.

In der Schriftrolle heißt es wörtlich: «Wenn eine Frau schwanger ist und ihr Kind stirbt im Leibe, dann ist sie unrein wie das Grab all die Tage, in denen das tote Kind in ihrem Leibe ist und jedes Haus, in das sie kommt, ist ebenfalls unrein.»

Im Traktat Hullin (4.3) der Mischna dagegen beziehen die Rabbinen folgenden Standpunkt: «Wenn das Junge einer Frau im Mutterleib stirbt ... bleibt die Mutter rein, bis das Kind herauskommt.»

Der extremistische Standpunkt der Bestimmungen im Schriftrollentext kommt auch darin zum Ausdruck, daß die Anweisungen für die Reinigung dessen, der mit einer solchen Frau in Berührung gekommen ist, besonders detailliert aufgeführt sind. Sie sind noch ausführlicher dargelegt als im Falle des Hauses, in dem jemand gestorben ist. Auch hier bestätigt sich die bereits mehrfach getroffene Feststellung, daß der Verfasser des Schriftrollentextes besonders detaillierte Ausführungen vorlegt, wenn er von der vorherrschenden Meinung seiner Zeit abweicht. Die Frau gilt als unrein «wie ein Grab», solange sich der tote Fötus in ihrem Leib befindet.

So ist das Haus, «das sie betritt», sieben Tage lang unrein, und die Reinigungsvorschriften sind die gleichen wie für das Haus, das zur Totenstätte wurde. Wer das Haus berührt, ist bis zum Abend unrein; aber «wenn er das Haus mit ihr betritt, so ist er sieben Tage unrein. Und er soll seine Kleidung waschen und sich baden am ersten Tag, und am dritten Tag soll er Wasser sprengen über seine Kleider und sich baden; und am siebenten Tag soll er sich nochmals mit Wasser besprengen, seine Kleider waschen, sich baden, und bei Sonnenuntergang wird er rein sein.»

Vergleicht man diese Anweisungen mit jenen, die sich in der rabbinischen Überlieferung herauskristallisiert haben, so ergibt sich, daß der Autor der Schriftrolle und diejenigen, deren Gesetze später in der Mischna kodifiziert wurden, einander kannten; und obwohl keine der beiden Quellen die jeweils andere erwähnt, standen sie sich doch in unerbittlichem Streit gegenüber. Vor allem benutzten sie fast die gleiche Sprache, um vollkommen gegensätzliche Standpunkte zu vertreten.

Opferschlachtung in der Tempelstadt

Den Mittelpunkt des mosaischen Kults bildeten die Opfer. Sie sollten dargebracht werden an dem «Platz, den Gott erwählt» hatte, und das jüdische Volk verstand unter dem erwählten Ort Jerusalem. Da nun aber Jerusalem im Pentateuch nicht erwähnt wird, nennt auch der Autor der Schriftrolle diesen Ort nicht, denn da er seinen Text als Worte Gottes an Moses verstanden wissen wollte, wäre die Erwähnung von Jerusalem ein Anachronismus gewesen. Darum spricht er stets von «der Tempelstadt», d. h. der Stadt, in der sich der Tempel befindet.

Stellte der Tempel das zentrale Element der Stadt dar, so waren es wiederum die Opfer, die den Kern des Rituals im Tempel ausmachten. Die Stadt mußte absolut «rein» sein, und so hatte die Schriftrolle auch klare Anweisungen für das Opferritual niederzulegen. Einige sind, wie generell im Schriftrollentext zu beobachten ist, einzigartig, andere wieder mögen auf Opferriten zurückgehen, wie sie in der Frühzeit der Periode des Zweiten Tempels praktiziert wurden und bereits vergessen oder aufgegeben waren, als sich die Vorschriften der rabbinischen Halacha bildeten.

Charakteristisch für die Methode des Autors der Schriftrolle ist, daß er grundsätzliche Anweisungen, die nicht im Text der Heiligen Schrift verankert sind oder eine Erweiterung des biblischen Textes darstellen, durch mannigfache Wiederholung hervorhebt. Dies tut er zum Beispiel in den Vorschriften zur Reinhaltung und damit Bewahrung der Heiligkeit der Tempelstadt.

Diese Eigenart wird besonders deutlich im Vorspann zu einer Reihe von Verboten, die einen entschieden polemischen Ton aufweisen. Es geht dabei um die Häute, in denen Wein, Öl und andere Nahrungsmittel in die Stadt gebracht wurden. Im wesentlichen kommt es dabei darauf an, daß diese Behältnisse von Tieren stammten, die rituell im Tempel geschlachtet worden waren. Der Grund für diese Anweisung, die innerhalb einer Kolumne dreimal wiederholt wird, ist die Wahrung der Reinheit der geweihten Stadt. So läßt der Autor Gott folgendermaßen sprechen (Kol. 47.3–5): «Und die Stadt, die ich heiligen werde, daß ich daselbst meinen Namen wohnen lasse und meinen Tempel errichte, soll heilig sein und rein von allen unreinen Dingen, die sie beschmutzen könnten.» Fünf Zeilen weiter erneut die Ermahnung, «die Stadt» nicht zu beschmutzen, «in der ich mich niederlassen will» ... und noch einmal (Zeile 17,18) »... und mein Tempel und meine Stadt sollen nicht verunreinigt werden ... *mit den Häuten der Abscheulichkeiten*».

Damit wird ganz eindeutig befohlen, daß zum Transport der Nahrungsmittel keine Tierhäute benutzt werden dürfen, die nicht von rituell ordnungsgemäß geschlachteten Tieren stammen. Das Schlachten hat auf jeden Fall in der Tempelstadt selbst zu geschehen. Der Autor der Schriftrolle äußert sich unmißverständlich:

> Keine Haut reiner Tiere, die in ihren Städten geschlachtet worden sind, darf in die Tempelstadt gebracht werden; in ihren Städten aber können sie damit alles machen, wessen sie bedürfen; in die Tempelstadt aber dürfen keine derartigen Tierhäute gebracht werden.

In einer erklärenden Passage hört man die Kontroverse deutlich heraus:

> Denn den Gesetzen über die Reinheit des Fleisches unterliegen auch die Tierhäute. Wenn ein Tier in meinem Tempel geschlachtet wurde, dann ist die Haut dieses Tieres rein für meinen Tempel; wenn aber in den anderen Städten geschlachtet wird, dann ist es nur für die anderen Städte rein. Und alle Reinheit des Tempels [d. h. die Opfergaben] darf nur in Tempelhäuten gebracht werden.

Es ist sicherlich möglich, daß sich hinter dieser oft wiederholten strikten Anweisung ein materielles Interesse der Priester verbarg, weil die Bevölkerung dann solcherart reine Tierhäute kaufen mußte. Dies trifft im übrigen für viele Opferanweisungen zu, wie sie im Pentateuch niedergelegt sind. Sicher aber ist darin nicht der einzige Grund zu sehen. Da der Autor der Schriftrolle sich allerdings dazu nicht äußert, muß der eigentliche Grund aus seinen eigenen Rechtfertigungen erschlossen werden.

Damit kommen wir auf die Frage zurück, ob diese Vorschrift, für die es keine Vorlage im Text der Heiligen Schrift gibt, nur den Wunsch der Sekte, der der Verfasser des Schriftrollentextes angehörte, repräsentiert, oder ob hier vielleicht eine frühere Praxis vermutet werden darf, die später abgeschafft wurde. Wenn es eine solche Praxis gegeben hatte und dies in der Zeit der Abfassung der Schriftrolle noch bekannt war, dann wäre es verständlich, daß sie auf Wiedereinführung dieser Sitte bestand.

Eine unerwartete Parallele zum Erlaß des Verfassers

In der Tat existiert eine außerbiblische Quelle, in der sich Anklänge an das strikte Verbot finden, die Häute als unrein angesehener Tiere in die Tempelstadt zu bringen. In seinen «Jüdischen Altertümern» berichtet Josephus im zwölften Buch über Antiochos III. (den Großen), der von 223 bis 187 v. Chr. regierte. Dieser Herrscher aus dem Hause der Seleukiden erlitt im Jahre 217 v. Chr. in der Schlacht bei Raphia eine schwere Niederlage gegen den ägyptischen Ptolemäerkönig Ptolemaios IV. In dem nachfolgenden und schließlich erfolgreichen Versuch, sein Schicksal zu wenden, fand Antiochos die Unterstützung der Juden, und so bestand seine Dankbarkeit darin, den Juden zu gestatten, «nach den Gesetzen ihrer Väter» zu leben. Unter den Konzessionen, die Antiochos den Juden gewährte, führt Josephus u. a. auch eine auf, die an die Anweisung in der Schriftrolle erinnert:

> Weiterhin ließ er [Antiochos III.] auch im ganzen Reiche folgende Vorschriften zum Besten des Tempels bekannt machen: ... Niemand darf ferner Fleisch von Pferden, Maultieren, wilden oder zahmen Eseln, Pardeln, Füchsen, Hasen oder anderen Tieren, deren Genuß den Juden verboten ist, *in die Stadt einbringen, desgleichen auch die Häute dieser Tiere nicht einführen noch ein derartiges Tier in der Stadt halten*, sondern es dürfen nur die zu den Opfern verwendeten Tiere, durch deren Darbringung Gott versöhnt werden soll, in der Stadt vorhanden sein.

Die Ausführungen des Josephus beziehen sich auf Jerusalem, und aus seinen Worten geht die Heiligkeit der Tempelstadt eindeutig hervor. Er erwähnt sogar das Verbot, Häute von nicht für das Opfer vorgesehenen Tieren in die Stadt zu bringen. Der Text der Schriftrolle erweitert dieses in der Makkabäerzeit offenbar geltende Gesetz insofern, als das Verbot auch noch auf Tierhäute ausgedehnt wird, die von zwar reinen, aber außerhalb der Tempelstadt geschlachteten Tieren stammen.

Schlachten zum profanen Verbrauch und die Tempelstadt

Gewisse Restriktionen bezüglich des Schlachtens in der Tempelstadt und in ihrer Umgebung werfen noch zusätzliches Licht auf den Zweck, den unser Autor mit seinen Vorschriften verfolgt. Die wichtigste biblische Quelle für seine Verbote ist Deuteronomium 17.1, wo untersagt ist, «einen Ochsen oder Schaf zu opfern, das einen Fehl oder irgend etwas Böses an sich hat».

Das ist ein einzelner Vers, der sich weder auf den vorhergehenden noch auf den folgenden Text bezieht. Der Verfasser des Schriftrollentextes nimmt im Zusammenhang mit dem Verbot, solche fehlerhaften Tiere zu opfern, die Gelegenheit wahr, auf die kontroverse Frage der Restriktionen für das Schlachten von Tieren, auch wenn sie rein waren, zum profanen Zweck im oder um den Tempel herum einzugehen. Er verfolgt dabei offensichtlich das Ziel, vor allem die Gebiete außerhalb der Tempelstadt abzustecken, wo das Schlachten zur Fleischgewinnung fehlerfreier wie fehlerhafter Tiere erlaubt ist, wobei er wiederholt betont, daß innerhalb der Tempelstadt «das Fleisch eines Ochsen, eines Schafes oder einer Ziege nicht gegessen werden darf ... das nicht in meinen Tempel gelangen soll». Das bedeutet: Welches nicht im Tempel geschlachtet wurde. Hier wird also das Verbot ausgesprochen, Tiere zur Nahrungsgewinnung in oder nächst der Tempelstadt zu schlachten.

Erst nach dieser Anweisung führt der Autor der Schriftrolle die wesentlichen Gesetze über das erlaubte und unerlaubte Fleisch wie in Deuteronomium auf. In der für ihn typischen Weise zieht er verschiedene biblische Stellen aus Deuteronomium und Leviticus zum gleichen Thema zusammen, fügt zusätzliche Einschränkungen hinzu und versucht, Widersprüche in den Pentateuch-Quellen «aufzulösen».

Trächtige Tiere

Als Beispiel für sein Vorgehen sei das Gebot hinsichtlich trächtiger Tiere aufgeführt. Nachdem er das Verbot aus Deuteronomium zu fehlerhaften Tieren zitiert hat, wandelt er es folgendermaßen ab: «Und es sollen mir kein Rind oder Schaf oder Ziege geopfert werden, die trächtig sind, denn sie sind mir ein Greuel.» Im Unterschied zur rabbinischen Interpretation stellt der Verfasser eindeutig fest, daß trächtige Tiere in die gleiche Kategorie einzuordnen sind wie Tiere «mit einem Fehl» und ihre Darbringung im Tempel daher «ein Greuel ist».

Dieses Verdikt ist von besonderem Interesse, da es ähnlich in den Schriften des Philo (De Virtutibus 137), der etwa ein Zeitgenosse des Josephus war, und auch in den später entstandenen Gesetzen der Karäer vorkommt. Für diese wurde es sogar zum zentralen Anliegen im Streit mit den «Rabbiniten», wie sie die anderen Juden nannten. Wie wichtig dieser Gesichtspunkt den Karäern war, geht aus einem Ehevertrag zwischen einer Frau, die der Sekte angehörte, und einem rabbinitischen Mann hervor. In diesem Vertrag wird ausdrücklich erwähnt, daß der Ehemann «das Fleisch eines trächtigen Tieres» nicht ins Haus bringen dürfe.

Reine Tiere

Die Verfügungen über «reine» Tiere, je nachdem, ob sie einen Fehler hatten oder nicht, legen detailliert fest, wo sie zu schlachten sind und wie sie verbraucht werden sollen. Ein «reines Tier mit Fehl» darf danach gegessen, nicht aber als Opfergabe dargebracht werden. Nur ein Tier ohne Fehl, d. h. ohne jede Verunstaltung, darf geopfert werden, und die Rolle legt fest, wann es zum Tempelopfer gemacht werden muß, und wann es zum Verzehr durch die Allgemeinheit geeignet ist:

> Ein reines Rind, Schaf oder Ziege dürfen in keiner Stadt geschlachtet werden, es sei denn in einer Entfernung von drei Tagesreisen. In meinem Tempel dagegen darf es geschlachtet und als Brandopfer dargebracht werden oder als Friedensopfer und dort soll man essen und sich vergnügen an dem Platz, den ich erwählen werde, um daselbst meinen Namen wohnen zu lassen. (Kol. 52.13–16)

Die reinen, aber fehlerhaften Tiere sind nach dem Text der Schriftrolle folgendermaßen zu behandeln:

> Und jedes reine Tier, das einen Fehl hat, das sollt ihr essen in euren Städten, dreißig Stadien vom Tempel entfernt in der Runde, doch es soll nicht in der Nähe meines Tempels geschlachtet werden, denn sein Fleisch ist faul.

Die beiden aufgeführten Fälle »rein und zum Opfer geeignet» und «rein, aber nicht ohne Fehl» sind Gegenstand komplizierter und einander widersprechender Gesetze im Pentateuch. Schon die alten Gelehrten hatten ihre Mühe mit dem «Harmonisieren» dieser Anweisungen, so daß sie damit leben konnten. In seiner Buchstabengläubigkeit ordnet der Autor der Schriftrolle an, daß das reine, aber fehlerhafte Tier nur außerhalb einer Bannmeile von dreißig Stadien (4 römische Meilen) geschlachtet werden darf; und wer ein reines Tier ohne Fehl im Umkreis von drei Tagesreisen besaß, war angewiesen, dieses Tier im Tempelbereich zu schlachten und als Brand- oder Friedensopfer darzubringen. (Bis auf einige Teile des Tieres wurde das Friedensopfer von Priestern und Opfernden verzehrt.) War dieses Tier jedoch zum profanen Verzehr vorgesehen, dann mußte sein Besitzer in einer Entfernung von drei Tagesreisen oder mehr vom Tempel wohnen.

Die Dreitagesfrist kehrt auch an einer anderen Stelle der Schriftrolle wieder, in der es um die Aufteilung des Zehnten geht. Sie hängt sicherlich mit Gottes Weisung bei Moses Auftritt vor Pharao, wie in Exodus 3.18 berichtet, zusammen: «So sollst du und die Ältesten in Israel hingehen zum Könige in Ägypten und zu ihm sagen: Der Herr, der Ebräer Gott, hat uns gerufen. So laß uns nun gehen drei Tagesreisen in die Wüste, daß wir opfern dem Herrn, unserm Gott.»

Alle Vorschriften zur Einzigartigkeit und Reinhaltung des Tempels waren folglich vom Autor der Schriftrolle so abgefaßt, daß die Entfernung von drei Tagesreisen eingehalten wurde. Zur absoluten Hervorhebung der Tempelstadt war schon vorher verfügt worden, daß in keinem anderen Ort etwas geschehen durfte, was mit der Tempelstadt hätte wetteifern können: «Es soll keine Stadt der Städte so rein sein wie meine Tempelstadt.»

Was nun das Schlachten reiner, aber fehlerhafter Tiere betrifft, so wird in der Schriftrolle angeordnet, daß diese Tiere zu schlachten oder ihr Fleisch zu verzehren nur in einer Entfernung von 30 Stadien erlaubt war. In der Periode des Zweiten Tempels war es allgemein üblich, ein Gebiet im Umkreis von dreißig Stadien einer Stadt zuzurechnen. Wir hatten bereits auf eine Verfügung über das Taubenfangen in der Mischna hingewiesen, derzufolge das Taubenfangen innerhalb der Bannmeile von dreißig Stadien um einen Ort untersagt war, und hatten bei diesem Anlaß darauf aufmerksam gemacht, daß für «Stadion» in der Mischna wie in der Schriftrolle das Wort «ris» verwendet wird, ein Indiz dafür, daß die Schriftrolle frühestens in der hellenistischen Epoche verfaßt worden sein kann.

Das Hauptverbot

Worauf es dem Verfasser unseres Textes vor allem ankam, war das Verbot profaner Schlachtung in der Tempelstadt. Darauf liegt das Hauptgewicht seiner Anweisungen, und sie alle führen dahin. Denn nachdem er angeordnet hat, daß verunstaltete reine Tiere innerhalb der Grenze von drei Tagesreisen nicht geschlachtet werden dürfen, und nachdem er den Umkreis bestimmt hat, innerhalb dessen Tiere geschlachtet werden dürfen, die nicht für den Altar geeignet sind, verfügt er weiter:

> Das Fleisch eines Rindes, eines Schafes oder einer Ziege darf in meiner Stadt, darin ich meinen Namen wohnen lasse, nicht gegessen werden, wenn es nicht in den Tempel gelangen darf; dort sollen die Tiere geschlachtet werden und mit dem Blut die Basis des Altars der Brandopfer besprengt werden, und ihr Fett soll brennen.

Das heißt eindeutig, daß in der Tempelstadt nur solches Fleisch verzehrt werden durfte, das von den im Tempel geschlachteten Tieren stammte. Gewöhnliches Fleisch durfte also in der Tempelstadt nicht genossen werden.

Das orthodoxe Judentum hat sich diesen Verfügungen nicht gebeugt. Der Bibelkommentator Nachmanides zum Beispiel erklärt zu dem Gebot Deuteronomium 12.21 über das Schlachten unter der Voraussetzung, daß «die Stätte fern von dir (ist), die der Herr, dein Gott, erwählet hat, daß er seinen Namen daselbst wohnen lasse»:

Auf dieser Übersichtskarte vom Gebiet des Toten Meeres und der Judäischen Wüste sind die Fundorte von Schriftrollen und anderen Dokumenten markiert: Qumran mit den wichtigsten Höhlen, die Bar-Kochba-Höhlen und Masada. Die Lage von Qumran entspricht den Angaben des Plinius hinsichtlich der Essener-Siedlung.

Der «Davidsturm» und die westliche Stadtmauer von Jerusalem: Blick von Westen (© David Harris).

Der herodianische Tempel, rekonstruiert von dem verstorbenen Prof. M. Avi-Yonah. Das abgebildete Modell befindet sich in den Gärten des Holyland Hotels in Jerusalem.

Blick aus einer der Höhlen auf Qumran und das Tote Meer (© David Harris).

Der Ausdruck ‹zu weit, fern› sollte nicht so verstanden werden, daß gewöhnliches Fleisch nur in der gebotenen Entfernung vom Tempel gegessen werden durfte, denn dann müßte gewöhnliches Fleisch für die Bewohner von Jerusalem verboten sein.

Bestimmte Kreise unter den Karäern vertraten jedoch den gleichen Standpunkt wie der Autor der Schriftrolle, und nach ihren Gesetzen war es tatsächlich verboten, in oder in der unmittelbaren Umgebung von Jerusalem Fleisch zu verzehren. In einer Schrift dieser Sekte heißt es dazu:

Ihr sollt wissen, daß es verboten ist, in Jerusalem [in einer Randnotiz wird hinzugefügt ‹in der Zeit des Exils›] und seiner nächsten Umgebung Vieh zu schlachten, weil das Schlachten nur zur Opferdarbringung erlaubt ist, nicht aber für den profanen Verbrauch. Wer in der gegebenen Entfernung zu diesem Ort wohnt, dem ist es erlaubt.

Und in den Eheverträgen zwischen Sektenmitgliedern und «rabbinitischen» Partnern heißt es bisweilen wörtlich: «Der rabbinitische Partner verpflichtet sich, in Jerusalem das Fleisch von Rind oder Schaf solange nicht zu verzehren, als bis Gottes Altar dort errichtet ist.»

VI. TEIL

DIE STATUTEN DES KÖNIGTUMS

19. Die königliche Garde, der Rat und die königliche Gemahlin

Zu den ungewöhnlichsten und provokativsten Texten der «Thora-Ergänzung» in unserer Schriftrolle gehören vier Kolumnen (56–59) eines Gesetzeskodex, dem ich den Titel «Statuten des Königtums» gegeben habe. Abgesehen davon, daß ihr Inhalt bereits für sich genommen hochinteressant ist – er umfaßt viele Themen von der militärischen Organisation bis zu Polygamie, Scheidung und Todesstrafe –, spiegeln sich darin die politischen Verhältnisse der Zeit wider, in der der Text verfaßt oder zumindest endgültig redigiert wurde. Darüber hinaus gibt es direkte Bezüge zu einigen der Lehren des Christentums.

Für eine solche «Thora-Ergänzung», in der Gott in der ersten Person Singular spricht, liegt, wie ich glaube, der gleiche Grund vor, der die Ergänzung hinsichtlich des Tempels bewirkte: Die «Thora» zu diesen Gebieten fehlt in der Bibel oder ist schwach entwickelt. Ich bin überzeugt, daß der Autor meinte, diese Teile des «Gesetzes» seien ursprünglich vorhanden gewesen, dann aber verloren gegangen und nun ihm von Gott offenbart worden.

Im Unterschied zu seiner Tempel-Thora bewegt sich der Verfasser in der Frage der Königsstatuten auf sicherem Terrain, denn es gibt im Pentateuch Hinweise, daß zu diesem Thema der Königsstatuten einmal eine «Thora» vorhanden gewesen ist. Mit ihrer «Offenbarung» war dem Autor eine Gelegenheit gegeben, die Lehrmeinung seiner Sekte gezielt zu unterstreichen – und diese Gelegenheit nahm er wahr.

Als wichtigste biblische Quelle stützt er sich auf einen kurzen Text in Deuteronomium 17.14–20 über das künftige Königtum im Verheißenen Land:

Wenn du ins Land kommst, das dir der Herr, dein Gott, geben wird und nimmst es ein und wohnest drinnen und wirst sagen: Ich will einen König über mich setzen, wie alle Völker um mich her haben, so sollst du den zum König über dich setzen, den der Herr, dein Gott, erwählen wird.

Diesem Anfang sind ein paar kurze Vorschriften angefügt, die sich nur mit einigen Aspekten des Königtums befassen. Der Autor des Schriftrollentextes setzt das Deuteronomium-Zitat an den Beginn dieses Abschnitts, allerdings nicht ohne gewisse typische Eingriffe. Doch bevor wir näher darauf eingehen, muß noch eine zweite biblische Quelle, auf die sich unser Verfasser stützt, genannt werden. Sie verweist auf die Existenz einer Thora über das Königtum: «Samuel aber sagte dem Volk alle Rechte des Königreichs und schrieb's in ein Buch und legte es vor den Herrn.» (1. Samuel 10.25)

Worin bestanden nun die Statuten und Verordnungen über das Königtum, die in der Heiligen Schrift nur flüchtig erwähnt werden?

Die Zweite Thora

Einige der Veränderungen, die der Verfasser dem Deuteronomium-Text angedeihen läßt und die also von dem uns überlieferten masoretischen Text abweichen, sind in Form von Glossen angefügt, d. h. Bemerkungen, die den Text erläutern. Wenn es zum Beispiel Deuteronomium 17.16 heißt, daß der König nicht veranlassen dürfe, «daß das Volk nach Ägypten zurückkehrt», so fügt unser Autor erläuternd hinzu, «um Krieg zu führen».

Andere Veränderungen greifen allerdings fundamentaler in den masoretischen Text ein. Als typisches Beispiel hierfür sei Deuteronomium 17.18 genannt, wo der masoretische Text besagt: «Und wenn er nun sitzen wird auf dem Stuhl seines Königreichs, so soll er dies andere Gesetz von den Priestern, den Leviten, nehmen und auf ein Buch schreiben.»

Statt des «dies andere Gesetz nehmen und auf ein Buch schreiben», sagt der Schriftrollentext: «Sie sollen für ihn das Gesetz in ein Buch schreiben.» Um diese Änderung in ihrer vollen Tragweite zu begreifen, ist eine kurze Hintergrundinformation zum hebräischen Text notwendig. Im Hebräischen heißt dieses «andere Gesetz» «Mischne Ha'Torah». In der griechischen Übersetzung, der Septuaginta, wurde daraus «Das zweite (oder andere) Gesetz», die wörtliche Bedeutung von «Deuteronomion» (Deuteronomium), der Titel, den das gesamte 5. Buch Mose in vielen Bibelübersetzungen erhielt. In der hebräischen Bibel wird es jedoch nicht so genannt, dort heißt es «Devarim», hebräisch für «Worte» (in der Bibelübersetzung von Buber/Rosenzweig «Das

Buch Reden»). In einigen der alten jüdischen Quellen wird das 5. Buch Mose aber auch «Mischne Ha'Torah» genannt, was man mit «das zweite Gesetz» oder «Kopie des Gesetzes» wiedergeben kann («Doppel der Weisung» bei Buber/Rosenzweig).

Damit kommen wir auf die Version der Schriftrolle für Deuteronomium 17.18 zurück: «Und wenn er auf dem Thron seines Königreiches sitzt, sollen sie für ihn das Gesetz in ein Buch schreiben.» Und wenig später: «Und dies ist das Gesetz (Thora), das sie für ihn schreiben sollen.» Darauf folgt die wesentliche «Thora-Ergänzung» mit den Königsstatuten.

Der Verfasser des Schriftrollentextes befiehlt also nicht nur aus dem Munde Gottes, daß die levitischen Priester für den König das Gesetz aufschreiben sollen – anstatt daß er es selbst tut –, sondern er läßt auch die Worte «zweites» oder «Kopie» bzw. «Doppel» weg. Wäre sein Text als der authentische Originaltext akzeptiert worden, dann wäre die Bezeichnung «Deuteronomium» für das 5. Buch Mose im Pentateuch niemals in Gebrauch gekommen, und es hätte auch keinen seit Urzeiten anhaltenden Gelehrtenstreit darüber gegeben, ob sich das «zweite Gesetz» auf den gesamten Pentateuch, lediglich auf das 5. Buch Mose oder nur auf Kapitel 17 bezieht.

Die Wortwahl des Schriftrollentextes ist insofern von fundamentaler Bedeutung, als der Verfasser damit deutlich die Königsstatuten nicht als «Doppel» bezeichnen wollte, sondern als das ursprüngliche Gesetz. Darum setzt er auch expressis verbis hinzu: «Und dies ist das Gesetz, das sie für ihn schreiben sollen.»

Nach Ansicht unseres Verfassers gab es kein «zweites Gesetz», und so wollen wir ihm nun beim Aufsetzen des «originalen» Gesetzes folgen, das die levitischen Priester aufgrund ihrer alten Tradition für den König verfaßten und worin seine Pflichten sowie die allgemeinen Verordnungen über das Königtum niedergelegt waren.

Die militärische Organisation und die königliche Garde

«Am Tage, da er König wird», hat der Herrscher zwei Pflichten zu erfüllen: Er muß einen Zensus in allen Städten Israels anordnen, bei dem alle männlichen Personen zwischen zwanzig und sechzig gemäß ihrer Zugehörigkeit zu den Regimentern erfaßt werden, und er muß Offiziere für die Tausendschaften, Hundertschaften, Fünfzigerschaften und Zehnerschaften ernennen. Bemerkenswert daran ist nicht nur die Tatsache, daß es sich um die allererste Aufgabe des Königs handelt, sondern auch, daß er die Ernennung der

Offiziere selbst vorzunehmen hat. Es handelt sich sogar um ein königliches Vorrecht, das wohl auf 1. Samuel 8.12 zurückgeht: «und zu Hauptleuten über tausend und über fünfzig wird er machen...» (So warnte der Prophet anläßlich der Forderung des Volkes nach einem König.) Die Ausführung unter David erfahren wir 2. Samuel 18.1: «Und David ordnete das Volk, das bei ihm war, und setzte über sie Hauptleute, über tausend und über hundert.» Soweit bewegt sich der Autor unseres Textes also auf sicherem biblischem Boden.

Ungewöhnliche Züge tragen seine Anordnungen jedoch in bezug auf die Zusammensetzung der königlichen Garde. Auch dafür finden sich zwar an mehreren Stellen in der Bibel Vorlagen, aber ich bin dennoch der Meinung, daß die Organisationsform dieser Truppe und die Bedeutung, die man ihr im Schriftrollentext zuweist, die politischen Zustände der Zeit wiedergeben, in welcher der Text verfaßt wurde.

Die Garde soll danach aus 12000 «ausgewählten» Männern bestehen, 1000 aus jedem der zwölf Stämme. Ihre Aufgabe – und damit wird bereits der politische Hintergrund deutlich – soll darin bestehen, den König zu beschützen, damit er nicht in die Hände fremder Völker fällt. Das wird ausdrücklich hervorgehoben im folgenden Statut: «Und sie sollen stets um ihn sein, Tag und Nacht. Sie sollen ihn vor allen Sünden bewahren und vor einem fremden Volk, auf daß er nicht in dessen Hände falle.» (Kol. 57) Noch wichtiger aber sind die Eigenschaften, die von diesen Soldaten gefordert werden. Sie sollen «Männer der Wahrheit sein, gottesfürchtig, unrechten Gewinn verabscheuen und mächtige Kriegsleute sein». Steht zu hoffen, daß es damals viele solcher Männer gegeben hat, die alle vier Tugenden zugleich aufwiesen. Die Zahl der Gardesoldaten geht offenbar auf Numeri 31.3–5 zurück, obwohl sich dieser Text natürlich auf eine ganz andere Epoche bezieht:

> Da redete Moses mit dem Volk und sprach: Rüstet unter euch Leute zum Heer wider die Midianiter, daß sie den Herrn rächen an den Midianitern, aus jeglichem Stamm tausend ... und sie nahmen aus den Tausenden Israels je tausend eines Stammes, zwölf tausend gerüstet zum Heer.

Was den Charakter der Gardesoldaten anbelangt, so geht der Verfasser auf die Ratschläge zu Organisation und Administration ein, die Jethro seinem Schwiegersohn Moses (Exodus 18.21–25) erteilt: «Siehe dich aber um unter allem Volk nach redlichen Leuten, die Gott fürchten, wahrhaftig und dem Geiz (Habsucht) feind sind; die setze über sie ... Moses gehorchte seines Schwähers (Schwiegervater) Wort ... und erwählte redliche Leute aus ganz Israel...»

Die Auswahlkriterien für die Garde gehen jedoch nicht nur auf den Rat des Jethro zurück. Hier wird zwischen den Zeilen Kritik an den Zuständen des

Landes zur Zeit, da die Schrift abgefaßt wurde, laut. In diesem Zusammenhang soll erneut Josephus mit seinem Urteil über einige der Hasmonäerkönige als Gewährsmann herangezogen werden. Johannes Hyrkanos I., jener König, der die Ringe im Schlachthaus des Tempels eingeführt hatte, war «der erste der Juden, der sich eine Armee von Söldnern hielt» (Jüd. Altertümer 13.249) und sein Sohn Aristobulos I. «setzte sich als erster das Diadem aufs Haupt» (13.301) und ernannte sich, bereits Hoherpriester, kraft eigener Entscheidung zum König. Auch bei ihm betont Josephus die Rolle der Söldnertruppen, übrigens im gleichen Buch der Jüdischen Altertümer, in dem er zum ersten Mal die Essener nennt und über einen gewissen Judas von den Essenern berichtet, «der niemals fälschlich redete in seinen Weissagungen» (13.311)

Sieht man unseren Text vor dem Hintergrund solcher Ereignisse, so werden die Forderungen nach Integrität verständlicher. Im Licht der in der Schriftrolle formulierten Sorge, der König könne in die Hände eines fremden Volkes fallen, können wir Josephus' Aussagen über die Persönlichkeit und das Schicksal des Alexander Jannäus neu verstehen. Im Jahre 103 v. Chr. folgte er seinem Bruder Aristobulos auf den Thron. Einige Wissenschaftler bringen bestimmte Kommentare in den Qumran-Schriften mit Ereignissen und Vorfällen in Verbindung, in die er während seiner achtundzwanzigjährigen Regierung verwickelt oder für die er verantwortlich war. «Jannäus hat fremde Truppen aus Pisidien und Kilikien unterhalten, weil er Syrer nicht verwenden konnte, da er mit ihnen im Krieg lag» (13.374), und in einer Auseinandersetzung mit dem Nabatäer-König Obodas geriet Jannäus in einen Hinterhalt, «konnte kaum sein eigenes Leben retten, floh und kam nach Jerusalem» (13.375).

Ich behaupte keineswegs, daß der Autor der Schriftrolle genau diese Ereignisse vor Augen hatte, als er seine Forderungen aufstellte, aber ich glaube, daß gerade Ereignisse *wie* diese aus der frühen Hasmonäerzeit ihn beeinflußten. Wir hatten bereits Hyrkanos und die Einführung der Ringe im Schlachthof des Tempels erwähnt. Das war die Periode in der zweiten Hälfte des zweiten Jahrhunderts v. Chr., als der Tempel erneuert wurde und erbitterte Auseinandersetzungen um Ritual, Einrichtung und Architekturfragen tobten.

Die Hohenpriester aus dem Hasmonäer-Haus strebten nach mehr Macht und nach der Königswürde und umgaben sich mit fremden Söldnern. Damit verhielten sie sich wie alle anderen Könige im Vorderen Orient auch, die sich unter Fremden sicherer fühlten, weil diese sich nach ihrer Auffassung weniger leicht in Intrigen verwickeln ließen. Möglicherweise wollte unser Autor dieser Praxis, die ihre Anfänge wohl kurz nach dem ersten Erfolgen der Makkabäer hatte, mit der Forderung ein Ende machen, daß die Garde nur aus Kindern Israels und Männern größter persönlicher Integrität bestehen sollte.

Der Rat

Den Anweisungen über die Leibwache oder königliche Garde folgen Vorschriften über Einsetzung, Struktur und Funktion eines königlichen Rats. Dabei handelt es sich jedoch nicht um Fingerübungen in öffentlicher Verwaltungstheorie, sondern der Autor verfolgt einen einzigen Zweck: die Macht des Königs zu beschneiden. Der König sollte sich den Entscheidungen dieses Rats unterwerfen, in dem für die Priester und Leviten die Mehrheit vorgesehen war. Nach meiner Auffassung paßt eine solche Anordnung wieder am besten in die Zeit, da die hasmonäischen Amtswalter auf die absolutistische Monarchie zustrebten und sich als Herrscher weitgehend unabhängig von Priestern und Tempel-Establishment zu machen versuchten.

Über diesen Rat und den Status des Königs erfahren wir aus der Schriftrolle:

> Und die zwölf Führer seines Volkes sollen mit ihm sein, und aus den Priestern zwölf und aus den Leviten zwölf. Sie sollen zusammensitzen mit ihm bei der Urteilsfindung und die Bestimmungen des Gesetzes darlegen, auf daß sein Herz sich ihnen gegenüber nicht erkühne und über sie erhebe und daß er nichts unternehme, es sei denn mit ihrem Rat. (Kol. 57.11–15)

Die Erwähnung der «zwölf Führer seines Volkes» erinnert an Numeri 1.44: «Dies sind, die Moses und Aaron zähleten samt den zwölf Fürsten Israels, deren je einer über ein Vaterhaus war.» Zwölf Führer aus dem Laientum sollten also gemeinsam mit zwölf Priestern und zwölf Leviten in einer beratenden Versammlung sitzen und gemeinsam mit dem König Entscheidungen treffen, auf daß sich nicht «sein Herz über sie erheben könnte».

Diese letzte Wendung findet ihre Entsprechung in Deuteronomium 17.20 über die Inthronisation des Königs: «Er soll sein Herz nicht erheben über seine Brüder.» Sicher geschah es nicht aus Unachtsamkeit, daß der Autor der Schriftrolle «seine Brüder» durch «sie» ersetzte und damit den Rat bezeichnete.

Wer hatte nun über Krieg oder Frieden zu beschließen? Kolumne 58 ist ausschließlich militärischen Angelegenheiten gewidmet, und dort wird deutlich unterschieden zwischen dem, was die rabbinischen Weisen «einen Krieg der Pflicht» und einen «Krieg der Wahl» nannten. Dort kommt eine Anweisung vor, nach der dem König die Befugnis erteilt wird zu mobilisieren, wenn dem Land durch eine Invasion Gefahr droht. Plant er hingegen einen Krieg «nach seiner Wahl», so muß er die Zustimmung des Hohenpriesters einholen.

> Er soll nicht hinausziehen, bevor er vor den Hohenpriester getreten ist. Dieser soll den Rat einholen von Urim und Tummim. Nur nach seinem Wort darf er hinauszie-

hen, und dann sollen er und das ganze Volk Israel mit ihm hinausziehen, aber er darf nicht hinausziehen allein nach dem Ratschluß seines Herzens.

Hier, wo es darum geht, die Macht des Königs einzuschränken, ohne Bedrohung von außen militärisch aktiv zu werden, zieht der Autor auf seine typische Art eine biblische Textstelle heran, in der es um etwas ganz anderes geht, nämlich um die Einsetzung Josuas zum Anführer Israels (Numeri 27.21).

Und er soll treten vor den Priester Eleasar, der soll für ihn ratfragen durch die Weise des Lichts (Urim) vor dem Herrn. Nach desselben Mund sollen aus und ein ziehen er und alle Kinder Israel mit ihm und die ganze Gemeine.

Um noch einmal auf die Zusammensetzung des Rates zurückzukommen: Die Tempelrolle ist das früheste jüdische Dokument, in dem der Zahl 36 eine besondere Bedeutung zukommt. Sie könnte auch die Zahl der Mitglieder des Sanhedrin beeinflußt haben, der aus 71 Mitgliedern bestand, wobei dort eine Mehrheitsentscheidung von 36 Stimmen gegen 35 erforderlich war, um rechtsverbindliche Edikte zu beschließen. Im späteren Judentum sagt einer der Weisen in Auslegung eines Jesaja-Wortes: «Die Welt darf in jeder Generation nicht weniger als sechsunddreißig gerechtfertigte Männer enthalten, denen gewährt ist, das Angesicht der Schechina [sichtbarer Ruhm Gottes] zu schauen.»

Die königliche Gemahlin

Zu den interessantesten Vorschriften unter den Statuten des Königtums gehören diejenigen, die die königliche Gemahlin betreffen. Sie folgen unmittelbar auf die Anweisungen für den Rat. Der Text der Schriftrolle kennt eine Verpflichtung und zwei Verbote: Der König darf keine Andersgläubige ehelichen, und er kann auch nicht irgendeine Israelitin zur Frau nehmen, sondern sie muß aus dem Stamme seines Vaters kommen. Bigamie und Scheidung sind verboten.

Die erstgenannte Verfügung befindet sich in vollem Einklang mit anderen jüdischen Traditionen: Sowohl andere Sekten wie die rabbinische Lehre hielten an dem Verbot fest, eine Andersgläubige, d. h. eine «Heidin» zu ehelichen. Die Einschränkung auf den eigenen Stamm und die eigene Familie steht dagegen im Widerspruch zum später kanonisierten rabbinischen Gesetz. Das Verbot von Bigamie und Scheidung ist für unser Verständnis christlicher Anschauungen von besonderem Interesse. Doch zunächst der Text (Kol. 57.15–19):

Und er soll nicht eine Tochter aus allen Töchtern der Völker nehmen, sondern von seines Vaters Haus soll er sich ein Weib nehmen, aus der Familie seines Vaters. Und er soll auch keine andere Frau neben ihr haben, sondern sie allein soll bei ihm sein alle Tage ihres Lebens. Sollte sie aber sterben, dann darf er eine andere Frau aus dem Haus seines Vaters, aus seiner Familie nehmen.

Das Verbot einer Heirat mit einer «Heidin» basiert auf der ausdrücklichen Anweisung in der Bibel (Deut. 7.3): «Und du sollst dich mit ihnen nicht befreunden: Eure Töchter sollt ihr nicht geben ihren Söhnen, und ihre Töchter sollt ihr nicht nehmen euren Söhnen.» Der Autor der Schriftrolle fügt es nun aber auf der Grundlage von Nehemia 13.25 in diese Passage ein, offensichtlich, um einer Sitte, die zu seiner Zeit gang und gäbe war, entgegenzutreten, wie es Nehemia in der Frühzeit der Epoche des Zweiten Tempels getan hatte:

Und ich schalt sie und fluchte ihnen und schlug etliche Männer und raufte sie und nahm einen Eid von ihnen bei Gott: Ihr sollt eure Töchter nicht geben ihren Söhnen noch ihre Töchter nehmen euren Söhnen oder euch selbst.

Nehemia bringt auch eine Erläuterung:

Hat nicht Salomo, der König Israels, daran gesündiget? Und war doch in vielen Heiden kein König ihm gleich. Und er war seinem Gott lieb, und Gott setzte ihn zum Könige über ganz Israel; dennoch machten ihn die ausländischen Weiber sündigen. (Neh. 13.26)

Eine Frau aus dem Hause des Vaters

Die Anordnung, daß die Königin aus der Familie des Königs kommen müsse, ist zweifellos polemisch gemeint. Im Gegensatz dazu sieht das Gesetz der Rabbinen, wie in Tosefta Sanhedrin 4.2 zum Ausdruck kommt, die Auswahl der Königin aus den Töchtern der Priester, Leviten oder Israeliten, d.h. innerhalb des gesamten Volkes vor.

Der Verfasser unseres Textes griff in seiner Formulierung offensichtlich auf die am weitesten zurückliegende Vergangenheit zurück, da er Abrahams Anweisungen an seinen Diener, dem Sohn Isaak ein Weib zu suchen, als Quelle benutzte. Genesis 24.37,38: «Du sollst meinem Sohn kein Weib nehmen von den Töchtern der Kanaaniter, in deren Land ich wohne ... sondern zieh hin zu meines Vaters Hause und zu meinem Geschlecht. Daselbst nimm meinem Sohn ein Weib.»

In der Verfügung der Schriftrolle zur Wahl der Königin mögen sich erneut die Zeitläufe unter der priesterlichen Herrschaft der Hasmonäer oder Makkabäer spiegeln. Zum Hohenpriester ergeht (Leviticus 21.14) die Anweisung:

«... eine Jungfrau seines Volkes soll er zum Weibe nehmen.» Die Rabbinen verstanden unter «seines Volkes» das Volk der Israeliten. Merkwürdigerweise aber fährt die Septuaginta nach dem Wort «Jungfrau» «seiner eigenen Familie» fort. So interpretiert auch Josephus. Diese Auslegung geht auf die unterschiedliche Übersetzung des hebräischen Wortes zurück, das im Deutschen «seines Volkes» («seinen Volksleuten» bei Buber/Rosenzweig) wiedergegeben ist, das aber zugleich «seines Vaters Familie» heißen kann, und so hat es der Verfasser des Schriftrollentextes verstanden.

Wenn wir im übrigen in die Zeit Aarons als Hoherpriester zurückgingen, schiene uns, daß das Gebot der Schriftrolle für den König strenger sei als das für den Priester, denn Aaron aus dem Stamme Levi heiratete «Eliseba, die Tochter Amminadabs», die aus dem Stamme Juda kam (Exodus 6.23).

Bigamie und Scheidung

Unzweideutig wird im Text der Schriftrolle das Verbot von Bigamie und Scheidung festgeschrieben mit den Worten, daß die königliche Gemahlin nur nach ihrem Tode eine Nachfolgerin finden kann. Warum der Verfasser zu dieser Anweisung kam, läßt sich wohl am ehesten verstehen, wenn man seine Anordnung mit anderen Schriften der Qumran-Sekte vergleicht und außerdem die Beziehung zu den rabbinischen Gesetzen und – zum Neuen Testament herstellt.

Wiederum bildete auch bei diesem Thema der Pentateuch die Quelle. Leviticus 18.18 verfügt: «Du sollst auch deines Weibes Schwester nicht nehmen neben ihr, ihre Blöße aufzudecken, ihr zuwider, weil sie noch lebt.» Die «Schwester» der Bibel wird in der Schriftrolle nicht als Blutsschwester betrachtet, sondern als Frau schlechthin, der Autor versteht also «Schwester» als Geschlechtsbezeichnung, so daß der König neben seiner Ehefrau keine zweite nehmen darf, solange die erste noch am Leben ist. Die Rabbinen verstanden das biblische Gebot im heutigen Sinne wörtlicher und sahen die Schwester als leibliche Schwester der Ehefrau an, so daß ihr Verbot wirklich der Schwesterheirat gilt, nicht aber der Heirat einer Nicht-Verwandten.

Bezeichnenderweise vertraten die Karäer den gleichen Standpunkt wie die Schriftrolle, möglicherweise unter dem Einfluß der Rollen, die im Mittelalter entdeckt wurden. So schreibt Tobias ben Elieser im 11. Jahrhundert in einer Streitschrift gegen die Karäer: «Wie groß ist der Irrtum der Karäer, wenn sie den Satz ‹du sollst auch deines Weibes Schwester nicht nehmen› in Leviticus auf zwei Frauen beziehen! Aus der Bibel geht klar hervor, daß die Israeliten gewöhnlich zwei, jedoch nicht miteinander verwandte, Frauen heirateten!»

Eine Parallele im «Damaskus-Dokument»

Ein ähnliches Thema kommt im «Damaskus-Dokument», einer Schrift, die Ähnlichkeiten mit unserer Schriftrolle aufweist und vielleicht von ihr beeinflußt wurde, zur Sprache. Diese Passage führte zu einer seit Jahrzehnten anhaltenden wissenschaftlichen Kontroverse. Durch die Tempelrolle dürfte dieser Streitfall nun ein für allemal beendet sein.

Im «Damaskus-Dokument» heißt es:

> Sie [die Gegner der Sekte] sind von zwei Dingen gefangen: von Hurerei, denn sie nehmen zwei Frauen während ihrer Lebenszeit; es ist aber von dem Gebot [Genesis 1.27] auszugehen ‹und schuf sie einen Mann und ein Weib›. Und jene, die in die Arche gingen, waren ‹zwei und zwei›. (Genesis 7.9)

Kritisch und umstritten ist «ihre Lebenszeit». Es erhob sich die Frage, wessen Lebenszeit hier gemeint war, die des Mannes oder die der Frau. «Ihre Lebenszeit» ist im Hebräischen ein Wort, und im Damaskus-Dokument wurde der Begriff maskulin definiert. Viele Wissenschaftler vertraten die Ansicht, daß darin ein Schreibfehler zu sehen sei und die feminine Endung stehen sollte (Chajehen statt Chajehem), d.h. also: während der Lebenszeit der Frau und nicht der des Mannes. Die Gegner dieser These halten an der Richtigkeit der maskulinen Endung fest und beziehen die Lebenszeit folglich auf den Mann, was bedeuten würde, daß nach diesem Text nicht nur die Scheidung möglich war, sondern daß der Mann wieder heiraten durfte, wenn er geschieden oder die Frau gestorben war. Weder die eine noch die andere Seite konnte bisher den Gegenbeweis antreten. Die Tempelrolle setzt der Argumentation nun feste Grenzen. Damaskus-Dokument und Tempelrolle bedeuten «während der Lebenszeit der Frau», und beide verbieten Bigamie und Scheidung.

Die Lehrmeinung der Rabbinen

Wir hatten bereits angedeutet, daß das Verbot, selbst der König dürfe nicht mehr als eine Ehefrau nehmen, wie es in Tempelrolle und Damaskus-Dokument ausdrücklich angeordnet wird, sich im Widerspruch befindet zur rabbinischen Lehrmeinung, die dem König nicht weniger als achtzehn Frauen zugestand! Zum Gebot Deuteronomium 17.17, daß der König «nicht viel Weiber nehmen soll, daß sein Herz nicht abgewandt werde», enthält die Mischna folgenden Kommentar: «Noch soll er für sich selbst immer mehr Weiber nehmen – nur achtzehn. Rabbi Juda sagt: «Er mag nehmen so viele er will, solange sein Herz dadurch nicht abgewandt wird» (Traktat Sanhedrin 2.4), und Tosefta Sanhedrin 4.5 räumt ein: «Er soll nicht mehr Weiber wie Jesebel nehmen, aber Weiber wie Abigail (eine der Frauen Davids) sind erlaubt, sagt Rabbi Juda.»

Hier tat sich also eine fundamentale Kluft auf. Die Rabbinen und damit das orthodoxe Judentum vertraten die Auffassung und setzten sie in die Praxis um, daß jeder Mann, auch der König, mehr als eine Frau ehelichen konnte. Bei der Zahl achtzehn wurde König David zum Vorbild genommen. (Man stelle sich vor, es wäre Salomo gewesen!) Die Sekte vom Toten Meer aber hielt auf strikte Monogamie für den König wie den einfachen Mann und verbot die Scheidung.

Die christliche Lehrmeinung

Die Verordnungen der Tempelrolle zu Bigamie und Scheidung sowie die Argumente des Damaskus-Dokuments auf der Basis der zitierten Genesis-Stellen «und schuf sie einen Mann und ein Weib» und «zwei bei zwei (gingen sie in die Arche)» erinnern an Jesusworte zum gleichen Thema, die im Christentum fundamentale Bedeutung erhielten, namentlich in der katholischen Kirche. Die Haltung Jesu geht aus Matthäus 19.3–9 und Markus 10.2–9 hervor, und es lohnt sich, beide Stellen mit den entsprechenden Passagen in der Tempelrolle und im Damaskus-Dokument zu vergleichen. Im Markus-Evangelium heißt es: Als die Pharisäer Jesus fragten, ob es mit dem Gesetz in Einklang stehe, wenn sich ein Mann von seiner Frau scheiden lasse, habe er geantwortet: «Von Anfang der Kreatur hat sie Gott geschaffen einen Mann und ein Weib. Darum wird der Mensch seinen Vater und seine Mutter lassen und wird seinem Weibe anhangen und werden sein die zwei ein Fleisch... Was denn Gott zusammengefügt hat, soll der Mensch nicht scheiden.«

In Anbetracht der entsprechenden Verordnungen in der Tempelrolle und im Damaskus-Dokument ist nicht mehr von der Hand zu weisen, daß es lange vor Jesu Geburt also innerhalb des Judentums ein Gesetz gab, das Bigamie und Scheidung verbot und das zweifellos Einfluß auf das frühe Christentum ausübte.

Aufschlußreich für die Verbindung zum Christentum ist weiterhin die Tatsache, daß die Pharisäer im 1. Jh. v. Chr. zweierlei Standpunkte zur Scheidung vertraten. Die liberale Schule des Hillel gestand dem Mann die Scheidung aus jeglichem Grund zu, sogar wegen eines verdorbenen Essens! Die strengere Schule des Schammai erlaubte die Scheidung nur, wenn der Mann seine Frau der Unkeuschheit überführen konnte. Und genauso reagiert

Jesus gegenüber den Pharisäern im Matthäus-Evangelium (19.9): «Es sei denn um der Hurerei willen.» Matthäus vertritt also die Lehrmeinung der Schule des Schammai, Markus, die der Tempelrolle und des Damaskus-Dokuments.

Mobilmachung

Einen äußerst wichtigen Bereich der Königsstatuten habe ich für den Schluß aufgehoben, denn bei der Darlegung dieses Themas kann ich meine persönlichen Gefühle nicht verbergen, obwohl sie natürlich ohne jede wissenschaftliche Bedeutung sind. Es handelt sich um die Anweisungen zu den Pflichten des Königs für den Fall, daß das Land Israel in Gefahr ist, überfallen zu werden (also nicht um den bereits erwähnten «Krieg nach eigener Wahl»).

Kurz nach dem Sechstage-Krieg im Juni 1967 nahm ich die Instruktionen für den König vor und vertiefte mich in die Anweisung für den Fall, daß das Land in Gefahr war. Es stellte sich heraus, daß Umfang und Ausmaß der Mobilmachung der Größe der Gefahr zu entsprechen hatten.

Israel hatte sich in den sechs Tagen hervorragend geschlagen, und das Land war in Siegesstimmung, als ich meine Studien wieder aufnahm. Vor dem ersten Schuß war die Stimmung jedoch ganz anders gewesen. Ägypten begann plötzlich, Truppen auf dem Sinai zu konzentrieren, die von Tag zu Tag Verstärkung erhielten, während unsere Südgrenze immer mehr gefährdet war. In Israel herrschte eine gespannte Lage. Wir sind ein kleines Land mit wenigen Menschen, deren Zahl von unseren potentiellen Feinden um ein Vielfaches übertroffen wird. Wir können uns aufgrund der Bevölkerungszahl keine riesige stehende Armee leisten. Unsere Verteidigung beruht faktisch auf dem Prinzip der Volksmiliz: Eine kleine Berufsarmee wird von Reservisten unterstützt. Die Bevölkerung wird, soweit sie körperlich dazu in der Lage ist, im Ausnahmefall mobilisiert.

Als die Krise damals nahte, die feindliche Macht wuchs und sich unseren Toren näherte, nahm auch der Druck zu, unsere Reservisten mobil zu machen, um der wachsenden Gefahr zu begegnen. Ich glaube nicht, daß ich militärische Geheimnisse preisgebe, wenn ich hier erkläre, daß die Maßnahmen, die damals ergriffen wurden, fast die gleichen waren, wie sie in den Vorschriften der Königsstatuten in der Tempelrolle beschrieben werden:

> Wenn der König von irgendeinem Staat oder Volk hört, welches Israel alles dessen, was es besitzt, berauben will, soll er die Befehlshaber der Tausendschaften und die Befehlshaber der Hundertschaften, die in den Städten Israels stationiert sind, rufen und sie sollen diesen Offizieren ein Zehntel des Volkes mitgeben, um mit dem König in die Schlacht zu ziehen. Dringen aber viele Menschen in Israel ein, so sollen ein

Fünftel der Krieger einberufen werden; zieht aber ein König mit Streitwagen und Pferden und vielen Leuten heran, so sollen sie ein Drittel der Krieger mitbringen und zwei Drittel sollen die Städte bewachen und die Grenzen, damit nicht eine Bande mitten ins Land eindringe. Sollte die Schlacht aber für den König größere Ausmaße annehmen, dann sollen die Offiziere ihm die Hälfte des Volkes, der Männer des Kampfes, zur Verfügung stellen, die andere Hälfte aber darf nicht von ihren Städten genommen werden.

In diesen Anweisungen liegt natürlich militärische Logik. Der Wortlaut des hebräischen Textes zeigt, daß sich der Autor auch hier auf verschiedene Bibelstellen stützt, die er vereinheitlicht hat. Zu den wichtigsten zählen die Anweisungen über die Aufteilung der Beute, die wir im Kap. 5 dargelegt haben.

Fluch und Segen

Die Königsstatuten enden mit einem Text, der sich wie ein Bund zwischen Gott und dem König ausnimmt, mit der Warnung, daß eine Katastrophe hereinbrechen werde, wenn sich der König nicht an die Anordnungen hält, und dem Versprechen eines glücklichen Schicksals bei absolutem Gehorsam.

Der Katalog des Unglücks, das über König und Volk kommen wird, falls die göttlichen Gesetze, wie sie in der Thora vorgeschrieben sind, nicht befolgt werden, ist umfangreich:

> Ihre Städte werden wüst und leer, und ihre Feinde werden sie ausrotten. Und im Lande ihrer Feinde werden sie seufzen und weinen unter dem Joch, das sie drücken wird, und dann werden sie rufen, doch ich werde nicht hören, und sie werden schreien, und ich werde nicht antworten.

Glücklicherweise endet das Kapitel mit den Segensverheißungen:

> Wenn aber der König meine Gesetze befolgt und meinen Befehlen gehorcht und tun wird, was in meinen Augen richtig und gut ist, so soll ein Mann seiner Söhne nicht daran gehindert werden, auf dem Thron des Königreichs Israel zu sitzen für immer. Ich werde mit ihm sein und ihn aus den Händen derjenigen erretten, die ihn hassen und aus den Händen derer, die ihm nach dem Leben trachten. Und ich werde ihm alle seine Feinde zuführen und er wird über sie herrschen nach seinem Willen, sie aber sollen nicht über ihn herrschen. Und ich werde ihn aufrichten und nicht erniedrigen, er wird oben sein und nicht unten, so daß er dauern möge in seinem Königreich, er und seine Söhne nach ihm.

Oberflächlich betrachtet muten diese Fluch- und Segensverheißungen nicht außergewöhnlich an, doch dahinter verbirgt sich eine ganz bestimmte Absicht des Verfassers der Tempelrolle, die in Beziehung zu Ereignissen seiner Zeit steht.

20. «Lebendig am Holz hängen»

Ziemlich am Schluß in Kolumne 64 behandelt der Text der Schriftrolle eine bestimmte Form der Todesstrafe, die in vielerlei Hinsicht Beachtung verdient. Der Abschnitt beginnt mit einer Aufzählung der Verbrechen, die mit dem Tode zu bestrafen sind; anschließend folgt die Beschreibung der Methoden der Bestrafung. Diese Passagen erhellen die Lehrmeinung der Essener und anderer jüdischer Sekten gegenüber dieser Art der Exekution. Darüber hinaus bietet der Schriftrollentext die richtige Interpretation eines anderen Textes der Qumran-Schriften, der bisher Rätsel aufgegeben hatte; und schließlich handelt es sich um eine der wenigen Passagen in der Tempelrolle – abgesehen von den Statuten des Königtums –, die offenbar die Zeitumstände widerspiegelt.

Die Ansichten der Schriftrolle weichen von der herrschenden Lehrmeinung der Zeit ab und werden vielleicht am ehesten verständlich, wenn wir zunächst die Position der Rabbinen beschreiben. Für beide Seiten bilden die Verse 22 und 23 in Kapitel 21 Deuteronomium den Ausgangspunkt:

> Wenn jemand eine Sünde getan hat, die des Todes würdig ist, und wird getötet, und man hängt ihn an ein Holz (Baum), so soll sein Leichnam nicht über Nacht an dem Holz bleiben, sondern sollt ihn desselben Tags begraben – denn ein Gehenkter ist verflucht bei Gott, auf daß du dein Land nicht verunreinigest, das dir der Herr, dein Gott, gibt zum Erbe.

Die Auslegung der Rabbinen

Kaum eine Stelle im Pentateuch bietet der Interpretation so viele Möglichkeiten wie der erste dieser zwei Verse. Den Rabbinen ging es vor allem darum, durch ihre Interpretation des Textes diese Todesart so human als möglich zu gestalten. Die gleiche Ansicht vertraten sie im übrigen auch bei den weiteren Arten der Todesstrafe, die nach dem Pentateuch als Gesetz zu betrachten waren: Steinigen, Verbrennen und Köpfen. Die Rabbinen sorgten dafür, daß die Abfolge «Töten» und «am Holze hängen» als Strangulieren («Henken» oder «Hängen») und «Aufhängen» verstanden wurde, d. h. ein schneller Tod herbeizuführen war, dem das «Hängen» als zusätzliche Strafe hinzuzufügen war.

Als Beispiel für die Begründung ihrer Interpretation der Deuteronomium-Anordnung heißt es im Traktat Sanhedrin 46b:

> Unsere Rabbinen lehrten: Stünde geschrieben: ‹Wenn er gesündigt hat, dann sollt ihr ihn hängen›, dann hätte man behaupten können, er solle aufgehängt und so zu

Tode gebracht werden, wie es der Staat (d. h. der Fremdherrscher) tut. Die Schrift aber sagt: ‹Und wird getötet, und man hängt ihn› – er wird also erst getötet und dann aufgehängt.

Auch im Sifre, einem wichtigen halachischen Dokument zu Deuteronomium, geht die Auslegung dahin, daß geschrieben stehe «und wird getötet, und man hängt ihn an ein Holz». Im Palästinensischen Targum, der aramäischen Übersetzung, die auch Interpretationen enthält, heißt es, daß «wenn jemand zum Tode verurteilt ist, dann wird er durch Steinigen getötet, und danach kann er an ein Holz gehängt werden».

Was bedeutet die rabbinische Auslegung, jemanden «zu hängen», nachdem er bereits zu Tode gebracht ist? Nun, Deuteronomium 21.23 enthält im Hebräischen eine mehrdeutige Wendung. Während diese Stelle im allgemeinen mit «denn ein Gehenkter ist verflucht bei Gott» übersetzt wird, könnte der Satz auch lauten «denn der Gehenkte verflucht Gott». Diese Gegensätzlichkeit hat die Rabbinen verwirrt, und sie beschlossen, beide Deutungen zuzulassen. Dies wird an einer Stelle des Traktats Sanhedrin demonstriert, wo es um die Todesstrafe durch Steinigen geht. Rabbi Elieser vertrat die Auffassung, daß «alle, die gesteinigt wurden, gehängt werden müssen ... Aber die Weisen sagen: Keiner außer dem Gotteslästerer und Götzenanbeter wird gehängt.»

Auf die Verfluchung Gottes – Gotteslästerung und Götzenanbetung – stand also als zusätzliche Strafe das «Hängen» des Leichnams.

Besagte Deuteronomiumsverse bilden auch die Quelle für einen Satz bei Paulus im Galaterbrief 3.13: «... denn es steht geschrieben: Verflucht ist jedermann, der am Holz hanget.»

Eine gewisse Ratlosigkeit über diese Bibelstelle verursachte ferner die Tatsache, daß der Text nichts darüber sagt, auf welche Vergehen der Tod durch «Hängen» anzuwenden sei. Es wird ja nur gesagt, «wenn jemand eine Sünde getan hat, die des Todes würdig ist». Auch darüber war man geteilter Meinung.

Als Ergebnis langer Diskussionen kristallisierte sich dann bei den Rabbinen der Standpunkt heraus, daß die Strafe durch «Hängen» des lebendigen Schuldigen abzulehnen sei, daß er vielmehr durch Strangulieren zu töten und der Leichnam als zusätzliche Strafe aufzuhängen sei.

Die Auslegung im Text der Schriftrolle

Der Verfasser des Schriftrollentextes bezieht einen ganz anderen Standpunkt. Sein Text enthält ausführliche Zitate aus Deuteronomium, Kap. 21 und 22. Aber unmittelbar nach den Versen 18–21 im Kapitel 21, an der Stelle also, wo der mehrdeutige Bibeltext steht, fügt der Autor einen Text ein, in dem die exakte Art der Exekution beschrieben und die Lücke im Pentateuch hinsichtlich der Verbrechen, die diese Strafe nach sich ziehen, aufgefüllt wird:

> Wenn jemand Informationen gegen sein Volk weitergibt und liefert sein Volk einem fremden (Volk) aus und fügt seinem Volk Schaden zu, so soll er am Holze hängen und er soll sterben... Und wenn jemand ein todeswürdiges Verbrechen begangen hat und ist unter die anderen Völker geflohen und hat sein Volk verflucht und die Kinder Israel, dann soll er am Holze hängen und er soll sterben. (Kol. 64)

Bevor wir diese Abschnitte analysieren, muß darauf hingewiesen werden, daß alle «Verbrechen», die der Autor der Schriftrolle aufführt, politische Vergehen sind: Verrat, Weitergabe von Informationen an den Feind, Niederlage des Volkes durch Überlaufen zum Feind, Flucht vor einem Prozeß wegen Kapitalverbrechen, Flucht ins Feindesland und «Verfluchung» des eigenen Volkes.

Die Aufschlüsse, die sich aus dieser Verbrechensliste für die historischen Vorgänge ergeben – und auch für die Texte anderer Schriftrollen vom Toten Meer –, sollen noch im Detail aufgezeigt werden. Aber es unterliegt keinem Zweifel, daß die Art der Vergehen und die Weise, in der sie beschrieben werden, auf eine zeitgenössische Situation hinweisen, in der Hochverratsfälle verhältnismäßig häufig waren.

Die Art der Hinrichtung

Der Vergleich zwischen Schriftrollentext und Deuteronomium zeigt auf den ersten Blick, daß in der Anweisung, wie die Todesstrafe auszuführen ist, ein subtiler Unterschied besteht. Während Deuteronomium den Verurteilten zuerst zu Tode bringt und dann «ans Holz hängt», verfügt der Verfasser der Schriftrolle mit fast den gleichen Worten den umgekehrten Vorgang, «ihr sollt ihn ans Holz hängen, und er soll sterben». (Für den zum Feind übergelaufenen Verräter wiederholt er diese Anweisung sogar noch einmal.) Er vertrat also den Standpunkt, daß der Schuldige aufzuhängen und durch das Aufhängen sein Tod herbeizuführen sei – gegen die Halacha der Pharisäer,

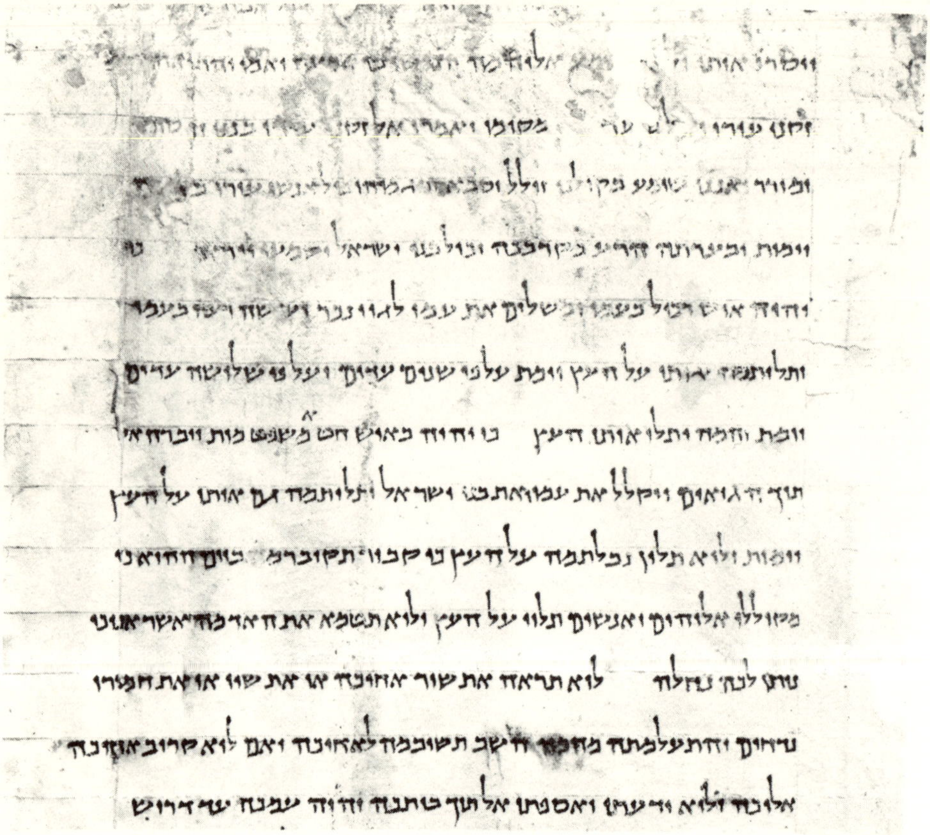

Der abgebildete Text enthält das umstrittene Gebot der Tempelrolle zur Todesstrafe, in dem sich die Zeitumstände spiegeln: «Wenn jemand Informationen gegen sein Volk weitergibt und sein Volk einem fremden Volk ausliefert und seinem Volk Schaden zufügt, so sollst du ihn am Baum aufhängen und er soll sterben ...»

die zuerst den Tod herbeizuführen und dann aufzuhängen dekretiert hatten. Die Sanhedrin-Auslegung, die wir vorher zitierten, war keine müßige Wortklauberei, sondern bildete die Grundlage für eine nüchterne rabbinische Regel, die nicht zuletzt vielleicht im Sinne einer Reaktion vom entgegengesetzten Standpunkt mitverursacht wurde, wie er in der Schriftrolle zum Ausdruck kommt. Um seiner Ansicht Gewicht zu verleihen, veränderte der Verfasser die Abfolge des Strafvorgangs von Deuteronomium. (In der syrischen Übersetzung von Deuteronomium 21.22 zeigt sich übrigens eine enge Verwandtschaft zur Auffassung der Schriftrolle: «... er wird ans Holz gehängt und wird getötet.»)

Möglicherweise geht das «Hängen» des lebendigen Schuldigen in die Zeit der Zweiten Tempelperiode zurück, als der zitierte Deuteronomium-Text so aufgefaßt wurde. Dann hätte erst die spätere pharisäische Halacha eine andere Interpretation geliefert und das «Aufhängen» bei lebendigem Leibe verurteilt. Im aramäischen Targum (eines Satzes im Buche Ruth) wird als vierte Art der Todesstrafe tatsächlich das «Hängen am Holz» aufgeführt, wo die Rabbinen von «Strangulieren» sprechen. Der israelische Wissenschaftler Professor J. Heinemann bezeichnet diesen Targum als einer alten, prätannaitischen (vor die Mischna zurückreichenden) Tradition verhaftet. Danach hätte die Bestrafung tatsächlich im «Aufhängen» bestanden. Es mag also sein, daß in jenen Zeiten unterschiedliche Ansichten über diese Todesart bestanden. In der halachischen oder religiösen Rechtsliteratur haben sich jedenfalls nur noch Spuren dieser Form der Strafe erhalten.

Die Aussage des Schriftrollentextes, daß die Essener die vordergründige Bedeutung von Deuteronomium 21.22 akzeptierten oder diesen Text zumindest so auslegten, daß «lebendig gehängt» werden müsse, und diese Strafe für politische Vergehen verhängt wurde, ist von umfassender Bedeutung für unser Verständnis sowohl dieser Art der Todesstrafe als auch ihrer Anwendung bei Hochverratsfällen in der Zweiten Tempelperiode. Von unmittelbarem Interesse aber ist diese Aussage für den Inhalt einer anderen Schriftrolle vom Toten Meer, die unter dem Titel «Nahum-Kommentar» bekannt ist.

Pescher Nahum – ein Kommentar der Sekte zum Propheten Nahum

Zu den für die Schriftrollen vom Toten Meer typischen Literaturgattungen gehören auch Kommentare zu den prophetischen Büchern der Bibel. Die hebräische Bezeichnung dafür lautet «Pescher», was im allgemeinen mit «Kommentar» wiedergegeben wird. Pescher hat jedoch eine umfassendere Bedeutung als Kommentar. Der Begriff bezeichnet zugleich Deutung, Kommentar sowie die Erläuterung verborgener Offenbarungen innerhalb einer Prophezeiung sowie ihre Übertragung auf zeitgenössische Ereignisse. Der Verfasser eines solchen «Kommentars» versucht auszudeuten, was nur einem kleinen Kreis Auserwählter verständlich war.

Das berühmteste Beispiel für diese Literaturgattung vom Toten Meer ist wohl der Habakuk-Kommentar, eine der Schriftrollen, die ich in den USA für den Schrein der Schrift in Jerusalem erwerben konnte. Aus diesem Kommentar erfahren wir, daß die beherrschende fremde Macht in diesem Gebiet und der damalige Feind Israels ein Volk namens «Kittim» war, das im allgemeinen mit den Römern identifiziert wird. Sie spielen sowohl in den «Propheten-Kommentaren» als auch in der Schrift über den «Krieg der Söhne des Lichts wider die Söhne der Finsternis» eine zentrale Rolle. Im Habakuk-Kommentar wird als Gründer der Sekte ein Mann beschrieben, den man den «Lehrer der Gerechtigkeit» oder «Rechtschaffenheit» nannte, und dem der Erzfeind der Sekte, der «verruchte Priester», nach dem Leben trachtete. So wird berichtet, der «verruchte Priester» habe am Tage von Jom Kippur den Lehrer der Gerechtigkeit töten wollen. Wie verschlagen und böse dieser Priester nun aber auch immer gewesen sein mag, es ist unvorstellbar, daß ein Priester am Tage des Versöhnungsfestes (Jom Kippur) überhaupt den Tempel in Jerusalem verlassen hätte, geschweige denn, um jemanden umzubringen. Da wir aber auch wissen, daß die Essener einem anderen Kalender folgten als die traditionellen Juden, bezieht sich der Habakuk-Kommentar offenbar auf den Tag, an dem die Sekte das Versöhnungsfest beging, und dies wäre für einen Juden, der der Sekte nicht angehörte, ein ganz normaler Tag gewesen. Es könnte sogar sein, daß sich der «verruchte Priester» diesen für die Essener bedeutungsvollen Tag richtiggehend ausgesucht hatte.

Es sind zahlreiche Fragmente anderer Kommentare zu den Propheten in Qumran gefunden worden; der einzige aber, der für das «Lebendig-Hängen» von Bedeutung ist, ist der Nahum-Kommentar. Im Nahum-Kommentar kommt diese Form der Todesstrafe vor und ist zugleich Gegenstand eines heftigen Gelehrtenstreites: Der Text weist große Lücken auf, und darüber, wie er zu rekonstruieren ist, gehen die Meinungen der Fachleute weit auseinander. Seine ganz besondere Bedeutung bezieht der Text in diesem Abschnitt aus der Tatsache, daß er als einziges Dokument aus Qumran historische Persönlichkeiten erwähnt, und damit ergibt sich eine Möglichkeit, den Zeitpunkt der Abfassung der Kommentar-Schriften einzukreisen.

Wegen seiner grundsätzlichen Bedeutung möchte ich diesen Abschnitt des Nahum-Kommentars unter Angabe der Lücken wörtlich zitieren, um dann zu zeigen, inwiefern der Text der Tempelrolle Unklarheiten beseitigt. Die Verfasser der Kommentare haben ihren Text folgendermaßen aufbereitet: Unmittelbar im Anschluß an ein Zitat aus den Propheten fügen sie ein «sein Pescher ist», d. h. «die verborgene Bedeutung ...«.

In diesem Abschnitt geht es um das 2. Kapitel, Vers 11 und 12 des Buches Nahum. Die Bibel-Stellen habe ich kursiv abgesetzt. Der Text, den der Kommentator zugrundegelegt hat, stimmt nicht ganz mit dem masoretischen Bibeltext überein.

Lücken sind durch Punkte in eckigen Klammern bezeichnet. Sofern die Rekonstruktion des Textes mit absoluter Sicherheit herstellbar ist, wird der rekonstruierte Text ebenfalls in eckige Klammern gesetzt.

Die Prophezeiung des Nahum bezieht sich auf den Untergang Ninives, der Kommentar aber verlegt die Szene nach Jerusalem, und die Ereignisse und Persönlichkeiten sind die seiner Zeit:

... *Wo ist nun die Wohnung des Loewen, der Loewin und des jungen Loewen [und gibt es doch niemanden sie zu schrecken.* Die verborgene Bedeutung betrifft Deme-]trios, den König von Griechenland, welcher begehrte, nach Jerusalem zu gehen auf den Rat derer, die nach Trug trachten. [Gott aber gab Jerusalem nicht] in die Hände der Könige aus Griechenland von Antiochos bis zum Aufstieg der Macht der Herrscher von Kittim, doch danach wird es zerstampft werden. [...] *Der Loewe raubet genug fuer seine Jungen und wuerget fuer seine Loewinnen Beute.* [Die verborgene Bedeutung] bezieht sich auf den Löwen der Zornesglut, der durch seine Mächtigen und die Männer seines Rates zuschlägt. *[Und er füllte mit Raub seine Höhle und seine Wohnung mit dem, das er zerrissen hatte.* Die verborgene Bedeutung dieser Worte bezieht sich auf den Löwen der Zornesglut [...] des Todes durch die nach Trug Trachtenden; sie hing er als lebendige Menschen auf [...] in Israel seit alters, denn über den lebendig ans Holz Gehängten heißt es ...

Der sehr bruchstückhaft erhaltene Text des Pescher Nahum wirft eine ganze Reihe von Fragen auf. Wer ist dieser Demetrios? Wer ist Antiochos? In der Seleukidendynastie hat es mehrere Herrscher gleichen Namens gegeben. Auf welche historischen Ereignisse bezieht sich der Kommentar? Und, um auf die Frage der Todesstrafe durch Hängen zurückzukommen, wie sind die Lücken um den «Löwen der Zornesglut», der «Menschen lebendig aufhängt» zu rekonstruieren?

Viele Wissenschaftler vertreten die Meinung, daß im Löwen der Zornesglut kein anderer als der Hasmonäerkönig Alexander Jannäus zu sehen ist, mit den «nach Trug Trachtenden» seien die Pharisäer gemeint, die sich gegen ihn empörten, und Demetrios sei der Seleukide Demetrios III. Eukairos. Diese Identifizierung gründet sich vor allem auf den Ereignissen, die für die Regierungszeit des Alexander belegt sind (103–76 v. Chr.) und bei Josephus berichtet werden. Nach Josephus zettelte ein Teil der Pharisäer eine Verschwörung gegen Alexander an und versuchte, sich der Unterstützung des Demetrios (96–88 v. Chr.) zu versichern. Als der Aufstand fehlschlug, nahm Alexander grausame Rache an den Beteiligten.

Um den Josephus-Text überprüfen und die Argumente der Wissenschaftler besser abwägen zu können, seien die wesentlichen Stellen aus Josephus aufgeführt (Jüd. Krieg 1.90–8): Nachdem er in einem Feldzug gegen den Nabatäer-König Obodas in einen Hinterhalt geraten war, entkam Alexander aus dieser Falle und kehrte nach Jerusalem zurück. Dort

... reizte (er) das Volk, das ihn längst haßte, durch das Ausmaß seiner Niederlage zum Aufstand ... Er behielt aber auch diesmal die Oberhand und brachte in rasch aufeinander folgenden Schlachten nicht weniger als 50000 Juden ums Leben, in einem Zeitraum von sechs Jahren. Freude hatte er wahrhaftig nicht an den Siegen, da er ja sein eigenes Reich aufrieb. Darum ließ er vom Waffengebrauch ab und machte den Versuch, sich auf dem Verhandlungsweg mit den Unterworfenen zu versöhnen. Die aber hatten für die Änderung seines Denkens und die Unbeständigkeit seiner

> Haltung um so mehr Haß übrig ... Zugleich riefen sie Demetrios mit dem Beinamen Eukarios zu Hilfe. Als er bereitwillig in der Hoffnung auf erhebliche Vorteile Folge leistete und mit Truppen anrückte, trafen die Juden bei Sikima mit ihren Verbündeten zusammen.

Josephus fügt die Beschreibung der Heere ein, wobei sich auf beiden Seiten Söldner und Juden befanden. Demetrios hatte die Anhänger der jüdischen Rebellen in seinem Heer; bei Alexander blieben jene, «die ihn begünstigten». Die Streitkräfte des Demetrios waren an Zahl überlegen. Vor der Schlacht

> ließen die Könige Herolde auftreten und versuchten, es beim Gegner zu Abspaltungen zu bringen; Demetrios hoffte also die Söldnertruppen Alexanders und Alexander die bei Demetrios stehenden Juden umzustimmen.

Dieser Versuch scheiterte, es wurde erbittert gekämpft, und Alexander mußte sich zurückziehen.

> Das Ende der Schlacht war jedoch Ausgangspunkt einer Entwicklung, die der Erwartung beider widersprach; denn bei Demetrios, der doch Sieger war, harrten die, die ihn gerufen hatten, nicht aus; weil sie den Umschwung bedauerten, stießen dagegen zu Alexander, der sich in das Gebirgsland geflüchtet hatte, an 6000 Juden. Diese Wendung hielt Demetrios nicht aus; in der Annahme, Alexander sei ihm schon wieder im Kampf gewachsen, und das gesamte Volk [der Juden] werde noch dazu auf seine Seite übergehen, zog er vielmehr ab.
>
> Keineswegs aber gab die übrige Mehrheit [der Juden] ... die Zwistigkeiten auf. Ununterbrochen lag man vielmehr im Krieg mit Alexander, bis er die meisten ums Leben gebracht hatte und die übrigen in die Stadt Bemeselis trieb und sie nach deren Eroberung gefangen nach Jerusalem brachte. Es steigerte sich nun infolge maßloser Wut seine Rohheit zu widergöttlichem Frevel: Er ließ von den Gefangenen 800 mitten in der Stadt ans Kreuz binden und vor deren Augen ihre Frauen und Kinder abschlachten ... Das Volk ergriff solch ein Entsetzen, daß von den Gegnern in der folgenden Nacht 8000 aus ganz Judäa entflohen, für die ein Ende des Flüchtlingsdaseins erst bei Alexanders Tod eintrat.

Der Nahum-Kommentar und die Tempelrolle

Vor der Entdeckung der Tempelrolle gingen die Wissenschaftler davon aus, daß die Essener der Todesstrafe durch «Hängen» die gleiche Auslegung angedeihen ließen, wie sie in der rabbinischen Literatur überliefert ist. Demnach hätte der Nahum-Kommentar den «Löwen der Zornesglut» dafür verurteilt, daß er Menschen bei lebendigem Leibe aufhängte, obwohl die Opfer doch Pharisäer waren, die «nach Trug trachteten» und die prinzipiellen ideologischen Gegner der Essener! Wenn man nun den Text der Tempelrolle über das Hängen kennt, so muß man die gebräuchliche Interpretation des Nahum-Kommentars erneut überprüfen, womöglich mit weitreichenden Folgen.

Zunächst kann man nach wie vor der Meinung sein, daß die beiden politischen Vergehen des Hochverrats, auf die die Todesstrafe durch Hängen stand – wie in der Tempelrolle dargelegt –, sich durchaus auf die Ereignisse um Alexander, Demetrios und die Pharisäer beziehen. Das Vergehen, sich gegen das eigene Volk zu wenden und seine Landsleute einer fremden Macht auszuliefern, entspricht genau dem, was Josephus mit den Worten «riefen den Demetrios zu Hilfe» umschreibt, denn es bedeutete, zum Seleukidenkönig überzulaufen und ihm Informationen zukommen zu lassen, die die Niederlage des eigenen Volkes herbeiführten. Auch der Tatbestand des zweiten Vergehens, das in der Tempelrolle als todeswürdig definiert wird und darin besteht, zum Feind zu fliehen, war erfüllt, als «8000 aus ganz Judäa entflohen, für die ein Ende des Flüchtlingsdaseins erst bei Alexanders Tod eintrat».

Ich gebe zu, daß diese Vorgänge angesprochen sein könnten, möchte aber dagegen halten, daß Vorgänge wie diese sich häufig ereignet haben. Namentlich die turbulente Epoche vor dem Makkabäeraufstand war reich an solchen Begleitumständen, und auch die Errichtung der Hasmonäer-Dynastie war gekennzeichnet von solchen Wechselfällen. Unbestritten dürfte nur sein, daß dem Verfasser unseres Schriftrollentextes die Todesstrafe durch «Hängen» angemessen erscheinen mußte für diejenigen, die nach Trug getrachtet, Demetrios um Hilfe ersucht und sich dem Seleukiden im Krieg gegen Israel angeschlossen hatten.

Was nun das Argument anbelangt, mit dem «Löwen der Zornesglut» sei Alexander Jannäus gemeint, so scheint mir diese These am anfechtbarsten. Die Sekte hätte wohl kaum die Bezeichnung «Löwe» als eine für Alexander zutreffende Beschreibung empfunden. So haben denn andere Fachgelehrte den «zornglühenden Löwen» mit dem «verruchten Priester» gleichgesetzt, wobei von diesen Wissenschaftlern wiederum einige meinen, der «verruchte Priester» sei Alexander, der König und Hoherpriester in einer Person war. Das aber ist aus demselben Grund unwahrscheinlich. Meines Erachtens ist unter diesem zornglühenden Löwen das Instrument Gottes für ein Strafgericht zu verstehen. Abgesehen davon, daß diese Metapher in der Bibel häufiger verwendet wird, sollte man in Betracht ziehen, daß die Sektenanhänger denjenigen, der Menschen lebendig aufhängte, doch nicht unbedingt kritisierten, und daß die «nach Trug Trachtenden», die Demetrios zum Krieg gegen Israel animierten und sich ihm sogar angeschlossen hatten, ja nach den Vorstellungen der Qumran-Sekte diese Art der Todesstrafe verdienten.

Damit kommen wir zum letzten Teil des Abschnitts aus dem Nahum-Kommentar, zur Lücke zwischen «sie hing er als lebendige Menschen auf» und «in Israel seit alters». Hier hätte ich vor dem Bekanntwerden der

Tempelrolle in Übereinstimmung mit anderen Wissenschaftlern «was vorher in Israel nicht geschah» ergänzt. Dann hätte der Satz etwa lauten müssen: «der sie als lebendige Menschen aufhing, was in Israel vorher nicht geschah». Nach heutiger Kenntnis könnte in der Lücke jedoch auch «der sie als lebendige Menschen aufhing, wie es das Gesetz in Israel vorher war» gestanden haben. Das würde im Hebräischen von der grammatikalischen Konstruktion und der Wortabfolge her sogar besser passen.

Die größte Schwierigkeit aber bietet der letzte oben zitierte Satz, der bisher stets mit: «denn über den lebendig ans Holz Gehängten heißt es» oder «denn der lebendig ans Holz Gehängte wird genannt...» übersetzt wurde. Für diesen Satz fand sich unter der Voraussetzung, daß die Sekte das Hängen bei lebendigem Leibe ablehne, bisher keine Erklärung. Da wir nun aber erkannt haben, daß es der Sekte darum ging, in diesem Abschnitt ihren Standpunkt zu dieser Todesstrafe zu vertreten und sie als Gesetz im Israel der Vergangenheit hinzustellen, bin ich der Meinung, daß auch der «Gehenkte» (im Sinne von lebendig aufhängen) der Deuteronomium-Stelle 21.22,23 als der lebendig zu Hängende aufzufassen ist. Dies sollte betont werden, weil diese Todesstrafe in der Zeit, da der Nahum-Kommentar geschrieben wurde, bereits umstritten war. Ich würde demnach heute so ergänzen: «Da es über den Gehängten heißt: er wird lebendig aufgehängt.» Diese Übersetzung wäre nach dem Hebräischen durchaus möglich.

Mir liegt daran klarzustellen, daß ich einen Unterschied zwischen dem, was die Tempelrolle zu dem Thema zu sagen hat – der Text ist klar und bedarf keiner weiteren Erklärung – und der Auslegung im Nahum-Kommentar mache. Meine Nahum-Interpretation leitet sich aus dem Schriftrollentext ab und wurde in der Wissenschaft kontrovers aufgenommen. Einige sehr bedeutende Fachgelehrte wie Professor Martin Hengel, ein Experte für das Judentum in der hellenistischen und römischen Epoche, der über die Todesstrafe des Hängens und die Kreuzigung ein Buch verfaßt hat, und Professor Joseph A. Fitzmayer SJ, ebenfalls Historiker und vor allem im philologischen Bereich der Schriftrollentexte vom Toten Meer bewandert, haben sich meiner Auffassung angeschlossen. Nicht weniger angesehene Gelehrte aber wie A. Dupont-Sommer und der Russe Dr. Amusin beziehen die Gegenposition. Dem Leser sollte die unterschiedliche Auffassung nicht vorenthalten werden.

Meine Interpretation hat aber noch in anderer Hinsicht zu wissenschaftlichen Meinungsverschiedenheiten geführt. Meine Text-Interpretation wurde so verstanden, als wollte ich sowohl in der Tempelrolle wie im Nahum-Kommentar die Kreuzigung sanktioniert sehen; denn diese Todesart entspricht ziemlich genau der Definition «lebendig hängen». Ich halte das zwar für möglich, möchte mich aber nicht eindeutig entscheiden. Ich gebe lediglich zu bedenken, daß die Sektenanhänger vom Qumran wohl kaum einen

Unterschied zwischen dem «lebendig am Holze hängen» am Ende eines Strickes und der Kreuzigung gemacht haben werden.

Dieses widerwärtige Thema sei mit einer letzten Bemerkung über die rabbinischen Weisen abgeschlossen. Wie human sie auch zum Vollzug der Todesstrafe standen, indem sie etwa das «lebendig Hängen» verurteilten: Wenn es darum ging, die Methoden der Höllenqualen zu beschreiben, dann mangelt es nicht an grausamsten Details, die zumeist von den Todesarten der Römer abgeleitet sind. Das Beispiel des «Verleumders» mag genügen. So nannte man eine Person, die dem Feind Nachrichten hatte zukommen lassen. Verräter dieser Art, die sich nicht an das Gebot hielten «Du sollst nicht umherwandern und Verleumdungen aussprechen» – Worte, die in der Tempelrolle vorkommen – sollten in der Hölle an ihren Zungen baumeln. Das Beispiel stammt aus einer Schrift, die an die Vision des Jesaja erinnert:

> Er [Jesaja] betrat ein zweites Haus [der Hölle] und fand dort zwei, die an ihren Zungen aufgehängt waren, und er sagte zum Allerhöchsten, gesegnet sei er: Enthülle mir die Geheimnisse, enthülle mir dieses Geheimnis! Und der Allerhöchste sagte zu ihm: Dies sind solche, die verleumdet haben und darum sind sie zu dieser Strafe verurteilt.

VII. TEIL

DATIERUNG UND STELLENWERT DER SCHRIFTROLLE

21. Zeit und Ort

Im vorliegenden und den beiden folgenden Kapiteln soll der Stellenwert, den die Tempelrolle bei den Anhängern der Sekte vom Toten Meer hatte, erörtert werden. Überdies gilt es, sich mit den Beziehungen zwischen dem Text der Schriftrolle und den Glaubensvorstellungen verschiedener jüdischer Sekten in der Zweiten Tempelperiode, einschließlich der frühen Christen, auseinanderzusetzen. In einem wesentlichen Gesichtspunkt unterscheiden sich die folgenden Kapitel von den bisherigen, die den wichtigsten Themen des Schriftrollentextes gewidmet waren und die Fakten bis auf wenige Ergänzungen und persönliche Interpretationen darlegten. Im folgenden wird nun der Charakter des Thesenhaften überwiegen – selbstverständlich auf der Basis des Textmaterials. Ich hoffe, ich kann meine Überlegungen in einer Art und Weise präsentieren, die den Unterschied zwischen Fakten und Spekulation deutlich macht.

Wann wurde der Text verfaßt?

Die genaue Datierung der Schriftrollen vom Toten Meer ist bis heute kaum möglich, obwohl mit großem Eifer die Lösung der damit verbundenen Probleme versucht wurde. Die Indizien zur Einkreisung der Zeitstellung lassen sich in zwei Kategorien unterteilen. Zur einen Kategorie gehören alle jene Hinweise, die die Aussage ermöglichen, daß der Text nicht später als zu einem bestimmten Datum entstanden sein kann. Als ein solches Enddatum ergibt sich 70 n. Chr., als die Römer das Gebiet von Qumran zerstörten. Kurz vorher versteckte die Gemeinde die Schriftrollen. Daß sie viel früher entstanden sein müssen, ergab sich aus paläographischen Gesichtspunkten. Grundsätzlich ist ein Text danach zunächst einmal so alt wie seine durch Schrifteigenheiten datierbare älteste Abschrift.

In die zweite Kategorie gehören Indizien, die anzeigen, daß ein Text nicht früher als zu einem bestimmten Datum verfaßt worden sein kann. Zu den wichtigsten Anhaltspunkten gehören in diesem Bereich die Sprache – Wortwahl und Stil – und die Erwähnung historischer Vorkommnisse oder Persönlichkeiten, wie wir das für den Nahum-Kommentar feststellen konnten. Dazu kommt die Verwendung bestimmter Wörter – wir haben auf einen solchen Fall bereits in einem früheren Kapitel hingewiesen –, die z. B. erst in der hellenistischen Epoche Eingang ins Hebräische gefunden haben.

Auf diese Weise lassen sich Markierungspunkte finden, innerhalb derer sich die zeitliche Einordnung fixieren läßt – nicht früher als ... nicht später als. Dabei ergibt sich meist ein Zeitraum, der dem Schriftrollenexperten zu weit gefaßt ist. Er möchte selbstverständlich den Zeitpunkt stets so genau wie möglich feststellen. Daten für derart exakte Fixierungen sind in den Qumran-Manuskripten selten. Man darf auch niemals außer acht lassen, daß am Text einer Schriftrolle über einen längeren Zeitraum hinweg gearbeitet worden sein kann oder die unterschiedlichen Texte zu unterschiedlichen Zeiten zustande gekommen sein können. Die Bestimmung des engeren Zeitrahmens kann meist nur gelingen, wenn in einer Schriftrolle ein bestimmtes Thema in den Vordergrund gerückt wird.

Dergestalt sind auch die Indizien zur zeitlichen Festlegung des Textes der Tempelrolle. Legen wir zunächst die «Markierungspunkte», d. h. «nicht früher als» und «nicht später als» fest, um danach den genaueren Zeitpunkt herauszuarbeiten.

Datierung anhand der Schrift

Wenn nur die Hauptabschrift der Tempelrolle, die ich erworben habe, als einziges Exemplar erhalten geblieben wäre, dann hätten wir als spätestes Datum wohl den Beginn des 1. nachchristlichen oder das Ende des 1. vorchristlichen Jahrhunderts angenommen. Darauf wurde bereits in Kapitel 4 eingegangen. Diese Datierung basiert auf den sorgfältigen paläographischen Untersuchungen der Professoren Cross und Avigad an den Qumran-Schriften. Nun existieren aber ein paar Fragmente eines wesentlichen Abschnittes einer älteren Abschrift der Schriftrolle, die in Höhle 4 in Qumran gefunden wurden und ins Rockefeller-Museum gelangt sind. Ihre Schrift bezeichnen die Fachleute als «hasmonäisch halbformal» oder «semi-formal». Sie steht der Schrift der Jesaja-Schriftrolle nahe, die etwa in das letzte Viertel des 2. Jahrhunderts v. Chr. (ca. 125–100 v. Chr.) gehört oder in den Beginn des 1. Jahrhunderts v. Chr. Um also den Markierungspunkt «nicht später als» festlegen zu wollen, können wir hinsichtlich der Textabfassung nicht auf unsere Kopie der Tempelrolle zurückgreifen, sondern müssen die Fragmente zu Hilfe nehmen, zumal diese grundlegende Teile der Tempel-Thora enthalten. Übertragen wir die anhand paläographischer Kriterien getroffene Datierung auf die historischen Zusammenhänge, so bedeutet das die Regierungszeit des Johannes Hyrkanos I. (135–104 v. Chr.) oder den Beginn der Regierung des Alexander Jannäus (103–76 v. Chr.).

Datierung durch die Sprache

Die Analyse der Sprache ergibt, daß nicht genügend Kriterien vorhanden sind, um danach die Datierung innerhalb der Zweiten Tempelperiode einzuengen. Fest steht nur, daß der Text nicht vor die zweite Hälfte dieser Periode zurückgeht. Bestimmte linguistische Eigenheiten, besonders Wörter, die ihre Parallele im Hebräisch der Mischna finden, zeigen an, daß der Text nicht vor der Zeit der Hasmonäer verfaßt worden sein kann. Nichts spräche dafür, mit der Datierung den Zeit-Markierungspunkt zu überschreiten, den die früheste Kopie gesetzt hat.

Datierung nach dem Inhalt

Unabhängig von diesen, auf den Kriterien von Schriftart und Sprache beruhenden Indizien, muß natürlich auch der Inhalt des Textes auf Hinweise für eine engere zeitliche Einordnung abgesucht werden. Gibt es solche Anhaltspunkte im Text der Tempelrolle?

Meines Erachtens sprechen die Beschäftigung mit dem Tempelentwurf, die Besessenheit, mit der die Probleme der Reinheit angegangen werden, die Festdaten, die Königsstatuten mit den Verordnungen über Armee und Leibwache und die Stellungnahme zu Hochverratsdelikten für eine Datierung in die zweite Hälfte des zweiten Jahrhunderts v. Chr. Es waren dies die eigentlich entscheidenden Jahrzehnte der Hasmonäerzeit, als der Tempel wieder aufgebaut wurde und damit die Frage seiner Gestalt im Zusammenhang mit den kultischen Notwendigkeiten diskutiert wurde. Es war dies auch die Zeit, als die Hasmonäerfürsten, die zunächst die Stellung des Hohenpriesters innehatten, allmählich nach Titel und Status des Königs trachteten. Alle diese Faktoren weisen am ehesten in die Zeit um die Mitte bis zum Ende des

2. vorchristlichen Jahrhunderts. Damit befinden wir uns im Einklang mit den paläographischen Indizien.

Einige Wissenschaftler sind der Meinung, daß diese Zeitansetzung zu früh ist und plädieren für die Datierung in die fast dreißigjährige Herrschaft des Alexander Jannäus. Andere wieder möchten sogar noch fünfzig Jahre oder mehr vor meinen Ansatz zurückgehen. Ich erspare dem Leser die höchst subtilen Argumentationsführungen, denn sie würden viel Platz in Anspruch nehmen, sondern sage nur, daß ich alle gelesen habe und meine Datierung immer noch für die wahrscheinlichste halte, weil sich so die Indizien am besten zusammenfügen lassen.

Das genauere Datum

Sollte es nun über diese generelle zeitliche Einordnung hinaus noch möglich sein, ein bestimmteres Datum vorzuschlagen? Nun, *ein* Thema des Verfassers unseres Textes scheint mir in der Tat die Möglichkeit der engeren Festsetzung zu eröffnen. Ich muß aber gleich hinzufügen, daß die Anhaltspunkte, auf die ich mich stütze, vollkommen anders interpretiert werden und geradezu das Gegenteil beweisen können. Darum will ich die Argumente beider Seiten darlegen.

Der Hinweis auf die genauere Datierung scheint mir in den Ringen und Rädern des Schlachthauses zu liegen, die zum Festbinden der Tiere für das Opfer im inneren Hof des Tempels dienten, wie in Kapitel 14 ausgeführt wurde. Die Beschäftigung unseres Autors mit diesen Ringen wäre wohl noch nicht von entscheidender Bedeutung für die Datierung der Schriftrolle, wenn er dabei nur eine Neuerung gewünscht hätte, die sich im Gegensatz zur herrschenden Sitte im Tempel der herodianischen Zeit befunden hätte. Aber dies ist nicht der Fall, denn im Schlachthaus des herodianischen Tempels gab es diese Ringe. Die rabbinischen Quellen ebenso wie der Talmud schreiben die Einrichtung dieser Ringe Johanan dem Hohenpriester – Johannes Hyrkanos I. – zu, und davon wollen wir bei der Diskussion ausgehen.

Als erstes stellt sich die Frage, wie man diese Information werten soll. Beschreibt der Autor die in seiner Zeit existierende Situation, d. h. waren die Ringe im Tempel bereits in Gebrauch? Wenn dem so wäre, dann müßte man diesen Hinweis als Datierungsindiz für die Zeit *nach* Hyrkanos verwenden. Setzt er sich aber, wie in anderen Fällen auch, für eine Veränderung der herrschenden Sitte ein, indem er die Einführung der Ringe dringend fordert, dann würde das für eine Datierung der Schriftrolle in die Zeit des Johannes Hyrkanos oder unmittelbar davor sprechen.

Die zuerst genannte Ableitung ist durchaus möglich, und ein oder zwei Fachkollegen halten daran fest. Ich kann mich jedoch nicht davon überzeugen lassen; denn generell stellt der Autor der Schriftrolle doch Regeln auf und behandelt Themen, die im Gegensatz zu den herrschenden Verhältnissen seiner Zeit stehen. Je minutiöser seine Beschreibungen oder Anweisungen sind, desto polemischer sein Stil, und das ist doch ein Indiz dafür, daß er etwas Neues forderte.

Aus diesem Grunde ziehe ich die zweite Lösung vor, daß es nämlich die Gebote der Tempelrolle waren – oder zumindest die Doktrin, die darin zum Ausdruck kommt und deren Befürworter der Autor und die Sektenanhänger waren –, welche Johannes Hyrkanos beeinflußten, die besagten Änderungen im Tempel einzuführen. Ich glaube, daß Hyrkanos die Lehrmeinung der Sekte kannte.

Mein Vorschlag wird von der Mitteilung des Josephus gestützt, daß Johannes Hyrkanos sich von Pharisäern ab- und den Sadduzäern zuwandte. (Mit «Sadduzäer» meint Josephus meiner Ansicht nach allgemein priesterliche Gruppen, denen die Essener in bestimmten Auffassungen zum Tempelkult nahestanden.) Wie berichtet doch Josephus: «... daß er [Hyrkanos] sich an die Sadduzäer anschloß, sich von den Pharisäern lossagte und die von letztgenannten dem Volke gegebenen Vorschriften für ungültig erklärte ...» (Jüd. Altertümer, 13.296). Von Bedeutung für unsere Argumentation ist die von Josephus hervorgehobene Tatsache, daß Hyrkanos eingeführte religiöse Praktiken abschaffte und sie durch neue ersetzte. So ließ er Ringe zum Schlachten der Opfertiere im Tempel montieren, wie die Mischna überliefert.

Das sind die Fakten, und der Leser möge sich nach Gutdünken entscheiden. Wie ich schon eingangs bemerkt habe: Schriftform und Inhalt wichtiger Teile des Textes der Tempelrolle weisen auf eine Entstehung im dritten Viertel des 2. Jahrhunderts v. Chr. hin, d. h. in die ersten Jahre der Regierungszeit des Johannes Hyrkanos oder wenig früher.

Der Stellenwert der Schriftrolle

Ein viel grundsätzlicheres Problem aber berührt die Frage nach dem Stellenwert der Tempelrolle innerhalb der Qumran-Schriften. Wurde der Text dieser Schriftrolle als Thora betrachtet und genoß er die gleiche Wertschätzung wie jene Bücher, die dann in den Kanon der Heiligen Schrift aufgenommen wurden? Oder betrachtete man den Text als eine Art Midrasch, d. h. als Kommentar, als Auslegung des Pentateuch und seiner Gesetze, der als bindend zu betrachten war, aber seine Autorität ausschließlich aus dem

Glauben bezog, daß der Autor der Schriftrolle durch göttliche Inspiration die Gebote des Pentateuch wahrheitsgetreu übersetzt habe?

Auf der Suche nach einer Antwort auf diese Frage, die von höchster Bedeutung ist, sollten wir es vermeiden, uns von unserer Einstellung zum masoretischen Text des Pentateuch irreführen zu lassen. Wir haben uns alle daran gewöhnt, diesen Text als kanonischen, alleinigen Text aller Israeliten zu allen Zeiten anzusehen. Daß diese Schriften nicht zu allen Zeiten als allein verbindlich betrachtet wurden, zeigt allein schon der Fund biblischer Bücher unter den Qumran-Manuskripten; denn hier haben sich textliche Unterschiede hinsichtlich der kanonischen Bücher ergeben. Die Wissenschaftler haben daher als erstes ihr Augenmerk auf Studium und Analyse dieser Textvarianten gerichtet. Mit der Entdeckung der Tempelrolle, eines Gesetzbuches der Qumran-Sekte, dürfte deutlich geworden sein, daß in gewissen Sekten andere «Schriften» als ebenso kanonisch angesehen wurden. Heute konzentriert man sich daher mehr auf die Erforschung des Problems, *wie* der biblische Kanon zustande gekommen ist.

Mein Freund und Kollege Professor Goshen-Gottstein, ein hervorragender Bibelfachgelehrter, hat als einer der ersten anhand der Psalmenrolle, eines Qumran-Psalters aus Höhle 11, gezeigt, wie dringlich die Forschung in dieser Richtung ist. Als James A. Sanders 1965 den Psalter publizierte, betrachtete er ihn als kanonische Parallele zu den biblischen Psalmen, und dies rief heftige Reaktionen hervor. M. Goshen-Gottstein schrieb damals, daß «wir dann unsere Vorstellung vom Zustandekommen der verschiedenen biblischen Bücher, die als kanonisch akzeptiert werden, revidieren müßten ... wir müssen die Frage stellen, ob eine andere Ansicht als diejenige, die wir hinsichtlich des «Kanons» haben, mehr als das Ergebnis von Informationsmangel ist». Und als weiteres Argument gegen Sanders' Behauptung über den Stellenwert der Psalmenrolle, schrieb M. Goshen-Gottstein – und dies ist von besonderer Bedeutung für unsere Diskussion:

> Um sicher zu sein: Wären wir gezwungen anzunehmen, daß die Sammlung [der Psalter] ‹kanonisch› ist, dann wären wir gleichzeitig gezwungen zuzugeben, daß die Psalterrolle auch die Existenz einer abweichenden ‹kanonischen› Sammlung beweist; die spezifisch für die Qumran-Sekte ist... *Da bislang aber bei den Bibeltexten nichts spezifisch ‹Qumranisches› entdeckt worden ist,* wäre das ein Ergebnis mit weitreichenden Folgen. (Hervorh. d. Verf.)

Goshen-Gottstein schrieb dies vor Entdeckung der Tempelrolle, und die Furcht vor «weitreichenden Folgen» bewog ihn hinzuzufügen, daß «unter der Voraussetzung, es gebe in der Tat Bücher, die mit der Absicht verfaßt wurden, ‹kanonisch› zu sein, ein umfassendes Überdenken unserer Theorie über die Situation der Bibeltexte zu dieser Zeit notwendig wäre».

In Gestalt der Tempelrolle haben wir den Beweis, daß es tatsächlich spezifisch biblische Manuskripte gab, die Verfügungen enthielten, die sich von denen in den kanonischen Büchern unterschieden, und daß diese als ebenso «kanonisch», d. h. als direkt von Gott offenbart, betrachtet wurden.

Als ich die ersten Vorlesungen über die Entdeckung der Tempelrolle hielt, den Inhalt des Textes umriß und hervorhob, daß diese Schrift in Qumran sicher als kanonisch betrachtet worden sei – aus Gründen, die ich gleich erläutern will –, wandelte Goshen-Gottstein sein Urteil etwas, indem er formulierte: «Die Schriftrolle stellt nach unseren heutigen Kenntnissen eine grundsätzliche Neuerung nicht nur unter den Arbeiten der Qumran-Sekte dar, sondern im Schrifttum der Zweiten Tempelperiode überhaupt.» Dennoch fand er es nach wie vor unvorstellbar, daß der Autor der Tempelrolle seinen Text für eine kanonische Thora gehalten habe oder – nach seinen Worten – «der Meinung war, daß sein Text ein Thora-Text sei oder andere ihn als solchen akzeptiert hätten».

Sieht man das Problem ausschließlich von dieser Seite, so ergibt sich daraus nicht unbedingt eine Lösung; die Existenz der Tempelrolle beweist an sich noch nicht, daß die Qumran-Sekte, d. h. die Essener, die Authentizität des kanonischen Pentateuch je geleugnet, ihn abgelehnt und durch die Tempelrolle ersetzt hätten. Die Frage ist vielmehr, ob sie die Tempelrolle zwar als «kanonisch» betrachteten, aber als von anderer Qualität. Um darauf eine Antwort zu finden, schien es mir am sinnvollsten, in anderen Schriften vom Toten Meer nach Belegen für die Existenz der Tempelrolle und für ihren Stellenwert zu suchen.

Bevor ich meine Untersuchungsergebnisse vorlege, möchte ich ein äußerliches Indiz im Text der Handschrift anführen, das als indirekter, wenn auch nicht entscheidender Beweis die These stützt, daß die Qumran-Sekte dieses Manuskript als «Heilige Schrift» betrachtete. Es geht um den in Kapitel 5 erwähnten Befund, daß der mit dem Tetragramm geschriebene Gottesname in der gleichen Quadratschrift gehalten ist wie der sonstige Text. Dies trifft nur für die kanonischen biblischen Bücher, die in Qumran gefunden wurden, zu, wohingegen es allgemein geübte Praxis der Qumran-Schreiber war, in den Kommentaren und anderen Manuskripten, die sie nicht als kanonisch betrachteten, das ältere Paläohebräisch für das Tetragramm zu verwenden.

Hauptfriedhof von Qumran östlich des Gemeindezentrums. Die Gräber sind durch Steinhaufen gekennzeichnet (© David Harris).

Gebirgshänge im Gebiet von Qumran: In den Höhlen dieser Felsklippen wurden die Schriftrollen aus dem Altertum entdeckt.

Oben: *Typisches Taufbecken in Qumran* (© David Harris).
Unten: *Modell des Autors von Qumran im Museum von Masada. Die verschiedenen Taufbecken und Wasserleitungen sind blau markiert.*

Die ausgegrabenen Ruinen der Gemeinschaftsgebäude der Sekte vom Toten Meer in Qumran (© David Harris).

Erwähnung der Tempelrolle in anderen Manuskripten der Sekte

Ganz gleich, zu welchem Schluß wir hinsichtlich des «kanonischen» Stellenwertes der Tempelrolle innerhalb der Sekte kommen mögen – es dürfte inzwischen klar sein, daß ich sie für eine Heilige Schrift der Sektenanhänger halte –, so war dieses Dokument doch zweifellos für die Bewohner von Qumran von größter Bedeutung. Die Tempelrolle ist das einzige bis heute bekannte Manuskript, das sich umfassend mit einigen der zentralen religiösen Regelungen, die die Pentateuch-Gebote betreffen, befaßt. Allein die Mühe, die die Sektenanhänger darauf verwandten, Abschriften einer so langen Schriftrolle anzufertigen, beweist, daß die Schrift ihnen viel bedeutete. So müssen wir uns fragen, ob ein Buch von so grundlegender und eminenter Bedeutung nicht anderswo erwähnt wird, ob daraus zitiert oder darauf verwiesen wird? Kann es sein, daß diese Hinweise zwar vorhanden, aber bisher nicht erkannt sind?

Es gibt verschiedene ernstzunehmende Möglichkeiten dieser Art. In einigen Manuskripten vom Toten Meer werden uns unbekannte Werke erwähnt, und die Tempelrolle könnte eines von ihnen sein. Ja, die verschiedensten Erwähnungen könnten sich sogar alle auf die gleiche Schriftrolle beziehen. Unseres Wissens trug ursprünglich keine der Schriften einen Titel. Die Titel, unter denen sie heute bekannt sind, verdanken sie meist den Wissenschaftlern, die sie entziffert und publiziert haben – mein Titel «Tempelrolle» ist ebenfalls meine Erfindung. Man muß sich also bemühen, diese unbekannten Werke zu identifizieren, indem man die Zitate aus ihrem Text analysiert und festzustellen versucht, ob sich Beziehungen zu einem Manuskript herstellen lassen, das wir heute kennen, wie etwa die Tempelrolle. Das kann der Suche nach einer Nadel im Heuhaufen gleichkommen; denn möglicherweise läßt sich keine dieser unbekannten Schriften mit unserem Manuskript identifizieren. Die folgenden Schriften nun scheinen mir die besten Aussichten zu bieten, doch der Leser möge selbst entscheiden.

Das Buch «Hagu»

Die erste Möglichkeit bietet sich in Gestalt einer Schrift, welche im «Damaskus-Dokument», in der «Gemeinderegel» und in der «Messianischen Gemeinderegel» erwähnt wird: das Buch Hagu bzw. Hagi. Die Wurzel des hebräischen Wortes «hagu» wird in der deutschen Bibelübersetzung bei

Luther mit «betrachten» (Im Sinne von meditieren) übersetzt, wie im Buche Josua 1.8: «Und laß das Buch dieses Gesetzes nicht von deinem Munde kommen, sondern betrachte es Tag und Nacht.» (Meditiere darüber Tag und Nacht.)

Seitdem das «Damaskus-Dokument» und die «Gemeinderegel» unter den Manuskripten in Qumran gefunden worden sind, hat sich die Wissenschaft um die Identifizierung dieses «Buches Hagu» bemüht, denn es gehört zu den wenigen Schriften, die in der Sektenliteratur als von grundlegender Bedeutung herausgestellt werden. In einem Hinweis heißt es, daß dieses Buch für jeden, der als Richter in der Versammlung sitzen wollte, zur Pflichtlektüre gehört habe. An einer anderen Stelle hören wir sogar, daß «jedermann in Israel» in seiner Jugend dieses Buch gelesen haben sollte.

Von den folgenden vier Zitaten über das Hagu- oder Hagi-Buch stammen die ersten drei aus dem «Damaskus-Dokument», das vierte aus der «Messianischen Gemeinderegel»:

> Und dies ist die Regel für die Richter der Kongregation: ... sie müssen gelehrt sein im Buche Hagu und in der Verfassung des Bundes. (10.4–6)
>
> Wo zehn an einer Stelle versammelt sind, muß stets ein Priester anwesend sein, der sich im Buche Hagu auskennt; von ihm sollen sie sich leiten lassen. (13.2,3)
>
> Und der Priester, der die Vielen als Mitglieder einträgt, soll ... gelehrt sein im Buche Hagi ... (14.6,7)
>
> Und dies ist die Ordnung für alle Abteilungen der Gemeinde, für jedermann in Israel: Von Jugend an soll man ihn unterweisen in dem Buche Hagi ... (1.6–8)

Bei der Interpretation dieses «Buches» ist die Wissenschaft wieder geteilter Meinung. So sollen sich diese Verweise auf das kanonische «Mosaische Gesetz» beziehen. Das halte ich für ganz und gar unwahrscheinlich, denn in den Qumran-Schriften ist häufig genug die Rede vom kanonischen Mosaischen Gesetz, und dann wird es auch beim Namen genannt, nämlich das Gesetz Mose. Allerdings wird das Buch Hagu allgemein als Schrift göttlichen Gesetzes betrachtet.

Meiner Meinung nach wird in den oben angegebenen Zitaten auf ein richtiges Gesetzesbuch verwiesen, zumal eine Beziehung zu Josua in diese Richtung weist. Kann es sich dabei um die Tempelrolle handeln? Hier eindeutig mit «Ja» zu antworten, fällt schwer, aber man sollte diese Möglichkeit auch nicht ausschließen. Immerhin befaßt sich der Text der Schriftrolle mit so fundamentalen Dingen wie dem Festkalender, Reinheits- und Ehegesetzen und den Anweisungen des Deuteronomiums in einer Weise, die sich von der allen Israeliten im «kanonischen» Pentateuch geoffenbarten unterschied, und darum sollten die «Richter der Kongregation» natürlich besonders versiert darin sein!

Das «Buch des Zweiten Gesetzes (Thora)»

Zwei weitere Verweise in den Schriften der Sekte, obwohl sehr fragmentarisch erhalten, verdienen eine genauere Untersuchung, da sie ausgesprochene Anspielungen auf die Tempelrolle zu enthalten scheinen. Beide stammen aus Kommentaren und beide erwähnen die «zweite» oder «andere Thora». Einmal geht es um Psalm 37.32: «Der Gottlose lauert auf den Gerechten und gedenkt ihn zu töten.» Im Kommentar dazu heißt es: «Die verborgene Bedeutung bezieht sich auf den verruchten Priester, der den Lehrer der Gerechtigkeit beobachtete und ihn zu töten versuchte [...] und das Gesetz, das er ihm sandte.» (Im Hebräischen steht für «Gesetz» Thora.) Der verruchte Priester hatte also den Lehrer der Gerechtigkeit, den Gründer der Sekte, zu töten versucht, weil dieser ihm eine «Thora» gesandt hatte. Damit kann kaum der «kanonische» Pentateuch gemeint sein, denn er wäre ja kein Grund gewesen, den «Lehrer der Gerechtigkeit» zu töten. Es scheint mir vielmehr klar, daß wir in dieser Bemerkung einen Hinweis darauf haben, daß der Sektengründer eine Thora gesandt hatte, die den verruchten Priester so erboste, daß er «ihn zu töten versuchte».

Ergänzt wird diese meine Interpretation durch eine zweite Stelle aus einem Kommentar, der Teil einer ganzen Sammlung von Kommentaren zu verschiedenen Büchern der Bibel ist. Es handelt sich in diesem Falle um einen Kommentar zu Hosea 5.8: «Ja, blaset Posaunen zu Gibea, ja, trompetet zu Rama.» Als «verborgene Bedeutung» erklärt der Kommentar (Ergänzung in eckigen Klammern):

> Die Posaunen blasen zu Gibea: die Posaune ist das Buch [... und die Trompete ist] das Buch der Zweiten Thora, das [... M]ännern seines Rates, aber sie äußerten sich aufrührerisch wider ihn und [...]

Wie gewöhnlich tauchen Lücken immer da auf, wo man sie am wenigsten brauchen kann, aber nach dem Autor dieses Kommentars bedeutete die Posaune (hebr. Schofar) das «Buch des Ersten Gesetzes», die «kanonische» Thora, während die Trompete unzweifelhaft die «Zweite Thora» symbolisierte, und diese wurde vom Lehrer der Gerechtigkeit den Männern seines Rates offenbart. Dieses Buch des Zweiten Gesetzes war es, das der Lehrer der Gerechtigkeit an den verruchten Priester gesandt hatte.

Daraus ziehe ich den Schluß, daß der Autor der Tempelrolle kein anderer als der Gründer der Sekte, der Lehrer der Gerechtigkeit selbst war. Ich werde dies unten genauer begründen. Doch zunächst einmal sei festgehalten, daß sich meiner Ansicht nach die Bemerkungen über ein «Gesetz», das der Lehrer der Gerechtigkeit laut erstzitiertem Kommentar dem verruchten Priester gesandt hatte, und über das «Buch der Zweiten Thora» (Gesetz) in dem Kommentar, den wir an zweiter Stelle zitierten, wahrscheinlich auf die Tempelrolle beziehen. Aber, wie gesagt, der eindeutige Beweis fehlt.

Damit kommen wir zum dritten Verweis in der Sektenliteratur und zu der Stelle, die am besten auf die Tempelrolle paßt. Der Leser wird sich erinnern, daß wir im Zusammenhang mit dem Bigamieverbot für den König ein ähnliches Verbot im «Damaskus-Dokument» zitierten. Dort fährt der Text in etwas entschuldigenden Wendungen fort zu erklären, warum König David so viele Frauen hatte. (Wobei König Salomo, worauf wir ebenfalls schon verwiesen haben, nicht erwähnt wird.) Der Text läßt deutlich erkennen, daß der König in Schutz genommen wird:

> Was den Fürsten [i. e. der König] angeht, so steht geschrieben: Er soll sich nicht viele Weiber nehmen. [Deuteronomium 17.17, eine Stelle, die zu Beginn der Königssatzung in der Tempelrolle ebenfalls zitiert wird.] David aber hatte nicht gelesen in dem versiegelten Buch des Gesetzes, das in der Lade war, denn es war in Israel nicht aufgetan worden von dem Tag an, an dem Eleasar starb sowie Josua und die Ältesten, die den Astarten gedient hatten. Und es war verborgen und wurde nicht enthüllt, bis Sadok auftrat. (5.1–5)

Man entschuldigte David damit, daß er das Verbot der Bigamie ja nicht habe kennen können, da es im versiegelten Gesetzesbuch enthalten war, das zu seiner Zeit nicht enthüllt war.

Die Wissenschaftler sind fast einstimmig der Meinung, daß sich dieser Abschnitt im «Damaskus-Dokument» auf das Buch des Gesetzes bezieht, das von Hilkia, dem Hohenpriester in der Zeit des Königs Josia, entdeckt wurde und worüber wir 2. Könige 22.8 lesen: «Und der Hohepriester Hilkia sprach zu dem Schreiber Saphan: Ich habe das Gesetzbuch gefunden im Hause des Herrn. Und Hilkia gab das Buch Saphan, daß er's läse.» Dieses Gesetzbuch wird im allgemeinen mit dem 5. Buch Mose, dem Deuteronomium, identifiziert, und die Erwähnung von Deuteronomium 17.17, «er soll nicht viele Weiber für sich selbst nehmen», scheint dies noch zu bestätigen.

Aber noch vor Bekanntwerden der Tempelrolle haben einige Gelehrte einen Haken an der Sache gesehen. Wenn sich diese Stelle auf das von Hilkia gefundene Buch bezog, warum sollte die Damaskusschrift dann Sadok als den Finder nennen?

Einer der größten Talmudisten seiner Zeit, Louis Ginzberg, versuchte diese Schwierigkeit zu überwinden, indem er in Sadok den Großvater des Hilkia sah, entsprechend der Ahnenliste 1. Chronik 9.11. Das war zweifellos eine geniale Lösung, aber in der Damaskusschrift heißt es doch unmißverständlich, daß Sadok das Buch entdeckt habe und nicht Hilkia, und man darf versichert sein, daß der Verfasser der Damaskusschrift genau wußte, was 2. Könige 22.8 geschrieben steht.

Der zweite Haken ist der, daß, selbst wenn der Autor vorausgesetzt hat, David wüßte nichts von der Existenz des Buches Deuteronomium und seinem Verbot, die «Weiber zu vervielfältigen», wie es wörtlich heißt, dies an sich nicht ausreichte, um zu beweisen, daß es tatsächlich ein Verbot für den König gab, mehr als eine Frau zu nehmen. Der Autor der Damaskusschrift war sich der anderslautenden Interpretationen der Zeit wohl bewußt, denn letztlich besagt Deuteronomium nur, daß der König die Frauen nicht «vervielfältigen» soll, was aber noch nicht bedeutet, daß er nicht mehr als eine Frau nehmen konnte.

Mir scheint, daß der Verfasser der Damaskusschrift etwa folgendes mitteilen wollte:

> Und wenn ihr sagt: Er soll nicht viele Weiber für sich selbst nehmen, so ist unsere Antwort, daß die wahre Bedeutung dieses Gebotes [d. h. des Verbotes, mehr als eine Frau zu nehmen] dem König David nicht bekannt war, weil dies in dem versiegelten Gesetzesbuch geschrieben stand. Und dieses versiegelte Buch wurde nicht enthüllt bis zur Zeit des Sadok.

Mit der Entdeckung und Entzifferung der Tempelrolle besitzen wir zum ersten Mal die eindeutig gleichlautende Vorschrift der gleichen Sekte, welche auf der Basis von Deuteronomium die Bigamie verbietet; und dieses Verbot erscheint nur in der Tempelrolle als göttliches Gebot. Ich möchte daher die Möglichkeit nicht ausschließen, daß das versiegelte Gesetzesbuch, das im «Damaskus-Dokument» erwähnt wird, unsere Tempelrolle ist. Wenn die Anspielung in der Damaskusschrift sich tatsächlich auf sie bezieht, dann besagt der Inhalt dieses Abschnitts, daß sie König David nicht bekannt war, weil sie erst zur Zeit des Sadok enthüllt wurde.

Wer war Sadok? Die Mitglieder der Qumran-Gemeinde nannten sich «Die Söhne des Sadok» oder «Gefolgsleute des Sadok», und ihr Gründer wird «Lehrer der Gerechtigkeit» genannt. Das hebräische Wort für Gerechtigkeit ist «sedek» und hat die gleiche Wurzel wie Sadok. Es scheint mir daher durchaus nicht abwegig, ja sogar einsichtig, daß die Tempelrolle von niemandem anderen als dem Gründer der Sekte namens Sadok verfaßt worden ist.

Zusammenfassung

Wenn meine Argumente und Interpretationen Gewicht haben, dann könnte man die Tempelrolle im Grunde als Lehre, d. h. Thora, der Essener betrachten. Sie wäre Gesetzbuch gewesen, von ihnen als «das Buch Hagu» bezeichnet und so auch in ihren anderen Schriften genannt worden. Über den Inhalt des Textes sollten die Sektenmitglieder meditieren, und alle sollten darin unterwiesen werden. Wir hätten damit eine Zweite Thora vor uns, ein Buch mit dem «Zweiten Gesetz», das nur der Sekte offenbart worden war und von ihr als «kanonisch» betrachtet wurde, wobei die Offenbarung dem Sektengründer Sadok zuteil geworden war. Unsere Schriftrolle stellte demnach gewissermaßen die verborgene Thora der Essener dar, die ihnen so heilig war wie die kanonische Thora; denn sie umfaßte ebenfalls alle Themen zu den religiösen Geboten des Pentateuch einschließlich des 5. Buches Mose (Deuteronomium).

Die zahlreichen Verweise auf den Lehrer der Gerechtigkeit und die Eigenschaften, die ihm zugeschrieben werden, berechtigen meines Erachtens zu diesem Schluß. Dem Lehrer der Gerechtigkeit enthüllte Gott «die verborgenen Bedeutungen der Schriften Seiner Diener, der Propheten» (Habakuk-Kommentar 7.4,5) oder, wie Geza Vermes es darstellt:

> Nur die Auslegungen des Lehrers, die von seinen Schülern verbreitet wurden, versprachen wahre Erleuchtung und Führung. Das Wissen um das wahre Gesetz und seine Auslegung war eine Gabe, die Gott dem Lehrer und den Mitgliedern seiner Sekte hatte zuteil werden lassen.

Nirgends könnte diese innige Beziehung zu Gott besser beschrieben werden als in einer Hymne aus der «Gemeinderegel», die wohl vom Lehrer selbst verfaßt wurde:

> Aus der Quelle Seiner Gerechtigkeit
> bin ich gerechtfertigt,
> und aus Seinen wunderbaren Geheimnissen
> leuchtet mein Herz.
> Meine Augen haben geschaut,
> was in Ewigkeit ist,
> Weisheit, vor den Menschen geheim,
> Erkenntnis und Ratschluß,
> den Menschensöhnen verborgen;
> einen Brunnen der Gerechtigkeit
> und ein Schatzhaus der Macht,
> einen Quell der Herrlichkeit,
> der Gemeinschaft des Fleisches verborgen.
> Gott hat dies seinen Erwählten gegeben
> als immerwährenden Besitz
> und ihnen zum Erbe gesetzt
> das Los der Heiligen. (Kol. 11)

Ein historischer Widerspruch

Als erstaunlichstes Ergebnis des Studiums der Tempelrolle ist die Tatsache zu nennen, daß ausgerechnet die Sekte der Essener, obwohl sie an den strengsten Auslegungen der Mosaischen Gesetze generell und besonders an den Vorschriften zum Tempel und seinem Ritual, den Festen und Opfern festhielt, diejenige von allen damaligen jüdischen Sekten war, die den größten Einfluß auf Glaubensvorstellungen, religiöse Praktiken, Organisation und Phraseologie des frühen Christentums hatte. Wie ist es zu erklären, daß gerade eine so extrem orthodoxe jüdische Sekte das jüdische Christentum beeinflußte, das doch in der Folge gegen die legalistische und rigide Auslegung des Mosaischen Gesetzes kämpfte, um es schließlich abzulehnen?

Um das zu verstehen und den Widerspruch zu klären, müssen noch einige damit zusammenhängende Probleme diskutiert werden.

Die Schriftrolle und die Qumran-Sekte

Zunächst ist die Frage zu stellen, ob es denn ohne jeden Zweifel feststeht, daß unsere Tempelrolle eine Sektenschrift im engeren Sinne ist, d. h. daß sie von Mitgliedern der Sekte vom Toten Meer in Qumran verfaßt worden ist. Gewiß, sie wurde in einer der Qumran-Höhlen gefunden und zusammen mit weiteren Fragmenten gehörte sie zur Bibliothek dieser Sekte. Aber man könnte einwenden, daß diese Schrift wie andere auch, so zum Beispiel die biblischen Bücher, nicht ein Produkt der Sekte war, sondern ein gelehrtes Buch, das ganz andere Verfasser hatte und das von den Sektenmitgliedern lediglich als notwendige Lektüre empfunden wurde.

Einige Fachgelehrte haben diesen Einwand tatsächlich vorgebracht. Meiner Meinung nach weisen die Themen und vor allem die Vorschriften dieses Manuskripts es eindeutig als ein Produkt der Sekte aus, wie die übrigen Sekten-Schriften vom Toten Meer auch. Die Themen, die Anweisungen zu den verschiedensten Bereichen, die Terminologie, all dies verbindet unsere Schriftrolle mit den übrigen typischen Sekten-Schriften.

Das bedeutendste Werk dieser Sekten-Schriften im engeren Sinne stellt für sich besehen und in der Beziehung zur Tempelrolle die «Damaskus-Schrift» dar, auch als «Damaskus-Dokument» oder «Damaskus-Bund» bezeichnet. Obwohl diese Schrift zunächst nur in einer mittelalterlichen Kopie aus der Genisa von Kairo vorlag und fünfzig Jahre vor den Funden aus den Qumran-Höhlen bekannt wurde, hat man sie inhaltlich stets der Sekte vom Toten

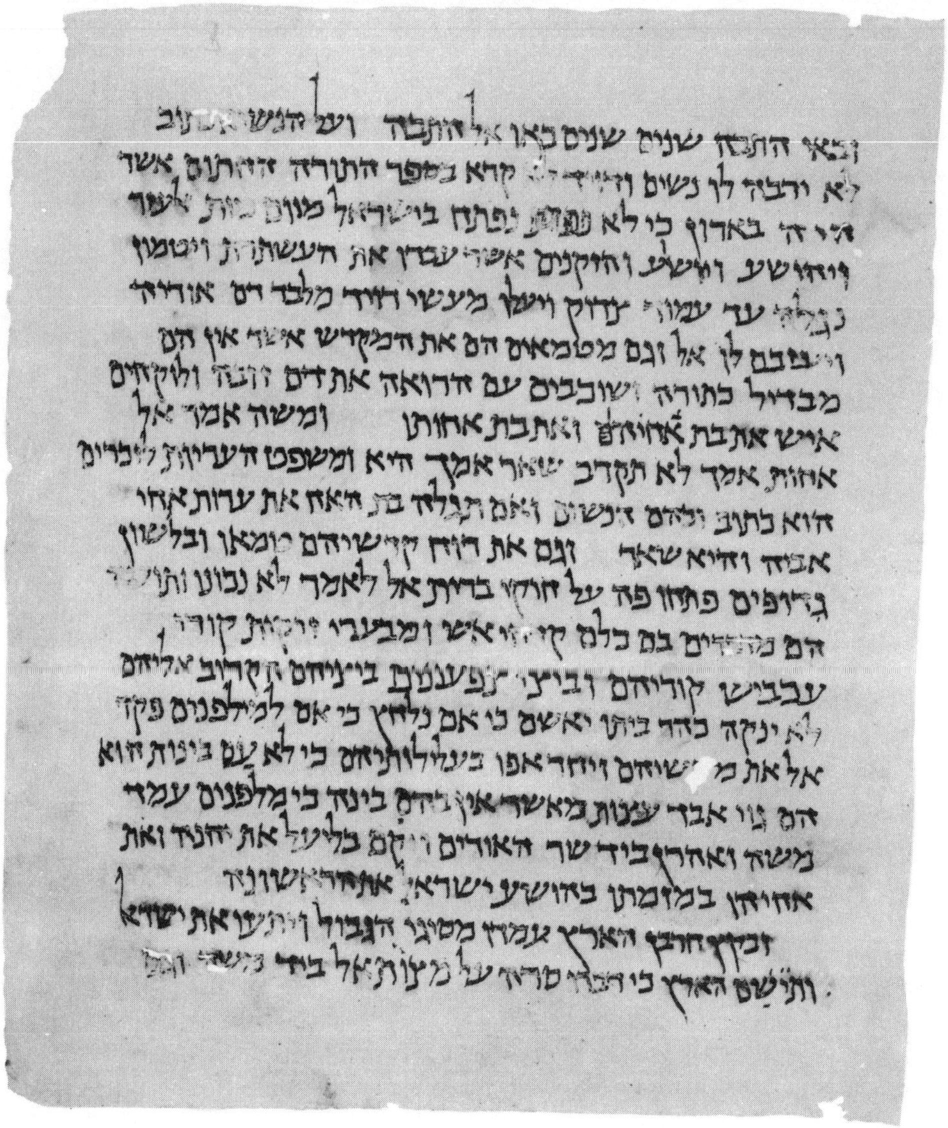

Abbildung einer Kolumne des Damaskus-Dokuments: Text mit dem Verbot der Bigamie. König David wird mit dem Hinweis entschuldigt, daß er die «verborgene Thora» (die Tempelrolle?) nicht habe kennen können, in der das Verbot ausgesprochen wird. Denn diese «Thora» sei erst Zadok, der wahrscheinlich mit dem «Lehrer der Gerechtigkeit» und Gründer der Qumran-Sekte identisch ist, geoffenbart worden.

Meer zugerechnet. Heute weiß man, daß es eines ihrer fundamentalen Werke war, das in vielen Abschriften vorhanden gewesen sein muß.

Die Verwandtschaft zwischen Damaskusschrift und Tempelrolle ist im Verlaufe unserer Untersuchung immer wieder deutlich geworden. Nur diese beiden Handschriften verwenden den Begriff «Tempelstadt». Fast mit den gleichen Worten werden die Vorschriften oder Regeln formuliert, namentlich die Verbote der Bigamie und Scheidung und des Beischlafs in der Tempelstadt sowie die strengen Gebote über die auf jeden Geschlechtsverkehr folgende Reinigung. In beiden Schriften finden sich auch die gleichen Vorschriften über die Unreinheit eines Hauses, in dem jemand gestorben ist. Es ist auch daran zu denken, daß die Damaskusschrift eine zusammengesetzte Schriftrolle ist, die sich mehreren Themenbereichen widmet, darunter auch zwei Grundvorstellungen der Glaubenswelt dieser Sekte: der Erwartung zweier Messiasgestalten, von denen eine von Aaron, die andere von Israel abstammen sollte, und dem Glauben an den Gründer der Sekte, den Lehrer der Gerechtigkeit. Diese beiden fundamentalen Glaubensvorstellungen tauchen auch in anderen Schriften der Sekte auf. Der Inhalt der Vorschriften in der Tempelrolle und die Verwendung der für die Sekte typischen Begriffe klären zweifelsfrei, daß dieses Manuskript zu den Schriften der Qumran-Sekte gehört, und eine besondere Ähnlichkeit mit ihrer Gedankenwelt kommt im Text der Damaskusschrift zum Ausdruck. In den Reinheitsvorschriften wiederum stellt die Kriegsrolle die beste Parallele dar.

Als ebenso stichhaltiges Indiz muß die Tatsache gelten, daß die Daten der Tempelrolle auf dem für die Sekte typischen Kalender basieren. Allerdings ergibt sich in dieser Hinsicht auch eine Verbindung zum «Buch der Jubiläen» und dem «Buch Henoch», beides sogenannte pseudo-epigraphische Schriften. Dies fügt sich jedoch in die These ein, die von immer mehr Qumran-Forschern vertreten wird, daß nämlich die pseudo-epigraphischen Schriften die Lehren einer umfassenderen religiösen Bewegung enthalten, aus der sich die Qumran-Sekte im Laufe der Zeit abspaltete, wenn nicht auch diese Schriften zum eigentlichen geistigen Schaffen der Sekte gehören.

Ich bin fest davon überzeugt, daß die Tempelrolle ein literarisches und religiöses Produkt der Sekte vom Toten Meer ist. Und wenn ich die Belege dafür richtig interpretiert habe, dann ist ebenfalls unwiderlegbar, daß dieses Manuskript wohl die wichtigste Schrift der Sekte überhaupt war, weil ihr Inhalt nach dem Glauben der Mitglieder die verborgenen Gesetze wiedergibt, die Gott Moses offenbarte und die nur dem Sektengründer und seinen Anhängern bekannt wurden.

22. Die Qumran-Sekte und die Essener

Der nächste Schritt besteht darin, festzustellen, ob die Rolle uns dabei helfen kann, die Anhänger dieser Sekte von Qumran am Toten Meer zu identifizieren. Die überwiegende Mehrheit der Wissenschaftler ist sich einig, daß die Qumran-Sekte mit den Essenern gleichzusetzen ist. Dabei handelt es sich um eine der zahlenmäßig kleinen, aber im Anspruch beherrschenden Sekten, die sich in der späteren Phase der Zweiten Tempelperiode vom orthodoxen Judentum abspalteten, wie die antiken Autoren Josephus, Philo und Plinius der Ältere berichten.

Wir können an dieser Stelle nicht alle Belege dafür anführen, es soll aber doch darauf hingewiesen werden, daß trotz einiger Unstimmigkeiten das, was Josephus über die Organisationsform der Essener, ihre Sitten und Rituale zu sagen hat, erstaunlich gut zur Qumran-Gemeinde paßt, soweit wir sie aus den Schriftrollen vom Toten Meer kennen, ebenso wie einige Bemerkungen bei Philo. Die Angaben der antiken Autoren stimmen vor allem mit dem Inhalt der «Gemeinderegel» und dem «Damaskus-Dokument» überein. Nicht weniger wichtig ist die Information, die Plinius (23–79 n. Chr.) in seiner «Naturgeschichte» liefert (5.73):

> Auf der Westseite [des Toten Meeres], soweit das Ufer nicht ungesund ist, wohnen die Essener; ein einsiedlerischer und vor allen anderen Menschen sonderbarer Menschenschlag. Sie leben ohne alle Frauen, haben der Liebe völlig entsagt, sind ohne Geld und stets in der Nähe von Palmen. Sie ergänzen sich fortwährend gleichmäßig durch zahlreiche Zuzügler, da es eine Masse solcher gibt, welche des Lebens überdrüssig, durch die Wogen des Schicksals der Lebensweise jener Menschen zugeführt werden. So erhält sich, es klingt unglaublich, durch Jahrtausende fort und fort eine Gemeinde, in der kein Mensch geboren wird. So fruchtbar ist der Lebensüberdruß Anderer für ihre Erhaltung. [Unterhalb] von ihnen lag sonst die Stadt En-Gedi, an Fruchtbarkeit und Palmenpflanzungen die zweite nach Jerusalem, jetzt ebenfalls ein Schutthaufen. Alsdann, gleichfalls nicht weit vom Asphaltites [Bez. des Toten Meeres] liegt auf einem Felsen die Burg Masada. So weit Judäa.

Von größter Bedeutung ist in diesem Zitat die Angabe über die geographische Lage der Essener-Niederlassung. Sie liegt am Toten Meer und unterhalb davon En-Gedi. Das kann entweder heißen, daß die Essener in den Bergen oberhalb En-Gedi wohnten, wie man früher annahm, oder, wie man heute glaubt, daß En-Gedi südlich des Essener-Zentrums lag. Dies ist wahrscheinlicher, denn Plinius schreibt doch, daß danach Masada kam. Er geht also von Norden nach Süden vor. Diese Lage der Essener-Niederlassung entspricht genau der Lage von Qumran – die Ruinen ihrer Siedlung sind bis heute sichtbar. Außerdem entspricht die Lebensauffassung der Qumran-Sekte der – wenn auch stark übertrieben geschilderten – Lebensanschauung der Essener, wie sie Plinius darstellt.

Gegenargumente

Wir müssen uns nun die Frage stellen, ob es in der Tempelrolle irgendeinen Hinweis gibt, der die These von der Identität der Qumran-Sekte mit den Essenern stützt oder widerlegt. Führen wir zunächst die «Gegenargumente» an, d.h. jene Vorschriften des Textes, die oberflächlich betrachtet den Grundsätzen der Essener, so wie man sie früher sah, zuwiderlaufen. Am ehesten bietet sich hierfür die Einstellung zum Opfer im Tempel an.

Wir haben mehrfach darauf hingewiesen, daß eines der Hauptthemen der Schriftrolle der Tempel mit seinen Räumlichkeiten ist, und dabei geht es nicht um den eschatologischen, d.h. einen fiktiven Tempel, sondern um ein materiell vorhandenes Bauwerk, in dem an bestimmten Festen exakt beschriebene Opferrituale ablaufen sollten.

In den Schriften des Josephus und des Philo, die unsere Hauptquellen über die Essener darstellen, findet sich aber eine ganze Reihe von Bemerkungen, die dahingehend interpretiert werden können – und so auch interpretiert worden sind –, daß die Essener Opfer überhaupt ablehnten! Bei genauerer Untersuchung stellt sich aber heraus, daß solche radikalen Schlußfolgerungen daraus nicht gezogen werden können.

Bereits Josephus erweist sich in dieser Hinsicht als komplizierter Zeuge, denn es gibt zwei Versionen seines Berichts über das Thema «Opfer». Einmal heißt es da:

> Wenn die Essener Weihgeschenke in den Tempel schicken, bringen sie kein Opfer dar, weil sie heiligere Reinigungsmittel zu besitzen vorgeben. Aus diesem Grund ist ihnen der Zutritt zum gemeinsamen Heiligtume nicht gestattet, und sie verrichten demgemäß ihren Gottesdienst (Opfer) besonders. (Jüd. Altertümer 18.19)

In der anderen Version heißt es statt «bringen kein Opfer dar» «bringen Opfer dar». Aber darauf kommt es nicht an, denn aus beiden Versionen wird deutlich, daß sie nicht die Opferhandlung an sich ablehnten, sondern daß sie diese gemäß anderen Reinheitsvorschriften abzuhalten wünschten, und das ist fast dasselbe, was sich aus den entsprechenden Passagen der Tempelrolle ableiten läßt.

Wie die Worte des Josephus, daß sie «ihren Gottesdienst besonders» abgehalten hätten, zu verstehen sind, bleibt dunkel, denn Einzelheiten über ihren Kult sind daraus nicht zu entnehmen. Auch die Tempelrolle teilt nicht mit, wie man sich in Qumran behalf, wo die Gemeinde vom Tempel abgeschnitten war. Vielleicht haben wir in den Ausführungen zur Priesterweihe Hinweise auf bestimmte Opferhandlungen zu sehen, aber das läßt sich nicht mit Sicherheit sagen und ist auch für unsere gegenwärtige Fragestellung nicht wesentlich.

Alles in allem schließt also, wie ich meine, der Bericht des Josephus durchaus nicht aus, daß man die Qumran-Sekte mit den Essenern identifiziert. Wenn man Josephus entnehmen kann, daß sie gegen die Opfervorschriften im Tempel ihrer Zeit waren, nur weil sie andere Rituale durchführten, dann sollte gleich hinzugefügt werden, daß dies nicht das einzige war, was sie am Tempel ablehnten. Vom Bauwerk bis zum Kultvollzug lehnten sie den Tempel ihrer Zeit ab, und im übrigen hingen sie einem anderen Kalendersystem an, so daß sie sich am Tempelritual gar nicht hätten beteiligen können.

Die Aussage über die Essener und ihre Haltung zur Opferhandlung bei Philo, der die Sekte zu idealisieren trachtet, steht in Verbindung mit dem, was er «ihre außergewöhnliche Hingabe an Gott» nennt. Die Hingabe, so Philo, äußere sich darin, daß «sie nicht Tiere opferten, sondern ihre eigene Seele weihten und heilig zu machen versuchten». Auch das bedeutet natürlich nicht, wie die Wissenschaft bereits gezeigt hat, daß die Essener allen Opferhandlungen abgeneigt gewesen wären. Darin spiegeln sich nur Gedanken wider, die lange vorher geäußert worden waren: «Meinst du, daß der Herr Lust habe am Opfer und Brandopfer gleich wie am Gehorsam der Stimme des Herrn? Siehe, Gehorsam ist besser denn Opfer und Aufmerken besser denn das Fett von Widdern.» (1. Samuel 15.22)

Schon vor Auffindung der Tempelrolle hatte sich anhand der Schrift über den «Krieg der Söhne des Lichts wider die Söhne der Finsternis» klar gezeigt, daß die Sekte nicht grundsätzlich gegen Opferhandlungen war. In diesem Manuskript wird geschildert, wie die Söhne des Lichts nach dem Sieg über die Söhne der Finsternis sich «auf die letzten Tage» vorbereiteten, um dann den Tempelkult mit all seinen Opfervorgängen, wie es das Gesetz Mose vorschreibt, wieder aufzunehmen. In der Tempelrolle finden sich die Anweisungen dazu. Es konnte wohl auch gezeigt werden, daß die «externen» Quellen über die Essener keine Anhaltspunkte dafür enthalten, daß die Sekte grundsätzlich Opfer ablehnte. Wogegen sich ihre Anhänger allerdings mit Vehemenz wandten, das war der Tempelkult in Jerusalem, wie er zu ihrer Zeit praktiziert wurde, und das paßt ausgezeichnet zum Text der Tempelrolle.

Argumente für die Identität der Qumran-Sekte mit den Essenern

Zusätzlich zu den Übereinstimmungen in den Reinheitsgeboten zwischen Tempelrolle und Essenern gibt es einen Faktor, der für meine Begriffe sogar noch deutlicher für die Identität von Qumran-Sekte und Essenern spricht. Ich meine die Lage der Latrine: die «Hand» fast eine Meile außerhalb der Stadt. In der Tempelrolle wird dies als Gebot zur Reinhaltung der Tempelstadt angeordnet.

Im Zusammenhang mit der Erörterung dieser Frage in Kapitel 18 zitierten wir Josephus als Zeugen dafür, daß sich die Essener am Sabbat nicht hätten erleichtern dürfen, weil dies mit Arbeit verbunden gewesen wäre, nämlich dem Graben eines Loches, und jegliche Arbeit am Sabbat sei nach dem Mosaischen Gesetz verboten gewesen. Josephus führt aus, daß sie auch an den anderen Tagen zu einem entlegenen Ort gegangen seien, weil sie Exkremente im rituellen Sinne als unrein betrachtet hätten. Auch dies halte ich für einen Beweis für die enge Verbindung zwischen Tempelrolle und Essenern.

Letztlich ist auch die Haltung gegenüber der Ehe und gegenüber der durch sexuelle Beziehungen erzeugten «Unreinheit» der Haltung der Essener sehr ähnlich, nach all dem zu urteilen, was wir von ihnen wissen. Die meisten von ihnen lebten im Zölibat. Auch darin findet sich also engste Übereinstimmung.

Ich meine, daß die Tempelrolle nach alledem ein Werk der Gemeinde von Qumran ist und für die Identität dieser Sekte mit den Essenern gewichtige Belege liefert, wenn sie nicht überhaupt die Bestätigung für diese Gleichsetzung enthält.

Josephus, die Essener und die Tempelrolle

Auf einen Aspekt habe ich schon des öfteren hingewiesen: Josephus erwähnt gelegentlich jüdische Gesetze, die damals offensichtlich für das orthodoxe Judentum verbindlich waren, die sich aber in den jüdischen Quellen nicht finden. Die Spur einiger dieser Vorschriften läßt sich bis zur Tempelrolle verfolgen, so zum Beispiel das Verbot, als «Behinderter» die Tempelstadt zu betreten. Im jüdischen Rechtskodex ist davon nichts zu finden, und doch spricht Josephus von diesem Verbot, so als sei es damals allgemeines Gesetz gewesen. Wie ist das zu erklären?

Offensichtlich kannte Josephus Traditionen, die dem rabbinischen Gesetz zuwiderliefen und die er aus anderen Quellen bezog. Eine der Quellen waren zweifellos die Essener. Schließlich hatte er in seiner Jugend unter ihnen gelebt und war mit ihren Auffassungen vertraut. Als er dann später seine Werke verfaßte und sich der Gesetze, Sitten und Bräuche des Judentums erinnerte, mag ihn sein Gedächtnis bisweilen getrogen haben, so daß er Lehrmeinungen der Essener mit solchen des nicht-sektiererischen Judentums verwechselte oder beide Lehrmeinungen als «jüdisches Gesetz» empfand.

Die Sekte der Tempelrolle und andere jüdische Gruppen

Soll unsere Beweisführung für die Identität von Qumran-Sekte und Essenern hieb- und stichfest sein, so gilt es noch zu fragen, ob es nicht auch eine Übereinstimmung der Ansichten der Qumran-Sekte mit anderen jüdischen Sekten gegeben haben kann. Im Lichte der Gesetze und der Formulierungen in der Tempelrolle ist diese Frage sogar dringlicher geworden. Gibt es, um vom Allgemeinen zum Besonderen zu kommen, eine direkte Beziehung zwischen den Gesetzen der Sekte von Qumran und den frühen Lehren der Pharisäer oder den Doktrinen der Sadduzäer bzw. den Regeln, wie sie die rabbinische Literatur letztlich formulierte?

Ich glaube an unzähligen Beispielen aufgezeigt zu haben, daß der Widerspruch zwischen den Gesetzen und Vorschriften der Tempelrolle und denen der rabbinischen Tradition nicht größer sein könnte. Die Vorstellungen des pharisäischen Judentums, wie sie in die rabbinische Tradition eingegangen sind, sind uns seit langem bekannt. Da wir seit der Entzifferung der Tempelrolle auch sehr viel mehr über die Essener wissen, läßt sich diese Frage schlüssig beantworten. Wie aber steht es mit dem frühen Pharisäertum? Und wie steht es mit den Sadduzäern? Gibt es da nicht vielleicht doch Berührungspunkte?

Diese Frage ist nicht einfach zu beantworten, denn über die Pharisäer zu Beginn ihrer Bewegung in den letzten Jahrhunderten v. Chr. ist wenig mehr bekannt, als daß sie in den Reinheitsvorschriften, den Besteuerungsvorschriften und bei bestimmten Tempelritualen strengere Maßstäbe anlegten, als sie sich dann im rabbinischen Judentum niederschlugen. Über die Sadduzäer wissen wir außer dem wenigen, was Josephus und einige Passagen der Mischna enthalten, so gut wie nichts. Es hat sogar den Anschein, als hätten die Rabbinen häufig von «Sadduzäern» gesprochen, wenn sie sektiererische Gruppen meinten, so daß lediglich bekannt ist, daß die meisten Sadduzäer aus dem priesterlichen Zweig des Judentums hervorgegangen waren und daher sehr strenge Auffassungen von allem hatten, was das Tempelritual und namentlich die Opferhandlungen betraf.

Es scheint also in der Tat nicht abwegig, gewisse Berührungspunkte zwischen dem Inhalt der Tempelrolle und den Praktiken der frühen Pharisäer und Sadduzäer zu sehen. Das bedeutet allerdings noch nicht, daß Pharisäer oder Sadduzäer mit den Essenern gleichzusetzen wären. Leider haben wir zu wenig Daten, um die genaue Beziehung zwischen den frühen Pharisäervorschriften und denen der Tempelrolle zu überprüfen. Und was die Sadduzäer anbelangt, so ergibt sich zwar hinsichtlich der wortgetreuen Strenge in der Auslegung des Pentateuch durchaus große Ähnlichkeit zwischen Sadduzäern und Essenern, aber das wird durch die tiefe Kluft, die beide trennte, aufgehoben. Die Sadduzäer akzeptierten den Tempel so, wie er war, und blieben außerdem dem Kalender des orthodoxen Judentums treu. Die Essener dagegen lehnten all dies ab, sie besaßen einen Entwurf für einen neuen Tempel, legten neue Ritualvorschriften fest und folgten einem völlig anderen Kalender. Die Gleichsetzung von Essenern und Sadduzäern scheidet aus.

Die Vorschriften der Schriftrolle und andere halachische Lehrmeinungen

Aus sprachlichen Gemeinsamkeiten von Schriftrollentext und talmudischen Quellen ergibt sich die Frage, ob auf eine wechselseitige Beeinflussung zu schließen ist und ob es möglicherweise einen geschriebenen Gesetzeskodex gab, auf dem alle aufbauten: Halacha, orthodoxes Judentum und Dissidenten. Zu fragen wäre auch, ob diese Gemeinsamkeiten ein Licht auf die Diskussion innerhalb der Talmud-Tradition werfen.

Die Gemeinsamkeiten sind an zwei Punkten besonders auffallend, mit denen wir uns weiter oben ausführlich beschäftigt haben, die aber in einer Hinsicht gerade für diese Fragestellung von Bedeutung sind. Es geht zum einen um die Unreinheit der Frau mit einem abgestorbenen Fötus im Leib. Die Mischna entscheidet, wie wir gesehen haben, dahingehend, daß die Frau rein sei, solange sich der Fötus in ihrem Leib befindet, die Schriftrolle erklärt sie solange für unrein – besagt also genau das Gegenteil. Dennoch wird der Fall mit fast genau den gleichen Worten dargestellt; der Text der Tempelrolle und der Text der Mischna sind fast identisch.

Der zweite Fall betrifft die «ergriffene» und die «betörte» bzw. «überredete» Jungfrau. Auch hier haben wir auf die Unterschiede zwischen Tempelrolle und rabbinischer Literatur hingewiesen. Dennoch: Der Autor der Schriftrolle fügt seinem Verdikt, daß der Mann die Frau zu heiraten habe, hinzu, «wenn sie geeignet ist nach dem Gesetz», während die talmudische Quelle sagt: «eine Frau, die für ihn geeignet ist», wobei «geeignet» natürlich im rechtlichen Sinne zu verstehen ist. Wie kommt es bei inhaltlich unterschiedlicher Meinung zur Übereinstimmung in der Wortwahl?

Man darf wohl davon ausgehen, daß in der Zweiten Tempelperiode alle Denkschulen einander kannten und von ihren gegensätzlichen Meinungen wußten. Wenn es aber darum ging, den eigenen Standpunkt zu vertreten, vermied man es geflissentlich, die Namen derer anzuführen, die die gegnerische Denkart repräsentierten. Die gleichlautende Formulierung bedeutet meiner Meinung nach, daß entweder die Verfasser von Vorschriften bereits vorhandene Vorschriften des Gegners kannten, oder daß beide Seiten sich auf eine dritte Quelle stützten, die eine gemeinsame hebräische Rechtsterminologie geschaffen hatte, auf die sich alle «Rechtsgelehrten» jener Zeit bezogen. Mit den gleichen Begriffen vertraten sie inhaltlich unterschiedliche Auffassungen. Die Frage nach dieser dritten gemeinsamen Quelle müßte allerdings eingehender untersucht werden, bevor man definitive Aussagen machen kann. Das gleiche gilt für ein abschließendes Urteil über den gegenseitigen Einfluß der Sekten aufeinander.

Die zweite große Frage, auf die man anders als auf die erste eine definitive Antwort geben kann, betrifft das Wesen der talmudischen Diskussion. Wir haben mehrfach Fälle aufgeführt, wo der halachische Standpunkt des längeren ausgebreitet wird, selbst ohne daß die an einer solchen Diskussion beteiligten Weisen unterschiedlicher Ansicht seien. Diese talmudischen Diskussionen hat man im Hebräischen oft als «pilpul» bezeichnet, was etwa mit «haarspalterischer Kasuistik» zu übertragen wäre, denn die Absicht wird nicht immer deutlich. Ich habe bei meiner eher kursorischen Durchsicht jedoch feststellen können, daß diese langatmigen Auslegungen im Talmud genau dort auftauchen, wo der Autor der Tempelrolle und auch andere religiöse Verordnungen der Sekte die gegnerische Position zu den talmudischen Weisen beziehen.

Daraus erkennt man, daß den Weisen die Vorschriften der Sekte durchaus bekannt waren, daß sie die Dissidenten aber nicht nennen wollten. Gleichwohl mußten die Sekten-Vorschriften bekämpft werden, und so übernahmen die Weisen zum Teil die Rolle des advocatus diaboli, indem sie scheinbar gegen die akzeptierte Halacha argumentierten und die Argumentation der Dissidenten vertraten, nur um deren Standpunkt dann zurückweisen zu können.

Ich glaube, daß sich hier ein fruchtbares Feld für weitere Studien eröffnet. Eine sorgfältige Analyse dieser Argumente der Talmud-Diskussionen, von Weisen vorgetragen, die sich als Gegner der Halacha darstellen, könnte dazu beitragen, die unterschiedlichen Ansichten der jüdischen Sekten, insbesondere der Essener, in der Epoche des Zweiten Tempels klarer herauszuarbeiten.

23. Die Tempelrolle und das Neue Testament

In der Frühphase der Erforschung der Schriftrollen vom Toten Meer, kurz nach ihrer Entdeckung im Jahre 1947, wurde offenbar, daß es zwischen den Lehren der Essener und bestimmten Schriften im Neuen Testament Ähnlichkeiten gibt. Sowohl Juden wie Christen, die sich im Grunde stets darüber im klaren gewesen waren, daß das Christentum aus dem Judentum hervorgegangen ist, schockierte diese Erkenntnis; sie hatten sich diesen Vorgang nie mit allen Konsequenzen verdeutlicht. Heute steht in der Schriftrollenforschung die Beziehung zwischen den jüdischen Sektenschriften und denen des frühen Christentums im Mittelpunkt – und daraus erklärt sich wohl das universale Interesse an diesen antiken Dokumenten.

Trotz unterschiedlicher Wege, diesen Problemkreis anzugehen, und auch unterschiedlicher Schwerpunktsetzung, stimmen die meisten Wissenschaftler – meiner Meinung nach zu Recht – darin überein, daß die Sektenlehre die Glaubensvorstellungen, religiösen Verhaltensweisen, die Ideologie und selbst die Sprache der Gründer des Christentums beeinflußt hat. Bis zur Entdeckung der Tempelrolle war es möglich anzunehmen, daß die Essener und die frühen Christen die Einstellung gegenüber gewissen Praktiken ihrer Zeit teilten. Beide schienen den Tempel und das dort gepflogene Ritual abzulehnen und hatten neue Konzeptionen zum Ersatz dieser Praktiken entwickelt. Nachdem jedoch die Schriftrolle entziffert ist und darin der Tempel und sein Ritual einen zentralen Platz einnehmen, sind wir stärker denn je mit dem Widerspruch konfrontiert, daß ausgerechnet eine Sekte, die strikt an allen Einzelheiten des Mosaischen Gesetzes festhielt, andere Dissidenten wie die Anhänger des frühen Christentums, die das Mosaische Gesetz im Kern ablehnten, beeinflußt haben soll.

Meines Erachtens liefert das sorgfältige Studium der Tempelrolle wahrscheinlich eine Erklärung für dieses Paradox. Obwohl es den Rahmen des vorliegenden Buches sprengen würde, all' dies im Detail zu verfolgen, scheint es mir im Schlußkapitel doch lohnend, in groben Zügen auf den scheinbaren Widerspruch und seine Auflösung einzugehen.

Zuerst muß definiert werden, von welcher Form des Christentums wir sprechen, weil die Bezeichnung «frühes Christentum» auf die unterschiedlichsten Epochen mit den verschiedensten gesellschaftlichen und religiösen Entwicklungen angewandt wird, so daß sich auch die Beziehungen zur Sekte vom Toten Meer jeweils entsprechend verändert darstellen.

Johannes der Täufer

Fast einmütig ist man heute der Auffassung, daß die frühesten dieser Beziehungen bereits in die Zeit Johannes des Täufers zurückreichen. Aus allem, was wir aus dem Neuen Testament über ihn wissen – und das ist sehr wenig, denn die Berichte über ihn sind kurz und stark redigiert –, geht hervor, daß Johannes die Essener nicht nur kannte, sondern wohl eine Zeitlang sogar Mitglied der Sekte gewesen ist. Sein Wirkungskreis lag geographisch im gleichen Gebiet: am Ostrand der Judäischen Wüste in der Nähe des Jordan und des Toten Meeres. In dieser Gegend führte er das Leben eines Asketen, predigte und führte ein Taufritual durch, das mit Ausführungen zur Taufe in den Schriften der Qumran-Sekte vollkommen übereinstimmt. (In Qumran hat man die Taufvorrichtungen archäologisch nachweisen können.) Möglicherweise haben durch diese Verbindung auch andere religiöse Praktiken ins Christentum Eingang gefunden; zumindest die Gütergemeinschaft der frühen Christengemeinde in Jerusalem scheint mir aus dieser Quelle zu stammen, wenngleich diese Lebensform nicht auf die Qumran-Gemeinde zurückgehen muß, sondern dem Vorbild der Essener in Jerusalem verpflichtet sein könnte, jener Sektenmitglieder, die wir in Verbindung mit dem «Essener-Tor» erwähnten.

Jesus

Die Verbindungen Jesu zu den Essenern müssen weit komplexer gewesen sein. Es kann kein Zweifel darüber bestehen, daß Gemeinsamkeiten in der Beurteilung bestimmter Fragen bestehen. In der Bergpredigt (Matthäus 5) erinnern Phraseologie und Metaphern Jesu eindeutig an die Sprache der Essener-Schriften. Das wird sofort einsichtig, wenn man auch nur einige der berühmten Worte der Bergpredigt in Erinnerung ruft: «Ihr seid das Licht der Welt» (Matth. 5.14). «Also laßt euer Licht leuchten vor den Leuten, daß sie eure guten Werke sehen» (5.16) und «Ihr sollt nicht wähnen, daß ich gekommen bin, das Gesetz oder die Propheten aufzulösen, ich bin nicht gekommen aufzulösen, sondern zu erfüllen» (5.17,18). In der Bergpredigt bestehen jedoch nicht nur Anklänge an die Sprache, sondern auch an Verhaltensweisen der Essener. So war es den Sektenmitgliedern verboten, Eide zu schwören. Und was sagt Jesus zu seinen Anhängern?

> Ihr habt weiter gehört, daß zu den Alten gesagt ist: ‹Du sollst keinen falschen Eid tun und sollst Gott deinen Eid halten.› Ich aber sage euch, daß ihr allerdings nicht schwören sollt, weder bei dem Himmel, denn er ist Gottes Stuhl, noch bei der Erde,

denn sie ist seiner Füße Schemel, noch bei Jerusalem, denn sie ist des großen Königs Stadt. (Matth. 5.33–35)

Dennoch bin ich der Meinung, daß Jesus gegen die Essener Stellung bezogen hat – ich verwies in der Diskussion um die Priesterweihe und die Herodianer bereits darauf. Seine Lehre steht weitgehend den Auffassungen der Essener diametral entgegen. Sie hielten am Prinzip des strengen Legalismus fest und beharrten auf einer wortwörtlichen Auslegung der Reinheitsvorschriften.

In der Bergpredigt selbst wird die Gegenposition Jesu deutlich. Als aufschlußreich erweist sich ein Zitat aus einer Veröffentlichung des österreichischen Wissenschaftlers Kurt Schubert, der sich als einer der ersten zu diesem Thema geäußert hat:

Zum größten Teil scheint sich mir das religiöse und historische Verständnis der Bergpredigt in dem Schlüsselwort Matth. 5.43 f. zu eröffnen, wo es heißt: ‹Ihr habt gehört, daß da gesagt ist: ‹Du sollst deinen Nächsten lieben und deinen Feind hassen.› Ich aber sage euch: Liebet eure Feinde ...› Wer waren die Zuhörer, die gelehrt worden waren, ihre Feinde zu hassen? Nirgendwo in der jüdischen Tradition, und noch weniger im Alten Testament findet sich auch nur eine Spur eines Gebotes, das zum Haß gegen den Feind auffordern würde. In den Schriften der Qumran-Sekte dagegen hat es solche Aussagen gegeben. Mit guten Gründen wird diese Sekte von den meisten Wissenschaftlern mit den Essenern gleichgesetzt. In ihren Schriften heißt es u. a.: ‹Es ist die Pflicht eines jeden Mitglieds der Gemeinde, jedermann zu lieben, den (Gott) auserwählt hat, aber jeden zu hassen, den er verworfen hat›; oder ‹alle Söhne der Finsternis zu hassen, jeden nach seiner Sündhaftigkeit zur Rache Gottes›. ‹Und die Leviten verfluchen alle Männer aus Belials Los, sie erheben ihre Stimmen und sprechen: Verflucht mögt ihr sein.› [Diese Zitate stammen aus der «Gemeinderegel» und waren Teil eines Eides, den jedes neue Mitglied bei Aufnahme in die Sekte zu schwören hatte. Y. Y.] (K. Schubert, The Scrolls and the New Testament, New York 1957.)

Jesus bezog sich offensichtlich auf die Essener, wenn er verachtungsvoll von jenen spricht, die ihre Feinde zu hassen als ihre Pflicht ansahen, und wahrscheinlich befanden sich unter seinen Zuhörern viele, die mit der Lehre der Essener vertraut waren oder von ihren Doktrinen beeinflußt, die aber nun konvertiert oder doch im Begriff waren, zur versöhnlichen Haltung Jesu zu konvertieren.

Das Christentum des Paulus und der johanneischen Literatur

Wenn demnach die Lehre der Essener und die Worte Jesu derart divergieren, warum behaupten die Wissenschaftler dann nach wie vor, daß eine erstaunliche Ähnlichkeit zwischen Begriffen und Theologie der Schriftrollen und des Christentums bestehe? Diese Ähnlichkeit findet sich vor allem im Johannesevangelium und dem johanneischen Schrifttum sowie in den Briefen des Paulus. Nicht daß hier etwa der Ausgangspunkt läge – man ist vielmehr heute oft der Meinung, daß zwischen dem ursprünglichen Christentum und der Botschaft, wie sie in den Texten verkündet wird, ein Zwischenstadium bestanden hat. Aber in den genannten Werken finden sich die engsten Parallelen zu den Essenern.

Um das, was ich den historischen Widerspruch genannt habe, noch etwas schärfer herauszuarbeiten, sollen einige Beispiele solcher Parallelen aufgeführt werden, bevor wir zu dem Vergleich kommen, der uns hier am meisten interessiert: die Haltung der beiden Gemeinden gegenüber dem Tempel und seinem Kult.

Gut und Böse, Licht und Finsternis und das «Ende der Tage»

Ich möchte fünf Passagen aus den Schriftrollen zitieren, die fundamentale Aussagen der Essener enthalten und sie neben Texte aus dem Johannes-Evangelium, seinen Briefen und den Paulus-Briefen stellen. Der erste Auszug stammt aus der «Gemeinderegel», die restlichen vier aus der Schrift «Krieg der Söhne des Lichts wider die Söhne der Finsternis».

> Er (Gott) hat den Menschen geschaffen, um die Welt zu regieren und ihm zwei Geister ernannt, in deren Sinn er wandeln kann vor der Zeit Seiner Wiederkunft: den der Wahrheit und den der Falschheit. Die Quelle der Wahrheit ist das Licht und die Quelle der Finsternis ist der Ursprung des Bösen. Die Söhne der Gerechtigkeit werden regiert vom Fürsten des Lichts ... und in der Hand des Engels der Finsternis liegt die Herrschaft über die Söhne der Finsternis.

Mit den Söhnen des Lichts, die vom Fürsten (Engel) des Lichts regiert werden, sind die Mitglieder der Sekte gemeint. Sie treten gegen die Söhne der Finsternis an, die auf den Wegen Belials, des Fürsten (Engels) der Finsternis, wandeln. (Belial, das, wenn man es wörtlich aus dem Hebräischen übersetzt, Wertlosigkeit bedeutet, wurde später zu einem Synonym für Satan.) Das

«Ende der Tage» wird von einem alles entscheidenden Kampf zwischen den beiden Kontrahenten beherrscht sein, und mit Hilfe des Fürsten des Lichts und der mächtigen Hand Gottes werden die Söhne des Lichts aus dem Kampf als Sieger hervorgehen.

Und so wird der Krieg beginnen:

> Er nimmt seinen Anfang, wenn die Söhne des Lichts die Hand ausstrecken, um zu beginnen bei dem Los der Söhne der Finsternis, beim Heer Belials ... Die Söhne Levis und die Söhne Judas und die Söhne Benjamins, die Verbanntenschaft der Wüste, werden gegen sie kämpfen ... wenn die Verbanntenschaft der Söhne des Lichts heimkehrt, um in der Steppe Jerusalems zu lagern.

Und folgendermaßen stellt sich die Kriegsrolle den Tag des letzten Kampfes vor: Einen »Tag mächtigen Schlachtens vor dem Gott Israel ... ein Tag, bestimmt von Ihm seit alters für die Schlacht der Vertilgung der Söhne der Finsternis». Und weiter:

> Das ist eine Heilszeit für Gottes Volk ... aber eine ewige Vernichtung für das gesamte Los Belials ... und dreimal wird sich gürten das Heer Belials für die Wendung ... und dreimal werden stark sein die Söhne des Lichts, um die Ruchlosigkeit niederzuwerfen ... und im siebenten Los unterwirft die große Hand Gottes das Heer Belials ... und für alle Männer seines Loses wird ewige Vernichtung sein.

Im Gebet vor dem Kampf seitens der Söhne des Lichts wird der Inhalt des ersten Zitats aus der «Gemeinderegel» über den Fürsten des Lichts und den Fürsten der Finsternis noch einmal wiederholt:

> Du, oh Gott, in das Los des Lichtes hast du uns fallen lassen für deine Wahrheit und einen Lichtfürsten hast du uns zur Hilfe bestellt... Aber du hast gemacht Belial zu einer Fanggrube des Haßengels...

Der Fürst des Lichts wird in der gleichen Schriftrolle mit dem Erzengel Michael identifiziert:

> Und er [Gott] sendet seine ewige Hilfe für das Los seiner Erlösung durch die Heldenkraft eines Engels. Als herrlich erweist er den Diener Michael im ewigen Licht, um zu erleuchten durch Freude die Kinder Israel ... wenn er erhebt den Diener Michael und die Herrschaft Israels geht über alles Fleisch. Gerechtigkeit freut sich in den Höhen ... Erweist Euch als stark in der Läuterung Gottes bis er seine Hand schwingt und seine Läuterungen, seine Geheimnisse für eure Existenz, vollendet.

Stellen wir nun diese Abschnitte aus den Schriftrollen gegen einige bekannte Verse aus dem Neuen Testament, vor allem aus dem Evangelium des Johannes, den Briefen des Johannes und den Briefen des Paulus, in denen der gleiche Dualismus zwischen Licht und Finsternis, verbunden mit einer letzten Schlacht zwischen Gut und Böse am Ende der Tage, sichtbar wird. Zuweilen stimmen diese Passagen im Wortlaut mit den Texten der Schriftrollen überein.

Zunächst ein paar Zitate aus den Briefen des Paulus:

Ihr aber, lieben Brüder, seid nicht in der Finsternis ... ihr seid allzumal Kinder des Lichts und Kinder des Tages ... (1. Thess. 5.4,5)

Denn was hat die Gerechtigkeit zu schaffen mit der Ungerechtigkeit? Was hat das Licht für Gemeinschaft mit der Finsternis? Wie stimmt Christus mit Belial? (2. Korinth. 6.14,15)

Hier wird Jesus als Engel des Lichts gegen das Böse in Gestalt Belials, des Satans, des Engels der Finsternis gestellt. Im gleichen Paulusbrief heißt es an anderer Stelle:

Denn solche falsche Apostel und trügliche Arbeiter verstellen sich zu Christi Aposteln ... den er selbst, der Satan, verstellet sich zum Engel des Lichts. (2. Korinth. 11.13,14)

Der Gegensatz in Gestalt von Nacht und Tag, Finsternis und Licht wird auch im Römerbrief und im Brief an die Epheser deutlich:

Die Nacht ist vorgerückt, der Tag aber nahe herbeigekommen: so lasset uns ablegen die Werke der Finsternis und anlegen die Waffen des Lichts. (Römerbrief 13.12)

Denn ihr waret weiland Finsternis, nun aber seid ihr ein Licht in dem Herrn. Wandelt wie die Kinder des Lichts ... und habt nicht Gemeinschaft mit den unfruchtbaren Werken der Finsternis. (Ephes. 5.8–11)

So frappierend diese Übereinstimmungen zwischen den Paulusbriefen und den Schriftrollentexten sein mögen, stärkere Anlehnung besteht noch in der Konzeption von Licht und Finsternis im Johannes-Evangelium und den Briefen des Johannes:

In ihm war das Leben, und das Leben war das Licht der Menschen. Und das Licht scheint in der Finsternis, und die Finsternis hat's nicht begriffen. (Johannes Ev. 1.4,5)

Das ist aber das Gericht, daß das Licht in die Welt kommen ist, und die Menschen liebeten die Finsternis mehr denn das Licht, denn ihre Werke waren böse. Wer Arges tut, der hasset das Licht. (Joh. 3.19,20)

Da redete Jesus abermal zu ihnen und sprach: Ich bin das Licht der Welt; wer mir nachfolget, der wird nicht wandeln in der Finsternis ... (Joh. 8.12)

Am wichtigsten ist aber vielleicht das nächste Zitat aus dem Evangelium des Johannes:

Da sprach Jesus zu ihnen: ... Wer in der Finsternis wandelt, der weiß nicht, wo er hingeht. Glaubet an das Licht, dieweil ihr's habt, auf daß ihr des Lichts Kinder seid. (Joh. 12.35,36)

Zwei weitere Zitate aus dem Ersten Brief des Johannes mögen ebenfalls als Beispiele zitiert sein:

...daß Gott Licht ist und in ihm ist keine Finsternis. So wir sagen, daß wir Gemeinschaft mit ihm haben, und wandeln in der Finsternis, so lügen wir und tun nicht die Wahrheit. So wir aber im Licht wandeln, wie Er im Licht ist, so haben wir Gemeinschaft untereinander... (1. Joh. Brief 1.5–7)

Die beiden Geister der «Gemeinderegel», Wahrheit und Falschheit bzw. Trug werden fast mit den gleichen Worten in einer weiteren Briefstelle aufgeführt:

Ihr Lieben, glaubet nicht einem jeglichen Geist, sondern prüfet die Geister, ob sie von Gott sind; denn es sind die falschen Propheten ausgegangen in die Welt ... und wer Gott erkennet, der höret uns, welcher nicht von Gott ist, der höret uns nicht. Daran erkennen wir den Geist der Wahrheit und den Geist des Irrtums... (1. Joh. Brief 4.1–6)

Schließen wir diesen Abschnitt mit einem Zitat aus «The Ancient Library of Qumran and Modern Biblical Studies» von Frank Moore Cross Jr. ab. Darin geht es um das Verhältnis der Johannes-Schriften und der Schriftrollen aus Qumran:

Die Parallelen zwischen Essener-Schriften und dem Johannes-Evangelium und den Briefen des Johannes überraschen nur diejenigen, die Johannes stets unter griechischem Einfluß sehen wollten. Nun bestätigt sich das, was eine kleine Gruppe von Wissenschaftlern immer behauptet hat, daß Johannes' engste Bindungen nicht zur griechischen Welt oder zum Judentum des Philo führen, sondern daß er im palästinensischen Judentum wurzelt. Seine Konzeptionen von Wahrheit, Erkenntnis, Geist und Wort stammen nicht aus der griechischen oder gnostischen Gedankenwelt, sondern aus dem jüdischen Sektierertum. Statt mit dem am stärksten «hellenisierten» Evangelium haben wir es demnach bei Johannes in verschiedener Hinsicht mit dem am tiefsten jüdischen zu tun.

Die Haltung gegenüber dem Tempel

Damit haben wir den entscheidenden Punkt in der Aufzählung der Ähnlichkeiten zwischen den Texten der Schriftrollen und dem Neuen Testament erreicht. Nunmehr gilt es, im Lichte der Tempelrolle die bisher von vielen Wissenschaftlern vertretene Meinung zu überprüfen, daß auch ihre Haltung gegenüber dem Tempel die gleiche gewesen sei: Die Einstellung der Essener während ihres Aufenthalts in der judäischen Wüste finde Parallelen in der Tempel-Symbolik des Neuen Testaments.

Die Konzeption der Essener

Die Bedeutung des Tempels bei den Essenern äußert sich in mehreren Qumran-Schriften, namentlich aber der «Gemeinderegel», dem «Damaskus-Dokument» und der «Danksagungsrolle». Danach setzte sich die Gemeinde symbolisch mit dem Tempel gleich und verwendete Begriffe, die dem architektonischen Vokabular des Tempels entlehnt sind. Das Tempel-Ritual, einschließlich der Opfer, wurde durch gute Taten, fromme Lebensführung und strenge religiöse Orthodoxie ersetzt. Hier einige Auszüge aus der «Gemeinderegel»:

> Für schuldhaften Aufruhr und die Sünde der Treulosigkeit soll Buße getan werden ... ohne das Fleisch der Brandopfer und das Opferfett. Das richtig dargebrachte Gebet soll der Duft der Gerechtigkeit sein und die Vollkommenheit des Weges ein erfreuendes freiwilliges Opfer (Kol. 9)

Darin finden wir das «richtig dargebrachte Gebet» und die «Vollkommenheit der Lebensführung» als Ersatz für rituelle Opfer. Die Gleichsetzung mit dem Tempel geht aus den folgenden Worten hervor:

> Zu dieser Zeit sollen die Männer der Gemeinde abgesondert werden als ein Haus der Heiligkeit für Aaron für die Vereinigung der höchsten Heiligkeit und als Haus der Gemeinschaft für Israel, für jene, die in Vollkommenheit wandeln. Die Söhne Aarons allein sollen befehlen in Dingen von Gerechtigkeit und Besitz und jedwede Regel betreffs der Männer der Gemeinde soll bestimmt werden nach ihrem Wort.

Die Gemeinde wird also, wie der Tempel, abgesondert als «Haus der Heiligkeit», und so wie im Tempel die Priester sollen die Söhne Aarons die höchste richterliche Gewalt haben.

In einer weiteren Kolumne der gleichen Schriftrolle wird das Thema des «Hauses der Heiligkeit» wiederholt. Eine weitere Passage erläutert die Konzeption der Gemeinschaft, die «abgesondert» wird, indem sie als «Regel für die Männer der Gemeinschaft» fordert, daß sie «abgesondert sind von der Versammlung der Männer der Falschheit».

> (Sie sollen) sich vereinigen, was Gesetz und Besitz anbelangt, unter der Autorität der Söhne des Zadok, der Priester, die den Bund eingehen ... Jede Entscheidung, die Besitz und Recht betrifft, soll von ihnen gefällt werden. Sie sollen Wahrheit praktizieren und Bescheidenheit im Gemeinsamen, Gerechtigkeit und Aufrichtigkeit und Mildtätigkeit und Bescheidenheit und Demut in all ihrem Tun. (Kol. 5)

Die Mitglieder der Gemeinde hatten also alle Tugenden zu verkörpern, was als ihre Art von Opfer anstelle des konventionellen Tempelrituals zu betrachten ist.

Die Konzeption des Neuen Testaments

Wenden wir uns nun dem Neuen Testament zu, wo sich eine ähnliche Gleichsetzung der frühen christlichen Gemeinde mit dem Tempel findet, allerdings mit einer unterschiedlichen Haltung gegenüber dem Opfer. Die besten Belege sind wiederum in den Paulus-Briefen enthalten, aber auch bei Petrus finden sich entsprechende Zitate.

Im zweiten Korintherbrief (6.16) heißt es: «Ihr aber seid der Tempel des lebendigen Gottes...» Und wie bei der Qumran-Gemeinde müssen sich die Christen vom Rest absondern und rein an Geist und Körper werden, um den Zustand des Tempels zu erreichen: «... wie denn Gott spricht: «Ich will unter ihnen wohnen und unter ihnen wandeln... Darum gehet aus von ihnen und sondert euch ab ... und rühret kein Unreines an...» (6.17,18)

Das Thema wird im Anfangssatz des nächsten Kapitels weitergeführt: «... so lasset uns von aller Befleckung des Fleisches und des Geistes reinigen und fortfahren mit der Heiligung in der Furcht Gottes.» (7.1)

Auch die Aussage des Paulus hinsichtlich der Gleichsetzung von christlicher Gemeinde und Tempel im ersten Korintherbrief ist deutlich: «Wisset ihr nicht, daß ihr Gottes Tempel seid und der Geist Gottes in euch wohnt? ... denn der Tempel Gottes ist heilig – der seid ihr.» (3.16,17)

Und im Brief an die Epheser heißt es:

> So seid ihr nun nicht mehr Gäste und Fremdlinge, sondern Bürger mit den Heiligen und Gottes Hausgenossen, erbauet auf den Grund der Apostel und Propheten, da Jesus Christus der Eckstein ist, auf welchem der ganze Bau ineinandergefüget wächst zu einem heiligen Tempel in dem Herrn, auf welchem auch ihr mit erbauet werdet zu einer Behausung Gottes im Geist. (2.19–22)

Zum Abschluß noch die Gegenüberstellung eines Zitats aus einem der Petrusbriefe und einer Passage aus Kolumne 8. Der Vergleich geht auf einen Kollegen an der Hebräischen Universität, David Flusser, zurück. Der Petrusbrief macht deutlich, daß die Gemeinde der Christen mit dem Tempel gleichgesetzt wurde und geistige Opfer die materiellen zu ersetzen hatten. Bei beiden wird als Quelle Jesaja 28 vorausgesetzt.

In der «Gemeinderegel» heißt es: «Sie (die Gemeinde) soll ein Haus der Heiligkeit sein für Israel und eine Versammlung allerhöchster Heiligkeit für Aaron... Ich werde die Mauer sein, der *köstliche Eckstein*, dessen Fundamente nicht wanken... Sie soll eine heilige Wohnstatt sein für Aaron ... und soll süßen Duft darbringen. Sie soll ein Haus der Vollkommenheit und Wahrheit in Israel sein, auf daß sie eingehen einen Bund nach den immerwährenden Geboten. Und sie soll ein angenehmes Opfer sein, eine Buße für das Land...»

Im ersten Brief des Petrus 2.4–8 ist zu lesen: «... daß der Herr freundlich ist, zu welchem ihr kommen seid als zu dem lebendigen Stein, der von den Menschen verworfen, aber bei Gott ist er auserwählet und kostbar; und auch ihr als die lebendigen Steine, bauet euch zum lebendigen Hause und zum heiligen Priestertum, zu opfern geistliche Opfer, die Gott angenehm sind durch Jesum Christum. Darum stehet in der Schrift: Siehe da, ich lege einen *auserwähleten köstlichen Eckstein* in Zion; und wer an ihn glaubet, der soll nicht zuschanden werden. Euch nun, die ihr glaubet, ist er köstlich; den Ungläubigen aber ist er ein Stein, den die Bauleute verworfen haben, und zum Eckstein worden ist, ein Stein des Anstoßens und ein Fels des Ärgernisses.»

Der Widerspruch und seine mögliche Erklärung

Die Zitate, die um ein Vielfaches vermehrt werden könnten, haben wohl die Ähnlichkeiten zwischen den Schriften der Essener und dem Neuen Testament ausgiebig belegt. Damit wollen wir zur eingangs gestellten Frage zurückkehren, wie es kam, daß die frühen Christen, die von so fanatischen Anhängern des Mosaischen Gesetzes wie es die Essener waren, beeinflußt wurden, schließlich das Judentum, das Mosaische Gesetz und den Tempelkult verwarfen. Die Texte der Tempelrolle dürften gezeigt haben, wie wortgetreu die Essener dem Mosaischen Gesetz verpflichtet waren, und daß sie sich in ihrer Buchstabentreue extremer verhielten als die Pharisäer. Gehorsam beugten sie sich den Vorschriften des Pentateuch, und das Opferritual im Tempel hatte für sie zentrale Bedeutung. Gleichzeitig läßt sich ihr Einfluß, wie er sich namentlich bei Paulus und in den Schriften des Johannes findet, nicht leugnen. Wie konnte es dann zur vollständigen Abwendung der Christen kommen?

Einige Wissenschaftler haben die Ansicht vertreten, daß die zuvor zitierten Stellen aus der «Gemeinderegel» und dem «Damaskus-Dokument» den Beweis erbrächten, daß sich die Essener ebenfalls vom materiell existenten Tempel und seinen Opferriten für immer abgewandt hätten. Wenn dem so gewesen wäre, dann läge auch in dieser Beziehung ein identisches Verhalten von Essenern und Christen vor.

Diese Ansicht war vielleicht vor der Entdeckung und Entzifferung der Tempelrolle vertretbar, obwohl ich damals schon aus mehreren Qumran-Dokumenten meinte ablesen zu können, daß Essener und Christen hier gegensätzliche Konzeptionen hatten. Die Abkehr der Essener vom Tempel und seinem Kult war vorübergehend. Sie lehnten den Tempel ihrer Zeit ab, an dessen Kult sie nicht mehr teilhaben wollten und konnten. Sie hofften aber auf die Rückkehr nach Jerusalem am Ende der Tage, wenn der Tempel wiedererbaut und das Opferritual nach ihren vom Pentateuch bestimmten Vorstellungen wieder eingesetzt werden würde. Für die Christen dagegen war die Abkehr vom Tempel endgültig. Ihr letztes Opfer hatte in der Person Jesu bestanden.

Ich hatte, wie gesagt, bereits vor Entdeckung und Entzifferung der Tempelrolle diese Meinung geäußert. Dabei stützte ich mich vor allem auf einen Abschnitt in der «Kriegsrolle», die ich ebenfalls publiziert habe. Es geht darin um die dramatische und detaillierte Beschreibung der Wiedereinsetzung des Tempelkults in Jerusalem, nachdem die Söhne des Lichts die Söhne der Finsternis besiegt haben – am Ende der Tage:

> Und die Anführer der Familien der Gemeinden betragen zweiundfünfzig. Und die Anführer der Priester soll man einordnen hinter dem Hohenpriester und dem Zweitpriester, zwölf Anführer, um stets zu dienen mit dem Brandopfer vor Gott. Und die sechsundzwanzig Anführer der Wachabteilungen sollen in ihren Abteilungen dienen. Und nach ihnen kommen die Anführer der Leviten, um ständig zu dienen, und zwar zwölf, einer für einen Stamm, und die Anführer ihrer Wachabteilungen sollen – jeder an seinem Standort – dienen, und die Anführer der Stämme und der Familien der Gemeinde kommen nach ihnen, um beständig in den Toren des Heiligtums zu stehen. Und die Anführer ihrer Wachabteilungen sollen zusammen mit ihren dafür Ausgehobenen sich einfinden je zu ihren Zeiten, ihren Neumonden und Sabbaten und allen Tagen des Jahres im Alter von fünfzig und darüber. Diese sollen sich einfinden bei den Brandopfern und bei den Schlachtopfern, um ein wohlriechendes Rauchopfer zu Gottes Wohlgefallen zuzurüsten, um Sühne zu leisten für seine ganze Gemeinde und vor ihm sich beständig zu erquicken am Tisch der Herrlichkeit.

Als ich die Schriftrolle unter dem Titel «Der Krieg der Söhne des Lichts wider die Söhne der Finsternis» vor einigen Jahren publizierte, schrieb ich in einer Anmerkung zu diesem Abschnitt (S. 201): «Eine Sekte, die an die Gesetze des Pentateuch glaubte und sie in allen Details gehorsam befolgte, mußte ihren Anhängern zum damaligen Zeitpunkt die Teilnahme am Opferdienst untersagen, weil die Priester, die im Tempel von Jerusalem Dienst taten, der einzigen Stelle, wo geopfert werden konnte, den Altar verunreinigten: denn ihre Praktiken standen mit den Gesetzen des Pentateuch nicht in Einklang – nach Auslegung der Sekte. Mit dem Nahen der Zeit aber, die im «Krieg der Söhne des Lichts wider die Söhne der Finsternis» beschrieben wird, da erneut legitime Priester Dienst tun und der Tempeldienst nach den Vorstellungen der Sekte abläuft, können auch ihre Mitglieder gesetzesgemäße Opfer darbringen. Nur bis zu diesem Zeitpunkt ... müssen sie sich damit zufrieden geben, die Opfer durch Gebete und besondere sonstige Zeremonien zu ersetzen. Diese Gebete müssen so beschaffen sein, daß sie den ernsten Willen zum Ausdruck bringen, dem Gesetz gehorsam zu sein; denn das ‹Gebet der Gerechten ist wie ein Opfer des Entzückens, während das Opfer der Verruchten ein Greuel ist›.» (Das Zitat stammt aus einer im «Damaskus-Dokument» enthaltenen Paraphrase von Sprüchen.) 15.8

Die kultischen Vorgänge bildeten aber nicht den einzigen Grund dafür, daß die Essener nicht mehr am Tempeldienst teilnahmen. Heute wissen wir, daß sie einen völlig eigenständigen Entwurf für den Tempel hatten, der sich nach Grundriß, Einrichtung und Ritualen wie etwa den Festfeiern grundlegend vom existierenden Tempel in Jerusalem unterschied. Überdies lebten sie nach einem anderen Kalender.

Darum hatten sie sich abgesondert und dem orthodoxen Judentum abgeschworen und waren ausgezogen, um sich am Rande der Judäischen Wüste am Toten Meer niederzulassen. Dort wollten sie «das Ende der Tage» abwarten, der Zeit entgegenhoffend, wo «die Verbanntenschaft der Söhne des Lichts aus der Wüste der Nationen heimkehrt, um in der Steppe Jerusalems zu lagern» und den Tempel wiederherzustellen. Auf diese Weise, so heißt es in der «Gemeinderegel» auf der Grundlage von Jesaja «werden sie sich absondern von den Wohnstätten der Ungläubigen und in die Wüste gehen, Ihm den Weg zu bereiten, wie es geschrieben steht: Bereitet dem Herrn den Weg, macht auf dem Gefilde (Wüste) eine ebene Bahn unserm Gott!» (Jesaja 40.3)

In dieser Zwischenzeit mußten natürlich eine ad-hoc-Theologie und ein ad-hoc-Gottesdienst als Ersatz für das Tempel-Ritual gefunden werden, solange die Sektenmitglieder beteten, daß die Zeit kommen möge, da sich das Göttliche Gesetz so werde durchführen lassen, wie es ihnen offenbart worden war.

Darin liegt meiner Meinung nach die Auflösung des Widerspruchs, der nur oberflächlich gesehen ein Widerspruch ist: Die ersten Christen kamen mit den Essenern zu einem Zeitpunkt in Kontakt, als diese bereits ihren Ersatzkult hatten. Johannes, vor allem aber Paulus und auch andere konnten hier auf vorhandene theologische Konzeptionen zurückgreifen und von den Essenern lernen, wie man ohne Tempel Jude blieb. Was aber für die Essener nur ein Übergang war, wurde für Paulus und die Christen überhaupt endgültig.

Hierin lag der grundlegende Unterschied zwischen Christen und Essenern – und auch den übrigen Juden. Nach der Zerstörung des Tempels im Jahre 70 n. Chr. sah sich das orthodoxe Judentum dem gleichen Dilemma ausgeliefert wie die Sekte vom Toten Meer zuvor: Als Jude zu leben ohne Tempel. Dem Mosaischen Gesetz treu, jedoch ohne die Kultstätte des Tempels, fanden auch die Anhänger des orthodoxen Judentums den Ersatz im Gebet, in ethischen Grundsätzen und bestimmten Kulthandlungen, in Erwartung der Zeit, in der der Tempel wiedererrichtet werden würde. Diese Situation der Essener und des orthodoxen Judentums wurde für die Christen endgültig.

Da ich mit dem Bericht über die Tempelrolle, das längste und vielleicht bedeutendste Manuskript vom Toten Meer, zu Ende bin, möchte ich noch ein letztes Wort an den Leser richten.

Ganz gleich, ob meine Interpretationen, Überlegungen und Ergänzungen akzeptiert werden oder nicht – ich habe das Material so vorgelegt, daß sich der Leser selbst ein Urteil bilden kann. Eines aber dürfte feststehen: Der Text dieser Schriftrolle ist eine fremd anmutende, neue und umfassende «Thora» einer jüdischen Sekte in der Epoche des Zweiten Tempels. Diese Sekte vertrat in der Auslegung des Gesetzes einen extremistischen Standpunkt und ging an ihrer Kompromißlosigkeit schließlich zugrunde, allerdings nicht ohne in einigen Strömungen des Judentums einschließlich des frühen Judenchristentums einen tiefen Eindruck hinterlassen zu haben.

Ich hege die Hoffnung, daß weitere Spezialuntersuchungen aller Facetten dieser Schriftrolle neue Erkenntnisse für das Verständnis der Bibeltexte, der hebräischen Sprache und jüdischer Glaubensvorstellungen in der Zeit vor 2000 Jahren, am Vorabend der Zerstörung des Tempels durch die Römer, bringen werden.

Anmerkung der Übersetzerin

Den Bibelzitaten liegt die Übersetzung von Martin Luther zugrunde unter gelegentlicher Heranziehung der Bibelübersetzung von Martin Buber und Franz Rosenzweig, 10. Auflage, Heidelberg 1981

Die Qumranschriften «Damaskus-Dokument» und «Krieg der Söhne des Lichts wider die Söhne der Finsternis», wurden zitiert nach: Hans Bardtke, «Die Handschriftenfunde am Toten Meer», Berlin 1961
Alle übrigen Qumran-Texte wurden nach der vorliegenden englischen Version übersetzt.

Die Josephus-Zitate stammen aus: Flavius Josephus, «Jüdische Altertümer», übers. von Heinrich Clementz, Nachdruck, Wiesbaden, o. J.
Flavius Josephus, «De Bello Judaico», «Der Jüdische Krieg», zweisprachige Ausgabe, hrsg. von Otto Michel, Otto Bauernfeind Darmstadt 1963

Plinius: Cajus Plinius Secundus, «Naturgeschichte», übers. von C.F.L. Strack, Reprographischer Nachdruck, Darmstadt 1968

BIBLIOGRAPHIE

1. Text der Tempelrolle

Yadin, Yigael: The Temple Scroll, three vols. Published jointly by the Israel Exploration Society; the Institute of Archaeology, Hebrew University; The Shrine of the Book, Israel Museum, Jerusalem 1983

2. Deutsche Ausgaben von Texten aus Qumran

Die Texte aus Qumran. Hebräisch und deutsch. Hrsg.: E. Lohse. Darmstadt, München 1964

Die Texte vom Toten Meer. Hrsg.: J. Maier. 2 Bde. München, Basel 1960

Die Qumran-Essener. Hrsg.: J. Maier, K. Schubert. München, Basel 1973

3. Ergänzende und weiterführende Literatur

Braun, Herbert: Qumran und das neue Testament. 2 Bde. Tübingen 1966

Burrows, Millar: Mehr Klarheit über die Schriftrollen. München 1958

Ders.: Die Schriftrollen vom Toten Meer. München 1958

Cross, Frank Moore: Die antike Bibliothek von Qumran und die moderne Wissenschaft. Neukirchen-Vluyn 1967

Daniélou, Jean: Qumran und der Ursprung des Christentums. Mainz 1958

Dupont-Sommer, André: Die essenischen Schriften vom Toten Meer. Tübingen 1960

Haag, Herbert: Die Handschriftenfunde in der Wüste Juda. Stuttgart 1965

Jeremias, Gert: Der Lehrer der Gerechtigkeit. Göttingen 1963

Kosmala, Hans: Hebräer, Essener, Christen. Leiden 1959

Qumran. Hrsg.: K.-E. Grölinger u. a. Darmstadt 1981 (Wege der Forschung 410)

Schelke, Karl-Hermann: Die Gemeinde von Qumran und die Kirche des Neuen Testaments. Düsseldorf 1965^2

Schubert, Kurt: Die Gemeinde vom Toten Meer. München, Basel 1958

Stauffer, Ethelbert: Jesus und die Wüstengemeinde am Toten Meer. Stuttgart 1960

Székely, Edmond Bordeaux: Die Lehren der Essener. Frankfurt 1979

Yadin, Yigael: Masada. Hamburg 1967

Ders.: Bar Kochba. Stuttgart 1971

Ders.: Hazor. Hamburg 1976

REGISTER

Silvia Tennenbaum

STRASSEN VON GESTERN

Roman. Deutsch von Ulla de Herrera
640 Seiten. Gebunden

«Silvia Tennenbaum hat mit ihrem Roman ihre Familiengeschichte geschrieben, sachlich und ohne Emotionen. Zugleich eine Kulturgeschichte der Stadt Frankfurt. Sie macht deutlich, was Deutschland durch die Vertreibung der Wertheims und anderer Familien verloren hat...» *Welt am Sonntag*

«Die gebürtige Frankfurterin Silvia Tennenbaum erzählt in diesem Roman die Geschichte einer reichen Frankfurter Familie Wertheim und der Süßkinds, die mit ihr verwandt sind, von der Jahrhundertwende bis 1945. Die Familie erlebt und erleidet den Ersten Weltkrieg. ... kühl und gelassen werden Perspektiven vorgeführt, die den Leser interessieren» *Berliner Morgenpost*

«Man kann selbst entscheiden, wie man das Buch lesen will, ob als spannende Familiensaga, als Zeitdokument oder als äußeres Abbild, Symbol religionsphilosophischer Zusammenhänge. Die Erzählweise heischt nicht Mitleid mit dem Zerfall einer Familie, der eigentlich ein Auseinanderlaufen ist, sondern bemüht sich in fast dokumentarischer Neutralität, die Fakten aneinanderzureihen. Dem Leser bleibt überlassen, welche Lehre oder Konsequenzen er aus diesem Buch für sich behält... Jede Aktion und Reaktion der Figuren ergibt sich mit logischer Konsequenz aus deren Charakteranlagen, der Verquickung mit den Mitmenschen und als Folge auf die Zeiterscheinungen. Ein Buch, das in Qualität und mit Würde an die Tradition der großen Erzähler des 19. Jahrhunderts anknüpft.» *Südkurier*